為什麼我們要懂
公眾語言

公民教育的核心，從思辨、論述到說服的藝術

ENOUGH SAID

WHAT'S GONE WRONG WITH THE LANGUAGE OF POLITICS?

MARK
THOMPSON

馬克·湯普森————著

王審言————譯

臉譜書房 FS0088X

為什麼我們要懂公眾語言？
公民教育的核心，從思辨、論述到說服的藝術

作　　　者　馬克・湯普森（Mark Thompson）
譯　　　者　王審言
主　　　編　謝至平
總　經　理　陳逸瑛
發　行　人　涂玉雲
出　　　版　臉譜出版
　　　　　　城邦文化事業股份有限公司
　　　　　　臺北市中山區民生東路二段141號5樓
　　　　　　電話：886-2-25007696 傳真：886-2-25001952
發　　　行　英屬蓋曼群島商家庭傳媒股份有限公司城邦分公司
　　　　　　臺北市中山區民生東路二段141號11樓
　　　　　　客服專線：02-25007718；25007719
　　　　　　24小時傳真專線：02-25001990；25001991
　　　　　　服務時間：週一至週五上午09:30-12:00；下午13:30-17:00
　　　　　　劃撥帳號：19863813　戶名：書虫股份有限公司
　　　　　　讀者服務信箱：service@readingclub.com.tw
　　　　　　城邦網址：http://www.cite.com.tw
香港發行所　城邦（香港）出版集團有限公司
　　　　　　香港灣仔駱克道193號東超商業中心1樓
　　　　　　電話：852-25086231或25086217　傳真：852-25789337
　　　　　　電子信箱：hkcite@biznetvigator.com
新馬發行所　城邦（新、馬）出版集團
　　　　　　Cite（M）Sdn. Bhd.（458372U）
　　　　　　41, Jalan Radin Anum, Bandar Baru Sri Petaling,
　　　　　　57000 Kuala Lumpur, MalaysFia.
　　　　　　電話：603-90578822　傳真：603-90576622
　　　　　　電子信箱：cite@cite.com.my
二版一刷　2021年4月

城邦讀書花園
www.cite.com.tw

ISBN 978-986-235-912-9
售價　NT$ 500
版權所有・翻印必究（Printed in Taiwan）
（本書如有缺頁、破損、倒裝，請寄回更換）

國家圖書館出版品預行編目資料

為什麼我們要懂公眾語言：公民教育的核心，從
思辨、論述到說服的藝術／馬克・湯普森(Mark
Thompson)著；王審言譯. 一版. 臺北市：臉譜，
城邦文化出版；家庭傳媒城邦分公司發行，
2021.04
　　面；　公分. --（臉譜書房；FS0088X）
譯自：Enough said : what's gone wrong with the
　　language of politics?
ISBN 978-986-235-912-9（平裝）

1.政治學　2.公民教育　3.語言分析

570　　　　　　　　　　　　　　　　110003433

譯序

　　這苗頭實在不太妙。

　　從老牌民主國家到新興民主政權，十年前眉飛色舞，現在卻紛紛告急。英國脫歐、川普當選、民粹語言大行其道、年輕人普遍失落，從華爾街到香港中環逐一陷落，儘管理由不一而足。

　　在歐洲，梅克爾政府受困於難民處置，左支右絀。在南韓，歷屆總統卸任後率多官司纏身，無一倖免。在中國，習近平修改憲法，無限連任，大開倒車，但民主政治效能不彰，自身難保，也不好指著他，說三道四。

　　而在台灣……一言難盡，容後泣訴。

　　而這一切的緣起，僅僅是我們不好好說話嗎？乍聽之下匪夷所思的論述，就是這本書奇妙的起點。作者從哲學、歷史、文學、修辭、媒體諸般面向，逐一切入，總結到這句老話，「一言興邦，一言喪邦」。

　　一團狐疑嗎？試舉其例。

　　在幹話如槍林彈雨的台灣，找出一句最讓人毛骨悚然的口號，不是做功德，不是哪塊最軟，而是「我是人，我反核」。

　　公共論述各抒己見、各有所本，理所當然，再怎麼不以為然，表面上也得維持「我不贊成你的意見，但我誓死維護你講話的權

利」，這是民主的體面，也是面對真理（如果有的話）不敢擅自壟斷的謙虛。但這句口號，慷慨激昂之餘，卻不留任何餘地，打著民主旗號，卻把民主碎屍萬段，甚至將擁核者作為人的資格，一併剝除。不過是不贊成各位的意見，反核諸君，相煎何急？

這本書涉獵極廣、用力至深，翻譯起來不時青筋浮現，在化險為夷之際，對照台灣的紛擾，卻也不斷浮現心有戚戚的趣味，頓時拉近時空，變成與現實的對話。作者以華文傳統極少論及的角度，異軍突起，因而開展出全新的閱讀視野。

「修辭」是作者的核心概念，卻也是儒家思想中無甚論述的空檔。「君子欲訥於言，而敏於行。」「仁者，其言也訒。」就連言詞便給的孟子被問到怎麼那樣好辯論，都慌不迭的撇清，「予豈好辯哉？」流風所及，導致在大學時期加入演辯社的同學，都不免招來油腔滑調、性喜逞口舌之利的輿論壓力。

但是，民主政治靠的便是以理折人，不辯論，道理難明，不說服，難成氣候，必須外顯，不能內斂。這種政體的原型，就是希臘公民的坐而論道，共同決策，演說、辯論是必備的元素；也因此，破解講者的話術，「他人有心，與忖度之」，才有機會接近真正的資訊，獲致理性的決策。民主的品質繫之於此。

而這正是台灣民主短缺的那塊拼圖。歷經素人政治崛起、文青口號氾濫的台灣選民，變得日益冷誚，情緒橫衝直撞，只求短暫發洩。早在民主政治誕生之初，對於人心浮動，容易受到擺布，議論不定，難以形成高明決策的憂慮，如今，幾乎一一成真。伴隨著網路的無孔不入，發聲管道散入尋常百姓家，更是眾聲喧嘩，難以凝

聚共識，還記得某位市長的承諾嗎？所謂的i-voting最終決定了什麼？

　　而原本應當引領風氣之先，作為社會防腐劑的媒體，表現更讓人搖頭。日益萎縮的廣告市場，迫使傳統媒體以求生為第一要務，台灣有全世界密度最高的新聞頻道，卻提供嚴重骨質疏鬆的訊息，自行泯滅娛樂與新聞的界線，瑣碎粗陋，壓縮嚴肅思考的空間。方興未艾的網路媒體，也重拾小報作風，競相以聳動的標題博取點閱率。冷言冷語，罵聲不斷，執政者動輒得咎，莫衷一是。

　　略堪告慰的是，這倒不是台灣的特產，而是各地民主政體一致發出的警訊。政治學界也一反一九九〇年代初期昂揚的語調，底氣逐步潰散。就拿知名的政治變遷學者法蘭西斯・福山的作品來看，從柏林圍牆倒塌、第一次波灣戰爭後推出的《歷史之終結與最後一人》（*The End of History and the Last Man*），宣稱民主自由制度獲得最終的勝利到九一一恐攻後的《強國論》（*State-Building*），再到最近期的作品《政治秩序的起源（下卷）：從工業革命到民主全球化的政治秩序與政治衰敗》（*Political Order and Political Decay: From the Industrial Revolution to the Globalization of Democracy*），儘管對於民主政治的樂觀不減，對於在民主之路上的波折，開始有更多的思考。

　　粗率來講，民主本來就是「一人一把號，各吹各的調」；主旋律不是黨中央說了算。如果說，台灣第一個民主化階段是透過政黨競爭、言論自由，將權力下放到個人；那麼第二階段要提升的就是在不違反民主程序的前提下，凝聚共識，將施政的能量，再交還到

執政者手上。只是在公民自主意識增高、政治權力日趨微型化、體制設計跟不上時代變化的諸多限制下，做起來實在不容易。

本書作者馬克‧湯普森可不是關在研究室裡的空談理論家。他先後出掌英文世界兩大媒體，BBC與《紐約時報》，橫跨大西洋兩岸，從傳統的電視環境，一路迎向數位時代的挑戰。針砭時政、力道千鈞，視野、厚度洵非常人可以企及。

他在BBC時代最酷的決定是：拒絕讓他崇拜至極的喬治‧歐威爾（是的，就是《1984》的作者，也是BBC的老前輩）銅像，放進BBC的廣播大廳，免得破壞他堅持的「公平原則」。次酷的事情是：頂住保守派的壓力，秉持言論自由的精神，硬是讓訴諸民粹主義、滿口胡柴的英國國家黨代表登上BBC論壇，自曝其短，間接導致這個偏激政黨的沒落。

尤其驚人的是：在他結束BBC最長的總裁任期後，帶領《紐約時報》，衝出全球付費數位訂戶超過兩百萬的佳績，跌破所有人眼鏡。二〇一七年第四季，年增率還高達63％，在報業一片哀嚎的環境裡，繳出難以置信的成績單。

更讓人想不到的是在這樣輝煌的工作成績裡，他還能完成這本書。從他每天看到的紛擾中，理出頭緒，旁徵博引，從亞里斯多德議論到習近平，勾勒出現代媒體的窘境與契機。還有更重要的：為建構一個更好的民主，公民該有怎樣的素養、如何分辨政治人物各有算計的語言，從泥沙俱下的諸多廢話、幹話中，撇去雜質，淘出具有含金量的訊息，作為決策的依據。

民主有百般不是，卻也有值得珍藏的價值。自由像是空氣，平

素沒感覺；一旦進入大搞領袖崇拜，動輒祭出「傳習錄」的國度，又會念及它的呼吸順暢。只是要當好一個公民，挑兩句幹話嬉笑怒罵一番，卻絕對不夠。優質的民主，基礎一定是優質的公民。他或她，理性、容忍、開放，願意說服別人，也願意被人說服，懂得在道理面前，謙虛學習。沒人說當公民很容易、沒人斷定民主沒有崩潰的一天。但翻開歷史、看看周遭，如果找不到比民主更優越的體制，也只好打起精神，用知識作武裝，敞開心胸，面對挑戰。

　　邁向優質的台灣民主，還有很長的路要走。現在麻煩您翻開這本書，讓我們出發吧。

chapter 1

迷失在字裡行間

不要撤退，反倒要 —— 子彈再上膛！

—— 莎拉・裴林（Sara L. Palin），Twitter，2010 年 3 月 [1]

公眾語言（public language）至關緊要。文字免費供應，政客、記者、市民取之不竭。卻有論述者發現自己必須決定未來走向，用字必須精審的關鍵時刻。長久以來，領導者、評論者、行動家，或者理帶同情，或者能言善辯，不僅從人民的情緒中汲取養分，甚或影響情緒的形成。結果呢？和平、繁榮、進步、不平等、偏見、迫害、戰爭，不一而足。公眾語言，因此，至關緊要。

稱不上是什麼新發現。公眾語言、公眾論述（public speaking）早就有數百年研究、傳授、爭取的歷史，不過，過往絕不像今日能夠廣泛與輕易的散布。字句扔進虛擬空間，幾無秒差。在離開講台之前，政客可以把理念深植在一千萬人的腦海裡。創造出的影像、刻意編造的意義 —— 打比方，飛機撞進摩天大樓 —— 可以即時抵達全世界觀眾的眼前，不再受距離與載具的限制。翻開人類歷史，也就在不久之前，我們還得等上幾天甚至幾個星期，才能收到情報，或者聽到傳言。今天，我們全是見證，當下看得見、聽得到。

這就是我們眼下發生的情況：他正在說這個、你正在貼那個、

我正在回應。聽我說、看著我，現在！

　　我們說現在是數位資訊的年代，此言不虛。但是我們經常忘記承載訊息的，依舊是人類語言，一如過去，在每個人類社會裡，扮演它應有的功能：警示、恐嚇、解釋、欺騙、激怒，當然，最重要的是說服。

　　這當然也是個公眾語言的時代。尤有甚者，我們正歷經一場無與倫比、尚待開展、猶未定型的公眾語言蛻變。在我們考量、辯論現代政治與媒體的實況 —— 政策與價值如何被討論、決策如何成形 —— 依舊傾向認為公眾語言或修辭，只需順帶一提、只是某種興趣，頂多能協助我們了解旁枝、釐清基礎概念。而這本書的論點是，公眾語言 —— 我們討論政治與政策的語言、在法庭上辯論，或者在公眾領域裡，試著說服他人 —— 本身就值得檢視。修辭，有關公眾語言的理論與實務，一度被認為最重要的人文學科。如今，它養尊處優，卻是面目模糊；而我即將要把它重新推上王座。

　　我們得力早期的修辭研究。以往，檢視雄辯滔滔的公眾論述，由哪些特定字眼與說詞組成、如何演進，並非易事。而現代媒體易於追蹤、無法磨滅的特性，改變了局面；就像是流行病學家，得以調查新型病毒的來龍去脈。我們可以調轉時間與軌道，發掘公眾語言的流行趨勢，何時掛在每個人的嘴邊或張貼在每個人的螢幕上，追溯它的早期發展，直到我們鎖定源頭：某種說法誕生在世上的時間與地點。

❖

二〇〇九年七月十六日，前紐約州副州長貝希‧麥考伊博士（Dr. Betsy McCaughey），出現在佛雷德‧湯普森（Fred Thompson）的廣播節目中，評論當年夏天最熱門的政治議題：巴拉克‧歐巴馬（Barack Obama）總統引發爭議的美國健保改革計畫。這個計畫試圖納入成千上萬沒有健保的老百姓。

二〇一五年夏天過世的湯普森，始終是個旗幟鮮明的保守主義者，洞悉世情的老練與威風凜凜的氣質，跟著他從法律界一直到美國參議院。他忙裡偷閒，在好萊塢還客串過幾個角色，也頗獲好評。離開參議院之後，他主持廣播談話節目。二〇〇九年，歐巴馬健保被大卸八塊、惡言相向之際，他的廣播節目是保守陣營成千上百的宣洩口之一。

這其實不是麥考伊擅長的議題。她是哥倫比亞的歷史學博士（讓她得到了 Dr. 頭銜，聽起來好像跟醫學界有關），靠著非凡的智慧，從匹茲堡的平民家庭出發，成為美國右翼重要的公眾人物，被認為是健保政策的專家。一九九〇年代，民主黨嘗試改革健保，出師不利，她猛烈抨擊比爾‧柯林頓（Bill Clinton）健保，展現法庭辯論的凶悍氣勢。歐巴馬健保卻是迥然不同的提議 —— 基礎原則反而接近共和黨的設計，或者曾經施行過的政策。更尷尬的是，歐巴馬健保跟密特‧羅姆尼（Mitt Romney）擔任麻塞諸塞州州長期間的做法，異常相似。麥考伊接受電台訪問的時候，羅姆尼已經開始爭取總統提名，準備在二〇一二年迎戰歐巴馬。

但是，麥考伊卻悍然不顧歐巴馬健保跟共和黨的主張，有思維上的血統關聯，仍然墨守意識形態的立場。在接受由律師轉任電台

主持人的專訪時，她也不曾面對嚴謹的交叉檢驗。早在歐巴馬進入白宮之前，美國的政治已經向兩極分化，媒體議論政治，各有立場，選邊站。秉持反對意見的人，恕不邀請 —— 但他們可能集結在另一邊的演播室，把自己帶進意識形態的舒適圈，作繭自縛，減輕面對衝突的危險。

　　就表面來看，這種遭遇戰也沒什麼 —— 政治氛圍、名嘴、特定偏好與討論取向 —— 罕見之處。但是在那一天，麥考伊卻發表了前所未聞的說詞。當時，歐巴馬健保計畫正送交國會審議，但她竟在草案的深處，找到了沒人注意卻暗藏凶險的提議：

　　草案爭議，不一而足，但我認為最駭人聽聞的規畫，出現在第四二五頁，其中規定，國會有強制權力……每五年，要求健保參與者接受諮詢會議，告訴他們如何提早結束生命、如何斷絕營養與水分、如何接受收容照顧……這是生死攸關的神聖議題。政府不應該介入。[2]

　　這段談話有兩個地方必須說明。第一，指控不實。麥考伊說的法案，應該指的是一二三三條，並不是召開諮詢會議，強制「終結生命」。諮詢會議必須由投保人主動要求才能召開。草案設計的目的是把諮詢會議納入健保，由聯邦保險項目支付相關費用。

　　雖然麥考伊的評論純屬虛構 —— 事實上也招來立即與果決的否認 —— 卻無法阻止它搜刮眼下的現實利益。這牽連到第二個更有趣的重點。終結生命諮詢條款，在先前，曾經短暫獲得兩黨的初步支持。但在麥考伊語出驚人之後，美國最具影響力的保守派評

論者與諸多共和黨知名政客，包括眾議院少數黨領袖約翰・貝納（John Boehner），便尾隨在她身後，展開一輪猛攻。論述開始膨脹。電台主持人蘿拉・英葛翰（Laura Ingraham）引用她八十三歲老父親的反應，宣稱「我不想讓任何一個政府官僚告訴他，想當個好公民，就得接受怎樣的治療。越想越恐怖。」[3]當部分右派評論者與政客，大肆嘲笑、揶揄一二三三條中的「神話」或是「騙局」成分 ——MSNBC的「早安，老周」（*Morning Joe*）談話節目 —— 周・史卡波洛（Joe Scarborough）開始追進，將一二三三條說成「死神條款」[4] —— 在政治光譜這一端的保守陣營，自然不認為麥考伊的說法是神話，一口咬定這是毋庸置疑的事實。

　　八月七日，裴林在臉書上，貼文加入戰局，其中包括了這樣的敘述：

　　我所知道與深愛的美國，不會讓我罹患唐氏綜合症（Down Syndrome）的父母或子女，站在歐巴馬的「死亡陪審團」（death panel）前，讓他的官僚根據主觀的判斷，決定他們在「社會中的生產水平」是否值得接受健康照顧。這種健保系統根本就是造孽。[5]

　　接下來的發展眾所皆知。隔沒幾天，這個新鮮炮製出來的「死亡陪審團」，立刻滲入美國的每個角落；狂熱的敵對陣營大力駁斥，卻在無意中造就了難以避免的結果，導致這個名詞更加流行。八月中，皮尤（Pew）民意調查顯示，有不少於86％的美國人聽過這個名詞，30％的人相信確有其事 —— 其中共和黨人占了47％，

另外20％的受訪者無法確定真假。[6]

　　儘管一再否認，卻有越來越多的人執意相信，接受歐巴馬健保，等於接受強制性的「死亡陪審團」，蔓延趨勢難以遏止。幾個月之後，民主黨放棄了這項基本原則。二〇一二年，歐巴馬政府再度觸及由健保支付「生命終結諮詢」的可能性，污名化的標籤頓時蠢蠢欲動，迫使提議迅速作罷。二〇一五年夏天，當局宣布，經過深入的研究與諮商，健保傾向支付「生命終結諮詢」。可想而知的是：麥考伊立刻在《紐約郵報》（*New York Post*）上宣稱：「『死亡陪審團』捲土重來。」[7]

　　一個誇大不實、極盡扭曲的名詞，完全與歐巴馬健保的核心理念沒有任何關係，卻改變了政治的軌跡。事實上，這是許多美國人在憶及健保辯論時，唯一有印象的焦點。老牌的保守派評論者派特・布坎南（Pat Buchanan）評論裴林的表現時，不減煽風點火本色：「這女士總是知道如何創造議題。」[8]

　　在這齣政治鬧劇中，且把我們對於主角的觀點放在一邊，也暫且不管健保與政治，單從修辭學的角度來考慮「死亡陪審團」。什麼原因讓這個詞瞬間爆紅？為什麼這個名詞成功的形塑了健保辯論？更重要的是，這個現象能不能告訴我們，我們的公眾語言究竟怎麼了？

　　這個名詞的力量，很明顯的來自於它的壓縮（compression）。政治論點，只用了兩個英文字就很有力的表述出來，對於推特或者

其他媒體來講，實在非常完美。比方說，二○○九年夏天，你從美國某個機場走出來，看到一台電視，「死亡陪審團」這幾個字眼，就非常適合嵌在有線電視新聞頻道螢光幕下方的標題色塊裡。你可能不知道出現在電視上的人，是支持還是反對歐巴馬健保，但你看到而且會記得的，就是那兩個英文字。

我們還可以進一步的分析壓縮這個概念。「死亡陪審團」具有舉隅法（synecdoche）的效果。這種轉喻詞（metonym）是以部分代表全體。當我們聽到「死亡陪審團」這個詞，不單指一二三三條，也代表整體的歐巴馬健保。事實上，它還指涉了歐巴馬、他的政府以及他看待美國的視野。

你也可以用預辯法（proleptic）來分析「壓縮」這個概念：它想像某種未來的場景，卻以當下的情況呈現。麥考伊僅僅誤解草案，裴林卻補充了政治預測，描繪如下走向：民主黨推動的立法，建議賦予聯邦政府控制你與你家人健康的權力 —— 控制生與死 —— 遲早他們會創設一個機構，判定誰可以得到什麼。這就是所謂的「滑坡謬論」（slippery-slope argument）—— 如果他們的立法通過，到頭來，政府就會決定人民的生死。這當然不是完整的論述，而是一種浮誇的修辭，直接跳到地獄般的絕境，激發大家對於生命的鮮活想像。預辯法的力量可以讓你忽略緊接著該有的推論步驟，其實已經默默消失。

這個句子在初登場之後，衝擊效應逐漸擴大的原因，得力於以下兩種似是而非的伎倆。裴林在「死亡陪審團」前後，加了引號，好像她是從草案原文直接摘引出來的，「社會中的生產水平」亦復

如是，一副是歐巴馬的用語，而不是她捏造出來的模樣，因此喚起大眾對於社會主義／官僚集團缺乏人性的恐懼。隨後因為同一陣營的保守派眾議員米歇爾・巴赫曼（Michele Bachmann），片面解釋以西結・伊曼紐爾（Ezekiel Emanuel，支持全面健保的狂熱生物科技專家）說法，更強化了打擊的力道。足足半個世紀以來，對於美國健保改革的攻擊，始終不曾中斷，現今的批評只是傳統的遺緒之一。舉例來說，一九四〇年代中期，美國醫學學會（American Medical Association）就形容杜魯門總統的全國健康保險是蘇聯版的「社會主義醫療」，但是「死亡陪審團」這個詞激發的卻是更黑暗的想像：二十世紀的優生學、安樂死計畫、死亡集中營裡的無奈選擇，而歐巴馬跟他的醫療官員，則是取代了納粹醫生。

如果我們側耳傾聽，不難聽到弦外之音。飽受煎熬的老年人，選擇放棄治療，於今看來，已經是相對保守的概念。裴林提起她罹患唐氏症的兒子崔格（Trig），標誌著她會把這個溫和的主張推到多遠、推到怎樣的極端：現在可好了，連年輕人都不放過。

這裡還有廣泛的意涵。面對公眾決策，一般美國選民或許可以很理智的歸納兩類問題：一種是牽涉到宗教、文化、倫理歧異的核心問題 —— 墮胎與同性婚姻就是最明顯的兩個例子 —— 不過這些議題，基本上，是可以處理的。但我們要怎麼預防下一個雷曼兄弟（Lehman Brothers）？如何保護美國抵禦茲卡病毒（Zika virus）的侵襲？經過深思，你或許會做出結論：健保改革的議題，恰巧落在這為難的第二類。

裴林意在言外。先前，她公開提及崔格，為的是連結她反墮胎

的主張；而攻擊歐巴馬健保，也是相同的手法，暗示這是一場善惡力量的角逐。把她唐氏症的孩子扯進來，是試圖把墮胎引發善惡對立的爭議，移植到歐巴馬健保改革的戰場上。一講到墮胎，正反兩邊都認定沒有妥協的可能。健保爭議也是相同的處境，她說，你怎麼能跟屠戮你孩子的人妥協？

講到「死亡陪審團」，還有最後一個重點要補充。這個詞具有無限上綱（maximal）的特性：不管從哪個層面，它都表達了最強烈的語意。裴林宣稱，她所揭露的是不折不扣的謀殺共犯，推翻了反對意見中也可能有善意的假設——這是生死相搏的政治競技場，動用任何語言武器，都是公平的遊戲。修辭學並沒有驅散反倒助長了對政客的不信任，而且還相當成功。

也許「死亡陪審團」這個名字讓你汗毛直豎。也許你會覺得這是一種妖魔化或者醜化的修辭概念，但發現一般人無力抵抗這種粗俗誇張的表達方式，還是會讓你大吃一驚。修辭學就是為了特殊的時間地點，更重要的是，特定的受眾而設計的——完全是一種高度策略性、情境式的（contextual）藝術——訴求的對象未必是你。在特定的情境中，有特定的受眾喜歡聽，就會產生摧毀性的效果，就像是精密導引的攻擊武器，長程鎖定，一擊中的。

從某個角度來看，這樣的修辭法是全然的失敗。它過於刻意，脫離現實，無視健保拉拒中困難的決策與利益交換過程。敵對方的意見如此精於算計、暗藏玄機，一般民眾非但不能輕鬆了解歐巴馬健保的政策選項，反倒讓他們如墜五里霧中。為了追求修辭的衝擊力道，在有意無意間，只得犧牲解釋的功能。

大憤怒

　　無論落在政治光譜的哪一點，都有越來越多的人發現：我們的政治以及政治議題的辯論與決策方式，已經走上歧路。從美國、英國到其他西方國家，無一倖免。批評民主粗糙喧鬧，已經是老生常談了 —— 從柏拉圖（Plato）到湯瑪士・霍布斯（Thomas Hobbes）都一再論及。現在卻有充足的證據，證明憂慮並非空穴來風。

　　「其中有巨大的憤怒。相信我，巨大的憤怒。」美國知名房地產開發商唐納・川普（Donald Trump），二〇一六年三月十五日，在共和黨初選，再下四州之後，在演說中這樣告訴支持者。無論你如何評價川普，他的觀察卻很難推翻。愛德曼信任調查（Edelman Trust Barometer）在全球二十八個國家中，持續測量民眾對於政府、企業、媒體跟非政府組織的信任程度。二〇一六年的調查顯示：對政府的信任，在金融危機掉落低點之後，有約略回復的趨勢；但是，社會菁英（或者知情大眾*）對於政府及其他機構的信任程度，與一般大眾相比，鴻溝卻有逐漸擴大的趨勢。而今年的差距，是愛德曼執行信任調查以來最大的一年；[9]幅度最高的三個國家分別是：法國、英國與美國。

　　在美國與歐洲，近期對於主流政治的憤怒與失落 —— 多半由收入差距加大、全球化與移民引發的焦點、無人因為金融危機得到

＊ 如果你的年紀在二十五到六十四歲之間、大專教育程度、家庭收入在你的年齡層排名前百分之二十五，接收一定數量的綜合與財經新聞，你就符合愛德曼對於這個族群的定義。

懲罰，乃至於伊拉克戰爭的痛苦後遺症 ── 使得原本左支右絀的政治體系，更加疲弱，更難招架加速襲來的逆流。在美國與其他西方國家，政治已經淪為嬉笑怒罵的對象，左翼與右翼的裂痕也在加劇，不只政客針鋒相對，就連支持者都開始黨同伐異。主流政黨有意願與能力，接觸並包容反對意見的政策領域逐漸萎縮，在美國，甚至瀕臨滅絕。許多國內或國際的政治組織，決策因而逐漸失去彈性。

　　一般民眾於對檯面上，扎根已久的老政客，逐漸失去信任，開始尋找替代人物。英國老派左翼激進人物，傑洛米・柯賓（Jeremy Corbyn）與美國資深參議員伯尼・桑德斯（Bernie Sanders）、反移民的極端右翼黨派，像是法國民族陣線（French Front National），這個政黨在最近的選舉中，贏得大量選票，黨魁瑪琳・雷・朋（Marin Le Pen）甚至被認為具有問鼎二〇一七年總統大選的實力。奧地利的FPö，自由黨（Freedom Party）推出的候選人諾伯特・霍費爾（Norbert Hofer）在二〇一六年五月的總統大選中，只以些微差距落敗。新的民粹極端政治組織，像是希臘的激進左翼聯盟（Syriza）、西班牙的「我們可以」（Podemos）；立基在單一議題上的政黨，英國獨立黨（UKIP）、蘇格蘭獨立黨（SNP）；反傳統政客，比如義大利喜劇演員畢普・格里羅（Beppe Grillo）或是川普。非主流的政黨與政治人物脫穎而出，引誘傳統政客開始模仿這路人物的風格與策略。儘管展現的方式不同，泰德・克魯茲（Ted Cruz）與鮑理斯・強森（Boris Johnson）可以說是後者的代表。結果就是導致現存的政黨與政治機構，必須面對內外夾攻的斷裂力量。

　　大眾的冷漠、對政治參與缺乏熱情，引發的嚴重後果，其實不遜於政治意見的分崩離析與極端勢力的崛起。許多公民根本懶得投票。在許多民主國家中，投票率持續低迷。年輕人尤其讓人擔心：二〇一四年美國期中選舉，十八到二十九歲的選民，只有五分之一參與投票。嚴肅新聞的供給與消費數量，急遽下滑——公眾對於主流媒體，不再信任。而主流媒體也面臨了層出不窮的離心勢力挑戰，新興數位媒體加重了它們既存的經濟壓力，情況比主流政治好不到哪裡去。

　　最明顯的問題自然是：為什麼？或者我們可以打磨得精確一點，在理解（理由稍後分析）這種發展多半是諸多算計造就，而非意外演進的結果之後，或許我們也該問：該怪誰呢？好消息是：有多位偵探正在調查這起案件，也鎖定多位嫌犯；讓人略感沮喪的是：嫌犯數量龐大，偵探的理論相互矛盾，無法確認，現在無法起訴任何人。

　　有一派人馬認為罪魁禍首是政客。這答案聽起來夠直接，但看法也不一致。有的偵探譴責個人，東尼‧布萊爾（Tony Blair）跟喬治‧布希（George Bush）的名字經常被提及；老一輩人甚至會想到瑪格麗特‧柴契爾夫人（Margaret Thatcher）、隆納德‧雷根（Ronald Reagan）、柯林頓。歐陸的同業則是提到西爾維奧‧貝魯斯柯尼（Silvio Berlusconi）、尼古拉‧薩科齊（Nicolas Sarkozy），以及許多中歐與東歐的領袖。每個偵探都有強烈的激情，但我們卻沒法不注意到：被他們點名的，都是他們私下討厭的政客，或者他們反對的政治立場。左傾的偵探一般譴責右傾的政客，反之亦然。

我們當然不能排除個人、單一政黨、特殊意識形態，造就了現今民主諸多弊病的可能性，但是，我們同樣無法不懷疑這批偵探的情緒過於激昂，可能失去客觀。

有的偵探把注意力移向超越個別政客的態度與行為。著名的政治學者湯瑪士・曼恩（Thomas E. Mann）與諾曼・歐恩斯汀（Norman J. Ornstein）給他們的新作取了個很輕鬆的書名 ——《比表面看起來還慘：美國憲政體制如何與新極端政治碰撞》（*It's Even Worse Than It Looks：How the American Constitutional System Collided With the New Politics of Extremism*）。在書中，他們檢視一系列的政治衝突，說明在某些時間點上，美國政體 —— 在歐洲，就是國會民主政體 —— 在兩大政黨、意識形態尖銳對立時，推動政務的特殊難處。只是驅動論述的理路卻是一面之詞。「新極端政治」全是共和黨的問題，書中對於撥亂反正的建議如下：

> 懲罰秉持極端意識形態的政黨，就是投票反對。（今天，意味著G. O. P.*）此舉將可確保這個政黨回歸主流政治範疇。[10]

換句話說，就是改投民主黨。但是，把政治文化中的逆流，全部賴在敵對陣營身上，請選民投票給另外一政黨，實在稱不上是減少政治歧異的良方。這種論調也未真正觸及政黨內的極端化（radicalisation）與粉碎化（fragmentation）的趨勢 —— 粉碎化，就

＊ Grand Old Party，直譯老大黨，即共和黨。

拿共和黨為例，意味著沒有任何一個人能實質掌握這個政黨、對於未來發展方向，是堅持核心理念？或者另起爐灶？也無法達致共識。

也許艾米・古特曼（Amy Gutmann）與丹尼斯・湯普森（Dennis Thompson）的《妥協的精神：為何治理需要它、動員卻破壞它？》（*The Spirit of Compromise: Why Governing Demands It and Campaigning Undermines It*）提供比較好的答案。這本書鎖住的問題 —— 意識分歧導致立法與行政僵局 —— 在立場上，比較持平，試圖尋找系統原因，而不是譴責單一政黨。對古特曼與湯普森來說，根本的病因是政治動員不再局限選舉期間，而是不曾間斷，動員產生的行為 —— 特別是要明顯區隔自己跟政治對手的立場差異 —— 會妨礙成功的政府，尤其是會阻斷形成「妥協的精神」的諸多元素。兩人宣稱，想取得具體的政治成就，妥協斷難或缺。

這張診斷書的可信度高得多，卻依舊無力指引我們思考解決方案。結論是針對美國政體機構的具體改革建議，但核心呼籲還是頗為抽象，希望在政府成功治理、理性本分的傑奇醫生（Dr. Jekyll，即「化身博士」）與浮躁的動員路線、惡名昭彰的海德先生（Mr. Hyde）間取得新平衡。

即便有機會剷除拒絕妥協的頑固堅持，也按兵不動：由於這是動員所需。動員與拒絕妥協的堅持，深植在民主過程的 DNA 裡，民主捍衛的目標必須在兩副不同的心靈間維持較好平衡。這種平衡在美國目前的民主中，若隱若現，但在其他民主國家，卻有失衡的風險。[11]

　　儘管古特曼與湯普森特別提到強化公民教育與改革動員經費來源 —— 我們卻覺得這帖處方，看似冠冕堂皇，實質頗為可疑，像是把問題重述了一遍。可憐的傑奇醫生的麻煩，就是在兩種迥然不同的個性間，找不到任何促進平衡的媒介，甚至，連急就章的替代品都沒有。

　　古特曼與湯普森也無法提出讓人滿意的答案，化解政治對抗的難題。政府統治，反對黨在本質上反對執政者（在美國的民主系統中，政黨其實是在不同的部門或者參眾兩院裡，執政或反對），天經地義，無可避免的會持續動員。動員的原則大致如下：反對陣營領袖在能維持體面的前提下，盡可能的攻擊政府施政，即便僅能取得象徵性的勝利也在所不惜。如果按兵不動、如果競選期間強力杯葛，在對方執政後軟化立場，反倒協助對方超越最低的政府維運目標（這是己方選民唯一能接受的標準），只會被嫌虛偽、背叛己方支持者。

　　古特曼與湯普森回歸妥協精神的呼籲，很容易就會碰到先天上的不平衡。相對於反對黨，妥協對於執政者較具吸引力，也不可或缺。兩千五百年前，雅典人設立了貝殼流放（ostracism）的制度，放逐被擊敗的潛在政治對手，以免他干擾政府施政。可惜這個選項在今天派不上用場。

　　儘管兩位作者並沒有這樣表述，但他們的結論其實暗示：最好的政策落點，應該在兩個意識形態極端的中間地帶。只是好些例子證明，絕佳的政策理念，是在極左或極右的政治光譜中孕育出來的，並不倚靠兩者中間溫和務實的土壤。我們也該謹記：最好的政

治狀態就是內容有共識、手段不妨柔軟。在推助創新的理念時，碰到頑抗的勢力，決策前雜聲四起，經常是必經之路。很難判斷高亢的激情、激烈的爭吵，到底是民主體制健康的指標，還是生病的徵兆。

我挑了兩本描述美國政治的著作。如果要我選擇討論現今歐洲政治的書，我想主題也會集中在政治癱瘓 ── 也許只差在國會制度聯合政治（coalition politics）造成的僵局，或者在未經改革的政治文化中，既得的利益糾結導致的瘀青部位不同而已。其他的基礎主題其實是差不多的。

在這些基礎診斷的背後，還有好些學術理論，試圖解釋我們的民主為何會陷入如今的窘境。舉個例子來說，在二○一四年出版的《政治秩序的起源（下卷）：從工業革命到民主全球化的政治秩序與政治衰敗》中，政治學者法蘭西斯‧福山（Francis Fukuyama）檢視了數個世紀以來，西方與其他文明的政治體制，如何崛起，又如何衰落。二○一二年，歷史學者尼爾‧弗格森（Niall Ferguson）在BBC里斯講座（Reith Lectures）中，以「法治及其敵人」（The Rule of Law and Its Enemies）為題，討論體制的角色。但是，體制 ── 意味著憲政安排與政治實務、法律系統與秩序、架構與慣例，用以約束我們社會中經濟、社會與文化的各種活動 ── 只是政治學者運用歷史，解釋我們當今難題的起點而已。我們可能根本沒有興趣公平審視諸家學說，就輕易的將他們放在政治光譜上理解 ── 左翼學者警告資本自由民主的矛盾，主要是指權力與財富的不平等 ── 終究會自食惡果；而右翼學者傾向指責一度強健的

政治與社會文化，是如何受到進步主義（progressivism）與政治正確（political correctness）拉扯，而遭到破壞。

有的偵探在追蹤另外一組嫌犯 —— 媒體。但是，在追索邪惡勢力之際，他們也開始分裂。有的人鎖定特定媒體 —— 福斯新聞（Fox News）、盧伯特・梅鐸（Rupert Murdoch）、《紐約時報》（*The New York Times*）、BBC及《每日郵報》（*Daily Mail*）最常出現在美國與英國的究責清單上。也有人認為結構轉變，也就是科技與商業勢力結合，分裂傳播受眾、破壞傳統媒體、引進二十四小時全年無休的新聞頻道才是主因。至少有幾位學者相信，這毒化了公眾論述，無法產生有意義的討論。

事實上，媒體使民主品質下降的說法 —— 特別是媒體無力向公民說明政治選項 —— 早在二十四小時新聞台誕生之前，就已經出現了，自然不關Gawker（高客傳媒）或者BuzzFeed的事。四十年前，約翰・柏特（John Birt），未來他將成為BBC總裁，但當時他還是重大新聞製作人，就曾與他的同事彼得・傑（Peter Jay）致書《泰晤士報》（*The Times*）：「電視新聞蘊含偏見。不是針對某一政黨，或是某種觀點 —— 而是阻礙諒解的偏見。」[12]

柏特相信，電視新聞偏愛故事、情緒，或者吸引眼球的場合，但是有關治理與政策形成時，必須面臨的嚴肅選擇，電視新聞卻沒有什麼影響力，要不就是根本迴避硬梆梆的議題，要不就是寥寥數筆，簡單帶過。無力知會觀眾，只能發揮娛樂功能。

在科技改變新聞的文法與消費方式之後，類似的說法，出現的頻率更高，且語帶急切。二〇〇七年，布萊爾形容媒體是「野

生動物」（feral beast），宣稱媒體競爭的結果，導致記者野性大發，爭相獵取他所謂的（其實是沿襲柏特）「衝擊新聞」（impact journalism），負責任的新聞報導，被煽情故事與人格謀殺取代，[13]導致政治領袖與公眾之間誠實與率直的對話，變得越來越困難。記者約翰・洛依德（John Lloyd）在二○○四年的著作《媒體對我們的政治做了什麼》（*What the Media Are Doing to Our Politics*）中，形容現代英國媒體（其中自然包括了BBC）傲慢自大、沉迷於競爭成果，以至於自我欺騙，招來失去公民責任感的風險。

　　我再次選擇一個西方國家的例子。如果我改選美國或者歐陸國家對於媒體的批評，個案或機構自然不同，但控告內容應該大同小異。

　　最後，我們偶爾也會聽到政客、媒體老闆或者其他的公眾菁英懷疑 —— 當然永遠是私底下 —— 造就信任崩解、冷漠、投票者與政客間互不理解的罪魁禍首，會不會是一般老百姓已經失去公民精神？也許他們已經變了。也許富裕的生活與享樂主義結合科技，讓他們的腦子早中晚都裝滿了娛樂，變得日益淺薄自私，逐步喪失了公民精神、無法集中。

　　自然也有冷靜的學者，特別在社會心理學的領域中。這門學科近年來逐漸傾向研究「行為經濟學」，運用心理、社會、經濟資料與洞悉力，了解人類如何決定購買某件商品或使用某種服務 —— 往外延伸一些，就是他們為什麼會支持某些公共政策、投票給某些人。事實上，行為經濟學的思想領袖，像是二○○九年，與理查・塞勒（Richard H. Thaler）合著風行一時的名作《推力》（*Nudge*）

的凱斯·桑思坦（Cass R. Sunstein），就比較傾向人類的傳統智慧：許多人會避開與自己相左的意見，如果被迫面對，大家會更執著於我們原本的想法，鮮少變通。如果「死亡陪審團」這樣的說法能嵌進我們的世界觀，不會格格不入的話，我們比較可能會相信這樣的謠言或陰謀理論。

政客、媒體、大眾。對於這些不同的解釋取向，你可能會有自己的觀點。我個人很懷疑那種預期特定政黨或媒體組織會舉止失控、居心叵測的理論，而傾向相信社會心理學者與相關領域的專家，在了解個別與集體的人類行為上，取得了有趣且具重大潛力的實證進展。這些學者的研究中，不曾挑出公眾作為譴責的目標，認為他們應該負起政治文化墮落的責任。事實上，單憑直覺、劈頭便罵；把個人、政黨、特定的公司或機構，醜化成惡棍或神經病；在每種政治及文化發展的背後都可以看到陰謀，故意違逆你的偏好：這種直覺本身，就需要深入的探索與解釋。

這種理論也無法解釋，為什麼在不同政治與媒體背景的國家中，會出現類似的趨勢。我認為我們在媒體上看到的結構與行為變遷，是相互關聯的，但不像布萊爾，我相信它們只是故事的一部分，甚至不是最關鍵的一環。被視為元凶的特定政客與政黨，也適用於這個道理。

我們失去事物真正的名字了

我站在BBC與《紐約時報》的制高點上，看著全球金融危機

逐步開展。我很訝異的發現，每個人 —— 政客、記者、學者 ——
都在解釋發生了什麼事情，為什麼某些人受到的衝擊特別嚴重？解
決方案是提出來了，政客或者促銷，或者排拒。每個月都有經濟數
據發布。在各種媒體上，充斥著過量的新聞、評論與辯論。

　　林林總總的措施與訊息，很明顯的跟公眾脫節。不僅僅是一般
老百姓難以測量這次危機的幅度 —— 多數的政治與媒體菁英也是
霧裡看花。許多人索性放棄了解現況的努力。菁英之間的討論，充
斥著華麗的學術用語，即便他們不知道自己在講什麼。越來越多的
人懷疑政客、商業領袖以及自認是專家嘴裡冒出來的每一個字。

　　遇險訊號層出不窮、形式各異。在許多民主政體，無論是現任
領導者或執政黨，無論政策或政治取向紛紛中箭落馬。有的國家，
民粹主義、仇外與種族主義趁勢崛起。在某些歐洲國家，全國罷
工、民眾騷亂，司空見慣。幾乎到處都聽得到 —— 討論政治現況
時，總免不了的背景聲音日益喧囂、黑暗的冷言冷語 —— 全面滲
透。

　　大眾的不明所以與不信任是測量得出來的。二〇一一年，
BBC的調查發現，在英國，被問及如何定義「通貨膨脹」，只有
16％的民眾有把握答得出來。[14]何謂GDP，只剩10％；「流動性」
（liquidity），7％。遑論「信用違約互換」（credit default swaps）、
CDOs（擔保債務憑證）、QE（量化寬鬆）、TARP（問題資產救助
計畫）以及 EFSF（歐洲金融穩定基金），這些名詞再問出來，結
果可想而知。有關經濟危機的「公眾」理論性論述，落入一般百姓
的耳裡，無異梵語。英國民調公司易普索莫里（Ipsos MORI）就證

實「假設它很複雜」的這種心態，在一般大眾腦海裡，占有極大比例。這種預設信念讓很多人相信：某些政策用語與議題，實在是太難懂了，連試著去了解的力氣都不必浪費。[15]

即便有些尋常百姓願意投注心思，他們也是會懷疑，聽進耳裡的訊息究竟值不值得信賴。在金融危機爆發前，二〇〇五年，易普索莫里報告顯示，68％的英國民眾相信官方會改動數據，因應政府的施政方向；59％的民眾相信政府並沒有誠實運用數據。在英國與其他西方國家，民眾對於媒體傳播、解釋官方資訊的能力，也沒有什麼期待。

民眾這種「不信賴感」究竟合不合理？如果你是愛德曼認定的「知情大眾」的一員，你的答案也許是：不合理。也許你會譴責教育體系、時代氛圍，或者民粹主義利用老百姓的「不信賴感」，刻意鼓動。這也是現今信任崩解的特徵之一，每個人都覺得別人應該要負責。

在這本書裡，我要設法澄清：問題不是出在任何一組演員太過脆弱，真正核心的關鍵是語言本身。我當然不是說，修辭學是策動政治與文化變遷的主要推手。但我們將會發現，勤奮的偵探早已鎖住導致政治僵局的力量，而修辭正是這些力量交互作用的結果。不過，我不會把修辭當作底層因素的副產品，而是把它放在因果連結的樞紐。跟我們共享公民結構、體制與組織，同等重要的是活生生的公眾語言；修辭一旦改變，公眾語言也會跟著變動。政治的危機，就是政治語言的危機。

❖

　　這一章，我以裴林的「死亡陪審團」開場，是因為我認為，這個現象濃縮了當今政治論述中最讓人不安的某些趨勢。它造就了巨大的震撼，卻犧牲了複雜性、制約性（conditionality）與不確定性，為了自圓其說，肆意誇張。它的論述立基在如下的假設：攻擊目標一旦選定，就要把它說成罪大惡極，斷無修正彌補的可能。它沒有向任何人解釋任何事情的責任，還把「事實」當成是某種意見。它斷絕了政黨之間理性辯論的可能性。濫用這種政治語言，也難怪許多市民一肚子噁心，只想迴避政治。

　　「死亡陪審團」或許是一個極端的例子，我們卻不能假設這錯誤很罕見。完全相反，在接下來的章節裡，我們會看到，不只是裴林這種主流領袖會玩政治偏鋒，溫和派或激進派，甚至居高臨下的科學界，嘴裡也都說得出這種話來。

　　舉個單一的例子。二〇一六年五月，正當英國糾結在脫歐公投的痛苦抉擇中，下議院財政部專責委員會（Treasury Select Committee）[16] 譴責雙方誤導公眾，以不負責任的誇大語言，呈現他們所謂的「事實」；其實，在許多例證中，都暗藏了高度可疑的假設。「我們必須制止雙方競相加碼渲染，以不實反擊不實的武器競賽。」委員會主席安德魯・泰利（Andrew Tyrie）這樣告訴BBC，「我認為這會誤導公眾，淘空政治辯論的基礎。」[17] 就這件事情來說，所謂的「雙方」，指的是這個國家首相以下的政治權力機構。

　　幾個星期之後，英國公投決定脫歐。這個驚人的逆轉，不只是大衛・柯麥隆（David Cameron，他在第二天宣布辭去首相職位）大吃一驚，就連傳統的英國菁英也不敢置信。攻擊移民的情緒性語

言、「重拾主導權」的可疑承諾，竟然輕易擊潰一旦脫歐將導致重大經濟惡果的嚴正警告。經濟弱勢、憤怒與資深的國人，壓倒經濟寬裕、受過良好教育以及年輕的選民。英格蘭、威爾斯投贏了蘇格蘭、北愛爾蘭與倫敦市。

這些趨勢也未必僅限於文字。除了書寫、敘述的語言被無限上綱之外，新聞與政治的影像修辭，也被壓縮進精心拍攝與編輯的畫面中，不斷重複、技巧嫻熟，且有特定傾向。我們可以把九一一大型攻擊事件，看成一件修辭的案例。在這個個案裡，飛機衝進摩天大樓，大樓隨即崩塌，也就是短短幾秒鐘的事情。雙子星代表西方的力量與價值，兩棟大樓的灰飛湮滅意味著某種可能性——力量可能瓦解，價格也會貶值。熊熊的火焰、崩裂的牆面、驚逃的人們、滾滾的煙塵，未來毀滅的場景，頓時搬到眼前。轉喻法（metonymy）、預辯法，無限上綱。

除了壓縮、誇張之外，還有別的危機。以往，在公眾討論中，科學被賦予特別尊崇的地位。今天，它只被視為一種意見。憤怒與誤解已經侵蝕辯論中（特別是在虛擬空間裡）最低限度的禮貌與相互尊重。我們越來越懶得尋找共同的語言，鼓勵價值觀與我們本質不同的文化與民族，一起加入討論。對於言論自由的容忍度逐漸流失，甚至有越來越多的人，希望能加以箝制，這種論調不只出現在專制社會，甚至在自稱尊重言論自由的西方國家也不時聽聞。

這種負面趨勢源自一股糾集了政治、文化與科技的力量——這力量超越單一意識形態、利益團體與國家機構。健康的公眾語言能夠把大眾與政治領袖連結在一起，是因為它有能力將老百姓拉進

辯論中，導向更好、更受支持的政治決策。而公眾語言一旦喪失了解釋與激勵的力量，等於威脅到人民跟政治領袖的廣泛聯繫。我相信我們的民主政體就是碰到了這個麻煩。

這也就是公眾語言危機迫在眉睫的理由。冷嘲熱諷、實質內容逐漸流失、表達方式粗糙低俗，本質上，是一種讓人失望的文化現象 —— 證明嚴肅的討論已經瘖然無聲，無力再舉。就我來看，真正的危險並不在文化，而是在政治，特別是民主領域 —— 危及它的合法性（legitimacy）、與歷史上其他政府體制相較的競爭優勢，最終破壞了民主的可持續性。

有些人會批評這些論點全都不是新的，我的答案是是，也不是。我在當今修辭風潮中分辨出的特徵 —— 過度概括的語言、高訴求力，一聽難忘的口號或名句 —— 的確不是什麼新鮮事。讓他們自說自話吧。不投降。我們唯一需要恐懼的，就是恐懼本身。

當然也不乏有人跳出來宣稱：口號、修辭把戲、野蠻的人身攻擊、赤裸裸的謊言，已經取代理性的辯論，或者，這些負面因素的極端組合，使得政府無法梯次開展施政。從柏拉圖到喬治·歐威爾（George Orwell），在西方的經歷中，充斥著政治語言竊敗、拖垮政治的抱怨。我認為今天迎向公眾語言的挑戰，其實可以從早期的批評與古人面對的危機開始研究，想必獲益良多。

永遠不會有公眾語言的黃金年代，永遠也不會有領袖與人民水乳交融、政客始終理性，一貫文質彬彬，絕無例外的伊甸園。相反的，我要強調的是：某些觸媒會讓我們的環境變得異常，特別是媒體及大眾傳播革命與政治文化交錯互動造就的影響。

　　如同我在本章一開頭提及的：我們如果察覺到政客與媒體的弱點，第一直覺就是認為：根本的原因 —— 基礎的經濟與政治利益，或者意識形態的力量 —— 應該深藏在表面之下。這是啟蒙時代帶給我們的深邃影響：要求我們必須挖掘到表層底下，才能揭開真相；而表層，不折不扣就是修辭，也就是政客用以遮蓋難以告人的心思、塗脂抹粉的技巧。所以，對我們來說，因果關係是從深層的政治原因，再追到語言。但好些時候，無論現代或古代歷史，經常有觀察家認為因果關係其實是倒過來的：先是公眾語言墮落，才破壞了集體審議機制。廣泛的文化令人失望，政治機構與國家隨之江河日下。

　　《伯羅奔尼撒戰爭史》（*History of the Peloponnesian War*）第三卷，修昔底德（Thucydides）就認為語言的變化，導致雅典民主政體失靈，由暴民政治（demagoguery）進入僭主政治（tyranny）與無政府（anarchy）狀態的關鍵：人們用他們偏愛的方式界定事物，他說，「公認的字的定義」就此打破。[18] 在他的記述中，西元前六十三年的羅馬共和國喀特林（Catiline）危機，沙魯斯特（Sallust）請小加圖（Cato the Younger）指出哪些語言被誤用 —— 特別是字與意義的聯繫，橫遭截斷 —— 是對城邦的潛在威脅。社會，小加圖說，已經失去「事物的真名」（true names of things）。[19] 在十七世紀的英格蘭，經歷內戰的霍布斯，就相信這場戰爭的重要原因，源自於宗教的筆墨戰 —— 由於印刷術盛行，使得小冊子滿天飛 —— 最終產生了致命效果，侵蝕了國家秩序賴以存在的共同語言基礎。

　　民主崩解、無政府、內戰。對於西方世界的我們來說，已經是

遙遠的過去了 —— 即便許多國家出現了分裂的、醜陋的徵兆，特別是關於移民、種族與國家主權的爭議；或者我們在電視上看到烏克蘭、希臘與其他國家的景象，在在提醒我們：民間秩序與現代民主的結構與傳統，是如何的脆弱。但在北歐、西歐與英語世界，距離這種不穩定，還有一大段距離。只是很少人能否認，我們社會的裂縫正在擴大，或者，最近的發展 —— 特別是席捲世界的金融危機、日益惡化的不平等、脫歐與令人不快的中東軍事冒險 —— 足以顯示決策者與大眾之間的誤解與不信任，正逐步擴大。

也許在尖銳的國家威脅之下，語言會被重新發現，就像是二次世界大戰那樣灌注新的活力，團結整個國家。但是考慮緩發型（slow-onset）危機 —— 難以遏止的移民潮、收入落差惡化與在科學模型上風險升至最高層的全球暖化現象，導致社會凝聚力崩解的潛在威脅，始終揮之不去。我們究竟有沒有一套修辭體系，可以支持辯論與決策的過程，以面對終究無法迴避的挑戰？

這裡還有另外一層隱憂。打從柏拉圖開始，攻擊修辭學的評論者就憂慮它的工具性（instrumentality）—— 也就是伶牙俐齒卻心懷不軌的演說者，不是用擲地有聲的論點，說服聽眾；而是按下聽眾的敏感按鈕，來控制他們。換句話說，他們是靠他們學習而來與測試多次的理念、字句與專業技巧，引導聽眾，抽出他們想要的反應。我們存在的世界中，這種修辭技巧已經快速的機械化。以下這兩種行銷訊息 —— 或政治思想 —— 的表述方式，哪一種更具說服力？A/B測試，兩個表達方法排排站，面對不同特定觀眾，比較結果，這樣一來，就能給你一個明確的答案。這種測試無所不在，而

且被快速的自動化：不論你有沒有察覺到，你所面對的公眾語言，正以演算法（algorithmically）持續評估及優化中。如果人類無力說服，接下來，就會由機器說服來填補真空。在兩千五百年前的雅典，最具說服力的人就擁有最大的權力。未來的風險是：誰擁有最大的機器，誰就會擁有最大的權力。

在這本書的結尾，我會回到如何解決這個危機的問題上。如果我是對的，原因深藏在我們的文化與歷史中，答案就不可能快速輕易的浮現。但是我們最好做點什麼。在政治與公眾政策的世界裡，文字就是行動，會帶來嚴重的後果。我們的公眾語言瀕臨險境、失利在即 —— 而歷史告訴我們，這種情況一旦發生，更惡劣的後果就會接踵而至。歡宴之王（Lord of Misrule）正邀你共舞。

chapter 2

油腔滑調口是心非

要說有什麼事情我不在乎，那就是修辭了。我只在意怎麼把事情辦好。

—— 西爾維奧・貝魯斯柯尼[1]

「修辭」這個詞在英文裡有好幾個意思。比較通行的用法是負面的，相當於「空洞的辭藻」。在這個意義下面，修辭就是甜言蜜語，惡意包裝一堆語言技巧，讓騙子顛倒黑白，化弱為強。「油腔滑調，口是心非」，莎翁名劇《李爾王》（*King Lear*）一開頭，柯蒂莉雅（Cordelila）批評她的妹妹，虛情假意，阿諛父親李爾王，有口無心 —— 刻意切割語言與現實。對於修辭的懷疑，深深的扎根在英語文化與歷史中。看來跟嚴肅的實證主義與對虛華詞藻的反感，共同組成了我們據以為傲的傳統。我們將會發現：這種傾向多少具有普遍性，且不乏先例。但是這個詞也能很中性的指稱公眾語言的學術研究、教學，以及將修辭理論派上用場的藝術。再延伸一點，修辭也可以是公眾語言的同義詞。在這本書，我用的就是這個定義，除非在前後文清楚交代我採行別種定義。

修辭是真實的生活狀況，在哪兒都一樣；社會越開放，修辭就越占據核心的位置。斷難想像在民主社會，會沒有公共辯論、無人角逐說服公眾的主導權。當然，你也可能接受上述的現象，但依舊

認定修辭並不重要，因為真正重要的是討論中的實質內容 —— 證據、論述、政治理念、道德與文化價值。但是，現實卻是 —— 特別是在民主政體 —— 實質內容與政策宣示夾纏不清，空洞的花言巧語，才是修辭遊戲中的經典伎倆。

在《凱撒大帝》（*Julius Caesar*）中，馬克・安東尼（Mark Antony）對羅馬群眾說：「我並不是布魯特斯（Brutus）那樣的雄辯家。但，你們知道我的，我是一個簡單直率的人。」這展現了狡猾老練的修辭技巧，不只出現在莎翁名劇，在英語傳統中，也屢見不鮮。在這一章的開頭，貝魯斯柯尼的說法，就是依樣葫蘆。

川普一路殺到共和黨總統提名，也是靠這套，讓大家相信，他是個實話實說的人，不會操弄傳統的政治語言。二〇一五年九月，福斯新聞民意調查發現，44%的美國選民以及62%的共和黨員，都同意如下的敘述「川普有話直說，我們現在需要這樣的總統」。

當然，我們別弄混了，反修辭，「實話實說」，並不是真的在講實話。這種姿態的好處之一，是一旦聽眾相信你沒打算效法傳統政客欺騙他們，他們可能關掉政治說辭的監測感官，不管你怎麼誇大、矛盾，甚至冒犯，都能原諒。就算是對手跟媒體批評你，你的支持者也會嗤之以鼻，認定是抹黑。二〇一五年十一月，美國佛羅里達州選民約蘭達・艾斯奎威爾（Yolanda Esquivel）在接受BBC訪問的時候，拒絕批評川普的直言不諱，「我看的是候選人的實際作為，不會理會其他人總愛挑剔一些小事情，硬說我們老百姓在乎，大肆炒作。」[2]

綜觀西方世界，非主流的「反政客」與希望輕騎挺進的傳統主

流政客，都想祭出民粹魔咒，擺出「讓我們拋去修辭」的姿態。但是，無論他們跟他們的支持者有沒有察覺到，反修辭本身就是一種修辭 —— 的確，在適當的環境中，這是最具說服力的修辭法。

　　儘管背負著沉悶無聊的罪名，修辭在開放社會其實扮演關鍵角色 —— 在專業人士、政治領袖、公僕、專家與一般大眾間，搭建溝通的橋梁。透過一般人能夠理解的有效公眾語言，對重大問題或國家議題有所貢獻。這也就是為什麼在希臘與羅馬文化中，修辭學具有特殊意義的原因。對羅馬人來說，修辭是所有藝術中最重要的一門，比詩與文學還要重要 —— 這對今天的我們來講，多少有點難以理解。

　　歷史學者修昔底德，曾揣摩大政治家伯里克利（Pericles）描述雅典民主文化的特殊優點：

　　我們的百姓於公於私，對政治都極感興趣。在一般勞工身上，你也會發現他們對於公共政策，不乏真知灼見……不像其他人，我們雅典公民會為我們自己共同決策，至少會設法獲致清晰的理解。我們並不相信辯論會阻擋行動 —— 反倒是未經充分辯論的施政，窒礙難行。[3]

　　對古人來說，自由的概念，並不等於後啟蒙時代的個人自由與言論自由，而是人口組成中特權分子 —— 市民而非奴隸、男人而非女人 —— 參與國家事務討論與擘畫的能力。集體決策機制得以運作，靠的就是修辭 —— 解釋與說服的語言。沒有能力或者沒有

意願參與的人，被伯里克利稱為「廢物」（achreios）。修昔底德形容伯里克利在言行兩方面都是時代的巨人。[4]權力，來自於公眾語言的控制。

亞里斯多德與修辭學

究竟古代希臘人跟裴林的「死亡陪審團」能扯上什麼關係呢？回答這個問題最好的起點，是一本討論公眾語言且自成一家之言的古代名著，亞里斯多德的《修辭的藝術》（*The Art of Rhetoric*）。一如許多古典哲學家，亞里斯多德也頗懷疑人民的力量（demokratia，或直譯為平民統治），一部分的原因是他親眼得見修辭如何遭到濫用，如何演變為暴民政治。但他的《修辭的藝術》關切的重點是公眾語言如何運作、如何分類及學習。

古人會區分敘述（statement）與會導致確實結論 —— 舉例來說，數學運算跟科學觀察 —— 的論證（argument），以及可能性（probabilities）與意見（opinions）之間的差別。他們使用辯證法（dialectic）這個詞描述審慎的推理過程，讓蘇格拉底這樣的哲學家得以探索無法驟下定論的困難問題。有的時候，推理過程會導向清晰確認的發現，但蘇格拉底確認為，這個過程別有目的 —— 系統性的檢視對手的論證，揭露其中前後矛盾之處，就是所謂的「置疑」（aporia），一種天馬行空卻又健康的思維方式，目的是戳破自以為是的泡沫，在對話中迫使雙方承認：他們所知的，遠遠比他們自以為的來得少。儘管蘇格拉底自己清楚，有些理念他也沒弄

懂，甚至聞所未聞，卻得透過置疑，把他的無知與遲疑與對手分享，讓他也不免覺得苦惱。比方說，辯證法可能會缺少算數知識論（epistemology）的權威性，但在探索人類思維無力窮究的課題時，還是很有價值的工具。

修辭究竟要怎麼嵌進目前的分析呢？亞里斯多德開宗明義，將修辭定義為辯證法的相對面（counterpart）──也是處理可能性而非確定性，但訴諸的對象卻非科學家或專家，而是一般大眾。有一件事情很明白：即便同樣有證據、講推論，修辭缺乏了辯證法嚴謹的理智。那麼，修辭要怎麼填補「說服力」的赤字呢？亞里斯多德的答案，引進了兩個更深一層的概念：人格（ethos）以及情感（pathos）。

人格是演說者給人一種較為廣泛的印象：除了展現自我的方式，還會帶出我們對此人所知的性格與歷史。情感指的是觀眾的情緒。演說者在現場可以察覺到這種情緒，讓他得以回應、塑造、滿足。但是，英文過於平板，難以精確傳達亞里斯多德的原意。一九二〇年代，德國哲學家馬丁・海德格（Martin Heidegger）在亞里斯多德與修辭講座中，選擇音樂的概念來類比，將情緒翻譯成調和（attunement）。這是演說者在聽眾間發現主旋律並與之唱和的能力。

在我跟你解釋畢氏定理的時候，你怎麼看我這個人與你的情緒，不會影響我對你的說服力。但在我們聆聽兩位哲學家爭論倫理議題時，個性與情緒就有較大的影響，即便我們盡可能地客觀評估雙方論點的強弱。亞里斯多德的看法似乎是，在修辭中，說服的力量會平均分配在論證本身（logos）、演講者的個性與立場

（ehos），以及聽眾與演說者和議題的共鳴度（pathos）上。

　　亞里斯多德對於修辭的解釋，歷經兩千五百年，無損於它的洞悉力。倘若我們在YouTube觀看七十五年前，不同的演說者，無論是法蘭克林‧羅斯福（Franklin D. Roosevelt）、溫斯頓‧邱吉爾（Winston Churchill）或是班尼托‧莫索里尼（Benito Mussolini），一層歷史的薄紗，不免隔在我們與他們之間。推論薄弱，用語誇張，實在很難相信有人會被他們打動。失落的環節就是我們已知來龍去脈的歷史背景、無法重塑時代情境。特別是分享的主旋律、演說者與聽眾之間動態的和諧，這也解釋了遙遠的歷史人物，為何有能力將成千上萬的老百姓，化約成眼淚與憤怒，在他們恐懼的地方灌注進平靜與自信。

　　亞里斯多德另外一個針對公眾演說家的觀察，也是歷久彌新。他們總愛誇張。事實上，他們必須誇張。參加朋友喪禮，誰希望聽到死者生前所作所為的優劣清單？哪管它有多客觀？如果演講者揚善隱惡，想來也不會有人抱怨。不會有任何政客或檢察官，把自己的案子輕描淡寫，提供對手懷疑的憑藉。亞里斯多德把這種誇張的表達傾向，稱之為「放大」（amplification）。

　　非常非常偶爾，你也會碰到不願意沉溺在「放大」效果裡的人。我們在這章一開頭看到的柯蒂莉雅，不願意跟兩個妹妹一起陷進假情假意的虛矯修辭，甚至拒絕表達對父親李爾王的感情，擔心誇大了公眾效果或者個人利益。

　　也許這過於崇高磊落 ── 不見得有幾個人做得到，更別說是政客了。亞里斯多德是現實主義者，他的《修辭的藝術》並不是論

文，而是給雄辯家的操作手冊。他不認為誇張有什麼過錯，而是生活中的現實、演說家的必備武器；如果操作得當的話，甚至還稱得上理性。誇張，在亞里斯多德時代的公眾語言裡，無所不在。如今，你顯然不需要我告訴你，不論從哪個角度來看，誇張都已經氾濫成災。

亞里斯多德也注意到格言（maxims）與寓言（fables），對演說者來說是很有用的工具。格言，是收納智慧與教訓的警語，庶民耳熟能詳。寓言，則是透過民間故事或者新鮮的原型故事（archetypal narrative）揭露豐富的內在省思。根據亞里斯多德的說法，伊索曾經在薩摩斯島（island of Samos）救了某個惡名昭彰的野心家一命。他告訴法庭：處決此人，就會有更窮凶極惡的人取代他。伊索講了個故事：一頭狐狸怎麼也不肯把背上的虱子抖下來，因為牠們已經吸飽血了，換上一批餓得癟癟的新虱子，殊為不智。寓言，亞里斯多德說，「相對來講，容易創作」，而歷史上的先例──確實發生過的往事，性質相近，足為前車之鑒，指引正確的判決與政策──實在是踏破鐵鞋無覓處。也難怪演說家偏好以想像故事來強化自己的論點，較少援引史實。

柴契爾夫人是現代最具庶民感受的政治人物，傳統的教訓與自創的順口溜，信手拈來。比方說：會啼的或許是公雞；但，會生蛋的可是老母雞。站在馬路中央最危險，兩邊的車子都會撞倒你。你可能要打過一次以上的惡戰，才能獲勝。權力像是淑女，當你必須告訴別人你是的時候，你一定不是。

這些話用看的，很一般；但在現場，卻有醍醐灌頂的效果。

政客運用格言是有理由的 —— 在適當的環境、在演講最關鍵的時機，格言不但可以清楚定調，還能不證自明，呼應某種自然定理。它們超越決策者與政黨的封閉語言，聽在一般聽眾耳裡，很像是每天生活的經驗。

只有來自特定修辭傳統的政客 —— 比方說，中國，或者美國南方 —— 有機會掙脫亞里斯多德「狐狸與虱子」的寓言風格。如果我們放大這個概念，納進耳熟能詳的故事、典型的角色或情境，那麼可以說，寓言已經滲透了現代的公眾語言。

亞里斯多德將這種精練的敘事模式，連結他的另一突破，深入探討修辭學。哲學家一息尚存，無時無刻不在探索論述的每個環節，務求準確飽滿。多數的修辭玩家卻是急匆匆的。他們希望盡快審判終結、希望公民大會盡早投票。他們不想語言乏味，唯恐失去聽眾的注意與支持：

在我們無意遵守正規辯證法則的時候；在聽眾面對複雜議題，無力形成綜觀全局的視野、不耐冗長辯論的時候；我們處心積慮，知道是動用修辭的時候了。[5]

所以，修辭學有偷工減料之嫌，並沒有把推論規規矩矩的走完，僅僅採行三段論（syllogisms）中的部分形式，亞里斯多德稱之為「修辭推論」（enthymemes）。因為演講者相信 —— 只要他們沒有誤判聽眾 —— 聽眾會自行填補空隙。[6]修辭推論的詞源是「直抵核心」—— 直抵事物的核心或聽眾的內心。亞里斯多德告訴我

們，實際作用的過程是：

舉例來說，如果你要證明多里歐斯是競賽的勝利者，得到桂冠作為獎品，你只消說他贏得奧林匹克運動賽——犯不著說他贏得桂冠，因為大家都知道。[7]

如果你依照我的想法去下定義，不只視之為一種不完整的三段論證，還是一種論述方式，目的是方便潤色說辭、讓聽眾也有機會自行發揮填補，那麼「修辭推論」連同奧林匹克桂冠論證，從亞里斯多德的時代開始算起，稱得上淵遠流長。「死亡陪審團」，我們馬上可以聯想到，就是一種「修辭推論」——這幾個字對一般中立觀察者來說，並沒有什麼特殊的意義；但是，跟裴林精神上唱和的支持者，卻會自動填補論述空缺，組成對歐巴馬健保的全面批評。接著，讓我們用一個更典型、更現代的例證，說明這種特殊的論述，如何將我們剛剛討論的各種用法——誇大、曲解耳熟能詳的故事，同時減省辯證法，進行壓縮——全部收進一個修辭包裹裡。

二〇一三年四月，一個名為米克・菲爾波特（Mick Philpott）的英國人，為了報復已經分手的情人，故意縱火，沒想到情況失控，家中六名孩子葬身火窟，被法庭判處終身監禁。菲爾波特在犯下這起滔天大罪前，就跟好些女性糾纏不清，至少養育十七名子女，生活絕大部分——如果不是全部——倚靠英國社會福利系統。在菲爾波特認定有罪之後，保守黨的財務大臣喬治・歐斯朋（George Osborne）發表以下談話：

　　這起駭人聽聞、震撼全國的犯罪事件，已經證實主嫌是菲爾波特，現在正由法庭做出裁決。但，我認為這也是一個福利國家——由納稅人買單支持——的問題，值得政府、社會深思——我們應該補貼像這樣的生活方式嗎？我認為應該舉行公開辯論，澄清疑義。[8]

　　這是我們經常碰到的狀況，「修辭推論」並沒有公開現身，但本質沒變，只是隱藏在「補貼像這樣的生活方式」這個句子裡。什麼叫做「像這樣」？這番論述要我們比較什麼？

　　財相的說法，顯然是要我們相信：菲爾波特案值得深究，必須舉行有關福利國家體系的廣泛辯論，這究竟是什麼意思？是（1）給予國民津貼導致他們殺害自己的孩子；於是，減少或取消津貼，就可以降低平白犧牲的小孩人數？

　　推敲「像這樣」的意涵，這是最強的結論。但這結論實在荒謬，數以百萬計的英國人，每年接受國家津貼，卻沒有傷害自己的孩子。所以我們只好另闢蹊徑，尋求較弱的可能結論。（2）菲爾波特犯行重大，當然只是單一個案，卻揭露了某種事實：福利體系造就——甚至誘使——他生下這樣多的小孩、跟異性交往不負責任。針對這個較為合理的思路，進行辯論，或許能促使公眾跟政客一起思考如何改革福利體系。跟（1）不同，（2）指出一條清晰的論述路線，合理負責，就連不贊同的人、不同主要黨派的支持者，都很難否決。

　　不過，財相的因果邏輯卻會在（1）（2）之間，掀起論戰。我們姑且稱之為（1.5）：福利體系以及寬鬆自由的給付方式，促成了

菲爾波特的生活方式，當然，除了極端的個案，這樣漫不經心的生活並不會鬧出人命；不過，並不意味不會導致某種反社會的負面行為 —— 遺棄孩子、藥物濫用、微型犯罪。（1.5）避開（1）的荒誕誤謬，但還是暗指社會福利落入不當人士手裡，不免導致反社會的行為以及犯罪，更一竿子打翻一條船，若有似無的將菲爾波特及其惡行牽扯上其他的福利受顧者。這種修辭策略，稱之為「株連」（guilt by association）。

　　在這許許多多可能性之間，究竟哪一個比較貼近歐斯朋所謂的「像這樣的生活方式」？他的政治對手很快的給出答案，至少是（1.5），相當可能是（1）。他這番話的真正意義並不清楚，非常可能他自己也在觀望。在量子力學（quantum mechanics）中，有一種「態疊加」（superposition）原理：分子同時存在不同的位置，在它們真正被觀察到之前，理論上無所不在。開放的「修辭推論」就有類似的特性，在某種程度上，不同的可能推論，同時有效，除非或直到論述者告訴我們他究竟在想什麼。如果他們始終保持緘默，或者根本沒有定見，「修辭態疊加」的奇怪狀態，就會永遠持續下去。*

　　歐斯朋自然不會意識到這些修辭樣態，而反對黨工黨的成員，艾德・包斯（Ed Balls）這樣回應財相：

---

* 另外一種現代修辭法，根本就是以量子力學之父命名的。根據《都市字典》（*Urban Dictionary*），「薛定諤盥洗袋」（Schrödinger's douchebag）就是指某種愛就性別、種族或其他敏感議題，故作偏激論調的人，他們要看對方的回應，才要決定自己是認真的，還是在開玩笑。

　　歐斯朋利用菲爾波特這宗令人髮指的惡行，要求政治辯論，是精心算計的決定，也是絕望財相的諷刺掙扎。[9]

　　他還是很篤定的補充說，他自己也相當支持「適當辯論福利改革措施」。

　　這個回應需要拆解。表面上，一個政客譴責另外一個政客推動「政治辯論」，就像是一個木匠批評同業執行「憤世嫉俗的木工程序」。不過在這裡，包斯把「政治」當作是專業術語，意指政治圈的慣例：負責任的政客不該利用人性悲劇，掠奪黨派政治資本，而歐斯朋破壞了這個慣例。我們很快就可以了解，這番說詞也是「修辭推論」，簡化整起案件，將之嵌入單一的形容詞裡。

　　包斯回應中真正奇特的地方，其實是他的主張根本就是歐斯朋原始論述的翻版。兩個人都強調菲爾波特的惡行震驚社會：歐斯朋說，「駭人聽聞」；包斯說，「令人髮指的惡行」，也同樣呼籲針對福利改革舉行辯論。兩個人都挑上菲爾波特這個個案大做文章，包斯暗自附和歐斯朋的主旨，兩人壓根是一丘之貉。

　　到底發生了什麼事情？首先，我們必須認知兩個隱藏起來的政治背景論述。兩個人在言語間，都沒提及，我們卻可以感受到它們不斷牽扯、影響兩人的用語。

　　(A)工黨縱容社會福利濫用與菲爾波特這樣的惡棍。現在正是我們改革福利體系、強迫菲爾波特這種人去找工作，理性安排他們生活的時候。只有保守黨才有能力不負所託。

(B)保守黨對窮人冷漠無情。（歐斯朋尤其沒心沒肝），完全無力扭轉經濟頹勢，卻將福利受顧者妖魔化，暗指所有人都像是菲爾波特，來轉移注意力。沒錯，福利體系需要改革，但是，足堪信賴且有能力嚴謹善用與協助同情的，只有工黨。

這兩套說詞直抵兩大政黨標籤化對手的論述核心。儘管他們會否認，但是，我們可以合理假設歐斯朋跟包斯兩人的聲明，只是要推進（和/或挑戰）這些論述。但是，在特定的情境中——尤其是有孩子不幸身亡——這兩個論述都未能切中要害。

歐斯朋的想法最趨近於（A），並要求「舉行公開辯論」。即便這麼一句，也夠他的支持者（也許，他還希望能順便爭取游離選民）想像一旦辯論展開，政黨如何各就各位：歐斯朋跟他的保守黨同僚，勢必會猛攻福利濫用及浪費；工黨則是全力捍衛現行體系，主張特殊族群的權利保障。

包斯在他簡短的回應裡，試圖偏離（A）而促進（B）。首先，他要每個人都知道：對於菲爾波特的惡行，他跟歐斯朋一樣震駭，藉以規避如下的聯想：比起財相，他對於福利體系改革的立場，比較軟弱，不禁讓人懷疑，他是不是同情甚至支持這批謀殺小孩的惡棍？（反對A）。第二，他攻擊歐斯朋的動機，說他「精心算計」——這是早有預謀的「語言犯罪」——「諷刺掙扎」（支持B）。「諷刺」直接的意思是：歐斯朋用菲爾波特的例子，試圖轉移經濟低迷不振的事實；但動用「諷刺」這個字眼，等於是更廣泛的攻擊歐斯朋長期以來的行事作風。根據包斯的指控，歐斯朋是一個

「政治」財相，將黨派利益放在國家利益之上。請關注這個論述立基的假設 ── 英國政治中無所不在的特性，在大西洋彼岸可能更加明顯 ── 就是政黨利益與國家利益間難以排解的緊張關係，似乎在說，我們的政黨比較不在乎國家的前景，目光只集中在滿足私利的施政上。

在「影子財相」時期，包斯持續用「精心算計」、「諷刺」、「政治」批評歐斯朋，構築攻擊底線。就像現在這個例子，他找到一種自然，甚至兼具詩的韻律，用貶義詞逐步加壓：「政治辯論……也是絕望財相的諷刺掙扎」。在這個案例中，他不斷使用負面形容詞，等於是在他同意公開辯論福利改革之前，就已經開始抹黑，質疑這個政客的動機，不足以信賴。

我們在這裡討論的，其實是現代政治論述中的一個小改變：兩個伶牙俐齒的資深政治玩家，以急促草率的態度「修辭推論」，在專業政治語言的情境裡，使用泛泛的一般用語。這種語言性格含糊，可以激發不同的詮釋，具有特殊的政治價值。歐斯朋引用菲爾波特的案例，是為了批評眾多的福利受照者嗎？他所屬的保守陣營以及支持他的英國人，或許會這樣認為，甚至為他鼓掌叫好，但是，我們也發現，他並沒有把話說死，仍然保留了軟化詮釋與否認的空間。而包斯是不是犯了一模一樣的罪行？是不是也想利用菲爾波特家的悲劇，拿下更多的政治策略分數（舉例來說，使用「絕望」這樣的字眼攻擊歐斯朋財相的貧弱經濟表現）？同樣的道理，他的支持者想來也會心有戚戚焉，暗自喊爽，只是要從他這段話裡找出真正的意義，卻得大費周章不可。

在試探叫陣的階段，不免招來不同的議題辯論，各自具有微妙差異的政治分量。有些字眼狀似尋常，卻潛伏著深層的意義，只有經過政治力量激發，才能完全展現。兩黨都想舉行「適當的辯論」，但這句話是什麼意思？雙方也都沒有進一步闡明的打算。

一般人聽到這些，一定感受到了你推我擠的粗魯時刻：兩個摔角高手都想要擒制對方，壓倒在地；兩人也都處處防備，避免自己敗下陣來。態勢很明白：沒人會被擊潰，歹戲拖棚，觀眾只得繼續看著故事展開新的輪迴。一般人還看得懂大的政治格局，也就是兩大政黨都同意就福利改革進行辯論，但改革要怎樣著手？卻是看法分歧，甚至沒有任何一邊政客回答了實質的問題 —— 這起人間悲劇給了我們什麼教訓？我們又要怎麼修改福利體系？

兩種困惑

亞里斯多德跟古代的修辭學研究者，為了解開公眾語言的癥結，提供我們很多內省與批判的工具。經過這麼長的歲月，我們一再發現，修辭學的基本原則卻沒有多大的改變。在亞里斯多德的心目中，公眾語言具有強大的力量，因為這是人類塑造成形的，奠基在合理的人類學觀察，試圖了解我們要如何說服別人以及別人在說服我們的時候，我們會有怎樣的反應。

謹慎如亞里斯多德那樣的思想家都清楚，公眾語言會出狀況。我們在前一章看到，其他的希臘人 —— 包括了總是懷疑的純粹主義者柏拉圖、歷史學家修昔底德與妙趣橫生的喜劇作家亞里斯多芬

（Aristophanes）──恐懼這種災難性的失言，不只出自一小撮麻煩製造者之口，甚至氾濫在公眾生活之中。在他們眼裡，優質治理、城邦與社會穩定所倚賴的語言，已經陷入混亂，一般市民發現他們越來越難分辨什麼是公共論述，什麼是極端分子及陰謀家的修辭濫用。

在《宜高邁倫理學》（_The Nicomachean Ethics_）中，[10]亞里斯多德告訴我們兩種個性完全相反的角色，會不約而同的帶偏文字與行動，遠離事實與美德的中庸之道。第一種是alazoneia，「吹噓」；第二種是eironeia，一般在英文裡翻譯成irony（「諷刺」），但就當時情境而言，指的是虛偽的自我貶抑或者過度的卑躬屈膝。這兩種抽象的名詞經常會在西元前五世紀的雅典劇院，化身為一對喜劇搭檔。第一種角色叫做「吹噓者」（alazon），輕率浮誇，總是趾高氣昂，性喜自吹自擂。在不同的喜劇中，煽動者、教士、大使都可能是「吹噓者」。第二種角色叫做「諷刺者」（eiron），生性沉默，開口卻陰陽怪氣，難以信賴。他的詭計經常得逞，得緊盯他的一舉一動。詭辯家、周遊列國以教授修辭與哲學為業的游士，在當時的雅典社會，性格頗具爭議，可能同時被形容為「吹噓者」與「諷刺者」。

亞里斯多德用「諷刺」形容蘇格拉底，因為他經常佯裝傲慢，以便引出辯論對手，暴露他們的無知。目前無法判斷亞里斯多德在討論事實之際，貼出這種負面標籤，究竟是對蘇格拉底的批評，還是他藉此強調，以「諷刺」貶抑事實，並不比以「自我蒙蔽」或者「睜眼說瞎話」來得差。甚至，他還退開一步說，「諷刺」在某些

情況甚至可以被視為一種「風格」。

我們不確定歷史上的浮誇游士或者偽君子，究竟是怎麼造成雅典公眾語言的墮落，最終導致民主體制的崩潰。我們只知道當時好些偉大的思想家都歸納出相同的結論。我們也知道「吹噓者」與「諷刺者」、放言高論的名士、夸夸其談的偽君子、荒誕不經且蓄意扭曲事實的論述者，在今天，依舊屢見不鮮。我們在書中，可以看到不少。

二〇〇五年至二〇一三年，擔任伊朗總統的馬哈茂德・阿赫瑪迪－內賈德（Mahmoud Ahmadinejad），只是眾多否認二戰期間猶太人遭到大屠殺的狂熱分子之一。在中東，牟一己私利，散布仇恨的政治言論。而以色列總理班傑明・納坦雅胡（Benjamin Netanyahu）又是怎麼回應的呢？為了報復對方的污衊歷史真相，他竟然說，屠殺歐洲猶太人固然是希特勒的暴政，但卻是受到一個從巴勒斯坦耶路撒冷來的伊斯蘭法學家唆使。

有些誇張的傳聞不是在族群仇恨間，而是對國家的冷漠中生成的，不是來自吹噓者的虛張聲勢，而是諷刺者的難以捉摸。美國國家情報總監詹姆斯・克拉帕（James Clapper），被問到美國國家安全局（National Security Agency）是不是在蒐集「幾百萬或幾億美國人民，不同類別的」資料時，他回答「沒有」。但是，艾德華・史諾頓（Edward Snowden）所揭露的情報卻顯示，至少在數字上，這是有史以來最大的謊言。起初，克拉帕將軍以愛國為由，為自己辯護，隨後他向一個訪問者透露，這是他這輩子所說過「最少不實」的事情。也許是吧，但是，對於一個是與否的問句，明明答案

是「是」，你的答案卻是「否」，根本不是「最少的不真實」，而是「最多的不真實」。在適當時機，克拉帕將軍可能居心叵測的把自己的答案，形容成「不正確」的一個「錯誤」。

在國防、外交跟真實或想像中國家安全有關的領域中，西方政府「對於現狀（actualité）的評論，向來是惜字如金」。一九九二年，英國保守黨下議員亞倫・克拉克（Alan Clark）在馬特里克斯・邱吉爾（Matrix Churchill）公司審訊案件中，如此大言不慚。*但是，一般來說，無論是公眾監察（public scrutiny）、不同形式的議會質詢（parliamentary inquiry）、深喉嚨爆料、調查新聞都在不同的限制下，維持不講實話的傾向。但是對開放公眾語言鮮少期待也無傳統的社會，又是另外一個故事了。以下是中國國家主席習近平二○一五年初訪美前夕的一番談話：

中國政府不會以任何形式參與、鼓勵或支持任何人從事竊取商業祕密行為。不論是網絡商業竊密，還是對政府網絡發起黑客攻擊，都是違法犯罪行為，都應該根據法律和相關國際公約予以打擊。[11]

這是一種鏡像修辭（mirror rhetoric）：凡是行星修辭（planet rhetoric）世界具有真實價值的事物，在現實世界的真實價值就是零，反之亦然。在地球上，中國政府大規模的參與駭客攻擊，與中國公司（許多還是國營企業）串通，甚至命令它們在網路上竊取機

---

* 在這段期間，英國政府積極協助薩達姆・海珊政權，取得大規模毀滅性武器。

密，事實俱在，斷無疑義。

二〇一五年二月，俄羅斯外長謝爾蓋‧拉夫羅夫（Sergei Lavrov）在慕尼黑的一場記者會上，公開宣稱他的國家稍早入侵喬治亞共和國、兼併克里米亞半島，是國際規範正常運作的良好範例之一。「發生在克里米亞半島上的情況，是當地人民行使自決權力。」他說，「請閱讀《聯合國憲章》，尊重領土完整與主權獨立」。這番談話換來記者公開的訕笑，拉夫羅夫先生變得傲慢起來，「你可能覺得很好笑，」他如此回應記者的質疑，「但我也可能覺得你說的事情很可笑。」[12]

全世界都應該嘲笑拉夫羅夫先生，但是，美國、英國與其他西方國家，在跟真理不斷折衷妥協之後，許多人（特別是發展中國家的人民）開始相信，西方世界的領袖也好不到哪裡去。這自然不盡公平──西方世界的確無力在公共領域誠實以對，跟極權國家相比，卻又節制得多──但在一個修辭溫和自制付之闕如，誇張、捏造屢見不鮮的世界裡，無論是國內還是國際新聞的閱聽人，也只好勉力去分辨誰是扯謊的偶犯，誰又是慣犯。

前面提到「置疑法」，立論在草率前提下的知識，往往不堪檢視；一個簡單的問題問過來，你都會發現比預料中難回答，甚至讓你啞口無言。蘇格拉底相信，透過正面「諷刺」手段，釋放出來的這一切，就是智慧的起點。

今天，公眾面臨的是更黑暗的疑惑。數千年前，人們就發現公眾語言會遭到扭曲，如今，在數位科技的助陣下，更嚴重衝擊我們的社會。在一個你不知道該信任誰的世界，浮誇不實的騙子，信口

雌黃，也沒減損什麼說服力 —— 難道你只能搖搖頭，把整件事情
拋在腦後嗎？

　　到底發生了什麼事情？在過去的三十年，我看著現今的危機逐
步開展，在接下來的章節裡，我要運用我的經驗與觀察，闡釋我的
觀點，告訴大家，我們是怎麼淪落到今天這般境地的。

chapter *3*

你又來了！

英文中最教人害怕的幾個字就是：我是公職人員，我來幫忙。

—— 隆納德・雷根[1]

　　一九七九年三月二十八日，星期三，英國下議院否決了對於詹姆士・卡拉漢（James Callaghan）的信任投票。他所領導的工黨政府垮台。由知名度較低、政壇新面孔柴契爾夫人的保守黨贏得了接下來的大選。保守黨連續執政十八年，即便是布萊爾領導的工黨，在一九九七年重新奪回政權之後，他的政策 —— 就像是在他之前的梅傑與之後的柯麥隆 —— 都無法擺脫柴契爾夫人的影響。她有一種難以逆轉的鮮活特質，她的理念也是。我們記者喜歡用分水嶺、轉捩點將事件上的巨變，納入某種敘事模型（narrative model）。柴契爾夫人的崛起，就是其中之一。也許在我的時代中，是唯一一件重要的英國政治大事 —— 至少在二〇一六年六月英國通過脫歐公投之前。

　　一九七九年春天，也是我人生的轉捩點。那年，我是個二十一歲的大學生，在牛津最後一年。我對政治很感興趣，但只是個觀察者，無意參政。卡拉漢政府在垮台之前，垂死掙扎，在國會挨過幾個月的煎熬 —— 三線動員令（three-line whips）、與小黨派

脆弱的合縱連橫，甚至動用救護車將垂死的國會成員，送進西敏宮（Palace of Westminster）投票。最終對決的當口，我在坎布里亞（Cumbria）的老家。幾個星期之前，我跑了趟倫敦，希望能在國會的旁聽席上，見證不知鹿死誰手的關鍵時刻。我抵達聖斯德望入口（St Stephen's Entrance）之前，還自認頗有希望，但一接近，就發現入口已經是滿坑滿谷的人潮。絕望之餘，我在附近晃晃，跟其他來看熱鬧的人聊幾句，掉頭朝國會廣場走去，準備搭地鐵。

那天，我去倫敦，還有另外一個理由。在牛津圓環（Oxford Circus）搭地鐵之前，我去攝政街（Regent Street）溜達一會兒，把申請函投給BBC，想參加他們某個訓練計畫。到電視台工作、當新聞記者，不算是什麼生涯野心，甚至連「計畫」都稱不上；事實上，當時的我根本不知道想要幹什麼。但是，我認識的每個人都把履歷投給BBC。撐到最後一分鐘，我還是填好申請表，截止日期逼近，根本來不及郵寄，只好親自跑一趟，將申請函投進廣播大樓對面的BBC辦公室信箱。後來——當我想起小時候看了多少電視、水門案（Watergate）如何驚醒懵懂的十幾歲青少年、又是如何理所當然的選擇了唸新聞——直到現在，煞費苦心打好的申請函、擦得精亮的黃銅信箱，這一秒，申請函還在你手上，下一秒，老天爺才知道它上哪去了：回顧起來，是那樣的理所當然。當時，只是諸多可能性之一，而且還是挺不切實際的一個。

突然間，我就被錄取了。一九七九年九月三日，星期一，是我擔任研究助理實習生（research assistant trainee）或RAT（大老鼠）的第一天。路易斯・蒙巴頓（Louis Mountbatten），八月底，死於

愛爾蘭共和軍（IRA）的炸彈攻擊，預定在那一週稍晚的時候下葬。我們進到某個副控室，眼前是一片監視器，BBC正在預演喪禮的轉播作業。「女王陛下的好習慣。」在莊嚴的沉默中，有人這樣低聲說道。我在BBC很快熟悉的，不是皇室，不是全能的上帝，而是電視現場轉播那種不容侵犯的存在。

大老鼠是低階中的低階，在任何一個團隊中，都是最小咖的成員；矛盾的是，他其實是個人物，所有人都知道他是從幾千個申請者中殺出重圍的佼佼者。這種優秀的年輕人，大家都相信，有朝一日，會是獨當一面的領導者。至於我們的待遇 —— 交錯著友善、猜忌、好奇、輕蔑，在極為罕見的時候，甚至會得到讓人局促不安的尊敬 —— 也反映了這一點。這渾號當然只是個意外。那時是BBC英文字頭縮寫的黃金年代：大老鼠不壞，只是跟老麥當勞（Old MacDonald）那種莊嚴的敬畏一比，顯得有些蒼白而已。EIEIO（Engineering Induction and Engineering Information Officer，工程導入及工程資訊官），這種天才型的縮寫，據說就是那個時候，溜進我們的體系裡。

訓練計畫包括一年的BBC電視合約，接受兩個星期的基礎訓練之後，接著是四段在不同節目的三個月「見習」時間。理論上，每隻大老鼠必須分配到不同的節目類型，從運動到兒童戲劇，因此 —— 假設一切順利 —— 大家都會在某個領域裡安頓下來。至於我們將落腳何處，理論上可以表達意見。我告訴訓練負責人，我特別想到「時政新聞類」見習，隨後被分到宗教組。很快的，我在每日晚間新聞雜誌「全國」（*Nationwide*），擔任實習生。

　　「全國」的一天，是從達爾文式的晨間企畫會議開始，每個研究小組都會提出他們的題目，然後公開競爭，由製作人選定當日重點。編輯不一定會挖掘獨家新聞 —— 多半的題目來自於日報 —— 只是會增添更具想像力、更犀利的角度，以及更聰明的製作概念。如果你的提議被選中，就會成為天之驕子。你不必當研究者、記錄員、執行製作，也不必幫主播寫稿頭。你會焦躁的站在副控室裡，窩在現場導播的身後，看著你珍愛的五分鐘傳送出去，進到數百萬觀眾的眼裡。如果你落選了，就會命運多舛，幫其他的研究員打雜跑腿 —— 發圖卡或手板供主持人在攝影機前使用 —— 更慘的是：你什麼工作也沒被派到，只能眼睜睜的看著其他更有創意、更有活力、也更懂得節目製作的同事，忙進忙出，實現他們的構想。

　　如今回想起來，「全國」的最終產品，提供觀眾一種組合套餐，包括了新聞報導與針對當天重大新聞事件的辯論。我的新聞採訪能力，贏得尊重，其中一則是採訪世界最快的火雞內臟清理者 —— 火雞，啊……直接扭到氣絕，當我們切進畫面的時候，牠還不住的踢腿 —— 很快的，我轉到更嚴肅的新聞領域：罷工、暗殺（約翰・藍儂、沙達特、雷根與教宗的行刺失敗）、列強外交、北愛爾蘭，還有更重要的英國內政。

　　一九七九年輸掉大選之後，英國左派開始分裂。工黨陷入急遽的動盪，中間派出走，另組政黨 —— 社會民主黨（Social Democratic Party）。我們緊盯著每步發展、每個轉折，旁觀新上任的保守黨政府，不斷鬧出的活劇 —— 乾（drys）濕（wets）之戰：前者指的是柴契爾夫人周邊的親信；後者指的是一國保守主

義（One Nation Tories）成員，他們對於新政府的經濟政策，嘖有煩言。除此之外，新政府與諸多政治勢力鏖戰，也是我們的關注重點，諸如：英國礦工、英國國教會、教育機構，甚至BBC本身。

工黨日後的領袖尼爾‧金諾克（Neil Kinnock），當時只是一個還算具有影響力的左派國會議員。一九八一年爭奪副黨魁陷入苦戰，在影棚潸然淚下的時候，我在現場。一九八二年，保守黨在黑潭（Blackpool）舉行大會，BBC主播羅賓‧戴（Robin Day）當面稱呼當時的國防大臣約翰‧諾特（John Nott）「今天還在政壇，明天就會下台的政客」，氣得他從衣領拉掉麥克風，直接走人的那個場合，我就站在攝影機旁邊。幾年之後，柴契爾夫人在休息室，親自對著我與一小群同事，推銷她的國民健保（NHS）改革計畫，強調其中有難以反駁的智慧。我也成為近一個小時訓話的犧牲者。這個改革計畫是英國健保政策辯論的起點，至今依舊爭議不休。

選舉、預算、政策辯論、政治危機：我從研究員、導播、製作人，最終也升任編輯，親身採訪了幾十起重大新聞事件，幾乎見遍當時英國所有重要的政治人物。我的心頭日日夜夜都盤據著這些重大議題，一如每一位政治記者，想知道到底發生了什麼事情、有什麼意義、接下來會有怎樣的發展。

我在公眾語言之海中，隨波逐流 —— 聽取、剪輯、引用、解構、重組。如今，回想起來，這些只是物件，未經消化的新聞原料，禁不住深思熟慮。雖然當時我並不了解，政治語言 —— 以及我與同業將成品呈現在大眾之前的切割處置方式 —— 已經開始轉變。

共識年代

一九四五年，日本與德國戰敗之後，西方普遍相信 —— 即便重建規模如此龐大、與蘇聯共產陣營的對峙如此險峻 —— 憑藉科學、技術的潛力，以及實證取向的決策模式，來推動社會改革，將氾濫的政治對抗扔到一邊，以共識制定公共政策的時機，終於成熟了。

這並不是說內部的意識形態矛盾就此消失 —— 階級差異與對美好社會版本的不同想像，始終存在。民主，西方戰後計畫依賴的基礎，在形式上，持續需要左翼與右翼政黨的競爭。他們的希望其實是：在本世紀前半葉，將歐洲撕裂到分崩離析的意識能量，能夠集中並轉向蘇聯、代理人以及同情者。每個國家的領導人面前，都有沉重的經濟與社會挑戰，其他的差異就輕輕略過吧。

兩大目標 —— 西方民主壓過共產主義，取得最終勝利與西方社會的經濟、社會轉型 —— 在許多政客心中，是緊密相連的。戰爭顯示了：領先的科學與工業力量，是擊潰敵人的重要支柱。西方於是進入了全面競爭的態勢，不管是在對峙的世界觀或生活方式；甚至在科學家、工程師、設計師、工廠管理者與勞工之間，全部針鋒相對。為了贏得這場從物質到意識形態的全面大戰，需要的是義無反顧的務實政治，需要新的修辭術助它一臂之力。

在西德，康拉德·艾德諾（Konrad Adenauer）及其繼任者的想法很簡單，就是跟隨這位戰後首任總理於一九四九年設定的目標，依據新技術專家的原則，重建經濟、側重在這個殘破國家面

對的「重大社會問題」，還有照顧德國在戰爭期間及戰後流離失所的「百萬人流」，為他們提供住房與工作。統一，當時還是遙不可及的長期計畫，當下，德國的外交政策是跟北約（NATO）齊一步調，朝向「正向、穩固的歐洲聯邦」的目標前進。[2]艾德諾領導的基督教民主黨（Christian Democrat Party）與主要的政治對手社會民主黨（Social Democrats），都把對選民的訴求、務實的政治考量，放在政黨的私利之上。

國家重建也是法國與英國的施政重點，同樣鼓吹政策共識。在法國，第四與第五共和竄出的新政黨，依舊清楚區分左翼與右翼，所提出的政策卻如出一轍。在英國，新的國民健保計畫，概念是由自由黨提出，卻由工黨完成立法，得到後續的保守黨政府支持。新造字，巴茨基主義（Butskellism）── 由保守黨資深議員拉伯·巴特勒（Rab Butler）與工黨領袖休·蓋茨基（Hugh Gaitskell）兩人的姓氏組合而成 ── 形容的正是超脫意識形態歧異，至少在表面上，能夠凝聚全民共識，支持重大議題的手段。當時的政客全力推動社會提升，有異於傳統的保守黨思維；而且以民主手段達成，藉助科技力量的支持，又跟馬克思階級鬥爭或者中央集權，分庭抗禮。英國常見的政黨攻訐 ── 就像是一九四五年六月，邱吉爾警告選民，克萊蒙·艾特禮（Clement Attlee）的工黨一旦當選，「某種蓋世太保就會趁機反撲」[3]── 幾乎噤聲。

美國的例子獨樹一格。她從未遭到轟炸或入侵，儘管戰爭時期要求犧牲，卻促成美國在戰後擁有比盟邦更強大的力量。杜懷特·艾森豪（Dwight Eisenhower）的共和黨，在參眾兩院只享有些

微（而且很快就翻盤）的多數優勢，他只得重新思考另類的領導風格——與政治對話——很明顯的與戰前強調政黨差異的羅斯福有所不同：

> 人們認為羅斯福先生是領導者，當時他的政黨喜歡不斷詆毀對手。在那個時代、那樣的情境裡，那是適當的做法。時至今日，為了美國的進步與福祉，我們認為，我們採行的每個政策，都需要民主黨不同程度的支持。我想這麼說會很公平：在現今局勢中，我們要踏實的設定目標、在議會以冷靜的態度、無窮的耐心持續說服，並且堅守基本原則，只有建立在這種基礎上的領導風格，才能在長期中勝出。[4]

在戰後共識政治的全盛時期，少不了自信十足的修辭為之羽翼。講到自由世界與共產主義的鬥爭，氣概十足；論及其他，則是展現理性與果決的現代感。這是一種未來的修辭術，儘管殘存著愛德華時代（Edwardian）四平八穩的用語風格，以一種堅定的口吻，喚起聽眾對於價值共享、社會關係穩定的過去時光。

整體來說，這並不是什麼讓人印象深刻的修辭年代，當時大多數的名言名句，都沒有透露發言者在政治光譜上的落點。例如約翰・甘迺迪（John F. Kennedy）的「不要問你的國家為你做了什麼，要問自己為國家做了什麼」、哈洛德・麥克米倫（Harold Macmillan）的「改變的風潮已經吹向歐洲大陸」、哈洛德・威爾森（Harold Wilson）的「白熱的科技」。

一九六九年七月，尼爾・阿姆斯壯（Neil Armstrong）踏在月

球表面上，絞盡腦汁精心琢磨出的名言，展現了一派天真的典型樂觀主義：「個人的一小步，卻是人類的大躍進」。就像是漢堡的原料，人性與自負、國家驕傲與國際胸懷，被很仔細的一層一層疊起來，做出一份三明治，咀嚼起來毫不費力，滿懷自信的推銷給消費者。這個藍綠星球上，不同區域的住民都緩緩繞著阿姆斯壯的腦袋公轉。

　　階級、意識形態分歧的修辭，在過去，曾經撕裂過歐洲國家；許多歐洲人於是希望管理公共政策與政府行政的技術官僚取向，能進一步的截斷這種修辭概念。舉個例子，一九六〇年代，義大利的馬克斯派電影導演皮耶・保羅・帕索里尼（Pier Paolo Pasolini）主張為所有義大利人發展一種語言，不局限於統治階層，而是為了所有義大利人；而這將標誌著真實的現代義大利（*Italia reale*）戰勝了傳統菁英的「修辭」義大利（*Italia retorica*）。但是對其他人，像是作家伊塔羅・卡爾維諾（Italo Calvino），帕索里尼新的「技術」義大利文，並不是新的國民語言，而是邪惡的非語言（*antilingua*）。[5]

　　當然也有反對派的修辭，從六〇年代反文化的口號 —— 由重新站在舞台的政治煽動者與反偶像崇拜的流行文化明星，輪流擔綱 —— 到納爾遜・曼德拉（Nelson Mandela）一九六四年站在普勒托利亞（Pretoria）碼頭謹敕莊嚴的誓詞。他在結尾重返十七、十八世紀英國異見與改革的論調，擲地有聲：

　　我這生已經投入為非洲人民的奮戰之中。我力抗白人壟斷，我力

抗黑人壟斷。我珍惜民主的理想、珍惜人民在擁有相同機會的自由社會和諧相處。這是我終此一生要達成的目標。若有需要，不惜以身相殉。[6]

　　一年前，馬丁・路德・金恩（Martin Luther King）在華盛頓發表了著名的〈我有一個夢〉演說。這是一個依循浸信會（Baptist）布道傳統的版本，只是添加了更明顯的激情。接受衝突的現實、橫眉冷對種種壓迫，不惜任何代價，堅守立場。這篇被視為經典的演說，為被摒除在西方戰後夢想利益之外的人士發聲，有一種不知今夕何夕的執拗特質 —— 現代品味塞進華麗守舊的結構中，像是維多利亞時代的教堂，孤身攔在都市規畫師與推土機的前面。

　　一九六四年，共和黨大會，一位另類的異議者，以更復古的方式，表達他對共識政治的抗議。在接受黨提名之後，這位力主小政府的激進保守主義者巴利・高華德（Barry Goldwater），反擊「假先知」，只知道「空談、空談、空談、空談自由」，但是，沒有盡頭的妥協，其實只是在淘空自由的基礎。為他捉刀撰寫講辭的人，讓他用一種彷彿是摘自西塞羅（Cicero）語錄 —— 其實是仿製的新古典創作 —— 的字句，破除迷信：

　　我必須提醒各位，在捍衛自由的時候，極端主義未必邪惡；再讓我提醒各位，在追求正義的時候，折衷主義未必是美德。[7]

　　自由主義的支持者認為，高華德攻擊政府干涉主義（government

interventionism）跟新政（New Deal），只是一種立論薄弱的反祖（throwback）現象。他的競選口號：「在你心裡，你知道他是對的」，很快的招來反擊，被改成「在你腦子，你知道他是瘋子」。選民的判斷很清楚：在接下來的選舉，他被林登·詹森（Lyndon Johnson）以壓倒性的優勢，徹底擊潰。

高華德不只引用古代，也觸及到未來。共識的精神不可能持續壟斷，在二十世紀最後的三十幾年裡，它的人氣越發潰散——精神抖擻的知識與政治勢力，在左右兩翼間崛起、冷戰告終，支持共識政治的理論基礎隨即崩解。但最重要的原因是它本身的缺陷。在許多國家中，選民——特別是年輕的一群——不再認為妥協年代的政客，是鬥志昂揚的務實愛國主義者，而是一群腐敗、塞責的政治官僚。說他們不負責任，是因為所有政黨，對於大多事情都沒有獨到的見解，選舉無法帶來真正的改變，即便民主憲政體制完美運作，選民依舊無從施力，只好跟隨某些人走上街頭，或者轉向誓言要封殺這個舒適俱樂部的政治領袖。

政治實用主義、以技術官僚觀點決策的信仰，當然沒有消失，只是從一九八〇年代以降，面臨了層出不窮的挑戰。結果，它們只好轉入地下，繼續告訴政治領袖該做什麼，而不是拋頭露面出來說什麼。語言與行動之間的鴻溝，遲早會加重對於政客、政治語言本身的既存懷疑。但是，這股力道始終不曾衝到柴契爾夫人的門前。

傾軋之處

讓我們回到柴契爾夫人取得壓倒性勝利的時候，思考那個年代的政治語言。修辭，正在轉變。那時距今不遠，但是演講、訪談、新聞稿與競選訊息，依舊盤據著主要舞台：技術官僚的能耐還維持在黃金標準、不管是怎樣出身的政治人物，辯論政策之際，大抵訴求理性與事實。

柴契爾夫人的激進主義卻從政治理念的領域，挺進相對應的修辭，形成了不可能錯認的風格──鋒芒畢露、不依不饒、源自內在的篤定。她與她的盟友被形容成「堅信政客」（conviction politicians，譯註：這個詞指的是堅守基本價值與理念的政客，源自柴契爾夫人的名言：「我不是共識政客[consensus politician]，我是堅信政客。」）「堅信」這個字眼，暗示這是一種來自性格，甚至信仰的驅力，而不是冷血的理性主義。

反對陣營與大多數的公眾，反彈卻是異常激烈；各方一交鋒，語言裡尖酸刻薄的力度，迅速提升。爭議的主題與目標，當然隨著時代不同而有所改變；但是，當時公眾語言針鋒相對的範疇之大、激烈程度之高，卻一直延續到現在。從一九七〇年代末期開始，在政治行銷與媒體處理的領域中，開始嘗試更新的、更激進的理念；這一點與我們當今世界的連結性更高，也更趨近本書的主旨。

就拿當時（其實是英國現代政治史上）最有名的看板來說好了：一片白色的背景前，蜿蜒一條長長的人龍，等著領失業救濟金，大標題寫著：「勞工沒工作」（LABOR ISN'T WORKING，亦

可譯作「工黨不靈了」）。下面還有一行小字，「跟著保守黨，英國比較好」。

這張海報最初的影響，並不是來自於有限的曝光——一九七八年，不過張貼在少數幾個地方——而是它引發的政治口水戰。工黨政府用如下的兩個論點，展開反擊。第一，這張海報造假：那些大排長龍請領失業救濟金的人，並不是真的失業人士，而是保守黨的支持者客串的，照片經過變造，人龍看起來才會這麼長。第二，海報越過區隔政治訊息與商業行銷的界線。在這張海報問世之前，當時工黨的財政大臣丹尼斯・希利（Denis Healey），譴責保守黨，不再以政策說服英國民眾，反倒倚靠上奇廣告公司（Saatchi and Saatchi）促銷白企鵝巧克力餅乾（Penguin biscuits）、花街巧克力（Quality Street）與雪精靈（Fairy Snow）的「相同技巧」。[8]在海報張貼之後，他舊調重彈，其他工黨領袖依循他的口徑，展開一輪猛攻——保守黨把政治當肥皂粉賣——樂此不疲，一直到許多年以後。

這個批評日後轉變成規模更大的左派悲觀論調，甚至開始懷疑在政治選擇的過程中，有價值的公眾對話可能再也不會出現了。這個觀點認為：大企業與富可敵國的銀行家暗黑集團，讓柴契爾夫人與保守黨，有機會接觸查爾斯與莫理斯・薩奇（Charles and Maurice Saatchi）、提姆・貝爾（Tim Bell）及其他廣告公關巨頭，掌控形象製造機器與抹黑對手的技能。目的是削弱、鈍化以理念為基礎的政黨辯論傳統。右翼媒體已經加入這個陰謀集團，其他的媒體只好妥協，或者無力抗拒。在理想的狀況下，BBC應該有能力維

持平衡，但是，主事者卻臣服於既得利益、執迷在「公平客觀」的聲名裡，不計任何代價。

「政治議題與政策」與「政治人格與『皮相』（superficialities）」往往被隔為兩個區塊。英國媒體總是注重後者，忽略前者。這引發了左翼長達數十年的不安，柴契爾夫人君臨天下，更點明了一個馬克斯關心的主題：公眾之所以無力了解柴契爾主義的真相，是因為錯誤意識（false consciousness）作祟，也是反動勢力（reactionary forces）直接或間接施展影響力，操控媒體的結果。柴契爾夫人說的話，不是真的——而是一種極端蔑視文字意義的修辭——但是她的支持者，就是有辦法保護她具有強大破壞力的政策，不受任何挑戰。

但這理論的能耐也不過如此。工黨反擊海報的實際效果，鬧上晚間新聞，反而讓成千上萬的選民，關注這個議題，看到他們原本未必有機會親眼看到的海報。這是行銷專家的夢想：媒體上的小小投資，引發百倍、千倍的新聞報導與評論。在社會媒體上，宣傳持續放大，掀起口碑效應。海報觸碰某種心弦，下個版本乘勝追擊——想也想得到，工人還是沒工作（LABOUR STILL ISN'T WORKING，工黨還是不靈）——在第二年的選戰中，大量部署。還追加第二句——「危機，什麼危機？」（Crisis, what crisis？）——據說，卡拉漢在「不滿的冬天」（Winter of Discontent，譯註：指的是一九七八年到七九年間的勞資糾紛，工黨處置失望，聲望急遽下滑）期間，返抵國門，曾經講過這句話。這個海報於是成為某種素描，不只說明了為什麼一九七九年柴契爾夫人旋風上台，也解釋了

「舊」工黨 —— 換句話說，以大眾民主社會黨自命的工黨 —— 為何喪失英國選民的信任，就此元氣大傷。

卡拉漢並沒有說過這句話，而是保守派報紙認定他可能會這樣講，編造出來放在報紙頭版，好像摘自他的實際談話。這是另外一種技巧，在適當時機，將會變成某些記者的標準伎倆。

在公眾語言的領域中，「雙關語」（pun）一般是個爛主意，但是這張海報上的雙關語，之所以有這樣的影響力，是因為反諷力道的深刻與精準。一個口口聲聲要照顧勞工權益的政黨，執政之後，反倒造成這樣多的失業人口，仔細想想，難道不奇怪嗎？連自己死忠的選民都照顧不好。跟「死亡陪審團」一樣，這個句子運用的也是舉隅法：失業代表經濟低迷，間接證實這個政府處理別的事務，一樣無能。

這個句子最狡獪的部分是：它既涵蓋了不同的政治光譜，又精準擊中重要的選民區塊。為了要爭取大多數選票，保守黨必須說服某些原本支持工黨的選民轉向，其中包括了C1與C2的社經群體 —— 小主管、一般職員、手工業者以及他們的家庭，多半是工黨的支持者，而失業以及對於失業的恐懼，是他們最關切的議題。一九七九年的大選，相當大比例的選民轉變立場，尤其是在英格蘭南部 —— 就像是「雷根民主黨」左右美國政黨十二年一樣 —— 保守黨政府自此長期執政，直到一九九七年布萊爾東山再起為止。每個人都能從海報中，感受到什麼，而對亟欲改變的選民，又一語道破他們的不安。

廣告與形象塑造在柴契爾夫人旋風中，扮演關鍵的角色，從此

屹立不搖。她選擇了最能幹的媒體顧問、最聰明的廣告公司。像是在此之前與之後的英國政治行銷家立馬飛到美國，開發、剽竊當地最新的發明。民間流傳許多關於柴契爾夫人髮型、衣著與戈登·李斯（Gordon Reece，譯註：英國知名記者與電視製作人）建議她降低講話頻率，聽起來會更有權威感的軼事。

　　事實上，對於所有形象塑造者來說，柴契爾夫人都是一個很難駕馭的人物。她就是那麼我行我素。只要她一冒出頭，力量與弱點，會同時暴露在眾人眼前。她跟其他現代政治人物不同的是：她的觀點與個人的公眾形象，在競選前、執政後，乃至於擔任首相十一年的期間，幾乎沒有什麼重大的改變。

　　直至今日，英美兩國的女性政治人物，都是被持續分析的對象，無論外表、風度或是講話的語氣，柴契爾夫人也不例外。無可避免的，媒體對她怎麼做一個妻子、一個母親，極感興趣。她的直系家人也都成為英國社交圈裡的小名人。有時她也會應邀談談自己的家庭，但幾乎背後都有嚴肅的政治目的。她的政敵希望這個世界相信，她主要的意識形態來自於偏激的奧地利與美國的自由市場經濟學，受到斯文加利（Svengali，譯註：這是莫里哀筆下的人物，利用具有潛力的新人，牟一己之私）式人物的操弄──比方說，凱斯·約瑟夫爵士（Keith Joseph*）。她在格蘭森（Grantham）成長的經歷、與先生丹尼斯的相處、孩子的生活，只是藉機強調家庭

＊ 柴契爾內閣中有幾個猶太人，約瑟夫爵士就是其中之一。英國體制與媒體不可能不發現這個事實。遮掩反猶太主義（anti-Semitism），或是將嶄露頭角的猶太裔公眾人物標記為「他者」（other），直至今日，依舊是英國媒體的實況。

的角色、愛國主義與英國節約生活，而這才是她的化妝術。

　　把公眾轉入私人領域，並不是一件容易的事情 —— 說真的，根本沒有「個人的」公眾語言。一九七九年，在她大選獲勝、入駐唐寧街十號首相官邸之際，她竭力仿效亞西西聖方濟（St Francis of Assisi）的口氣，對著所有人表達新政權的治理精神 ——「我們會在雜聲四起的地方，帶來和諧的旋律」，諸如此類。[9]聽起來彷彿是某種靈魂出殼的經驗。幾年之後，大衛・佛斯特（David Frost）問她，在首相官邸裡，是否感受到神的存在？她並沒有真正的答案。電視上的她，有些困惑，於是啟動她的高速電腦主機，搜索資料庫裡面最安全的答案。最後，她是這麼回答的：「我不喜歡談我的個人信仰，太容易被誤解了。」[10]

　　無論在職或者退休，柴契爾夫人偶爾會出現在沒那麼正式的場合 —— 在一個傍晚，我曾經接待過她。她來BBC參加一個名為「被需要的孩子」（Children in Need）馬拉松電視節目 —— 本質上還是正式的公眾人物形象。實在很難想像她能跟柯林頓一樣，在深夜的談話節目吹奏薩克斯風；沒法想像她能跟二〇〇七年的布萊爾一樣，陪著凱瑟琳・塔特（Catherine Tate）在「喜劇穿插」（Comic Relief）裡一起胡搞瞎鬧，那時，他還是英國現任首相。滑稽突梯的鮑利斯・葉爾欽（Boris Yeltsin）與貝魯斯柯尼及總是愛炫耀胸肌的佛拉迪米爾・普丁（Vladimir Putin），都是從不同的公關世界投射出的特殊造型。

　　談起柴契爾夫人的公開講話，好些經典名句，至今讓人記憶猶新，特別是她的政敵故意要凸顯她與民眾感受脫節、冷酷無情的片

段。像是「危機？什麼危機？」這類句子經常被「改進」，拉出發言情境，不斷重述。「沒有社會這種東西。」「他們只知道跑趴，沒用的東西。」「連珠砲，煩死了。」都屬於這個類型。她的確有能力累積讓人無法忘卻的爆發力，還有大家都看得到的，鍛鍊字句的深謀遠慮。不過，重讀她以前的演講，印象最深刻的卻是：闡述政策基礎，深入細節，一絲不苟，不厭其煩。

　　讓我們拿她一九八〇年十月在布萊頓（Brighton）保守黨大會上的講話當例子。那是柴契爾政府最艱險的階段。選後的蜜月期，已經結束，卡拉漢執政遺留下的低迷經濟，沒有復甦的跡象，失業率還是不斷攀升。柴契爾夫人與她的財相傑佛瑞・侯艾（Geoffrey Howe）承受空前的壓力，要求他們調整經濟政策，不僅政敵與媒體蠢蠢欲動，內閣裡的部分成員也按捺不住。演講的主軸要強調立場鬆動是嚴重的錯誤。柴契爾夫人在演講中，用下面這個最著名的段落，回應外界的諸多批評：

　　對那些屏著呼吸，等著我宣布媒體上最流行的口號（catchphrase）──U型迴轉的人。我只有這句話要說。要轉你轉，老娘可是不轉的。（You turn if you want to. The lady's not for turning.）[11]

　　這就是柴契爾夫人最容易被漫畫捕捉起來的特徵──熱心親切，用一種意氣風發、內在力道千鈞的語氣，一語道破。「媒體上最流行的口號」語帶雙關：首先，她讓聽眾明白，她沒聾，她知道黨內要求她改變政策的呼聲，逐漸升高；不過「媒體」與「口號」

卻暗示流行的短暫與膚淺，暗批媒體揣測與要求調整主要路線的壓力，立論薄弱，有欠考慮。

兩個雙關語緊緊的連在一起，U跟You，再接一句，「老娘可是不轉的」。相較而言，前者比較好。「要轉你轉」，很有吸引力，讓人眼睛一亮，特別是在先前的長篇大論之後，用一種半開玩笑卻又豪氣干雲的方式，擺出不惜一戰的態勢。第二句的來源是克里斯多福‧弗萊（Christopher Fry）一九四八年不大成功的詩劇（verse drama）《老娘不是用來燒的》（*The Lady's Not For Burning*）。少數人還記得這齣劇的名字，大多數人連聽都沒有聽過，反正，弗萊的劇作跟柴契爾夫人想要說明的重點，沒有什麼關聯，也稱不上是雙關語，比較像是雜誌上經常看到的牽強標題：將某個慣用的句子，略略改動，產生新的意思。不過，柴契爾夫人的小改動，卻是神來之筆，灌進了無窮的精力，特別是用到第三人稱的那個剎那，更是格外鮮活。不過，這句話聽起來不像柴契爾夫人摘自劇作，而是少數幾個被她以急行軍方式帶出來的硬笑話，並不是人格，而是偽人格。相反的，「要轉你轉」比較像是柴契爾夫人的口吻。

演講中，還有幾個故意設計，聽起來卻有點痛苦的生硬幽默 —— 比方說，模仿海尼根啤酒宣傳口號的這一句：她朝著外相卡靈頓（Lord Carrington）點點頭，說，「這位同僚能夠觸及別的同僚無法觸及的海外角落」（the peer that reaches those foreign parts that other peers cannot reach，譯註：海尼根原本的廣告詞是 Heineken refreshes the parts other beers cannot reach，peer跟beer的

發音很相像）——儘管如此，演講的主體卻是掏心掏肺的誠摯，築起一座高牆防禦的城堡，捍衛新政府的核心元素：對內，貨幣主義（monetarism）、解除管制（deregulation），無懼短期的經濟與社會陣痛，追求長期的經濟成長；對外，保持孤立冷淡，對歐洲大陸採行不具敵意的政策，堅定對抗共產主義及蘇聯。

　　通篇演說辯護貼切，表達清晰，某些地方還動用了詭辯的技巧。演講中最棘手的部分，就是要拆下這顆迫切的未爆彈——居高不下的失業率。問題是，柴契爾夫人得面對兩種聽眾：第一種是廟堂之上與江湖之遠的保守黨信徒，他們深信柴契爾夫人的藥方是必須而且有效的；第二種是一般大眾，不見得堅定支持，但也不會全力杯葛，他們等著被說服，既要知道政策的好處，也想知道柴契爾夫人是否了解民間疾苦，對於政策的後座力是否經過審慎評估。面對她心目中第二個族群，她決定單刀直入，劈向最棘手的糾結：

　　同時，我們對於通貨膨脹帶來的艱辛與憂慮，絕不敢掉以輕心。其中最重要的就是失業率。今天，我們國家裡，有兩百萬人正在失業中。[12]

　　來了。她說了。這個數字相當驚人。但這數字背後沒有玄機嗎？她的講詞有切中要害嗎？很明顯的，她知道在人民面臨的「艱辛與憂慮」中，失業率是「重中之重」。柴契爾夫人即將要剖析這個數字，講述一個故事。

　　她知道她得如履薄冰。她的政敵虎視眈眈，吹毛求疵，搜索她

殘酷無情的線索，或者無視失業者飽受折磨的冷漠。她決定同時運用假設反駁法（procatalepsis）與矛盾修辭法（apophasis）。前者，有時也被稱為「預先否定法」（prebuttal），就是演講者已經知道對手暗地盤算的攻勢，搶先回應，打消對手蠢動的意圖。後者，有時也被稱為「假省筆法」（paralipsis），是一組技巧，先提出議題卻不反駁，反而故作姿態覺得無須多費唇舌。「我也不是沒注意到最近有關參議員私生活的傳言，我只是覺得在這場選戰中，沒必要提這些。」

　　柴契爾夫人採行的是帶有「矛盾修辭法」意味的逆向「假設反駁法」。她先召喚出一個對話者（匿名的「你」），假設這個人會根據「兩百萬」這個慘不忍睹的數字，提出一連串的質疑。其實，這正是她要逐一界定說明的重點 —— 也是有切身之痛的聽眾，最想聽的內容 —— 但她也想跟他們保持距離：

　　你可以用十幾種方法去美化這個數字。你可以說 —— 而且這麼解釋也說得通 —— 今天的兩百萬不能跟一九三〇年代的兩百萬相提並論。現在的失業比率比當時要低得多了。你還可以補一句說，好些結過婚的婦女也投入職場。你也可以說，一九六〇年代的高生育率，讓今年有比較多的畢業生在找工作，接下來兩年，也會是這樣的情形。你也可以強調，每個月都有大約二十五萬的同胞找到新工作，移出失業名單。你也可以回想起，今年大約有兩千五百萬的就業人口，而一九三〇年代，只有一千八百萬人。你甚至可以指出，工黨刻意忽略這兩百萬失業人口的來歷，跟著大家一起譴責我們，其實，接近一

百五十萬人，是工黨政府遺留給我們的共業。

即便這些理由都說得通，在我們國家，失業率居高不下，依舊是人類的悲劇。[13]

「你」可以用十幾種方法，來美化數據；但是，我，柴契爾無意東施效顰。首相列舉諸多理由，目的是澄清情況沒有表面上那樣嚴重，只是沒有自己直接說出來罷了。她站在第一線，並不是聽另外一個人在那邊說三道四，但她也會不經意的承認，這個不依不饒的「你」，不是完全沒有道理──「這麼解釋也說得通」。她的敘述合情合理，還故示公平給她想像中的對手──到了後段，她又重回人情世故與道德的起點，「失業率居高不下，依舊是人類的悲劇」。彷彿柔軟的心，還是戰勝了冷靜的腦，隱約透露了柴契爾夫人的「情緒智商」（emotional intelligence），遠比慘遭她痛毆半晌、一肚子知識卻顯得有些冷酷的對手，要高得太多了。

這種修辭技巧協助柴契爾夫人渡過險惡的海峽，駛進安全航道。但她傳遞的訊息其實複雜得多──儘管失業率並沒有對手說得那般嚴重，我知道受失業影響的人，日子過得有多痛苦──但是，「老娘可是不轉的」，沒有一絲一毫的動搖。讓這句話登上頭條的是百折不撓的果決，而不是同情心。這就是媒體期望的。無疑也是柴契爾夫人與她的文膽衷心期盼的。儘管機關算盡，「人類悲劇」那段還是無法讓人留下深刻的印象。

至少它還留在那裡，等待有心人發掘。但是，這樣的句子就算被報導，多半也被放在新聞的尾巴，無法搶占前頭。比起今日，一

九八○年代早期，英國大版面的報紙，擁有更多的篇幅，可以摘錄政治人物的講話與國會辯論的細節。那時的國會還沒有電視直播，卻有實況廣播，電視與廣播的政治新聞，會摘取片段播出，如果是電視，就附上講話者姓名與照片的圖卡。柴契爾夫人一九八○年的國會演講就直接得多：透過布置在議場大廳外的攝影機，將影像直接傳送到BBC萊姆‧葛羅夫電視大廈（Lime Grove studios），錄在兩吋的Ampex影帶上。工作人員在這裡掐出首相講話片段，剪接之後，送給晚間新聞待播。那天晚上，就是由我將掐好的演講片段，跑帶給不同的節目。

　　一般來說，像這樣的重要演說，研究員會掐出兩到三段講話。你當然希望你挑的片段，就是明天報紙的頭版頭，另外一段，要能傳達實質的內容；你可能還希望在文稿中，再涵蓋三或四個重點。而演講片段，我們稱之為「sync」或「sync bites」。sync是synchronised（同步）的縮寫，早先拍電影的時候，收音跟攝影還是分開處理，同步指的是把影像對上聲音的程序。在使用錄影帶的時代，早就沒有同步這個流程了，但名詞卻保留了下來。在實務上，sync指的是演講或訪問的片段；就本書的情況來說，就是一段公眾語言。bite（一小口、片段）這個詞是從美國電視圈借過來的，他們把掐過的訪問稱為「sound bites」。

　　日後，政治助理與傳播專家全都執迷於創作這種引人注目的警語；但我那個時候，還是需求面的問題。記者、製作人希望能從某個演講或訪問中，擷取出精采的片段。這一小口很少會自動跳進你的盤子，你得去搜，全部聽完，列出一張掐bite的候選清單。不容

有失，你一定要做出正確的決定。如果你具備編輯的判斷功力，自然可以在長篇大論中，找到什麼是重要的、有爭議的或者讓人難以忘懷的段落。

我曾經是「新聞之夜」（*Newsnight*）的輸出編輯，一九八六年派赴莫斯科，當時米哈伊爾·戈巴契夫（Mikhail Gorbachev）在蘇聯共產黨第二十七次代表大會，提交總書記報告。每個人都知道這是歷史性的一刻，但在事前，並沒有預先分發演講稿。陪同我們的是個謎樣的年輕人，自稱是「俄羅斯通訊社」（Novosti）的記者，但很明顯的，他來自情報單位KGB，幾乎沒提供任何指引或者詮釋。事到如今，無計可施，只好坐定，聆聽同步翻譯，（謝天謝地，還有兩位專家從旁協助）試著即時了解現場進度。戈巴契夫一個小時接著一個小時講下去，直到下午很晚的時候，才終於拿到英文的翻譯，厚度跟一本短篇小說差不了多少。我們知道在密密麻麻的講稿某處，藏著「開放」（glasnost）、「改革」（perestroika）與戈巴契夫施政計畫的線索。我的挑戰就是找到這些重點、著手分析，用極短的時間，處理成完整的電視報導內容，在他結束演講與我們的預定衛星時間，傳回倫敦。

就算在一九八〇年代，搞政治跟做媒體的也都知道，最關鍵的就是領導者留下了怎樣的標題跟怎樣的廣泛印象。柴契爾夫人慢慢的、持續的在修辭戰場上敗北，並不是在邏輯上失利——就一般論述而言，自始至終，品質都很整齊——而是輸在人格特質上。一度被她逼到邊緣，被打到潰不成軍的一國保守主義派，儘管老放不下那副高不可攀的貴族架子，讓人覺得恍如隔世，但是，他們也

會因應場合要求，展現真正的同理心。同理心比較有效，因為它往往出其不意。麥可・夏信廷（Michael Heseltine）回應一九八一年布里克斯頓（Brixton）與托克斯泰斯（Toxteth）暴動，情真意切，讓人動容，就是一個例子。無論他們有感無感，柴契爾夫人及她的親信，比方，諾曼・譚百德（Norman Tebbit，繼卡拉漢之後出任工黨黨魁的麥可・傅特[Michael Foot]，形容他是「半家養的臭鼬」）都想塑造這種效果，有時流於刻意。「老娘可是不轉的」，沒耍什麼心機，反倒酣暢淋漓，出人意表，從刻意的聲嘶力竭中，脫穎而出。

但是聽眾的期望正在改變 —— 特別是一般市民被傾聽的渴望，逐漸殷切。諷刺的是：柴契爾夫人有很強烈的信念，認為自己不過是個普通人，有別於一般大眾的，僅僅是自己的智慧與能力。這意味著她缺乏貴族的防禦雷達，在腦中的警示聲響起，要你最好跟觀眾說點什麼，展現你了解他們、對他們正承受的痛苦感同身受。但人格與情感卻不會在她的內心交互作用。這種能力當然不是貴族的專利 —— 好些政治人物天生就有這種直覺 —— 沒人比得上柯林頓 —— 但大多數人至少學得會，知道怎麼給群眾留下這種印象。偏偏柴契爾夫人就是沒辦法。

大眾之所以跟她越來越疏離，一般歸咎於她的苛政，尤其是強行引進民怨四起的人頭稅（Poll Tax）。施政失去民意支持，當然是重要的原因，但有件事情值得注意：柴契爾夫人下台，並不是因為選戰失利，相反的，她翼護保守黨贏得下一輪的大選，爭取了七年多的執政時間。儘管面臨了比柴契爾夫人執政時期，更嚴重的危機

與衝突，其他的保守黨政治領袖依舊可以維持選民的信任。相較於
她的政策，社會大眾 —— 甚至許多她的黨內同志 —— 更沒法接受
的是她這個人。這就是人格的問題，具體呈現在她講話的風格上。
也許她認為她那種絕不低頭、口氣一貫強硬的形象，是一種力量的
展現 —— 顯然，她太沉迷在「鐵娘子」那種表述風格。其實，這
是一個危險的徵兆。討厭她的人會說（至今還是堅持）這是道德上
的瑕疵。大家可能會為了孰是孰非，爭辯到地老天荒。但就我而
言，這是她修辭出了問題。

　　一九八三年，在迎向第二次大選勝利的選戰中，首相出現在
「全國」節目中，回應全國各地選民的現場提問。那時，我離開這
個節目，轉往BBC晨間新聞服務，不過，當時，我人也在萊姆·
葛羅夫電視大廈。柴契爾夫人的小型車隊呼嘯而來，一個小時左
右，揚長而去。在那個時候，我已經親眼看到發生了什麼事情。

　　接受民眾質詢，不算是新鮮事。BBC每週都有廣播及電視節
目，邀請不同的政治與公眾人物評論最新發生的事件，回答現場觀
眾的提問。在選舉期間，也開放電話，讓觀眾或聽眾有機會跟政黨
領袖或者資深政治人物互動。即便是如此，首相親上火線，即問
即答，還算是條大新聞，特別是在選戰期間。只是「全國」有一
個很重要的特點，跟其他的叩應節目不一樣，不靠電話，製作單位
邀請提問者進到BBC遍布全國的直播間，讓電視觀眾不只可以聽
到他們的問題，也可以見到受訪者本尊。這樣的安排造就一種效
果 —— 以往大家並不認為這很重要 —— 也就是將提問者跟政治人
物一起請進影棚，處於一個比較平等的地位。

在節目中，柴契爾夫人意外發現她陷入一個殘酷的競技場裡。對手是一個婦女，兩個人外觀上完全不像，但是年紀、出身卻很類似，更重要的是：雙方都給人一種倔強的印象。格洛斯特郡（Gloucestershire）的老師黛安娜·古德（Diana Gould），持續追問剛剛結束的福克蘭戰爭（Falklands War）中，阿根廷的巡航艦「貝格拉諾將軍號」（General Belgrano）被擊沉的原委，鉅細靡遺，緊追不放。柴契爾夫人迂迴、閃躲 —— 重複結論、互相矛盾、時而故作謙遜，時而固守「底線」試圖逼退對方 —— 但還是跟「貝格拉諾將軍號」一樣，費盡掙扎，最終難逃被魚雷擊沉的命運。這是戰爭期間最受爭議的插曲，細節始終不明（古德夫人緊緊扣著「貝格拉諾將軍號」受到攻擊時的座標、方位），但是一般觀眾可以很輕易的發現誰占了上風。

爭執的核心的確有些蹊蹺。就事實掌握的篤定程度來說，柴契爾夫人明顯不如古德夫人。古德夫人始終沒有辦法從首相那裡得到滿意的答案：為什麼「貝格拉諾將軍號」會被擇定為攻擊目標？她當時的位置，明明在英軍宣布的戰爭「專屬區域」（exclusion zone），也就是福克蘭群島周遭之外，而且是在駛離該水域被英國皇家海軍「征服者號」（Conqueror）潛艇狙殺擊沉。

應對風格也同樣重要。柴契爾夫人好幾次試圖從特定議題拉回到一般情況 ——「我的責任就是照顧我們的軍隊、我們的戰艦、我們的海軍，老天爺，我憂慮難安，熬過好多、好多的日日夜夜」—— 但是這種口吻卻讓人感到困惑、覺得她自怨自艾。她的語氣客氣卻傲慢，在關鍵的時刻，甚至想不起古德夫人的名字。在激

烈的選戰中，這種失誤或許可以理解，卻難掩她的驕矜（甚至懶得記一下老百姓的名字）以及對事實缺乏掌握。

這個讓人難以忘懷的對談片段──工黨一度喜獲至寶，認為選戰就此翻盤──並沒有對選舉結果造成什麼明顯的影響。柴契爾夫人漂亮的贏得選戰，持續執政多年。但這是所有政客的夢魘：一個不知道從哪裡冒出來的人，準備有素、辯才無礙、窮追猛打，情勢就此逆轉。當時，據說柴契爾夫人震怒，懷疑有人故意設計她，離開萊姆‧葛羅夫電視大廈的時候，有人聽到她揚言再也不踏進這裡一步，而終其一生，她也真的沒再來過。這是BBC內部始終不斷流傳的諸多傳說之一，其實，她除了有點難堪之外，並沒有受到真正的損害。只是很多觀眾透過這起事件，更加確定國家領導人既不了解他們，也不曾把心放在老百姓身上。好多年過去了，這種形象像一副鐵面具，扣在她臉上，怎樣也拿不下來。到頭來，成為柴契爾夫人的正字標記。

柴契爾夫人在任時的演說，多半是以精準、嚴肅的方式說明政策。但她卻放任媒體──有的時候甚至跟它們聯手──把自己塑造成這種形象，她認為這是力量的來源；殊不知，這得付出慘痛的代價：堅信、堅持結果變成了無法通融的偏執。在媒體不斷追逐簡化再簡化的同時，意味著柴契爾夫人的形象，只剩下殺紅雙眼、指指點點的傲慢與伶牙俐嘴的政策辯護，而不是總能道破百姓心聲、雍容大度的政治家。進入一九九〇年代，保守黨開始相信，如果不想在選戰中潰敗的話，他們需要一個口氣和煦一點的領導人；柴契爾夫人就算是挑對字眼，從她嘴裡說出來的話，也沒有人想聽了。

　　儘管她擁有絕無折扣的堅定信仰、能言善辯的律師技巧，外加敏銳的行銷理念 —— 部分專家卻在他們的論述中指出，政客傳遞出的訊息，必須根據變動的聽眾與變動的媒體環境，調整適應 —— 柴契爾夫人缺乏修辭縱深，身段不夠柔軟，導致論述失控。結果，她無法避免自己，至少在表面上，成為政敵嘴裡的冷血動物。

你又來了

　　一九八三年七月五日，距離柴契爾夫人出現在「全國」之後的幾個星期，我第一次造訪美國。我在約翰・甘迺迪機場降落，叫了部小黃，抵達曼哈頓。儘管還是午餐時間，我已經不折不扣的經歷一天的煎熬。我打開行李，在中城公寓簡單整理一下，立刻進到 BBC 辦公室，逐一認識辦公室裡的所有同仁。我在接下來的八個月裡，將待在這裡，監看晚間新聞，做好兩則電視新聞，連夜透過衛星傳回倫敦、觀賞百老匯歌舞劇《第四十二街》（42nd Street），以及遇見我未來的妻子。

　　我的工作是幫新開闢的節目 ——「新聞早餐」（Breakfast Time）製作新聞與長篇專題。那個時候，英國的晨間新聞節目始終有個很難解決問題 —— 新聞要從哪裡來？倫敦的新聞圈基本上是環繞在全國性報紙以及晚間電視新聞的截稿時間在運作，大部分的「計畫」新聞都在六點以前發生。下議院有時會連夜開會，但是很少有什麼重大新聞。「新聞早餐」紐約團隊 —— 主幹是BBC老牌駐外

特派員鮑伯‧法蘭德（Bob Friend）和一名製作人，這是我升任的新職 —— 負責填補這個缺口。美國新聞圈運作的邏輯跟英國差不多，但是，時差意味著英國已經沉沉入睡，美國還是持續在生產新聞。

　　所以我們得監看CBS與NBC的晚間新聞，尋找英國觀眾可能會有共鳴的新聞，重新打包、過音。當然我們也會尋找、拍攝、剪輯我們自己的專題影片，但必須要趕上深夜的衛星時段，否則就會錯過翌日節目的截稿時間。「新聞早餐」什麼都要：嚴肅新聞、美國政治、聯合國動態、產業新知、社會故事、英國人在美國的生活、藝術、時尚電影、新書、音樂、名人、美食以及美國趣聞，無論是個別的現象還是普遍的流行，來者不拒。

　　美國與英國電視新聞的差異很大。如果把廣告時段納入計算，美國晚間新聞的長度，其實比英國要短得多；在相對較窄的範疇裡，製作人分配給嚴肅新聞的時間，當然所剩無幾。

　　一份比較一九八三年英國大選與一九八四年美國總統大選的學術報告發現，在競選的二十四天裡，BBC主要的新聞時段，每天花十九分鐘的時間報導選舉新聞。相反的，在美國總統競選期間，NBC每天只花五分鐘報導大選、CBS四分鐘、ABC更只有三分鐘。[14]每條新聞也比較短。這個研究指出，大選期間BBC的新聞平均長度是兩分七秒；但是CBS只有一分三十五秒、NBC一分三十秒、ABC五十四秒。

　　編輯排序與新聞長度上的差異，在非選舉期間，也沒有差別。一九八八年在BBC重開「九點新聞」（*The Nine O'clock News*）之

後，落差被拉到更大。BBC主要的新聞節目，打頭陣的新聞編排，保留給嚴肅新聞的時間比先前還要長。但同時，美式風格卻是越發精簡，甚至帶動西方國家的電視新聞起而效尤。連同八卦小報短小精悍的路線，外加聳動的標題，深刻影響網路、智慧手機、社群媒體盛行之後的新聞包裝方式。

美國電視新聞編輯節奏也跟英國有天壤之別。每一則新聞的包裝都極具侵略性。單一鏡頭更短，甚至短到兩秒，一則短篇新聞的鏡頭數，有時比BBC的長篇專題還要多。他們通常不考慮鏡頭之間的銜接流暢，也不在乎聲音卡接的突兀。結果粗糙、快速，但是在視覺效果上，經常讓人眼睛一亮。這種步調與組成，主要是受到美國電視圈其他頻道的啟發，特別是新崛起的有線電視，比如說，兩年前開播的MTV。

美國記者報導演講，基本上只保留一段原音，不會剪到第二段或第三段；每段訪問也不允許長到三十秒或四十五秒。很少受訪者有機會講到兩段以上，通常不管是誰 —— 總統也一樣 —— 談話都從中卡接。過音（voiceover）講求速度，從頭貫穿到尾。影像要貼緊文字，而BBC是先把影像很仔細的編輯起來，再請記者依據畫面撰寫文稿，最後再過音。

這種寫法可以激發記者的戰鬥力，充分展現電視新聞炫人耳目的技法與即時性。相較而言，英國的廣播新聞學，顯得一板一眼，還把政客與記者之間，那種在俱樂部閒談的舒適氣氛，帶進新聞中，而把觀眾摒除在外。不過美式作風也預告了這本書的某些憂慮。壓縮實況與語言，固然節省時間，加強觀看時的緊湊程度，卻

得付出代價：所有事情都得被裁短、簡化，沒有時間敘述先決條件或者其他的限制與界定。不管怎樣的爭議，只有正反雙方的意見，還得用很簡短的篇幅，匆匆帶過。

　　還有一件事情也很明顯，即便是在一九八三年，美國政治新聞報導探測出的極限，已經影響整個世代的新聞操作。在英國，白廳（Whitehall）的政府各部門與各政黨，還是傾向發布新聞稿、舉行記者會，根據自己的時間表，安排受訪者，這差不多是都鐸時期遺留下來的傳統，而且僅限辦公時間。反觀美國，每個人都活在新聞循環中。現場直播攝影機直接架在國會山莊前，發展中的新聞，總有勁爆的內容可以揭露；儘管再心虛，只要打通電話給公關，這個那個的，瞎扯一通，就可以說服對方接受珍・波麗（Jane Pauley）或者布萊恩・岡保（Bryant Gumbel）的訪問 —— 幾乎每個動作，都希望激起漣漪，在午間或晚間時段，攫取觀眾的注意。至於政客或者媒體秘書不希望曝光的消息，他們會很精準的計算，避開發稿尖峰時段。

　　CNN在一九八〇年代開播以後，情況變得更加激烈，在接下來的幾年裡，它接連報導了一系列的重大新聞 —— 一九八六年太空梭爆炸、一九八九年天安門事件、一九九一年波灣戰爭，只是其中的犖犖大者，這些重大新聞事件都脫離媒體部門與新聞主管的控制 —— 為嶄新的二十四小時／每週七天全新聞頻道鋪路。網路隨後讓不中斷的新聞報導，成為標準配備。24/7的新聞自然也難免淡旺季的起伏，但最重要也最明顯的影響卻是：以往讓記者、編輯得以思考的喘息空間，就此消失。

　　一九八〇年代即將結束的時候，我已經是BBC主要新聞時段的編輯。北京天安門事件，由我主導新聞採訪。新興的數位時代配備，已經分發到我們手上 —— 手機、輕型攝影機、行動剪接機，以及二十四小時從廣場中央傳送畫面的能力。這種全新的新聞製播循環，導致無可避免的結果 —— 新聞需求爆炸性的成長，只要有點風吹草動，BBC從電視到廣播，所有的頻道都必須緊跟最新發展，無論白天或是黑夜。在二十四小時內，我們給電視跟廣播，至少發了十幾條新聞，還包括了無數的「雙向」連線與實況更新。我還記得那天，我望著成堆的帶子，心裡想：新時代來了。

　　無論你是政黨領袖、新聞官、記者或編輯，新的新聞循環都像是頭怪物，永遠也餵不飽。如果找不到東西餵它，你就會坐立難安，生恐這頭怪物終將反噬。好處是前所未見的即時與關聯性；風險則是新聞從業人員原本的思考時間，經常被壓縮成幾秒鐘 —— 膚淺、扭曲、錯誤。

　　一九八〇年代中期，在美國做電視，跟我在BBC第一年的經驗，有很大的差別。纜線遍布在每個角落 —— 幾乎什麼地方都可以傳帶或是現場直播。不管訪問誰，對方好像都知道該怎麼回答你。那個時候在英國街頭訪問（vox pop*），大多數人要不是很警覺的閃開，要不就是怯生生的看著攝影機。在美國，他們能立刻換上受訪的姿態，以簡練、明快的方式，表達自己的驚愕、愉悅、憤

---

* 一個現在飽受批評（但也得到容忍的）電視新聞採訪技巧，就是新聞記者在公共空間，隨機訪問路過的民眾，摘取片段，針對特定新聞事件，拼湊出某種版本的民意反應。

怒，或者其他記者要求他們發表的評論。

電視或者其他媒體的製作新觀念，很快傳到英國與歐陸。沒過多久，從來沒有受訪經驗的英國人就滿懷自信，跟職業老手一樣，輕鬆的侃侃而談。到了一九九〇年代，越來越多熟稔電視運作的素人發揮能量，引領全新的電視型態逐步發展，形成了被統稱為「實境秀」（reality）的特殊節目類型。這種新的形式 —— 醫師肥皂劇（doc soaps）、形式紀錄片（format documentary）、老大哥式的監看（Big Brother-style observation）與事實性娛樂（factual entertainment）—— 在英國與荷蘭雨後春筍般出現，隨即大舉反攻美國與世界其他國家。

「實境秀」的風格 —— 庶民通俗、直截了當、出人意表、激動人心，時而粗糙業餘，時而精緻專業 —— 部分是從八卦小報借用來的伎倆，但很快就以嶄新的模式回報，成為主要的素材來源，深深影響傳統新聞製播。最終，它為新一波的數位發行商，奠定敘述語調與題材開發的基礎。

公眾對於電視與其他媒體的慣用語言與操作特性，有更深刻的了解，引發了另類效果。原本公眾語言對於政治領袖，還有某種保護尺度，不讓他們受到極端用語的嘲弄笑罵，至此，魔咒瓦解。很快的，觀眾不再寬容政客，或者，任何人。

❖

我在美國的時候，政治基本上被一個人主導：雷根。從那個時候開始，一直到我返國投入「新聞之夜」與「九點新聞」的工作之

後，他的臉、他聲音，無所不在 —— 在家裡的電視、在辦公室的監視螢光幕、在副控、在剪接間，經常見得著。快轉，停。後退，停。從這裡進，在這裡卡。

在美國，我大部分的時間都花在紐約與華府之外的地方，拍攝題材比較輕鬆的短篇新聞專題。這是我大宗的工作，也因此認識了好些美國老百姓：黑人、白人、鄉下人、城裡人、有錢人、窮人。在美國東北角，自由派的大本營，雷根是一個謎，大選贏得莫名其妙，骨子裡就是丑角。但我知道好些人投票給他，對他推崇備至。

雷根經常被說成跟柴契爾夫人一鼻孔出氣。的確他們頗有共通之處：收束國家角色、讓路給私人部門釋放創意、強硬面對蘇聯，諸如此類。但他是個政客，更重要的，他還是個修辭高手，而且自成一格。

我們已經發現，柴契爾夫人興衰史隱約透露修辭的未來。但她始終沒有跨過門檻、從公眾語言只能正經八百的舊世界，進到我們現在的情境中。其實，在柴契爾夫人的年代，新舊之間的區隔，已經悄然浮現。從這點來說，柴契爾夫人是個墨守成規的老派人物，什麼事情都嚴肅以對。她始終假設達到目的的最佳方式，就是不苟顏笑，規規矩矩的講清楚。

雷根則是預言未來的先知。他對現代修辭話術的控制，堪稱無與倫比，從最隨意、最顛覆的語言，到冠冕堂皇的官方宣示，他可以從這一頭瞬間移動到另一頭。他的政治意圖可能跟柴契爾夫人一樣嚴肅，但他卻可以有時嬉笑怒罵、有時劇力萬鈞、有時真情流露 —— 端看是什麼場合，需要怎樣的配合。他感受得到媒體的喜

好，熟悉他們的胃口、小手段。直到他任期的最後幾年，身邊的幕僚屢屢陷他於不利之前，他操控媒體，就像弄蛇人催眠眼鏡蛇一樣。

　　雷根在一九八一年就職。二戰後，美國版的共識修辭學，到了強弩之末。越戰失利、一九七三年爆發的石油危機、冷戰對峙僵局，凸顯外交政策的千頭萬緒。經濟的不穩定與衰退，撼動美國自信。行動政府制定開明的社會政策聯手科技，驅動繁榮「大社會」（Great Society）的承諾，跟著搖搖欲墜。美國總統再也不能望邱吉爾或羅斯福的項背，無法繼承義正辭嚴的修辭傳統、寶劍與命運（swords and destiny）聽起來不僅過時，甚至虛偽。他們知道他們還是得唱高調，卻找不到修辭方法。理查・尼克森（Richard Nixon）一九七〇年一月在國會發表國情諮文演說（State of the Union address）就是一個例子：

　　讓我們面對終究要承認的基本事實。我們可能是世界上，穿得最好、吃得最好、住得最好的民族，享受乾淨的空氣、乾淨的水、漂亮的公園，但我們依舊是最不快樂的人民，在這個世界上，不再有無可界定（indefinable）的精神──驅動夢想的提升（the lift of a driving dream）。這個夢想最初創建了美國、塑造全世界的希望。

　　又來了──美國例外論（exceptionalism），試圖凌駕備受責難的物質主義與消費主義。至於，表達方式呢？尼克森的文膽首先告訴我們，這精神是「無可界定的」，隨即又試圖界定：是「驅動夢

想的提升」。這句話的目的應該是表達美國精神的元素 —— 高尚的理想主義與難以阻擋的精力 —— 套句普通話，「提升」有點像是土星火箭（Saturn rocket）能把人送上月球，「驅動」暗示美國在工業與科技的動能，一個國家整體篤定與意志力的展現。

「驅動夢想的提升」很快成為尼克森講話不得體的經典案例。「提升」、「驅動」、「夢想」，既有字面上的意義，也有比喻的內涵，勉強結合在一起，卻是前言不搭後語。「提升」是垂直移動，「驅動」卻是橫向的。最糟的是「驅動的夢想」。夢可以用各式各樣的詞去形容 —— 繽紛迷離、幽微難解、傳神逼真 —— 但是，哪一種夢感覺起來是把腳踩在油門上，一個勁兒的加速？押頭韻（alliteration）可以讓一個句子產生緊密的語音邏輯（phonetic logic），但也僅止於此而已。這個案例聽起來像是一個生命中毫無夢想的殺手，在黑暗中開了一記冷槍。

接著就是雷根登場了。「美國又破曉了。」（It's morning again in America.）這是一九八四年電視廣告中，最響亮的口號，而不是演講中的警語，但它精確的傳達雷根總統善用日常生活語言，表達抽象政治概念、歌頌崇高理念的能力。跟柴契爾夫人一樣，他的全盛時期始自一九七〇年代末期；也跟柴契爾夫人一樣，他得力於文化大格局的轉變。一九八〇那年，大部分的美國人民終於弄懂周遭發生了什麼事情，雷根的修辭術卻沒跟上步伐。他講話始終是那個調調，只是措辭更加小心。我們反而可以從他比較早期的政治發言，找到比較輕鬆卻已然成熟的雷根風格。

他的政治對手總喜歡嘲弄他在好萊塢從影的經歷 —— 就像柴

契爾夫人的政敵也總是處心積慮的詆毀她 —— 貶抑他是「傀儡」，一個演員怎麼可能講出這麼睿智的話？一定有人幕後操刀。這並不是事實。雷根不只是個獨特的表演者，還是個獨特的修辭創造者。後來，他找人代筆，跟每個總統一樣，但他們只能在他既定的風格上，踵事增華。這是他的風格，事實上，這就是他。

　　讓我們來回顧他早年的經歷。一九六四年十月，在總統大選投票的前幾天。繼任還不到一年的詹森總統，即將以毀滅性的優勢，徹底擊潰高華德。雷根在這個著名的演說中，宣稱「他花了大半輩子做民主黨員」，現在卻積極支持高華德；他明知慘敗難免，但要說明出支持的理由。憂慮他在好萊塢的發展，他很謹慎，一開頭就強調，以下言論該由誰負責：

　　　謝謝，各位晚安。我想大家都知道今天這場盛會的贊助者，但跟一般電視節目不同的是：上台的人並沒有拿到腳本。事實上，我已經得到允許，使用我的字眼，討論我的理念，說明接下來的幾個星期裡，我們要面對怎樣的選擇。[15]

　　「上台的人並沒有拿到腳本」，這句話預告二十年後，雷根那種略具諷刺性卻又信心十足的幽默。「我的字眼」、「我的理念」，強調的重點是：這個聚會並不是隨便找名人來捧場。雷根的確是來幫高華德站台，但是，你信也好，不信也罷，他其實有自己的盤算。

　　接下來，雷根火力全開，鎖定詹森特定的政策，猛力抨擊 ——

農業補貼、擴大社會安全保障、對共產蘇聯的「綏靖」政策（他自行認定的）——隨後轉向「大社會」、「向貧窮宣戰」等詹森施政的核心理念。演講大致依循以下的邏輯：雷根直接跟間接引用一系列民主黨與其他左派人士的用語，卻剝離他們發言時的情境脈絡，也不說明前因後果，直接塞進他憤慨的評語裡。他宣稱參議員富爾布萊特（J. William Fulbright）與克拉克（William A. Clark）揭露民主黨的真正野心。前者形容詹森是「我們的道德導師、我們的領袖」，憲法是「過時的文件」；後者把自由主義界定為「權力集中的政府，施展全副能力，滿足民眾物質需求」。靶子設定好了，雷根隨即亂箭齊發：

　　我，就是一個例子，痛恨民意代表指著你我，稱呼這個國家自由的男女「民眾」。這個詞不適用於我們美國人，不只這樣，「權力集中的政府，施展全副能力」——偏偏政府，就是建國先賢極力想要縮小的。他們知道政府不該控制任何事物。政府不控制人民，就無法控制經濟。他們知道，當政府設定這種目標的時候，就得透過暴力、脅迫的手段來達成。我們建國諸賢深切了解，在合法的功能之外，政府不得插手，不得用經濟手段，影響私人經濟領域。[16]

　　雷根精心挑選了兩位參議員的說法，包裝成十足十的共產黨口吻，「領袖」這個詞出現在「我們的道德導師、我們的領袖」間，感覺起來根本就是蘇聯人在歌頌約瑟夫·史達林（Josef Stalin），*vozhd*（譯註：俄文領袖，一般指的是史達林或列寧），「權力集中

的政府，施展全副能力」、「滿足民眾物質需求」，更讓人恍惚間，彷彿置身於莫斯科市中心，廣場的這一頭是國家計畫委員會（Gosplan），另一頭則是KGB。雷根當然沒把這兩個參議員當回事，只是玩弄他們的發言於鼓掌之上，定調、染色，扭曲成如下的兩個論點：第一，政府過度介入經濟，不可避免的會導向極權主義（totalitarianism）；第二，在大多數的領域中，公部門不如私有企業來得有效率。第一點，我們重回到保守派的滑坡謬論（不受制約，農場補貼會直接導向共產主義），而第二點是把自由市場當成信念，說成跟憲法條文一樣。

　　雷根從撿拾來的隻字片語中，抽繹出自己的修辭邏輯。「偏偏政府，就是建國先賢極力想要縮小的」，這句話本質正確，但主要不是為了雷根陳述的原因。「政府不該控制任何事物」，這個呢，政府其實會控制某些事物（邊界、核子武器、貨幣）。「政府不控制人民，就無法控制經濟」，這個推論太過跳躍，只是被他呈現得好像很有邏輯。控制經濟包括一系列的措施，其中有很多手段（舉例來說，緊縮金融政策以控制通貨膨脹）是雷根大力支持的；而且，這些手段也有不同的層次──為保護競爭而施加的稅收或管制，並不必然累積成蘇聯式的中央計畫經濟。但是雷根卻講得不留餘地，硬是跟「控制人民」畫上等號；而「控制人民」語意也極果決，意思是剝奪公民所有的自由。他隨後宣稱建國諸賢已經預見當下的處境，這也就是為什麼在憲法中預先豎立防禦長城的緣故。只是，心懷不軌的民主黨參議員與他們的「道德導師」詹森，卻意圖拆毀先賢的預防機制。

如果你把比例跟可能性擱在一邊，雷根的論述拼湊得相當完美。我們可能會把這種伎倆，貶抑為「操弄庶民語言」（argumentum ad captandum vulgus），試圖欺瞞美國「大眾」；但明明演說者自己就不相信，在美國有所謂的「大眾」。只是雷根表達得極為高明，要比絕大多數為領袖操刀的文膽，機變靈巧許多——儘管省略了一些、誇張了一些——至少，他堅信的理念，明明白白的展現在世人面前，某些段落甚至稱得上動人：

> 沒有任何一個政府願意縮減自身的規模。政府計畫一旦推動，永遠不會消失。事實上，政府單位是地球上最接近永垂不朽的事物。[17]

這段講話跟先前的論述，全建立在雷根對於政府的定義上，終其一生，不曾動搖。套句林肯的用語，政府並不是民有、民治、民享的組織，而是一個會自我保護、自我擴張、本質上反民主的有機體，是一個必須要對抗、要設法削減的敵人。早在一九六四年，雷根就找到方法去翻轉認知，將當時主流的思維，形容成不懷好意、深具威脅的角色；而他對於政府的批評理所當然。即便不是高華德的支持者，也不免懷疑雷根把政府及其權力，講到這般讓人毛骨悚然，是另有所圖。不那麼好笑，但政府組織／永垂不朽之類的說法，還是通篇最讓人難忘的警語。

也許歐洲法西斯以及共產黨慣用偉大空洞口號的印象深入人心，在二十世紀最後的幾年裡，大多數人都假設：溫和的中間派比較平靜、理性；激進派——特別是保守激進派——卻總是怒目相

向、口出惡言。左派愛用雷根的英雄 —— 說詞偏激、人格脫軌的高華德做例子，說明自己的判斷不虛。但雷根卻是活生生的反證。他既不是溫和的中間派，也稱不上是「親切」的政客，意識形態上，更是不折不扣的保守激進派。他蔑視美國壓倒性的政治機制，試圖驅除、取代它。雷根從不掩飾，總把他的想法交代得一清二楚。但他不曾張牙舞爪，也不會怒不可遏，語帶幽默，始終理性、人性，而且迷人。

但雷根不會因此顯得軟弱。一九八〇年總統大選，在一場電視辯論會中，他就冷不防的把匕首刺進吉米‧卡特（Jimmy Carter）的背後。當時，有些沒精打采的卡特總統正在回答一個關於健保計畫（我們的老朋友又出現了）的問題。他全民納保的建議，跟杜魯門總統提出的原始版本以及歐巴馬最終立法的版本，頗有神似之處。計畫的野心不小，鉅細靡遺，卡特是這樣結尾的：「在全民健保計畫中，有許多成分，對美國人民很重要。雷根州長，不改他一貫的立場，依舊反對。」[18]雷根反駁之際，並沒有立刻開口，反而意味深長的看了卡特總統一眼，露出飽受折磨的苦笑，悄悄的說了幾個字，聲音低不可聞，幾乎只有他自己才聽得到，「你又來了！」

這個現代版修辭推論，完美反駁對手：明明只是一個環節，看起來卻像說，這就是你代表的一切，卡特。不管問你什麼，你的答案都是更多的政府、更多的控制、更高的稅。雷根並沒有直接攻擊政策本身 —— 他知道現行健保計畫的某些設計，例如保障年長者的醫療權利，在共和黨的潛藏選民中也很受歡迎 —— 於是，他劍

鋒一轉，攻擊卡特的政府哲學。但這句子裡，也有角色分析，其實
是雙重的角色分析：卡特是老學究，一肚子關於門診與住院病人的
知識以及重大傷病保障；雷根則是坦蕩蕩的後段班無賴學生，有膽
子昭告世人，國王根本沒有穿新衣，更慘的是，身體還很醜陋。
這評語下得很粗俗 —— 是刀刀見血的人身攻擊、公開污辱現任總
統，讓他無法全身而退 —— 但雷根卻把它說得好像是老朋友之間
互虧慣了的笑話。

　　每個人都希望浪漫的征服對手，現代政客需要幽默假象的包
裝。我們剛剛看過柴契爾夫人的例子，無論你多麼拘謹無聊，講稿
捉刀者都得幫你塑造個假象出來。雷根是真人，真實深入他的骨
髓。在任期中，他善用自己豐富的自然特質，只為達成一個特殊政
治目的 —— 從政客老套傳統的修辭中抽身，進化到全然不同的類
型 —— 一個尋常的老百姓，只是意外發現他在治理這個國家，看
著職業政客的硬滑稽，覺得好笑，卻也不屑，始終拒絕自貶身價，
跟他們一般口吻。

　　「你又來了」中間的「你」當然不只卡特，而是所有的你：遊
說團體、利益代表、工會組織、邪惡的大政府機器，不只是華盛
頓，而是每座城市、每個州首府。這種論調跟現今反政客人士的修
辭立場，狀似相去不遠，但實質上並不相同。雷根不像他們莽撞憤
怒、虛榮驕衿、自以為是，而是讓自己看起來出污泥而不染，又足
以挑起重責大任。

　　待他坐進總統辦公室，赤裸裸的謾罵減少，氣度大增，機智被
打磨到幾近智慧。政治評論者經常把雷根的政治成就與居高不下的

人氣，簡化為他有能力把樂觀主義投射在美國的未來，相信國運會
蒸蒸日上、相信全新的開始。在保守政治的情境中，雷根很罕見的
讓他的修辭大獲全勝。

　　在雷根之前與之後，主張小政府的右派，表述方式有個根本的
問題 —— 太過負面。深入人心的警句（「死亡陪審團」）、能帶動
最高熱度與激情的，往往跟他們反對的議題有關，語調中充滿質
疑、吹毛求疵，有時近似偏執，讓人不禁想起這句名言 ——「常懷
否定的精神」（*der Geist der stets verneint*），就跟歌德《浮士德》中
的梅菲斯特（Mephistopheles）一樣，總是一昧否定。雷根批判協
同政府（corporatist government）、福利國家，言詞辛辣，沒什麼出
奇；但他能把收縮政府功能，講成是一種進步、一種奠基於人性的
深刻省思，而不靠意識形態，就不是常人所能及的了。

　　雷根是扣準時機、包容不同表述風格的天才。一九八七年，
這個老藝人在柏林布蘭登堡門（Brandenburg Gate）前，利用反覆
（repetition）、累進簡化（progressive simplification）等技巧，拋開
傳統的外交辭令，灌注更多的人性：

　　蘇聯可以發出某種不會造成任何誤解的訊號，戲劇性的推進自
由與和平的動力。戈巴契夫總書記，為了蘇聯、為了東歐，如果你追
求和平；如果你追求繁榮；如果你追求解放：請來這個大門。戈巴契
夫先生，請開門！戈巴契夫先生 —— 戈巴契夫先生，請拆掉圍牆！[19]

　　第一句無甚出奇之處：「戲劇性的」力道很弱（始終如此），

也打亂了句子的節奏；「自由與和平的動力」顯得堅強與虔誠。但接下來的幾句話與一連串的如果，卻讓我們想到 —— 哈囉，我們正在真實修辭的世界，我們正著手推動某件事情。三個如果，搭配三個提議的行動，或者三個步驟，可以造就一個偉大的行動：只要蘇聯領導人來這道門，然後打開這道門 —— 不，還不只，他可以拆掉整座柏林圍牆（距離雷根演講的地方，也就幾呎之遙）。重複戈巴契夫的名字，特別是「戈巴契夫先生 —— 戈巴契夫先生」的用法，舉重若輕，又大氣磅礴，還融合了親切的口吻、人與人交往的真實呼喚。雷根是個道道地地的冷戰主義者，一手打造飛彈與飛彈防禦系統，從不想平手，總是致力求勝。但是，他卻鍛鍊出蘊含某種和解可能性的語言。而柴契爾夫人連照抄聖方濟，都掌握不好。（譯註：柴契爾夫人在入駐唐寧街首相官邸之前，引用了聖方濟的著名祈禱詞：「在分裂的地方，讓我們促成團結。……在絕望的地方，讓我們喚起希望。」）

十八個月之後，「挑戰者號」太空梭意外爆炸事件，帶給雷根跟他的文膽迥然不同的挑戰。義正辭嚴應付不了這種情況，無法倚靠邏輯，而是一個捕捉、表達舉國情感的時機。這是一個對全國老百姓敘述的機會，風險卻是：正處於悲慟階段的你，只說得出一般的應景語言 —— 壯烈的犧牲。我們的心也隨之去了。我們永遠不會忘記。他們不會白白犧牲。

一九六〇年代末期，尼克森的撰稿者威廉‧賽斐爾（William Safire），在阿波羅十一號太空人無法從月球表面返回地球的危機時刻，準備了聲明，以備不時之需：

他們的探索，激發全世界的人們，萬眾一心；他們的犧牲，把人類的兄弟情誼，維繫得更加緊密。在過去的歲月中，人們仰望天上的繁星，看到星座裡的英雄。時至今日，我們依舊仰望，但我們的英雄卻是血肉之軀的史詩人物。[20]

「他們的犧牲」、「人類的兄弟情誼」、「我們依舊仰望」。文字還算勝任，但是，萬一太空人意外身亡，這篇講辭真的派上用場，哀悼故去太空人進入另外一個宇宙時，聽起來不免顯得氣息奄奄。現在，請聽這一段：

這是巧合的一天。三百九十年前的今天，偉大的探險家法蘭西斯‧德雷克（Francis Drake）爵士死於巴拿馬海岸的船上。在他的時代，偉大的邊疆（frontiers）是海洋，後來的歷史學家說：「他生活在海上，死於斯，葬於斯。」今天，我們也可以對「挑戰者號」的船員說：他們的奉獻，跟德雷克爵士一樣，了無遺憾。

「挑戰者號」船員安排人生的態度，讓我們同感榮耀。我們永遠也不會忘記他們、不會忘記最後一次見到他們：今天早上，他們準備展開旅程，向我們揮手告別，滑入「地球堅定的懷抱」，「輕觸神的臉頰」。[21]

這篇講詞由雷根的特別顧問、撰稿人佩吉‧努南（Peggy Noonan）捉刀。她解釋，引發激烈爭議的最後一句，其實引自於美國飛行家小約翰‧吉列斯匹‧馬吉（John Gillespie Magee Jr.，在二

次世界大戰期間死於墜機）的詩 ——〈高飛〉（*High Fly*）。根據努南的說法，雷根國安團隊想用一般的字句取代，「抵達某地、接觸某人」。可以想像，他們擔心馬吉這首詩激昂、淺白的語言，會讓人覺得遙遠、老氣；或者是因為提到神，永遠會惹上麻煩 —— 改成美國人民擁抱在一起，自然要安全許多。但雷根再次以他優雅的演說風格，向世人證明：這些顧慮純屬杞憂。他掌控節奏、聲調，暗示聽眾，最後兩個句子，其實是一段引文；流暢運用馬吉的詩，就像以身殉海的德雷克爵士，將殉職的「挑戰者號」太空人，送進英雄史詩的大格局中。

在那個時候，無論是左派，或者大多數的媒體，都不知道是什麼造就了雷根與他的說話風格。不像柴契爾夫人，一開口，就讓人覺得她生性好鬥，很容易把她跟克倫威爾（Cromwellian）式的人物聯想在一起，殘暴、冷酷。但是，雷根不一樣，無論海內海外，他推行的政策都極具侵略性，辯護起來不留情面，但他就是有辦法避開對抗，甚至用超越對抗的方法來表述。

如果你是某種意識形態的堅定支持者，你會發現一件事情：對方的修辭（無論他多麼能言善辯），不管怎麼聽，都覺得矯揉造作。打從希臘時代開始，總有人心存定見，只要認同演講者表達的激情，不管他怎麼說，都覺得那是偉大的演說；跟他不對盤，無論如何天花亂墜，都被視為詭辯、垃圾，或者垃圾詭辯。對部分的左派人士來說，雷根那種流暢的鄉下小鎮表述口吻，怎麼聽都覺得

假；而右派的人，不管柯林頓如何展現絕佳的功力，將生硬學究的政策說明，融入自然流露的情緒，編織出華麗的修辭，不領情的還是不領情。對這種人講什麼都沒用。雷根跟柯林頓精得要命，不會浪費時間跟口水在他們或者意識形態僵化到不可能動搖的選民身上。他們的目標是從自己的死忠選民出發，移向搖擺選民的中間地帶，他們的天賦最適合在這個區塊大顯身手。

他們的形象歷久彌新。柴契爾夫人直到過世，還被認為是堅毅果決卻招致民怨的領導人。雷根則是現代最受歡迎的美國總統，遙遙領先第二名。他在任內獲得的平均支持率，前所未見（53％，只比老布希與柯林頓略低一點），[22] CNN及民意調查公司ORC（Opinion Research Corpotion）在二〇一三年末聯手進行調查發現，雷根受歡迎的程度，仍然高達78％。其他善於揣度選民心思的高手，柯林頓緊追在後，74％；老布希就被甩在後面了，42％；尼克森，僅剩31％。美國現代總統中，只有被暗殺身亡的甘迺迪超過雷根，達到90％。[23] 數字裡隱含著一個現象：支持與懷念雷根的，除開共和黨人與獨立選民，還包括許多民主黨人 —— 儘管美國當前的政治，向兩極分化的情況日益嚴重。

很難把柴契爾夫人與雷根這種對比異常鮮明的公眾印象，拉低到政策與成就的層次來解釋。就今日茶黨（Tea Party）標準來看，這兩個人都滿軟弱的。但其實雷根的政策在當時的美國決策情境裡，算得上異常激進果斷；柴契爾夫人在英國，也是相同的評價。結果 —— 漂亮的經濟成長數字，卻付出了難以忍受的社會代價 —— 也如出一轍。有人認為，兩個國家不同的政治文化是原因

之一。雖然不知道該怎麼證實，但就我看來，這是這兩位領袖對國民說話方式不同的緣故。沒有人會否認柴契爾夫人的智慧與奮戰精神，但是，她講話就是無趣、不知變通，遣詞用句、敘述風格，很容易成為政敵鎖定的目標，用她自己的話，還施其身。雷根語調詼諧，身段柔軟靈活，直到他在白宮最後幾年，氣勢轉趨疲弱，反對黨才琢磨出對付他的方法。從此之後，沒有任何西方領袖有他這樣好的運氣。

　　但我們得知道，凡事有得必有失。雷根的強項在人格與情感、性格鮮明、隨機應變，總能博得媒體以及人民的好感。其他政治人物頂多留下幾句發人深省的警語，雷根跟他的團隊，幾乎每一週、每一個可以想到的場合，始終妙語如珠。（「我希望你是共和黨員。」一九八一年，他遭到槍擊，在手術房裡，還這樣跟外科醫生說。）民主國家的領袖在說明公共政策主張、爭取民眾支持，邏輯、論述，還是派得上用場，但是施展空間不大，重要性略低，多半使用強烈的政黨用語。在英國，政治傳統比較枯燥、修辭比較保守的領導人，偶爾冒出一句「老娘我可是不轉的」這種快人快語，就足夠搶眼，無須什麼實質的內涵。到了一九八〇年代的美國，相對於吊人胃口、搶攻頭版標題的伶牙俐齒，嚴肅的政策解釋，已無容身之地。

　　一種潮流已經開始。其他改變力量 ── 柏林圍牆倒塌之後，政治分歧的挑戰、政治行銷的全面職業化、網際網路出現，新聞媒體持續深化革命 ── 即將加速，來勢更加猛惡、力道變得更強。身為一個新聞編輯以及隨後升任總編輯，我發現我已身處其中。

chapter *4*

旋轉與反轉

他脫口而出的話，絕無算計，而是極度誠懇的標記。

—— 法國教育部長路克‧卡特爾（Luc Chatel）

評論尼古拉‧薩科齊，2010[1]

　　雷根坐進橢圓形辦公室、「挑戰者號」太空梭組員罹難，至今，悠悠三十年過去，美國保守派修辭的核心早已轉移。我們剛剛看到，雷根身處的語言世界，充滿陽剛、諷刺的氣息，還有出人意表的庶民腔調；但他還是受到嚴謹論述的概念啟發，源頭可以追溯到美國建國先賢以及更早的時代。只是這跟當下隨興、刻意撇開政治腔調的敘述模式一比，就顯得落伍了。在美國民粹主義的傳統中，這種敘述模式也有爆發的前例。舉個例子，喬治‧華萊士（George Wallace）就曾經說過：「我說現在要種族隔離（segregation）、明天要種族隔離、永遠要種族隔離！」[2]我們還可以偵測出其他的修辭影響：實境電視節目中典型的誇張、深夜談話節目的搞笑節奏。從不同角度觀察，在美國主流政治的脈絡裡，這種敘述模式還是新鮮事，並沒有取代既存的政治語言 —— 絕大多數的時間，我們看到的是兩者的綜合 —— 不過，新趨勢已然是不容輕忽的挑戰。

　　最近，我們有機會感受到它展現的全副力量。二○一五年九月，角逐總統大位的川普，在達拉斯（Dallas）對體育館裡的群眾說：

　　我先前的演講很漂亮。精采極了。每個環節都很好。一個半星期後，他們卻攻擊我。換句話說，他們吹毛求疵——開始撒謊。無中生有。我講到非法移民……我們必須要遏止非法移民。我們責無旁貸！（歡呼與掌聲）我們別無選擇，必須貫徹到底。（群眾：美國！美國！美國！）我聽到很多人，包括民主黨在內，說我是逆流。我們必須建一道牆，鄉親。我們必須要建一道牆。你們大可去問問以色列，你們的牆有用嗎？牆，有用！[3]

　　跟其他的公眾語言一樣，我們也可以拆解這段話。超短的句子強調他的篤定與果決。一層一層的蓋上去，就像是用磚頭砌牆一樣，朝結論、朝情緒的最高潮奔去。修辭研究者稱這種布局法為「並列法」（parataxis）。這是大將或者獨裁者慣用的語氣，將自己跟很難伺候、很想扔到一邊去的人民，區隔開來。維基百科挑選並列法的範例，慧眼獨具，選擇尤利烏斯·凱撒（Julius Caesar）的名言，並不是他入侵不列顛的的誓詞，而是他在澤拉之戰（Battle of Zela）的勝利豪語，「我來，我看，我征服」（Veni vidi vici）——作為並列法的經典案例。今天，這種話多半出自成功的企業家或者CEO之口。

　　川普特色的並列法格外的咄咄逼人，在推特這種微觀修辭世界

中，經常展現他的直覺天賦：

輕量級的馬可・盧比歐（Marco Rubio，譯註：參議員，川普的對手之一）昨晚很努力。問題是他是讓人喘不過氣來的窒息者（choker）。一日窒息者，永遠chokker [原文如此]，核爐心溶解（Meltdown）先生。[4]

「輕量級」、「窒息者」、「核爐心溶解先生」——不管從哪個角度來看，每個字都是人身攻擊。也許他一時激動，信手寫下；也許是他喚來個手足無措的手下，急匆匆的口述，要他趕緊PO到推特上。根據我的經驗，最後那個打錯的「chokker」就是這樣來的。短短的文字卻展現了川普對於盧比歐參議員三個綜合的觀點，簡單明瞭，在推特上，殺傷力十足。

押頭韻、重複、韻律，是從《貝奧武夫》（*Beowulf*）的作者到傑拉德・曼利・霍普金斯（Gerard Manley Hopkins）以降的英詩傳統。川普在達拉斯的「幻想之牆」演說，就是奠定在一連串的w上：we have to build a wall, folks. We have to build a wall. All you have to do is go to Israel and say how is your wall working? Walls work.

這段話代表了川普徹底斷絕政治對話的傳統。它狀似靈光一閃，至少故意讓人覺得這是即席演講——川普最不希望聽眾認為他在照本宣科。在選戰的這個舞台上，他一般會備講稿，但絕少照著唸。所謂的講稿，也只是手寫的幾個大標題而已，並不是長篇大

論。許多政治人物的演說，像是委員會推敲出來的；川普則是自顧自的愛講什麼講什麼，如假包換。

他的演講極其流暢，想法像列車一樣不斷的衝出來，文字緊跟其後。請看他想法的起點：「換句話說，他們吹毛求疵……」──等於是暗示他們用放大鏡看我的演說，扭曲我的說法，斷章取義。這是傳統政客常見的抱怨哀泣，但川普開個頭，立刻拋到一邊，展開更犀利的重擊，直指對方「撒謊」。撒謊不就是政壇與媒體敵人的看家本領？直截了當。「我聽到很多人，包括民主黨在內，說我是逆流。」

接下來，聽眾會以為他要攻擊共和黨內的其他挑戰者，或者棒打對手民主黨，要不，就兩者都損一頓。但川普顯然不想拐彎抹角，浪費時間說明為什麼傑布‧布希（Jeb Bush）或者希拉蕊‧柯林頓（Hillary Clinton）不是夠格的候選人。感覺起來，他對其他角逐者一點興趣都沒有；所以，話沒說完，硬生生的跳到他心頭上的主題：「我們必須建一道牆，鄉親。」

這段話是精心算計出來的飛揚跋扈。傳統來說，職業政客希望被塑造成睿智的顧問形象：掌控細節，在制定政策之前，權衡各種選項；再不耐煩，也要裝出傾聽反對黨嚴厲指控的虛心模樣。川普的口氣卻是宣稱事實與正確的政策，閉著眼睛也能看明白。所謂的「睿智顧問」總愛說：世界很複雜，決策時要把這種複雜性列入考慮，講這種話的人，不是白癡，就是受人擺布的傀儡。推翻現狀最可能、最直接的方式，就是揭開「不能說的祕密」；而對川普來說，踐踏「政治正確性」不僅是最有效的立場，還能挖掘出一種難

以遏抑的癡狂，煽動一陣一陣的情緒，讓支持者難以自拔，欣喜莫名。

川普的風格就是不講究任何修辭技巧。不像「死亡陪審團」那樣挖空心思打造一副老鼠夾。最聳動的陳述並不是放在詼諧機智或者機鋒暗藏的語言裡。他的競選口號：「讓美國再度偉大！」（Make America Great Again!）──說不上原創或者匠心獨運。他的一言一行都是刻意強調：他要與華府政治機器中，那些男男女女惹人反感的語言，一刀兩斷。他們跟你之間有一道牆，川普好像跟聽眾這樣說，我是在牆的這一邊，跟你們同一邊。他們當你們是傻瓜，其實你們比他們精明得多。我可以跟你們保證：我跟你們用一樣的觀點看這個世界，你聽，我不是用你們的語言，不講他們的廢話？

川普不斷重複他遏止非法移民的理念，在稍後的辯論中，跟共和黨內的競爭者纏鬥不休，其中之一是俄亥俄州州長約翰‧凱西克（John Kasick）。川普怒言批評：「小謊言、小把戲〔原文如此〕，先生，在事實面前，半點都不中用！」[5]民調顯示，許多共和黨潛在選民認為凱西克反擊川普的態度，太具侵略性，川普的民調持續竄升。

稍早，我們提到希臘傳統喜劇中的刻板人物吹噓者，川普不只帶有這種氣質，還集美國虛構人物的特色於一身。有的時候，彷彿大衛‧馬密（David Mamet，譯註：美國知名劇作家，最著名的作品包括《鐵面無私》、《桃色風雲搖擺狗》等）筆下的某個人物，活生生的跳出來，站在舞台上，讓我們必須不斷說服自己：我們沒

在看戲，這是真實人生。

　　二○一六年的選戰，持續揭開一個事實：切勿不假深思，低估川普的修辭能力。就算川普是吹噓者好了，（他可能趾高氣昂，開心的配上徽章），他卻有驚人的能力，傾聽、回應聽眾的情緒。他單槍匹馬顛覆政治訊息組成、聲明發布與反擊對手的理路，全天候投射情緒。相對於「專業」對手的謹言慎行，川普的傳播量激增十倍，噪音充斥政治戰場，淹沒他們仔細算計的發言。川普以量取勝，隨機應變。有用的，徹底發揮；沒用的，斷然拋棄，在修辭學領域，大膽實驗。他在市場上測試語言跟理念，比對手更積極大膽，學習、調適，靈活快速。這是有史以來，最飄忽不定、我行我素的總統候選人，缺乏選戰成功的各種要素：組織、資源、自律，川普因此重寫了美國政治語言的操作手冊。

　　也許用過即丟，但川普修辭的基本原則 —— 徹底揚棄傳統政治論述的謹慎與溫和，以憤怒、震撼策略與極度簡化政策等手法取代，公眾語言的唯一價值就是「真實」，對於有話直說的盲目崇拜 —— 經常可以在已開發國家中的民粹風潮與反政客的演講與口號中聽到。在美國，至晚在茶黨誕生之後，共和黨右翼就開始實驗煽動性的極端語言；不過很多應該負責的始作俑者，卻辯稱這是情勢所迫的因應策略。這種憤怒的修辭法一度被視為政治自殺；今天卻迎合成千上萬美國人的心聲 —— 對他們來說（可能還得加上其他人）—— 以往在選舉中發揮關鍵影響力的演說元素，抑揚頓挫的語調、意在言外的比喻，如今聽來，卻覺得閃躲、陳舊，好像回到遙遠的過去。

　　過去，英國的政治比較自制，但是二〇一六年逐漸升高的公投對峙，脫歐派卻採取了好些川普式的策略。反移民是王牌，他們毫不留情的丟出來，包括了難民潮水般湧來的海報，叵測居心直追約瑟夫・戈培爾（Joseph Goebbels，譯註：納粹宣傳部長）。在他們的「戰鬥巴士」上，他們大肆宣揚被嚴重誤解的數據，指稱英國「每週送三億五千萬英鎊」給歐盟，完全把世界領袖，歐巴馬和安格拉・梅克爾（Angela Merkel）的警告當作耳邊風，絕大多數的經濟學家、中央銀行行長，自然更難抵禦仇恨「菁英」火力四射的猛烈攻勢。川普倒是非常支持脫歐運動——在投票結果出爐之後，還歡呼了好一陣子。

　　留歐派自然也不是省油的燈。但是，在脫歐公投投票前夕，戰爭、經濟災難、國民健保計畫崩盤、十種摧毀埃及的瘟疫席捲而來，導致事實性的辯論與獨立專家的意見被扔進垃圾桶。公眾投票之際，多半倚靠情緒或者直覺判斷哪些政客他們比較相信——或者比較不相信。最後，脫歐陣營攻入了英格蘭與威爾斯感到憤怒與疏離的城鎮，加上藍領、傳統歐洲懷疑論者（eurosceptics，多半是保守黨人），這就夠了。

　　對於英國的菁英來說，這是難以置信的逆轉。國家一旦失去信仰與世界觀——以及對於政治語言的節制——會導致怎樣的後果，公投結果就是讓人膽戰心驚的證據，就連好些贏家看到他們釋放出來的怪獸，都大吃一驚。

　　在接下來的幾章裡，我要根據時序來說明，在西方，政客如何揚棄傳統政治修辭中的繁文縟節與限制，開始實驗新的表述方式，

向日常語言靠攏，更直接，也經常更辛辣，卻逐漸喪失縝密的說理能力。我們會集中在兩個關鍵互動上：政客與經歷巨大變革的媒體之間，日益劍拔弩張的關係；政治語言與政策制定之間，逐漸拉大的分歧。首先，請讓我先介紹雷根與柴契爾夫人的遺產，設定政治場景。

發布壞新聞的好日子

在前一章，我們聽到一九八七年，雷根在柏林圍牆前發表的演說。兩年之後，一九八九年十一月九日，圍牆終於被穿透，幾個星期之內，蘇維埃在東歐的統治崩潰，蘇聯分崩離析。冷戰結束，西方獲勝。

德國集中全副的心思，整合先前由共黨統治的東半部土地。在歐陸的其他地方，蘇聯的崩敗並沒有帶來新的整合，反而強化在冷戰末年就已經感受到的分離政治勢力。在義大利，被稱為「淨手運動」（Mani Pulite）的調查，突然讓賄賂橫行、惡名昭彰的戰後政治體制，瞬間倒台。一九九四年建立的第二共和，無法穩定局勢，反而讓左右兩派進一步的分化，造就了第一批民粹主義領袖的崛起。其中之一，就是貝魯斯柯尼。在法國，強硬的反共社會主義者，弗朗索瓦‧密特朗（François Mitterrand）直到一九九五年才離開總統職位。在他統治期間，大家逐漸發現他政治操作的痕跡過甚、政策憤世嫉俗，在在重創他的威信；而他在維琪政府（Vichy France）時期的曖昧行徑，以及一九九四年他執政期間，捲入盧安

達（Rwanda）種族屠殺的爭議，更讓他的政治生涯，雪上加霜。密特朗上台之後，迅速放棄社會主義主張，迎向經濟衰退的挑戰；接下來，卻是長期的漸進主義（gradualism），包括了兩段被迫與控制國會的右派，分享政權的同居時代。密特朗下台之後，由溫和的保守主義者，賈給・席哈克（Jacques Chirac）執政。他的競選政見是縮減政府開支、降低賦稅，但是，很快的，他發現他還是得折衷，跟反對黨共同治理。下一位總統是薩科齊，本身就是個爭議人物，加上他口無遮攔的內政部長，招來左派人士的憤恨。他也承諾了過多的經濟與社會改革，二〇〇八年爆發金融風暴，導致他黯然下台，跟前任一樣，一事無成。

　　英國不像美國，跟大部分歐洲國家一樣，一九九〇年代開頭，還在飽受經濟衰退之苦。柴契爾夫人斷送了她的政治前途，繼任的首相形象親和得多，梅傑之流使得保守黨在緊接的十年裡，大致保住政權。只是柴契爾時代累積的民怨與憎恨，卻沒有消弭，特別是在中部地區、英格蘭北部、蘇格蘭與威爾斯。在一般人的印象裡，柴契爾夫人就是恐怖電影中的妖魔鬼怪，保守黨這才發現，他們在聯合王國中，已經變成了「髒黨」（nasty party）。政治跟相關報導也跟著變髒，就連聯合王國一九九二年離開歐洲匯率機制（European Exchange Rate Mechanism，歐元的前身），隨即帶動長期經濟成長，也沒還髒黨清白。梅傑越來越像是莎士比亞筆下憂心忡忡的國王，掙扎不懈，弭平一起又一起的政治叛變，但檯面下的翻雲覆雨 —— 保守黨員宣稱，誠信與良知要他們寧可在背後插同志一刀，也不能向政敵宣戰 —— 已成常態。

　　反對黨卻變得越來越專業。布萊爾一九九四年當選工黨黨魁。這個政黨已經在野十五年之久，渴望重新奪回政權。這位新領袖善用前任黨魁金諾克與約翰‧史密斯（John Smith）的成就，堅定的往意識形態中道移動。為了眼下的情勢，暫且把過去的歧異拋到一邊。布萊爾想為新的立場，標註一個永久的符號，於是他選擇修辭法中最簡單的方法來應急：給工黨換個名字。從此之後，工黨變成了「新工黨」，「新」意味著年輕、清新、心胸開放、現代價值（透過這些形容詞，大眾很容易就跟年輕的布萊爾先生連結在一起）。這個新的品牌也暗批過去的「舊」工黨，政策不得人心、以階級為基礎的論述趕不上時代，導致先前三次大選慘敗。

　　曾經擔任柯林頓顧問的迪克‧摩里斯（Dick Morris），首度用三角驗證（triangulation）的說法，來詮釋新工黨運動。二〇〇〇年，他接受公共電視（PBS）「前線」（*Frontline*）節目訪問時，這樣解釋：

　　選擇不同政黨中最佳的施政議程，超脫政黨對立，尋求共識。從左翼，我們得到了日間照料、食物補貼等著重人民福祉的議題；從右翼，我們得到的理念是：人必須自立更生，時間不等人。再淘汰雙方比較荒唐的主張：左翼堅持不能有任何工作上的限制；偏激右翼認為必須懲罰單親媽媽。在兩個極端間，把人們不相信的垃圾清掉，選擇兩種立場的優點，提升為第三條道路，變成一個三角形，這就是三角驗證。[6]

　　「提升為第三條道路」是非常關鍵的一句話。三角論者自認身處顛峰，超脫於兩種舊立場之上。而這就是布萊爾念茲在茲的關鍵：結合柴契爾夫人對於市場經濟的堅信、解除政府管制，釋放改革動力與左派關切的社會正義與包容。把保守黨對弱勢的冷漠與工黨的強制平等主義（compulsory egalitarianism）統統扔進回收箱裡。

　　到了一九九〇年代中期，無論是英國還是美國，選戰打出「第三條路」的路線，都可以取得壓倒性的優勢。但是，這種說法卻有一個致命的缺點。左右兩派 —— 在英國，自由市場保守主義與傳統社會主義的對立 —— 在意識形態上，都根深蒂固。雙方都有立論經典、打死不退的死忠支持者，還有千錘百鍊的內部邏輯。三角論者不過初生之犢，飛得再高，終究沒有根基，只想在意識形態的中間見縫插針，其實動輒得咎，左派與右派都不賞光。制定政策時妄想劈開歧異，只會顯得獨斷 —— 所謂的平衡為什麼選在這裡，不在那裡？一九九〇年中期，在經濟突飛猛進、國際環境尚未失控的背景下，三角驗證像是未來政治的圖像。十年之後，回過神來的選民，捫心自問，所謂的「第三條路」，除了投機取巧的權謀外，還剩下什麼？

　　相較於巴茨基主義，三角驗證更激烈的挑戰了壁壘分明、左右對立的民主政治。前者基於現實考量，只求過渡 —— 這是贏得二次世界大戰、舉國團結政府的翻版 —— 而後者，則是意圖取代意識形態對立，將這種僵局永遠推到國民政治生活的邊緣。布萊爾的支持者認為「第三條道路」是實實在在的施政綱領，但我們認為它只是一種修辭，取代另外一種修辭 —— 柴契爾時代的尖酸刻薄、

空談虛耗、相持不下 —— 罷了。在沒有橋梁、無可溝通的意識形態海灣中，三角驗證者的綜合取向，在實務上，提供一種討論公共政策的新方式。布萊爾早期發動的修辭奇襲 —— 未來的工黨政府「打擊犯罪絕不留情，消弭犯罪因子也絕不鬆手」—— 就是再好不過的例子。

　　這種巧妙但脆弱的音符，很難每次都演奏得精準。在較為傳統的支持者眼裡，這種做法頗為可疑，有與敵人沆瀣一氣的嫌疑。布萊爾很快就發現從自己的黨、從梅傑政府，各擷取一點，東拼西湊的論述，帶來毀滅性的後果；英國媒體尾隨而至，逮到蛛絲馬跡，全被詮釋成黨內分歧。他們心裡很明白 —— 儘管打出三角驗證的旗號 —— 取得政權的他們，還是得面對保守媒體排山倒海而來的敵意。

　　於是他們決定採行實事求是的新取向跟外界溝通。從今以後，要以表格詳列溝通策略 —— 規畫每個人的發言時間表，以便比較、協調。每則政治訊息，無論攻守，都要能詮釋、潤飾政府的整體施政。表格上的最佳落點就是在最合適的地點、最合適的時機，由最合適的人娓娓道來。以往個別政客與政府各部門享有的操作空間，被大幅削減，還附有罰則：膽敢破壞發言節奏的人，不但會失去唐寧街十號的支援，還會遭到同志的反駁；罪行重大，甚至會被發配到邊疆後座（back benches，譯註：英國國會的新進議員都安排在後座，一般不是黨內要角，也不是影子內閣的成員）的黑暗角落。為了強化新政權，布萊爾任命前八卦報政治版編輯阿拉斯泰爾·坎波（Alastair Campbell）出任傳播策略主管。他塑造出野蠻

正義（savage righteousness）的氛圍，巧妙執行他的任務。

　　在反對黨及執政初期，布萊爾與坎波堪稱合作無間，取得驚人的成果。布萊爾跟他的政治搭檔戈登・布朗（Gordon Brown）也終於擊潰了疲弱難振的梅傑陣營。一九九七年，布萊爾在歡騰樂觀的氣氛中，抵達唐寧街十號。就職的前幾個月，他面對媒體，展現超乎尋常的自信，體貼、堅定的回應黛安娜王妃意外身亡的蕩漾餘波（「人民的王妃」，在戴妃過世的那個早晨，他這樣形容）。他與政治顧問壓上政治前途，闖進英國政壇惡名昭彰的「大象墳場」（elephants' graveyard），殫精竭慮，與北愛爾蘭開展和平談判。在過程中，他態度溫文爾雅、豁然大度，終於促成了「耶穌受難日協議」（Good Friday Agreement），把他拱上一流政治家的高度，得以超脫政治摩擦，處置原本無可折衷的衝突。他也琢磨出讓人永生難忘的妙語（如果他不是無意搞笑的話）。在協議終於達成那天，他說：「今天，不是給電視記者掐出精采訪問的日子；我感覺到歷史之手，正按在我們的肩頭上。」[7]

　　但隨著日子一天天的過去，他跟坎波炮製政府新聞的心機，卻變成新聞。這並不是第一個不斷重發好新聞、對報社老闆卑躬屈膝；遇到壞新聞循環，難以收拾之際，會把部長推出去斬首祭旗的政權。但是布萊爾政府將專業與偏執古怪的混在一起，捍衛話語權，倒是前所未見，明顯的疏離甚至切斷了英國的傳統 —— 或許記憶有些錯誤、或許過於浪漫 —— 發自內心的急智、便給的口才與閃著慧點光芒、討人喜歡的英式謬論，至此不復存在。

　　布萊爾的支持者始終相信，有時還會天馬行空的闡釋：在持續

敵視他們的媒體環境裡，新策略絕對足以因應對手挑戰。這種說法的確很難辯駁。不幸的是：新策略的傳播效果不只讓保守新聞媒體，就連整個新聞圈都起了疑心。面對逐漸升高的懷疑傾向，新政府只好用兩倍的力氣，來控制輿論。

二〇〇一年，官方的媒體管理實況，不慎暴露在大眾面前，實在有點自找麻煩。九一一當天，布萊爾內閣的部長顧問、前工黨首席新聞官喬・摩爾（Jo Moore），發了一封電子郵件給交通部、地方與區域政府的新聞聯繫人，「有什麼想要遮掩的新聞？今天是最好的發布時機！我的顧問費呢？」上千條無辜生命在世貿中心犧牲的同時，發出這種涼薄荒唐的建議，讓外界不免覺得：喪失道德方向感的，已經不是單一政治操作，而是整個政府。

「旋轉」（spin，譯註：源自球類術語。如果是棒球，指的就是某種旋轉方式，用以欺瞞打者讓球掉進捕手要的位置。）就是用來描述這種狀況。這個字原本用來指涉特定的媒體運作方式 —— 政治化妝師（spin doctor）主動出擊，透過檯面下操作，就某一政治聲明或事件，鼓勵記者朝對其有利的方向詮釋 —— 但還是被視為是政治詭計的一種。「旋轉」涉及的好些伎倆，其實是老把戲了。政治語言往往有好幾層，在冠冕堂皇的文字底下，暗藏著只有知情者才聽得出來的弦外之音，或者偷偷栽的贓、埋藏的小笑話。但是布萊爾時代，媒體對於「旋轉」窮追猛打，筆下滿是敵意，卻讓老百姓第一次弄明白「旋轉」究竟是什麼。

這種新的溝通方式招惹了媒體，也讓一般人感到困擾，卻無礙工黨的持續持政之路。二〇〇一年，布萊爾輕騎過關連任，還自信

滿滿的瞄準下個任期。在這種狀況下，一般人早就忘記問：為什麼這個成功的政府，還要花這麼多的力氣來「旋轉」媒體？

九一一爆發之後，英國加入美國陣營，清剿蓋達組織（al-Qaeda）與阿富汗塔利班（Taliban）政權。二〇〇二年中，布萊爾政府思考再次追隨美國，發動第二次波灣戰爭，推翻伊拉克薩達姆‧海珊（Saddam Hussein）的意圖越發明顯。政府以海珊擁有大規模毀滅性武器（meapons of mass destruction）作為理由，合理化這次戰爭。事後證明，這個指控根本就是子虛烏有。

一封麻木不仁的電子郵件是一回事。指控不實、捏造壓根不存在的安全威脅，藉此侵略他國，可是另外一回事。政府栽贓跟海珊政權的實情，差距竟然這樣大，重創布萊爾與內閣的威信，始終無法恢復。但這個擁有驚人聚焦能力、活力四射的團隊，卻未因此改變創新的腳步。在伊拉克戰爭最喧鬧的收尾階段，坎波與首相政策專家、行銷大師菲力浦‧顧爾德（Philip Gould），興沖沖的在電視上，首度推出以首相為主角的全新實驗：受虐策略（masochism strategy）。

發現領導者與群眾之間的信賴感（人格與情感的連結）瀕臨斷裂，特別是老百姓認定布萊爾已經設定好路線，不願意傾聽他們的心聲，不可能有任何改變之際，受虐是他們的因應策略。其時，百姓普遍相信，工黨已經錯過逆轉勝的關鍵點，保守黨將繼柴契爾夫人一九九〇年下台之後，再次主導政壇。受虐策略旨在先發制人，迎向這種不利情勢。他們安排布萊爾積極參加電視現場節目，面對一肚子惱火的選民，讓他別無選擇，只能傾聽，更讓大家看到他傾

聽的模樣。如果受虐策略出現在一九八○年代初期，那麼柴契爾夫夫人在電視節目「全國」中，因為「貝格拉諾將軍號」事件慘遭修理，就不是失敗的公關操作，而是天賜良機。布萊爾在二○○七年最後一役裡，「受虐」成為核心的溝通原則。布萊爾傳記的執筆者之一，安東尼・沙爾頓（Anthony Seldon）這樣寫道：

選戰的關鍵策略，就是盡可能增加布萊爾的媒體曝光度，讓他面對各種批評。黨內的攻略手冊，也就是選戰該如何著手的聖經說：「一定要把布萊爾跟選民，尤其是辛苦工作的大多數，連結在一起，要清楚展現他並沒有拋棄他們……出現在電視上，是他應該尋求的正面機會。他要坦然承認：『我們錯了，但我們會做得更好，我心裡明白！』」坎波與顧爾德認為，讓大家看到他「挨上幾拳」，是很重要的事。[8]

選戰期間，布萊爾於是不斷出現在電視現場節目裡，面對各種議題，從伊拉克到NHS再到收入差距惡化，承受隆隆砲火。他很有耐心的為政府政策細節辯護，目的是，再不濟也要重塑他的人格、理順施政邏輯。他是領導者，他到場就是說：他有勇氣面對批評，足夠謙卑聆聽人民宣讀他的罪狀。他盡可能的展現關懷，直視觀眾的眼睛，請他們暢所欲言，絕不輕易打斷，回覆的語氣不曾流露對尋常百姓的不屑，或者有意無意展現自己的優越智慧。他沒有忘記任何一個人的名字。

這種大眾心理學狀似簡單明瞭，骨子裡卻是精心炮製的政治訊

息；他們在傳統的政策宣傳上，加裝一層軟調的潛意識修辭——這位精力充沛、深富同理心的領袖，願意親臨火線，去了解並且說服群眾。「贏」不再是，或者絕大部分不是，贏得一場口舌之爭，而是要建立充分的相互信賴感，要達到這種目的，就得從人格、感情、邏輯，循序漸進。

看你喜歡哪種辯論方式：不知變通、居高臨下，就像一九八三年，柴契爾夫人在「全國」電視節目上，面對古德，不自覺展現的真實面貌；或者，你也可以像一個世代之後，布萊爾那樣冷靜、謙卑的傾聽。只是無論好壞，都難以否認，後者代表政治人物行銷方式的創新，或者，套用普丁的媒體顧問格里布·帕夫洛夫斯基（Gleb Pavlovsky）鑄造的新詞，是「政治科技」（political technology）的先驅。時至今日，在整個西方世界的溝通操作手冊中，這種做法已經是標準的防禦策略。二〇一六年一月，歐巴馬決定動用行政權，不顧國會態度，引進新的槍枝管制措施，也是把自己送上現場電視節目的烤架，接受槍枝支持者的拷打——他還批評來福槍全國協會（National Rifle Association）利用這個機會，故意在攝影機面前給他難堪。

而「反轉」（counter-spin）——可以說受虐策略施展的基礎——只是「旋轉」的變形。兩者都奠定在相同的研究手段、相同的行銷洞察，也是由相同的專家發明出來的。它狀似沒有斧鑿痕跡——看，沒用手——實則機關算盡；也因為這個緣故，它只有在特定的政治狀況，才能驅散媒體與大眾對於政府宣示的懷疑，而且效果難以持久。

　　傳播專家動用受虐策略是考慮一個不利的情勢──傳統媒體敵意過重，只要有機會，就要徹底避開。群眾雖然憤怒，卻不是天生反骨，總比廣播媒體裡的職業殺手好應付。在英國，無論是布萊爾政府還是布朗政府，只要可能，都對媒體敬謝不敏。柯麥隆在成為首相之前，曾經跟我說，他看不出政治人物有什麼理由接受BBC「新聞之夜」主播傑洛米・派克斯曼（Jeremy Paxman）的專訪，那裡已經變成一部「謀殺政客的恐怖片」。

　　與公民直接對話，重新建立信任感的嘗試，應用得越來越廣。里民大會（town-hall format，譯註：政治人物下鄉，深入草根，傾聽人民心聲的一種溝通方式），當然是安排的，但在選戰中，卻越來越風行。不論是執政黨還是反對黨，都希望把公眾引進政策制定的討論中，就像布萊爾「大對話」（Big Conversation）的嘗試。他與內閣閣員巡迴各地，吸納公民對於公共政策的不同觀點。請願──現代版就是e請願（e-petition）──幾個世紀以來，在政治生活中，都在常例之外，現在卻得到官方的掛保證：只要跨過連署門檻，行政單位就會啟動程序，國會繼而展開辯論。

　　柯麥隆在二〇一〇年擔任首相之後，他的策略長史帝夫・希爾頓（Steve Hilton）把一組新鮮的理念，帶進唐寧街十號，試圖拉近政府與人民的距離。繞開傳統的政策槓桿、由上到下的公眾資訊宣傳，內閣成員可以利用社會心理學（social psychology）、行為經濟學（behavioural economics）的洞悉力，在糾結難解的議題上，例如：貧窮與不健康飲食，尋求突破契機。行為洞察團隊（Behavioural Insights Team）──很快的，也自然而然的被命名為

「推力小組」（Nudge Unit）——隨即在唐寧街官邸成立。政府釋放出大量的資訊，放在網上供民眾自由查閱。前所未見的透明度不只為公部門注入了效率與創新、促進公民參與，還強化個人、社會與公司的責任。希爾頓的後官僚（post-bureaucratic）計畫是動員社會企業、成千上萬的社區工作者、密切互動的市民大軍，取代大（而難以信賴的）政府。

只是大軍從未誕生。願景極少實現，無論怎麼在推特與網路上貼文、在YouTube上公布影像，對於民眾的信賴或者參與感，都沒有什麼影響。有些失望的希爾頓於二○一二年初黯然離開唐寧街十號。柯麥隆政府轉而採行中間路線的溝通路線，嘗試開發數位空間，但最終還是寄望重新跟保守媒體套交情，建立比較實在的關係。白廳與柯麥隆的唐寧街十號，開始收縮，避免在布萊爾執政時期過於浮濫、逐漸失控的「旋轉」。但坎波開發出的技巧，卻被他們吸納進交戰守則中，由於低調和緩，收斂野性，人們習以為常，也就不會動輒評論。「旋轉」成為一種例行公事。

小丑與祕密警察

從幾個方面來觀察，「旋轉」在英國，是相當獨特的。它是突然出現的——至少表面如此，而且立刻成為政治活動的焦點。感覺起來像是跟過去決裂，但其實並沒有那樣激進。舉個例子來說，政治溝通專業化，在美國出現得更早，好些人也變得過分在意。

事實上，「旋轉」已經變成西方世界主流政黨的標準操作程序

之一。絕大多數的歐陸國家避免過度捲入伊拉克戰爭，並沒有像英國人一樣，受到政府愚弄，誤信虛構的開戰理由（casus belli）。但是二〇〇八年，金融風暴席捲而來，繼之以痛苦的經濟衰退、公共部門預算減縮，卻讓老百姓開始懷疑政府官僚的說辭。對於政治的冷嘲熱諷，素來不是新鮮事，但到了這十年的末期，在歐陸以及英語系國家，人民的態度卻更加強硬、憤怒更加高昂。幾年前，西方公民還願意隱忍他們的懷疑，再縱容政客一次，現在卻拒絕再相信他們。在這種現象浮上檯面之前，某些政權的挑戰者不再使用執政者仔細營造的句法、焦點團體的專業語言（focus-grouped language），反而強調鄉土、即時，以區隔市場。

　　讓我們回到義大利。在前一章，我們聽到帕索里尼呼籲為國家建立一種統合科技的公眾語言。在《變遷義大利的語言與社會》（*Language and Society in a Changing Italy*）中，學者阿爾圖洛・托西（Arturo Tosi）描繪了義大利在共識階段的最後幾年，以及隨後而來的混亂情勢期間，政治修辭究竟出了什麼狀況。傳統的誇張造作、抽象表述，持續式微，但並沒有讓路給陳述事實、理性政策的持平之論，反倒助長了旗幟鮮明的民粹語言。政治聲明更直接，不再暗藏機鋒較勁。政治論述的核心是口號，務求辛辣好鬥，深烙記憶：「竊據羅馬，羅巴底聯盟（Lombard League，譯註：這是中世紀出現在義大利北部的城市聯盟，反對神聖羅馬帝國的統治）誓不善罷甘休！」[9]有些句子，並未明言，卻讓人毛骨悚然，特別是右派出現的軍事隱喻（「我們已經給AK47上好了油！」，北方聯盟[Northern League]安伯托・博西[Umberto Bossi]的名言[10]）。義大利

全民瘋狂的運動術語，也轉變成政治隱語，無論何種政治光譜都流行這種修辭：

> 我已經在場邊暖身完畢，全副武裝。（西奧維爾・貝魯斯柯尼）
>
> 我認為，我們的位置根本不在場內。（福斯托・貝爾蒂諾蒂[Fausto Bertinotti]，新共產黨）
>
> 他們把我放進後備名單，拖我出場，現在我就待在這裡。（朱利奧・安德烈奧蒂[Giulio Andreotti]，基督教民主黨員、前總理）[11]

　　這的確是瞄準尋常百姓開發出的公眾語言，只是跟帕索里尼想像得並不相同。這是客廳角落或者酒吧後方電視，咆哮出來的聲音，帶有討好群眾的真實性。出自男性政客的嘴裡，至少能展現俗套的義大利男子氣概。

　　在義大利的政治人物中，最能代表這種修辭新法的是貝魯斯柯尼。崇拜他的人將之比擬為雷根與柴契爾夫人，以無比的勇氣固守自由市場，戮力掃除貪汙腐化的投機世代。其實，他缺乏前兩者對於改革的堅持，欠缺他們的熱情與戰略一致性。貝魯斯柯尼是以反政客（para-politician）的典型樣貌出現在政壇，是川普之前的川普：訴求民粹、浮動善變、用後即丟 —— 講話的方式也如出一轍。在政治初登場之際，貝魯斯柯尼的舉措還可以預期，瘋狂喜歡足球、喜歡引用軍事隱喻，兩個特色都能發揮功能，賦予他一種精明幹練、有話直說的生意人形象，讓民眾覺得這是上帝送給義大利的一份大禮。

他重視品牌行銷，從他踏入政壇組織許多政黨、聯盟，可以得證：義大利力量黨（Forza Italia）、良政之柱（Polo del Buon Governo）、自由之家（La Casa Delle Libertá），諸如此類。換個角度來看，他的政治論述其實相當新穎。托西在二〇〇一年的著作中分辨出幾個有趣的小線索，比方說，貝魯斯柯尼習慣將謙和、老派的用語，刻意放進演講中（*mi consenta*，「如果您允許」）、指稱自己的時候，總愛濫用第三人稱的敬語（西奧維爾・貝魯斯柯尼先生），還口無遮攔亂開玩笑：「我是政治界的基督耶穌。」「啊，巴拉克・歐巴馬。你可能不相信，但他們兩個人都喜歡日光浴，因為他太太也被曬得很黑。」「如果你問她們想不想跟我做愛，30％的女性說，想；剩下的70％會說，『什麼？你還要？』」[12]

此君願不願意承認他的「貝魯斯柯尼式修辭」，可是另外一回事。貝魯斯柯尼始終厭惡修辭（rhetoric）或者「強詞奪理」（rhetorical）之類的形容詞，認為是一種侮辱 —— 跟他力圖掃除的舊政治文化脫離不了關係。二〇〇九年，他控告《共和報》（*La Repubblica*）不斷重印質疑他言行的十大問題。他堅稱這十個問題煽動民眾情緒，「強詞奪理」，根本不是事實。[13]

所以，到底發生了什麼事情？對許多義大利人，特別是左派來說，貝魯斯柯尼反覆無常的言論，根本是胡說八道，僅止於此。在許多外國的觀察家眼裡，也傾向這種說法 —— 特別是八卦小報的標題與糾纏不清的法律訴訟，界定了這個人與他的時代。媒體以「幫加幫加」（*bunga bunga*，譯註：原本是模仿非洲土著的吆喝聲，在義大利，演變成雜交派對的意思），來形容騎士（*il Cavaliere*，

譯註：貝魯斯柯尼常自稱騎士）屢遭指控卻樂此不疲的狂歡聚會。慢慢的這個詞變成了一種極大化的修辭推論，暗地指控偽善與不知節制的放縱。

或許有人會說，貝魯斯柯尼這樣做——施用好些手腕——其實是運用另類的文字工具組合與修辭姿態，達成特定的目標——打造並且維持義大利右派的戰略大聯盟。在特定時機，重拾過時的禮貌，是為了討好老派的保守主義者；隨即轉換成富可敵國、態度溫和的企業家，滿口現代管理用語；再轉換成墨索里尼時代的強人口吻，言詞中滿是狗哨（dog-whistle，譯註：字裡行間，暗藏針對特定族群的隱性攻訐）線索（永遠不難否認）；最後又化身AC米蘭（AC Milan，譯註：貝魯斯柯尼在從政之前，是擁有銀行、媒體與AC米蘭足球隊的商場大亨）看台的球迷語言——老人、青年、白領、藍領、大企業、小商家、死硬派、游離選民，一網打盡。

即便是笑話，裡頭都有一種老練事故、後現代的特質。貝魯斯柯尼像透了老派的脫口秀演員，發現用爛的老哏，居然還可以吸引新一代的年輕人，把陳腔濫調詮釋出新意，用以嘲弄政治正確的界線，頗富娛樂效果。越走偏鋒，效果越好。傳統的聽眾聽了早該聽膩的黃色笑話，依舊捧腹大笑，渾然沒注意表演者對另外一群觀眾的擠眉弄眼與語帶玄機。

儘管政治對手與外界的不解與厭惡，貝魯斯柯尼這套語言雜拌法，在義大利還挺吃得開，讓他擔任過兩任總理。這是不折不扣的公眾政治語言，最適合電視新聞記者掐訪問片段，或者製作海報的醒目標題，但只能傳達最空泛的訊息，無力協助選民了解國

家政策選擇，淪為「死亡陪審團」這類的陳述，變成一種反語言（antilingua），非但幫不了忙，反倒阻礙了諒解之路。

在日益憂慮移民、伊斯蘭極端主義的歐洲，貝魯斯柯尼的語言脫軌，前言不搭後語；其他的保守派領袖，也開始套用鄙俗的語言風格。荷蘭反移民的自由黨（Party for Freedom）黨魁基爾特·威爾德斯（Geert Wilders），曾經把先知穆罕默德說成是戀童癖、凶手。二○一二年總統大選，即便是現任的薩科齊，也很直率的說，他的國家裡有太多外國人。左派開始攻擊薩科齊評論移民以及其他議題的用語。二○一○年，他的教育部長卡特爾替總統辯護，認為在複雜艱困的時代裡，總統「直言不諱，實話實說」並沒有不對，至少他拒絕「拐彎抹角，浮誇藻飾」，不至於同時失去「聽眾與公民」。[14]這番護主言論頗為諷刺：面對日益複雜的政治態勢，難道得用更加粗率簡略的語言來回應？卡特爾跟他老闆一樣，不知所云。

俄羅斯踏上開放民主之路的嘗試，並沒有維持太久，就被英國外長稱之為「醉漢蹣跚」的葉爾欽打斷。他的總統任期從一九九一年到一九九九年底，繼承者是年輕的政治素人、前KGB少校普丁。一上任，就意志果決，展現他另類領導人的本色。一九九九年，在他就職總統三個月的記者會上，說明他要如何排除車臣（Chechen）恐怖分子的威脅：

對恐怖分子，我們會窮追不捨。如果他們在機場，我們就追到機場。請各位見諒，就算他們在蹲糞坑，我們照樣要追他們出來，轟掉

他們的腦袋。就這樣。[15]

　　最辛辣的關鍵句是 *my ikh i v sortire zamochim*，直譯是「就算他們在蹲糞坑」，我們也要「弄濕」（to wet）他們。這是新總統早期最勁爆的狠話之一。根據俄語文法與語言學者雷米・卡繆（Rémi Camus）二〇〇六年的文章指稱，濕，無論是動名詞（wetting）還是名詞（wetness），甚至包括動詞（za）mochit——「弄濕」（to wet）——都是從沙皇時代黑社會跟警察就開始使用的黑話，暗指灑血。[16] *Mokroye delo*，「濕業」（wet business）、「濕活」（wet job）原指暴力搶劫或謀殺，是 KGB 全盛時期局裡面的行話，一般是指涉及暗殺的祕密行動。思維塔蘭娜・波易姆（Svetlana Boym）生前是哈佛大學斯拉夫語與比較語言教授，曾經跟我說，在這個句子背後，應該還隱藏別的意義，會讓人隱約聯想起軍隊或是監獄系統，穆斯林新兵或是囚犯，經常被迫去清理廁所，意在羞辱玷污。

　　普丁的發言當然不夠端莊謹慎，但，這就是重點——這個新上台的強人，想跟他的同胞保證：他有維護國家安全的專業，還有為達目的動用暴力絕無限制的決心。生恐冒犯聽眾的客氣話（「請各位見諒」，就跟貝魯斯柯尼「如果您允許」一樣），只是作秀，「我了解這個世界，我知道該怎麼辦」，才是真正的訊息。這種話以前沒人說過，像是一把刀，斬去一九九〇年代前的俄羅斯傳統修辭。在未來，語言暴力的品味會包裝得更好；但是恐嚇的氣氛，卻持續存在。

　　這解釋了為什麼某些西方領袖寧可紆尊降貴，把自己的公眾語

言下修到跟普丁一般見識，卻比起我們的領袖更受歡迎。為什麼歐巴馬不能把話講清楚？把話講得這般哥兒們？有些保守政客與評論者大聲質疑。也許他們的建議就是仿效普丁總統，使用重重防衛的語言：對外，狠話翻譯得溫和些，不要出現俄語裡模稜兩可以及語帶威脅的口氣，那是說給同胞聽的。在俄羅斯，批評普丁的人認為他最擅長的技能，就是能鎖定國內外的不同聽眾，傳遞不同的訊息，而國內的同胞幾乎無法察覺。

回到一九九九年，當時普丁的修辭風格大抵還很窄；但是，一國元首應該能夠敲出不同音域的樂章，所以，在他身邊形成了一個小圈圈，包括政治科技家帕夫洛夫斯基，開始獻策。他們趣味盎然的打量西方的傳播情況，特別是在前幾頁我們曾經描述過的實驗，普丁的團隊發展出直接民主（direct democracy）這個概念。繞過惡名昭彰，立場相持不下、辯論荒腔走板的俄羅斯下議會（Duma）不是很好嗎？讓俄羅斯民眾直接跟領導人對話！從那時開始，直到今天，普丁總統還是會上好幾個小時的電視直播節目，俄羅斯人民可以環繞不同領域，直接提問。

這堪稱史無前例──俄羅斯領袖素來神龍見首不見尾，但他卻一反傳統，讓自己出現在觀眾面前，面對四面八方的質疑，歷時之久，就連柴契爾夫人、布萊爾以及美國歷屆總統都不敢嘗試。不像西方的政客，普丁從來不閃躲。他會仔細聽取問題，答案深思熟慮。要說「與佛拉迪米爾・普丁對話」（*A Conversation with Vladimir Putin*）與柴契爾夫人在「全國」節目上有什麼差異，就是他既能控制答案，也能控制問題。他控制電視頻道、廣播電台，還

有它們播出的節目。「對話」應該說成「戲劇化獨白」比較適宜。總統自說自話，然後發現自己越來越贊同自己的作為。

這是空有問責（accountability）形式，而無實質內容、毫無痛楚的受虐策略。當我們思考政客與媒體互動功能失靈的同時，不妨看看別種選擇是什麼模樣。有興趣，可以上YouTube一窺究竟。

普丁利用俄羅斯特殊的政治情勢 —— 蘇聯垮台之後的紛亂與對無政府的驚懼、共產陣營在冷戰中敗北，淪為世界邊陲，卻被強行壓抑的舉國憤怒 —— 趁勢崛起。在其他國家，各種類型政權的挑戰者，也掄起民粹的巨斧砍向已經搖搖欲墜的主流修辭。國族主義者與單一議題煽動者，像是英國獨立黨（UKIP）的奈傑・法拉吉（Nigel Farage）、堅決反對移民的極端右翼「法國國民陣線」（French Front National）、希臘極右派「金色黎明」（Golden Dawn），以及希臘、西班牙新崛起的左翼群眾組織和終戰聯盟（Stop the War Coalition）等抗議團體，紛紛告訴民眾，長久以來，他們都被體制內的政客騙了，也紛紛強調要用平易的語言，講誠實的話。

現在，越來越多的民眾聽到類似的訊息 —— 用簡單的事實陳述，取代蓄意欺瞞的「旋轉」伎倆 —— 就連主流政客也不得不屈服。在柏林圍牆倒塌與金融危機爆發之間的二十年，西方民眾對反對黨、不同派別間的「善意推定」（presumption of good faith），迅速蒸發。體制內的政客也陷入口水戰，動輒指摘對手是騙子、在抹黑，激烈的程度不遜於造反派。看來他們並不了解，他們攻擊的並不只是對手，在老百姓的眼裡，他們是把整個行業拖進髒水溝

裡——一竿子連自己也打翻了。邊緣政客或者極端分子利用群眾的不滿，媒體不加區隔如實報導。難怪越來越多的選民肯吃這一套。

政治語言幾乎全面退化成垃圾話的現象，孕育了煽動者得以大展身手的完美環境。在這裡，我指的是某一類的政客，民粹主義是他們的目的，而不是達到目的的手段。這個概念化身為川普，成為二〇一六年美國總統大選最核心的現象。

過去，群眾暴動曾經爆發多次，經常旋起旋滅，卻也屢仆屢起。也許有一天會再次發生，我們說不準。當今驅策民粹主義的公眾憤怒，常受到蔑視，內涵未必統合，但火氣卻是真的，仍在高漲之中。政治菁英希望這種憤怒很快消失，回復政治常軌。只是以往他們用來安撫百姓的話語，就是如今最失策的罩門——招惹群眾更焦躁。逃生按鈕他們早就按了好幾次，迄今沒有回應。

媒體會不會趕來馳援？分辨負責任的修辭與極端政客肆意扭曲、相互矛盾的發言。第四權（the Fourth Estate，譯註：媒體）可能以為這是他們的職責，但對那些已經開始排斥現存體制的人來說，主流新聞媒體並不是忠實的傳播者或是可靠的見證者，根本就是問題的一部分。

chapter 5

為什麼這個渾帳騙子騙我？

真的惡化了嗎？我要再說一遍，對的。在十年中，我注意到這些元素以更大的能量快速進化。以前大家總會想 —— 包括我自己 —— 救兵已然出現在地平線。新的溝通形式會提供新的管道，繞過日益尖銳嘈雜的傳統媒體。事實上，新形式卻更加惡毒，更偏頗、更加濫用新近流行的陰謀論。

—— 東尼・布萊爾 2007[1]

一九七〇年，法國哲學家保羅・科利（Paul Ricoeur）使用懷疑詮釋論（hermeneutics of suspicion）形容現代思想中的特殊現象。「三位大師，」他寫道，「表面上相互排斥，卻主導了懷疑學派：馬克思、尼采、佛洛伊德。」科利解釋，這三個人都偵測到人類意識層與表達的虛偽和欺騙，嚴重阻礙事實的呈現：

這三位大師都為更真實的世界、新的事實支配（reign of Truth），釐清地平線。他們靠的並不是「毀滅性」的批評，而是開創了全新的詮釋藝術（an art of interpreting）。[2]

各門派的「詮釋藝術」以及揭露的本質，各有巧妙不同。對尼

采來說，意味著最終將宗教的道德與智性遺產拋到一邊，在上帝死後，面對人類存在的現實。在佛洛伊德眼裡，則是一套心理學理論，運用分析穿透人類的意識層，窺探潛意識事實。馬克思則是預見一種群眾的政治覺醒，就城市無產階級的觀點來看，將會傾覆現狀，了解階級鬥爭的真諦。而根據科利的想法，論述的底蘊其實是一樣的。事實隱而不彰。人們自欺也欺人。追尋事實的人必須開發新的詮釋藝術，看透欺騙的表層。

這番道理與新聞的聯繫是很明顯的。新聞是什麼？在一九八〇年代中期，一位BBC的前輩跟我說，答案呢，是每個新進記者遲早會聽到的：新聞就是對方多多少少不願意讓你報導的那件事。這章的標題是一段引文：「為什麼這個渾帳騙子騙我？」—— 就有點科利詮釋論的味道。過去二十年，「新聞憤世嫉俗論」（journalistic cynicism）這句話經常被引用，也常被認為是愛挖苦人的BBC知名主播派克斯曼的名言。其實，這句話 —— 本來是專指政客告訴記者一些來路不明的訊息，記者需要暗自警惕，避免受到操控 —— 最早出現在英國，是《泰晤士報》記者路易士・希倫（Louis Heren）說的，但後來，他又說這是他從某個美國新聞人那裡聽來的。這句話提醒記者要有自己的「詮釋藝術」。問自己，為什麼政治人物要在這個時候，餵你這條「新聞」？了解其動機，挖得再深一點，讓暗藏的字眼出土。

只是這句話假設所有的政客都是騙子 —— 不是單一個案，而是無一例外 —— 卻有破哏之嫌，並不是冷靜的專業提醒，反而變成記者向政治階層的永恆宣戰。在上個世紀的結尾 —— 無論你是

偏愛質疑政客，還是認為這證明了英國新聞界的道德爭議 —— 大家都看到官員與媒體的關係已陷入危機。

　　懷疑詮釋論並非奠基在幻想上。就連政客，可能還是大多數政客，都會避免顛倒黑白式的謊言，至少提供不完全或者部分的事實。有些人似乎還有擱置懷疑（suspension of disbelief，譯註：源自文學的概念。在閱讀小說或看電影的時候，必須要擱置懷疑某些不合常理背景，像是武俠小說或科幻電影）的本領，為了落實政策、投射出眼前的理想形象，彷彿真能忘記過去講過的話，或者曾經露出的另外一副嘴臉。川普看來已經躋身「禪」的境界：在他的世界裡，信手拈來、靈機一動的胡說八道都是事實；而真正的事實反而是反對他的小人，不斷捏造、胡亂攻擊他的謊言。企業、社會體制隱藏及扭曲事實真相，可能比電影情節來得更離奇、更骯髒。有時會出現真正的陰謀，記者有必要以直覺挑戰、調查。

　　即便「旋轉」在英國誕生之前，提防惡意誤導的心理 —— 我們住在這裡也必須報導這樣的世界：沒有政客肯講實話，所有的事情都不能只看表面 —— 就已經深植在英國記者的腦海裡。這是最基本的新生訓練，根深蒂固，幾乎是記者的直覺，根本無須質疑。也難怪這種極端、最終變得刀槍不入的懷疑論，不但盤據在記者的心靈，現在還持續綁架一般大眾。一九九三年，美國作家大衛・佛斯特・華萊士（David Foster Wallace）診斷，我們的社會已經被如下的現象滲透：

　　挖苦諷刺、憤世嫉俗、倦怠冷漠、懷疑一切權威、懷疑所有的

行為限制。遇到不快，傾向以冷言冷語的診斷回應；卻沒有野心，去超越診斷、超越嘲弄，找到突破的契機。它已經成為我們的語言，我們深陷其中，不曾察覺這只是一種觀點，只是諸多觀看的可能方式之一。[3]

　　華萊士對於我們文化的評斷，正不正確，請自行判斷。但是我很確定：這段引文非常清晰的描繪我們新聞記者圈的圖像 —— 並不是個人的、私下的，而是集體的、公開的思維。膽敢挑戰背後的假設，可能會被懷疑是無知的菜鳥，或是承擔更不堪的罵名。

迎向諒解的偏見

　　一九八〇年代末期，我扮演新的角色，毅然決然的挑戰這種難以搖撼的新聞傳統智慧。我仍然在BBC，但已經被調回倫敦，成為「新聞之夜」的資深編輯。在這段期間裡，BBC與柴契爾政府之間的關係，越發針鋒相對。一九八四年，「全景」（*Panorama*）播出調查報導《瑪姬的好戰傾向》（*Maggie's Militant Tendency*），追蹤保守黨中的極端主義，但手法未盡周延，牽連BBC，導致內部一片混亂，還得面對毀滅性的誹謗訴訟。一年之後，柴契爾政府再度攻擊BBC的紀錄片《真實的生命：聯合的邊緣》（*Real Lives: at the Edge of the Union*）。這部片子把愛爾蘭共和軍的指揮官馬丁‧麥吉尼斯（Martin McGuinness），描繪成國家安全的威脅。接下來，某部長又指控BBC報導一九八六年美國轟炸利比亞，得到英國的支

持，與事實不符，偏見過重。

在政府與批評者眼裡，這些事件代表一個傲慢、草率、充斥左翼偏見的新聞報導文化。BBC否認系統出了問題。事實遠遠複雜得多。某些攻擊極度荒謬，麻木的政府指控BBC管理層，唆使記者製作《真實的生命：聯合的邊緣》，簡直就是惡意栽贓。BBC絕大多數記者都有刻意的政治偏見，也並非事實。但是編輯對於調查新聞團隊的確疏於督導，時事部製作的內容，由於缺乏有效的政治意見平衡，又不時用放大鏡檢視柴契爾政府，出言挑釁，也不免被視為懷有敵意。BBC新聞 —— 到了即將要跟時事部門分家的關鍵點 —— 的確是把精確、不偏不倚的新聞信條，執行得很嚴謹，但是新聞編採卻偏向中間市場品味（尤其熱中報導皇室活動），缺乏言論深度，絕大部分的新聞看不出有什麼特點。

一九八七年初，BBC的董事會主席馬爾瑪杜克·胡瑟（Marmaduke Hussey）終於受不了了。總經理（General Director，譯註：BBC的實際負責人，一般譯作總經理，但直譯為「總局長」更貼切一些）兼總編輯阿拉斯代爾·邁恩（Alasdair Milne）被炒魷魚走人，部門終於能夠有效分工，由麥克·查克蘭（Michael Checkland）繼任。他不是新聞記者，也不是製作人出身，而是一個無所畏懼的行政長才。他出任GD，實際上就是CEO，一肩挑起BBC組織現代化、遵照政府指示撙節開支的艱鉅責任。至於他的副手，董事會主席挑中了來自獨立電視台（ITV）的節目總監柏特。他曾經主導我們在第一章討論過的終結「阻礙諒解的偏見」運動。在他們的規畫中，首要之務就是請柏特整頓BBC頻頻出包的新聞

部，出任實際上的總編輯。對於柏特來說，這是一個好機會，把他
對於新聞、時事報導的新理念、新做法，在全世界最大、最具影響
力的新聞機構，付諸實現。

在他就職幾個月之後，我從「新聞之夜」被調進BBC的主要
電視新聞團隊。沒多久，柏特又任命我為「九點新聞」的編輯，要
我在很短時間內，把新聞部旗艦節目，改造為新新聞的製播典範。
我時年三十。如果說他是新聞與時事報導的革命領袖 —— 無論支
持或反對他的人，無論是褒是貶，都一致同意，「革命」是很合適
的字眼 —— 這就是他要我們備戰出擊的第一道命令。

在兩個親密戰友 —— 跟我一道從「新聞之夜」調過來的同
事，馬克・達馬瑟（Mark Damazer）、新聞製播團隊中冉冉上升的
新星李察・山布魯克（Richard Sambrook）—— 協助下，我走馬上
任。一開始，我們就決定「九點新聞」跟BBC其他的新聞時段區
隔開來，開發不同的製播策略。我不只想跟ITV同時段的新聞性節
目競爭，還要反擊第二天的大報：要有更多的國際新聞、更多更好
的財經產業新聞，不再報導皇室活動，除非發展成為真正的新聞。
BBC始終配備著少數的專業特派員。柏特決定投下鉅資，發展成為
特派員大軍，加派在包括社會新聞在內的新領域。更重要的是：分
配更多的時間給重大新聞 —— 不再是當天新聞重點的簡短回顧，
而是追加第二套，甚至第三套的搭配稿件，把即時新聞放入脈絡中
分析，或者解釋潛在的政策意涵。新聞跟分析專題之後，往往再接
一段現場訪談。想法是把嚴肅專業的報紙與雜誌，像是《經濟學
人》（*The Economist*）的運作法，引進電視作業 —— 不再受制於每

天的即時新聞，而要從中發掘意義。為了要包容這些新的意涵，「九點新聞」反其道而行，在其他新聞節目縮減新聞與時事報導的同時，「九點新聞」反倒加長。

新版的「九點新聞」在一九八八年年底開播，無論在BBC新聞辦公室內外，都有人滿是疑懼，或者準備看笑話。《金融時報》（*Financial Times*）的克里斯多福・唐克立（Christopher Dunkley），是當時最負盛名的媒體批評家，就以「九點新聞玩真的」為標題，寫了一篇頗具殺傷力的評論。唐克立完全置「九點新聞」向上提升的努力於不顧，反而擔心「更嚴肅、更樸素、更說教」的新聞調性，既無法滿足層次較高的觀眾（他們不需要這種兒童等級的上課教材），也會失去一般群眾。他認為這種新型態的新聞製播方式有不人性的地方：「……這種新聞調性絕對不是友善的訊息傳遞方式，而是一個高高在上的人種，將石板（tablets，譯註：暗指十誡）賜與尋常百姓。」[4]對唐克立來說，新的新聞節目想方設法去討好已擁有適當新聞來源（如《金融時報》）的菁英，卻沒有關照到BBC真正應該好好服務的觀眾，也就是一般市民。

重新出發的「九點新聞」剛巧碰到了一連串吻合新編採方式的重大事件。洛克比（Lockerbie）空難、天安門血腥鎮壓、阿亞圖拉・何梅尼（Ayatollah Khomeini）過世、柏林圍牆倒塌與冷戰終結，全都發生在改版後的一年之間，充沛的編採資源與播出時間在握，「九點新聞」的表現堪稱一鳴驚人。最讓人訝異的是：收視數字並沒有往下掉，反而向上衝。這跟「九點新聞」的核心策略有關——專業記者團隊、新聞之外搭配分析、編輯取向接近大報，

而不是八卦小報的思維、播出長度隨重要性遞增——這套方法就此成為BBC主要新聞時段的標準打法，直到今日。柏特清晰的計畫與果決的意志，讓這世界最偉大的電視新聞內容供應者，無論品質或是嚴肅性，都在穩固的基礎上大幅提升。

只是批評者卻在更尖刻的第二戰線集結，再度攻擊「九點新聞」與「柏特主義」。最極端的說法是，柏特已被深具敵意的政府滲透，放在BBC裡的唯一目標，就是箝制新聞自由，計畫撤換具有批判特色的記者以及主播，代以唯唯諾諾的傀儡。這些指控也招來「柏特主義」支持者（好些還是他從獨立電視台帶來的舊部）的直率還擊。他們說，所謂「強硬」、「具有批判特色」的同仁，其實只是「自行其是」的一群，立場經常前後矛盾。

在論戰背後，我們其實可以分析出兩種獲致事實的新聞處理方式。第一種，我們可以稱之為「鑑識法」（forensic），強調深入探索與交互驗證。在一九八〇年代BBC的工作環境裡，指的是調查報導，像「全景」、廣播第四台（Radio 4）「今日」（*Today*）節目出現的「動力採訪」（kinetic interviewing），以及「新聞之夜」。這種類型在本質、心理上，甚至處理方式上，都是敵對的：傾向選擇某種題材作為目標，使用相對應的手法展現。第二種是分析法（analytical），主要靠蒐集事實、數據、意見，冷靜理性的敘述我們當時獲致的新聞訊息、決策者的選項以及可能的後果。第二種手法是柏特在ITV時期的註冊商標，也是他最希望能移植到BBC的核心新聞理念。

在這兩者之間，哪種取向更風光，毫無疑問。調查記者那種浪

漫的神采，早在一九六〇年代就已經根深蒂固了——想想科斯塔-加夫拉斯（Costa-Gavras）電影《Z》（譯註：這部電影在台灣譯作《大風暴》）裡面那個勇敢的年輕記者——在現實世界裡，五角大廈文件（Pentagon Papers）、水門事件更把這種風潮推到顛峰。一九八〇年代，一講到調查報導，心裡立刻浮現勞勃‧瑞福（Robert Redford）與達斯汀‧霍夫曼（Dustin Hoffman）。請注意意識形態的傾向。儘管在現實生活中，保守派媒體，像《週日泰晤士報》（Sunday Times）或者《華爾街日報》（Wall Street Journal），也有非常扎實的調查傳統，但在通俗文化中，最常描繪的調查記者多半是自由派，揭發的都是右翼政府見不得人的骯髒勾當。如果你年紀輕輕、剛入行，穿件黑色皮衣，帶部配置長焦鏡頭的尼康（Nikon）相機或者阿萊（Arriflex，譯註：德國電影拍攝器材大廠）攝影機，你也會覺得自己像是去追緝藏匿的法西斯黨員。（一九七七年，我第一次為牛津刊物《艾西斯》[Isis，譯註：這是牛津大學的學生刊物，艾西斯是泰晤士河流經當地的河段名稱]進行調查報導的時候，曾經勉強自己打扮成這個樣子。*）

　　柏特是不是有意削弱調查報導，不得而知。反正這不是我的計畫。我調到「九點新聞」的時候，相信我們需要更多，而不是更少的原創報導。等我轉任變成「全景」的編輯，我把所有的經費跟資源投入調查報導，我認為這是「全景」存在的理由。

---

* 指導我們的是二十八歲的克里斯多福‧希鈞斯（Christopher Hitchens，譯註：英國著名的無神論者、社會主義運動者）。

　　在柏特擔任副總的早期年代，不大信任調查團隊的專業能力；有些時候，我認為他的舉措過於謹慎。但很快的，他開始相信第一線的調查記者，像是約翰‧魏爾（John Ware）、彼得‧泰勒（Peter Taylor）以及我的編輯群。一九九三年，在他升任總經理之後，開始全力支持調查報導。雖然攻擊他的人始終不願意承認 —— 他們批評用語過於尖酸，私人恩怨太過糾結 —— 最終BBC至少強化了對於原創新聞的控制權。

　　其他的調整也有斬獲。調查的性質改變了。新聞需要更多的專業知識，變得更具分析性。不再是架部攝影機，在街頭追逐小混混。記者得花更多的時間在辦公室，翻閱成堆的文件。環境成熟之後，出色的記者陸續投奔BBC —— 羅伯特‧佩斯頓（Robert Peston）就是個很好的例子 —— 他不但擅長挖掘重大獨家，也有足夠的權威，解釋與判斷例行新聞。始終有人認為：柏特主義聚焦在專業、分析與調查報導的滿腔熱血、義無反顧，兩者之間會產生難以折衷的衝突。至此，懷疑聲浪逐漸沉寂。

　　但是鑑識法新聞、對立政治訪問（adversarial political interview）這些根深蒂固的表達方式，就是另外一個故事了。這個爭議在柏特任職期間就解決不了，之後依舊棘手，至今爭議難斷。這本書的核心主題之一就是這個相持不下的難題。

　　我們聽過好些侵略性廣播訪問的案例。根據這種觀點，政客或者其他公眾人物，不由分說，自動被視為嫌犯。主持人的核心任務就是戳穿受訪者的虛張聲勢，挖掘真相。如果直接挑戰太不禮貌，主持人也會挑剔受訪者前言後語的不一致，或者逼問對方拒絕回答

的問題,讓觀眾自行推論出最貼切的結論。也許因為這樣,政治訪問變成了新聞界逞英雄、秀肌肉的場合。(這不算是形容詞。順帶一提,因為這陣子在英國 —— 美國的情況略好一些,訪問還不至於鬧到這般劍拔弩張 —— 拷打政治人物的工作,傳統上鮮少交給女性記者來執行。)

但也有省思侵略性政治訪問的例子。繼查克蘭出任總經理之後,柏特在一次公開演說中,率言批評他所謂的「爭辯取向」(disputational approach),這是一次有備而來的公開控訴:

> 現在的訪談模式,好像只是提供一個短暫的機會,讓雙方吵架,彼此羞辱,交相譴責,除此之外,就沒剩什麼了。這種訪談對於增進實質了解,可以說是毫無助益,反而激怒我們的觀眾。[5]

在一九九五年都柏林(Dublin)的演講中,柏特強調「政治人物應該有更高的義務,對群眾說明,而不是對記者。」就民主選舉賦予當選者特殊的正當性而言,柏特這番話難以辯駁。但在二十世紀末期的緊繃氛圍中,都柏林演講其他的部分,聽進保守勢力以及媒體評論者耳裡,卻會認為柏特是傳統政治體制之友,並未真實履行「適切」(proper)新聞的意涵。

柏特節制「爭辯取向」的呼籲,看不出來對BBC的訪談實務有什麼影響。可能某些觀眾被激怒了,但更多的觀眾與聽眾,每天早上第一件事是看「今日」,晚上的最後一件事,是看「新聞之夜」,就是喜歡那種吵得不可開交的熱鬧。這是有憑據的。調查顯

示：在問及BBC的主持人對待受訪者的態度時，絕大多數的觀眾認為太過軟弱，而不是太過強硬。經過一段時間的演變，落差開始擴大。一邊是菁英觀眾，他們認為侵略性的訪談方式沒禮貌，對公眾生活有害，因為它阻斷政治人物直接向人民說明的機會，同時這種訪談方式偏好激情，也並不是有意義的政策討論。另外一邊是絕大多數的記者、極大占比的民眾，對於政治菁英的信任程度早就低到不行，會覺得這些人被尖酸刻薄的主持人修理剛剛好。在接下來的二十年，情緒越來越高亢。

在BBC的內部，或是廣大的社會中，上述的趨勢相當明顯。那還是在官方旋轉媒體之前，如今，媒體與政界彼此懷疑、交互指責的大氣氛，已經變得更加尖銳。

在美國，類似的情節緊接上演。九一一事件之後，舉國團結的情緒壓倒一切，絕大多數的美國平面與電子媒體，都接受布希政府的宣稱，認定海珊政權擁有大規模毀滅武器，絕少檢視與質疑官方說法。但在他們發現，他們竟然把群眾誤導到這種地步，就再也不肯掉進相同的陷阱裡。偏向左派的媒體在布希政權的最後幾年，處處與他為難；而保守派的新聞媒體，以牙還牙，回敬下一任總統歐巴馬。美國尾隨其他西方國家，從此，陷入極度懷疑的氣氛裡。

新聞媒體很喜歡把自己想成民主政體中的獨立階級（estate），跟政治體制有距離，得以挑戰各種權威。但越來越多的人——特別是政治邊緣分子、抗議團體、快速成長的部落格論壇（blogosphere）——卻開始懷疑：主流媒體是不是也成為一種新的菁英特權？右派選民認為主流媒體被「政治正確」挾持，壓抑、扭

曲移民或犯罪新聞的報導；左派的選民不相信大企業，不放心經濟與環境議題。再加上一看到就會激起高昂情緒的以色列／巴勒斯坦新聞，雙方陣營都有絕不妥協、熟悉媒體操作的內行人操盤，每天不住抱怨，也難怪民眾會清楚看到一種充滿敵意的論述語調，日漸風行：媒體自稱不偏不倚，其實有議題偏向。媒體人譴責政客說一套做一套，偏偏自己也一樣。在英國，公眾對於媒體的信賴感 —— 特別是主流商業媒體 —— 始終不高，現在更面臨山崩式的下滑。就連素來以清高自詡的公眾服務廣播系統，也經常發現自己身處火線。

情勢相當明顯，我們面臨兩難：不只要思考政治訪談的最佳操作方式，還要撫平質疑現代政治公平性的各種挑戰。批判政治人物的力道太弱，聽眾會認為媒體跟他們是一丘之貉，對於政客的信賴感持續崩盤；但聲色俱厲，又擔心進一步刺激公眾，激憤會讓他們更加失落。理論上，我們應該在兩者之間找到甜蜜點（sweet spot）。但我在二〇〇四年接下BBC總編輯時，卻發現尋找甜蜜點，引導這部巨大的新聞機器朝這個方向前進，絕非易事。

回嘯

很難精準的找到起點，但在二十世紀最後的二十年裡，新聞緩緩的踏上了持續革命之路。媒體的故事，就是歲月的故事，改變的驅力是一樣的。數位科技大幅度拓展了新聞以及其他形式的內容，消費者的選擇隨之激增，透過新工具與傳播網路，使得觀眾隨時、

隨地，都可以找到適合的閱讀或觀看方式。

　　無論是製作還是分送不同形式的內容，成本都急遽滑落。新聞界百花齊放，進入門檻也降低了。數位引發複雜的聚合（convergence）效應，統合了原本零碎、片段的內容消費與社會溝通。這些小活動累積起來，重創傳統媒體的商業模式，把它們打得潰不成軍，同時孕育了新的條件，讓迥然不同的內容公司快速崛起，攻城掠地。

　　在絕大多數的情況下，政策制定者鼓勵這種進展，拒絕製造管制障礙，以免延緩媒體革命的步伐，但這卻嚴重威脅到傳統媒體的工作機會。工會不得不撤守，集中心力為離職員工談判較好的待遇，無力爭取未來的職位。如今，在傳統新聞界或電視台找份工作不難 ——BBC不再倚靠長期的畢業生養成計畫，來補充人力 ——難在生涯沒法規畫。更開放、更隨興，但更沒保障，也經常 ——尤其是第一線工作人員 —— 是低薪的工作：新聞媒體的工作越來越不像專業菁英，反而像某種創意工作 —— 比方說飽嚐艱辛試著當演員或者小說家。這種亂裂性不僅增加報紙、雜誌、電視頻道間的競爭，內部也因為短期工作人員暗地較勁，變得緊張起來。這種員工多半訓練不足，對傳統的職業價值了解不多，更無從信守。長久以降，還會導致別的問題。

　　新科技誕生與媒體工業門戶大開，真正關鍵的影響是把重大權力交還給觀眾。在選擇有限的年代，電視管理者與節目編排者，對於觀眾能看到什麼，擁有至高無上的控制力。由於頻道相對少數，本質上不怎麼討好的節目，也可以強制吸引到許多觀眾。節目編排者可以利用夾帶（hammocking）的操作手法，把容易被觀眾排斥

的節目 —— 舉例來說，新推出的喜劇或藝術紀錄片 —— 放在兩個強檔節目之間，就能創造慣性，讓原本沒興趣的觀眾懶得轉台，順便收看。如果說夾帶還算是戰術，包裹（bundling）就稱得上是戰略了。平面媒體與電視台有一個共通的操作假設：消費者願意接受包羅各種類型的新聞與節目包裹，只要他們能在其中找到足夠的價值，碰到無感的內容，他們就會打個盹，或者翻過去就算了。

　　包裹是許多媒體公司的核心策略。但從一九八〇年代起，先是擁有更多頻道的有線電視，接著又是網路，開始侵蝕他們的決策基礎。觀眾現在更容易挑到他們想看的節目，避開他們討厭的內容。有興趣，你大可看一整天的音樂電視，也可以完全不轉到那台；你可以鎖定二十四小時、全年無休的新聞頻道，根本不看也由得你。

　　這個現象又把困擾文化理論學者好幾百年的老問題逼出水面：在大眾有無盡選擇的時候，他們會挑什麼來讀、看跟聽呢？當優勢偏向消費者時，新的權力平衡點究竟在哪裡？這給新聞編輯與電視台老闆帶來了新的兩難。他們應該接受這時代變了，放棄任何希望，不再騷擾難伺候的讀者觀眾、不再勉強他們吞下有價值卻難入口的內容？還是堅守新聞本色，坐視原本的觀眾大幅流失？在這兩個極端間，有沒有一個可長可久的中道位置？能不能開發新型態的夾帶，或者某種默契，在公眾大量消費他們喜歡的內容之餘，也願意接收一點他們原本不想要的資訊？他們會不會注意到在方糖裡面，偷偷滴了一點藥水？

　　媒體編輯、經理跟老闆，被迫面臨了跟現代修辭者一樣的困難抉擇：是要給權力更大、更浮躁的觀眾想看的、想聽的內容；還是

堅持這個行業長久秉持的原則與目標？又或者是開發某種中道的空間，尋求新的平衡點？問題聽來抽象，但是數位科技造成的斷層，卻讓這些問題真實無比。我在擔任新聞主管的時候，絕大多數時間都在跟它們角力，看著其他友台陷入同樣的麻煩。

個別編輯與行政高層的答案，在西方媒體界掀起一陣波瀾。BBC與美國的公共廣播電台這類公共媒體，在體制內成立，某些專案還接受政府資助，目的是持續供應高水平與客觀的新聞報導。在這個陣營裡，還有少數商業機構——《紐約時報》就是其中之一——職責是報導「無所偏袒與畏懼」的新聞內容，配置了不遜公共媒體的資源，採行平衡的新聞編採取向：在特定新聞中，兼顧深入的政治、社會或者文化意義，但也能投一般大眾喜好。

另外一邊就是追逐利益極大化的媒體公司，它們有時會交叉掩護，偷渡一些嚴肅卻不大受歡迎的內容，像是國際新聞、科學與藝術報導。但是，現在它們卻被迫把資源集中在吸引眼球的內容、追逐更多的廣告盈餘。

有時，結果很明顯。美國的廣電媒體，素來有很強的國際採訪傳統。天安門事件與第一次波灣戰爭，我都親臨現場，見識過他們的陣仗。在那個時候，他們會調動驚人的新聞團隊，像是美國的航母艦隊：一大批工作人員、規模龐大的車隊、成排的電話，二十四小時直通紐約。但在班娜姬・布托（Benazir Bhutto，譯註：巴基斯坦總理）二〇〇七年十二月遇刺之後，情況就改變了。她死於巴基斯坦的拉瓦爾品第（Rawalpindi），只有少數幾家美國新聞媒體，從巴格達報導這條新聞。道理很簡單：在伊拉克難以鎮壓的

衝突，才是新聞網少數必須採訪的國際新聞。場景調度（*mise en scène*）：棕櫚樹、克維拉（Kevlar）防彈背心與機動採訪的氣氛，感覺起來比較適合播報這條新聞，儘管記者是站在一個完全不相干的國家。

　　新聞部門早就得承受削減成本的壓力，即便晚間新聞這種主新聞時段，新聞採訪與編排，也往國內新聞與人情趣味故事移動。英美許多報刊也採行類似路線。無論在世界的哪個地方，國際記者俱樂部都在唱空城計。布托總理遇刺後不久，我接到美國新聞網（US network rang）的主管打電話問我：BBC有沒有興趣承包下他們所有的國際新聞採訪業務？我問他為什麼國際新聞的重要性越來越低？他告訴我，國際新聞的收視率實在不怎麼樣，美國觀眾覺得海外傳回來的新聞，都不是什麼好消息。

　　報紙的狀況在細節上略有不同，本質上卻相去不遠。英國全國性報紙的競爭，早就殺到刀刀見骨。在網際網路發威之前，政治辯論的詳情、宗教、科學、文化的報導篇幅，即便在「質報」（quality newspapers）上都開始削減，專業特派團隊隨之縮編。報紙廣告大量移轉到數位媒體，報份急遽下跌，這樣的趨勢更是一發不可收拾。

　　美國報業結構略有不同：他們較少全國性的報紙，服務全國各大都市與主要區域的「都會報」擁有根深蒂固的傳統實力。這種都會報長期以來，幾近壟斷了印刷廣告。他們以驚人的盈餘供給記者，進行國際、全國以及地方新聞的深入報導。但是到了二〇〇〇年前後，經濟狀況下滑，絕大多數的報業老闆粗魯的裁減編採中心

人力，開始倚賴通訊社以及特約新聞資料社（syndication）提供的新聞。調查新聞——耗時又花錢——就算沒有被趕緊殺絕，也是瀕臨絕跡。

報紙開始營運網站，卻發現在數位環境裡，讀者不像以前那般投入，更喪失了操控廣告價格制定的能力，盈餘很難跟過去相比。它們在網路上面臨好些新對手，加上裁減新聞採訪投資，相較於某些蒸蒸日上的新媒體，傳統報紙甚至在品質上，都快不是它們的對手了。

整個歐洲以及世界其他的已開發國家，由於地域特性不同，變遷速度略有差別，但結構性的力量沛然莫之能禦，帶動了多數人閱讀、觀看新聞（廣泛一點來說），還包括事實與文化內容的處理新趨勢。標題、摘要、列表與其他的新格式，讓讀者很快就能吸收，成為最流行的風格。無論哪種媒體，平均起來，新聞都變短了。部分由於上述原因，部分由於搶奪讀者注意力的競爭加劇，新聞越來越誇張、譴責越來越強烈，記者經常把最驚人的負面統計數字，放在導言或者主播稿中。細微的差異或者理應斟酌的前提，可能降低力道——一般新聞都很短——乾脆全部刪掉。

無論哪種媒體，邏輯都讓位給人格。換句話說，有關人格的探索——名人的言行、外表等於真正的他們——正在擴大中；事實與辯論，即便有名人參與，篇幅也在縮小。即便在邏輯的領域裡，也有一些可以分辨的傾斜。

借用柏拉圖的區分，doxa（意見）奠定在episteme（知識）的代價上。柏拉圖所謂的知識，是指真正的學問與了解，屬於科學與

哲學的範疇，基礎是事實與充分掌握資訊的辯論。意見就是泛泛的信仰，一般人相信或者有辦法讓他們相信的事情，缺乏事實以及結構化辯論（structured argument）的支持。意見屬於修辭世界 —— 是修辭者在交易中使用的現金 —— 柏拉圖反對修辭就是因為他相信，修辭促使意見猖狂，等於否認知識，或讓知識無用武之地。意見是民主辯論中不可或缺的一環，因此，在柏拉圖心中，他其實是反對民主的。

但在現代媒體環境中，意見卻有很多好處。意見，特別是強烈的意見，訴諸心與腦，而知識卻是純粹的大腦運作。更重要的是：意見與意見領袖可以在擁擠的市場中，形成區隔。經濟學不是一種輕易弄得懂的科學，雖然如此，與之相關的知識，卻可以透過數位或者實體內容供應者，來拉近專家與外行人的距離。比方說，即便大家機會均等，卻只有一家報紙可以請保羅‧克魯曼（Paul Krugman）作為獨家專欄作者。假設克魯曼教授對於政經的見解能吸引很多讀者 —— 這的確是事實 —— 媒體就會擁有較強的競爭力，《紐約時報》就比較不會遭到對手的逆襲。相較過去，意見在新聞媒體中，扮演更吃重的角色；或許這不會讓人太感意外，在好些案例 —— 比方說美國的有線電視新聞 —— 意見甚至大幅取代新聞，成為核心的操作守則。

當然，今天，自認是意見領袖的人，不再局限於傳統的新聞品牌或者環境。臉書、推特與部落客空間為意見創造出無限的市場。在這個公眾領域裡，你想要發聲，不需要再遵循老媒體（《金融時報》與《華盛頓郵報》〔 *Washington Post* 〕是僅存大量雇用專欄作

家的媒體）的限制，新的挑戰是在一個大家都在吶喊的地方，穿出
眾聲喧嘩，讓你的意見能被聽到。有名沒名當然是原因之一（人
格），理念原創性高不高、夠不夠辛辣（邏輯）可能也是，但有沒
有表達意見的能力，才是最終關鍵。這可能不合傳統修辭界定的原
則，但在數位意見市場，說服公眾的語言藝術與技藝，可比以前重
要得多。但你的口才不夠便給，要怎麼辦呢？不用擔心 —— 稍後
我們會看到，在這機器支配的世界裡，後援早就準備登場。

　　我的運氣實在不壞，居然能在一個力挽狂瀾的新聞媒體工作。
我們剛剛已經看到，一九八〇年代末期，BBC的領導層在新開發的
數位服務與傳統的電視與廣播中，維持承諾，堅持走嚴肅的新聞操
作路線。而在美國報業大肆裁減編採人力的同時，《紐約時報》依
舊保持龐大的編採能量。

　　我們開設了更多的駐外單位。大部分的報紙，像是專業堡壘
的《華爾街日報》與《金融時報》，也都開始砍短新聞篇幅。或許
它們相信，在這個讓人喘不過氣來的現代世界裡，重大新聞還是依
照餐飲旅館服務業所謂的「分量控管」（portion control），混搭上
桌比較好。但《紐約時報》卻逆向操作，新聞長度比過去還要長。
二〇一二年，記者群聯合採訪了多媒體專題報導〈雪降〉（*Snow
Fall*），記述發生在喀斯開山脈（the Cascades Range）的滑雪意
外，交給行政編輯的初稿已長達一萬七千字，編輯還要求增加更多
的描述。《紐約時報》的言論版滿載不同意見，它不改初衷，尤其
在新聞、醫藥與社會政策等領域，要求記者呈現更多不摻水的事實
與清晰的說明。

在傳統報業向下沉淪的趨勢中，《紐約時報》是罕見的特例。儘管數位媒體夸夸其談，它們絕少在原創的嚴肅新聞上，投入像樣的資源。多數的數位媒體還是從八卦報刊，或者趣聞、娛樂領域裡面，撿拾、加工小道消息。有的網站，像是BuzzFeed，的確妙趣橫生，能夠以新鮮的角度、真實的語調，觀察與描繪我們的文化；但新聞並不是它們的優先考量。當新媒體觸及嚴肅新聞的時候，還是只能從傳統媒體那邊，獵取原始素材重新改寫，配上網路搜尋引擎喜歡的標題，刪掉文中建議要持續觀察的環節與適用條件。

看到數位與電視媒體新銳備出，新興品牌百花齊放，你可能會覺得我們活在一個調查新聞與國際報導變得更民主的黃金年代。然後你的智慧手機晨間鬧鈴響起，美夢就此驚醒。像是BuzzFeed，新興的資訊品牌，活力充沛、創意無限；但這部率先出爐、極致複雜精巧的行銷機器，卻是傳統程式公司與商業品牌出資，因為它們亟欲向老闆或客戶證明，它們也有能力連結千禧世代。

大部分替新媒體平台工作的年輕人，發現他們深陷在難以自拔的戰場裡，沒有足夠的時間與資源，充當媒體先鋒，開展大規模的調查行動，而是困在數位血汗工廠裡，剽竊他人的作品、製表、追求點閱率，使盡解數，避開臉書演算法的殘酷死亡鐮刀，搶在別人前面發布。

數位還引發了別的效應，簡單說，加速並強化了新聞循環。大家即時回應臉書、推特以及社群平台上的新聞。最初，傳統媒體覺得這種現象很困擾，過沒多久，立刻沉迷其中。結果是雜音四起的回授循環（feedback loop）。音響工程師稱這個現象為「回嘯」

（howlround）。新聞事件發生之後，幾秒鐘之內，數位空間立刻充滿回應與意見。舊媒體煞有介事的報導這些意見，論斷又在不同的社交平台上快速繁殖。等二十四小時電視新聞台趕到，新聞被「召喚」出來的時間 —— 換句話說，到這時候誰對誰錯的觀點，也就塵埃落定了 —— 不用幾天，而是幾個小時的事情。「旋轉」就是應付新聞加速而誕生的策略。現在，時間量表已經縮到幾分鐘。

新聞媒體屈服在回授循環，是因為一個錯誤的前提，認定社交平台瞬間冒出來的回應，大體代表公眾意見。遺憾的是：任何試圖安撫網路激情的人，都會告訴你：表明自己對某些新聞（或者你不贊同的人物）的意見，往往招來不成比例的憤怒、極端甚至病態的反應。漠視發文者偏激的本質，將他們視為代表公眾的有效統計樣本，恐怕高估了這些反應、放大某種情緒。扭曲訊息回到回授循環圈，只會刺激出更多的負面聲浪。

稍後，我們會再度討論網路憤怒。不過在這裡，難以羈勒（經常匿名）的恨意，使數位平台以另類的方式，破壞公共對話。它經常激起相同的反擊力道，雙方的對話淪為惡言相向。網路為激進意見設定更加暗黑的低標；某些政客與評論者喜不自勝，持續把標準拉得更低。

儘管意願與掌控搜尋的能力未盡相同，網路確實讓公眾更容易接近正確的資訊，讓他們更能了解身處的世界與我們面臨的問題。數位新聞、公民記者有效監督國家與社會的美夢，尚未破碎；但我們很難不同意布萊爾在二〇〇七年嚴峻的演說，也就是本章開頭的引文：數位科技在公共對話的領域裡，並不是真正的黎明。原本的

美意還是鏡花水月，大體而言，公眾語言與建設性民主辯論的素質，每下愈況。

chapter 6

不「保」證「健」康的辯論

要麼受苦，要麼付錢 —— 這是東尼國民健保計畫提供的兩極選擇。
我們必須喚醒民眾，告訴他們發生什麼事情。我們已經朝向美國健保
計畫跨出了最初的幾步，英國醫院現在也會在治療病患前，要求他們
先刷卡。

—— 安迪・柏恩漢（Andy Burnham）工黨衛生事務影子大臣，2013[1]

　　討論公眾語言、檢視民主健康狀況，政治人物與媒體的重要
性，不言而喻。民主是領袖跟人民之間的對話，無論我們喜歡與
否，一般而言，率先破冰的，總是政治人物。只有極少數的人民有
機會跟政治人物面對面接觸，於是記者扮演傳遞對話的重要角色。
雖說它們並沒有壟斷這個權力 —— 網路意味著民眾可以閱讀政策
文件或政治聲明，並且把他們的意見傳到全世界 —— 但就連最看
好網路能量的狂熱分子，都不得不承認，至少在目前，政治對話還
掌控在專業媒體手裡。它們如何篩檢、炮製，以及受到政治偏見或
明或暗的影響力而扭曲（這要由你的觀點來界定）出來的傳播方式
與內容，決定公眾聽到了什麼訊息、可能是怎麼聽到的。但我現在
要告訴各位第三個族群，他們怎麼跟前兩者打交道，是故事中很重
要的環節。我指的是技術官僚（technocrats）。

在十九世紀的歷程中，西方先進國家對社會、經濟與軍事的野心大幅成長；而他們肩負的責任，無論是規模還是複雜程度也等比激增。他們開始相信，至少在原則上，公共管理能力必須實踐法律、理性與責任的新標準，需要更大的政府部門，不能再倚賴沒受過訓練、靠關係擠進衙門的人，而需招募一支專業的公僕大軍。

二十世紀初，率先對官僚國家（bureaucratic state）發展出系統性詮釋的人，是德國的社會學家馬克斯・韋伯（Max Weber）。他對官僚國家定義是：一種行政體系，研發與執行公共政策的責任交在專家手上，使之得以發揮最專業的知識與技能。

「技術官僚」這個詞經常用來形容韋伯模型中的專家，讓人想起訓練有素的顧問與操作者。但在這裡，我想把這個詞的適用範圍，擴大到另外一群人。現代政治機構的本質，多半是管理功能，需要部長、民選官員去主導技術官僚的語言與行事作風，即便他們並沒有經歷「純」技術官僚的養成訓練。當代民主國家的政策形成 —— 以及定案後對外說明的方式 —— 多半是由政治中立的政策專家、支持某種意識形態的政策顧問與一般政客聯手打造出來的。在這一章中，技術官僚泛指政客–管理者（politician-managers）與專家，必要時我會特別說明，加以區隔。

兩個世紀以來驚人的社會發展，籠罩著現代西方的決策過程。最初在英國，隨後在北歐諸國及北美，最終遍及全西方世界，政策制定者造就了史無前例的現代化與社會進步：乾淨的飲水、更好的營養、先進的藥物，徹底改善國民健康，社區醫療服務隨之建立；運輸、能源與通訊基礎建設，計畫施行；義務教育梯次開展；確認

經濟與財政架構與機構，穩定運作；為老者、窮人提供年金及福利照顧，不一而足。

當然，問題無法悉數解決，新的挑戰，或者表面上看起來是新的挑戰——舉例來說，最常提及的網路安全，排名第二的氣候變遷——接踵而至。現代技術官僚明白自身的優勢與負擔，在絕大多數的公眾政策領域裡，成功的跨出好幾大步。他們的優勢是根據先前成功經驗發展而來的能力。負擔是越到後頭，越難取得成就。報酬遞減法則（the law of diminishing）發威，新投資或政策操作取得的邊際效應，比起以前低得多。這是因為在大部分的西方國家裡，該把多高的稅收層次與GDP比例投入公部門，已經是鬧得不可開交的政治與經濟爭議了；先前的部門預算持續擴張，現在能爭取到的資源卻在縮水。結果，不論在什麼地方，新事業分配到的實際金額都非常有限。不同政策目標間的拉鋸比以前更緊張，隨著預期效益下修，彼此之間的折衷妥協，更是壓力重重。

二十世紀中期，決策簡單得多，倫敦想要蓋個新機場，說蓋也就蓋了。時至今日，即便增闢一條跑道，都得費半天唇舌說服公眾。噪音污染、更廣泛的環境考量，從四面八方殺奔而至，消磨經濟成長的動力。將次要決策的考量——在獲致結論前，確認研究範疇與費用、突破法令束縛、安撫民眾不安、應付政治反彈、籌措政治資本——納入結論，要比影響更重大的決策本身還棘手。

為了取得進展，政策制定者需要蒐集更多的證據、對於反對意見做更通盤的考量。整個西方世界都一樣，決策者都以形式科學（formal science，譯註：研究抽象形態的科學，像是邏輯、數學、

統計都屬於這類的學科）的態度，組合實證、測試假設。但是這種以證據為基礎的決策模式，意味著在特定領域裡推動改革，每個人都要真正了解包山包海的資訊與層出不窮的爭議。從一九五〇年代開始，公共政策發展以及未來的決策者訓練，已經成為一個橫跨大學、研究機構、智庫、非政府組織、政府與政黨的巨大工業，一支糾合了經濟學家、科學家、計畫者、統計學家與律師的大軍，必須跋涉適應度地形（fitness landscape），在每個政策領域裡，制定出最精確的網格參考系統（grid reference）——至少在理論上——代表審視互相競爭的各種考量，經過計算之後的最佳折衷結果。

技術官僚也有自己的語言，泰半源自社會科學及法律。要主宰這種語言，還得跟統計學、機率、成本效應分析與會計學，保持點頭之交。更慘的是：許多公共政策文件，文字冷冰冰，不通人情，思維古怪，得耐著性子讀下去。偶有例外——九一一委員會結案報告行文明快、善體人意，堪稱典範[2]——但大部分的報告都難以打動群眾。儘管資訊自由的立法相當完備，「透明度」與日俱增，決策菁英與伯里克利所謂的「一般勞動人民」之間的鴻溝，卻是越來越寬。高高在上的技術官僚，始終不覺得詮釋政策是他們的工作。

好些技術官僚並沒有受過訓練，即便受過訓練，他們也憂慮老百姓究竟聽不聽得懂，尤其是現今的情勢如此複雜。世界與政治辯論嚴重分歧，讓技術官僚慢慢明白，幾乎不會有任何政客，願意碰觸敏感的問題，告訴大家選擇有多困難、折衝又是多痛苦。既然如此，硬要解釋不就是自找麻煩嗎？公眾這樣激動，對外說明當然是

別人的責任──媒體、學者──才有辦法，技術官僚做好分內的工作就行了。沒有什麼政客願意幫公僕一個忙，面對群眾；就算政客在乎，他們也知道：溝通是徹頭徹尾的政治算計，自己的直覺不可信，交給專業團隊，也就是公關人員來做比較好。

老加圖把修辭者定義為「有說話技巧的好人」（*vir bonus dicendi peritus*）。但何謂有說話技巧？今天，在政府內部及其周遭，有兩種答案相持不下，很類似我們剛剛討論的新聞製作理念。現代技術官僚慣用資料、邏輯，來制定政策、為政策辯護，盡可能的展現扎實的證據與一致的邏輯。但是，相同的政策落在政客手裡，卻要凸顯尖銳、有政治驅動力的那一面。第一派不認為在理性上有強分意識形態差異的必要──只需跟隨事實──第二派熱中意識形態動員，其實也能理解。原則上，兩派都認為讓公眾了解政策議題是好事；但是，雙方都無法壓制對方，理出先後順序。只有在情況極端緊急、黨派利益不高的時候──多半是意想不到的天災，比方說，新型疾病爆發，或者其他與大眾健康有關的應變措施──公眾接收的訊息跟建議清晰簡單，技術官僚的思維與政治考量，比較容易整合。但是，這樣的機會寥寥可數。

還有更複雜的情況。政客就職後發現他們不免要調整策略：從原本著重黨派說服，排除其他考量，移動到接近純技術官僚的思維方式。一度百無禁忌的競選者，發現他們要提出複雜的政策，還要為之辯護，要弄懂統計數字，更重要的是，還得面對問題與現實，尋求諒解。就算他們還想盡可能的搶奪黨派利益，話術終得向政策起草者的專業語言靠攏：較少吹噓、更多專有名詞，也更審慎。我

們可以發現，特定政客的語言，會在「競選者／反對黨」與「執政官員／技術官僚」兩種模式間擺盪，隨著生涯開展，曲折前進。

在這裡，我比較接近第一章中古特曼與湯普森有關「妥協」與「不妥協」的思維模式。不過，我對比的是兩種基於不同修辭需求發展出來的語言模式，而不是兩種政治心態。選民期待競選者講某種公眾語言；專家討論複雜難懂的政策時，卻需要另外一種語言。政客選擇不同的方式回應，並不是因為不同的「思維模式」，而是因為他們是專業溝通者，因應不同的環境與角色期待，需要靈活應變。

就連當代最卓越的政客，都不免發現自己經常掉入兩種不同修辭的陷阱裡。讓他們受窘的並不是對手的冷嘲熱諷，而是自己的前言不搭後語。限制移民與消弭貧富差距，容不容易？競選或是反對黨時期：容易！執政之後：沒那麼容易。

當今情勢險惡，操作空間緊縮、政策選項減少，但現實政治的壓力與二十四小時新聞頻道的出現，卻讓濫開空頭支票的誘惑力大增。心懷僥倖的政客無可避免的招來「欠缺視野」的批評──難怪馬力歐・庫默（Mario Cuomo）的名言，風行一時：「你的競選優美如詩，你的執政枯燥乏味。」[3]

最明顯的例子，就是歐巴馬搖擺在兩種修辭間。「我們需要改變」（the change we need）的競選口號，一夜之間，轉成守口如瓶，不時出現急躁傾向的管理主義（managerialism）。競選時期歐巴馬的語言世界跟當上總統的歐巴馬風格，判若兩人，感覺起來是性格完全相反的雙胞胎兄弟──選民接連兩次投給激情的叛逆政

客，每次都發現他們面對一個教授總統，儘管他的智慧與統御能力絕對夠格，卻不知道他最吸引人的魅力、衝破傳統束縛的拚勁，被誤放到什麼地方去了。

相同的循環——大膽的承諾換來深深的失落——一再在西方民主體制中上演。這不算什麼新鮮事，或許有些爭議，但從伯里克利時代開始，領袖的政治生涯多半都是這種下場。只是現代政治的特質——政策捲動激情，雙方竟相加碼；過度簡化爭取新聞標題的壓力越來越大；治理的複雜度全面提升；憤怒的媒體吹毛求疵，所有缺點來者不拒——使得災情日益擴大。我的意思是：從期望的顛峰墜落失望的深淵，中間的距離與日俱增。

以前講到政治失敗，比較容易想到失敗的行動，政策窒礙難行或經濟無法復甦。今天人民感到背叛是因為政客的用語。他們的用語與現實之間的鴻溝難以跨越。政客總是無法實踐承諾，百姓徹底絕望的時候，會怎麼辦？他們會揚棄再也不信任的現任官員，尋找新鮮的面孔與聲音、新的改變承諾。再度循環。

在這過程中，有些重要的東西消失了：公眾不再有能力掌握特定政策的組成、不知道需要等多久才能看到結果，也無法評斷政策的成功或失敗。我要再一次用先前提及的例子，說明這個問題——這一次是在不同的政治文化中——引進、辯論、解釋健保改革會引發怎樣的修辭挑戰。

健保服務在大部分西方國家裡，都處於緊繃狀態。如何因應老化人口的醫療需求、負擔新藥與新療程的費用、醫療照顧應不應該覆蓋到所有人（如果應該，又要達到怎樣的標準）——這些問題困

擾各國的健保專家、決策者與政客。不同國家有不同的健保內容與
政治期望，辯論的性質也因此出現極大的差異。

推特與扭曲

在第一章中，我們看到美國保守勢力如何發動攻勢，力阻「社
會主義者」的健保條款引進。接下來，我們要探討英國的情形。在
這裡，政治的兩極剛巧顛倒過來。英國已經有了全民健保體系，也
就是廣受歡迎的國民健保服務。推動健保體系改革的是保守黨的
衛生大臣，安德魯・凌士禮（Andrew Lansley），二〇一〇年，贏
得大選的保守黨與自由民主黨聯合政府成員。反對改革的陣營由
工黨、健康醫療工會跟部分鑽研健康政策的學者專家組成。跟在美
國一樣，公眾語言也承受了不小的壓力，只是程度不同；英國左翼
的健保反對者，相當於美國的右翼陣營，更是面臨了相同的修辭挑
戰。

首先，政策領域複雜到難以復加。要掌握健保辯論，必須先知
道現行國民健保服務的委任制度與健保服務如何運作；系統本身的
長處與弱點（單就這點，爭論就難以平息）；改革的可能幅度與替
代系統和結構（必須參考其他國家的做法）；凌士禮計畫的細節；
還要根據現況與替代方案，評估反對凌士禮計畫的證據與爭執焦
點。我曾經問過健保智庫 —— 國王基金（King's Fund，一個「純
粹」的技術官僚組織）的主要專家，一個聰明的門外漢，要多久時
間，才能弄懂二〇一二年健保改革法案涉及的議題？她的回答是：

哪有神經正常的人會想嘗試？隨著修正案逐一出現，弄懂健保爭議更是難上加難。在法案變成法律之際，修正案超過一千個。

第二，和美國一樣，有些批評者發現，他們反對的理念及立場，跟他們先前推動的改革，並沒有根本上的差距。好些年來，英國政府無論左派右派都歸納出相同的結論：為了強化國民健保的服務品質，使資源分配更加合理，最好的方式，就是在公醫委任制度中，引進更多元的選擇、刺激競爭 —— 但是任何會讓人聯想到市場化（marketisation）的字眼，都不免刺激左翼的敏感神經；「競爭」這個詞，在工黨執政時期，於是被「可競爭性」（contestability）取代。

麥考伊與裴林死纏一二三三條款不放，炒作生命終結諮商，其中的道理是：即便這是歐巴馬健保計畫的邊緣議題，但卻比強制納保（individual mandates）與健保交易（health-insurance exchanges）等核心概念更容易了解，因此也容易扭曲。更好的是，它還可以伺機擴大 —— 捲動更多激情 —— 自由派與保守派之間的意識形態歧異。麥考伊與裴林偷天換日，讓外界誤以為她們的指控才是歐記健保的真正意圖。簡言之，凸顯雙方陣營歧見，要比直接攻擊歐巴馬健保計畫的核心提議，來得安全。

反凌記健保陣營也知道，由家庭醫師主導的醫療委員會（GP-commissioning）取代基礎醫療體系（Primary Care Trusts）衍生的複雜細節，可以讓上下院議員、健保政策專家排外小圈圈，好好消磨一段輕鬆時光，隔岸觀火，任由民眾廝殺。所以他們緊盯著立法草案的每個環節 —— 多麼邊緣都無所謂 —— 只要能藉此揭露保守黨

真正的意圖就行。

他們認定保守黨要搞的真把戲，就是私有化（privatisation），就這麼簡單明瞭。所以他們的目的 —— 無論是修辭還是政治 —— 就是說服絕大部分的英國大眾，私有化才是凌士禮法案的真實目的。對他們來說，反對健保改革也就是這麼一字之爭。

我想要鎖住這場大戰中的一個關鍵策略。焦點不是一組論證，也不是一個字，而是一個數字，49％。引發論戰的草案中一六三條，[4]內容如下：

國民健保信託基金無法完成它最重要的目的，除非每個會計年度，以英格蘭保健服務為目的的財貨與服務供應（provision of goods and services）整體收入，大於其他目的的財貨與服務供應整體收入。

換句話說，信託基金不能從非國民健保服務 —— 主要是私營醫療單位 —— 的資源中賺更多錢，只能在健保系統裡想辦法：商業收入每年度不能超過50％，在論戰中，很快的就被簡化成49％ —— 商業收入的限制是49％。這個在法案本文中，根本沒有提及的數字，卻在推特跟網路上瘋狂傳播。

49％究竟是什麼意思？實在很難相信一個粗糙的數據、技術官僚決策過程中，最基礎的一塊磚頭，居然激發了各個層面的詮釋。但事實就是這樣，數字可以承載無窮無盡的意涵，豐富程度不遜於文字。

49％很可能被保守黨視為打造健保服務經濟自由化，必須投下

的長期賭注 —— 法案並沒有更動涵蓋全民的初衷,哪來這樣多的私人病患,有能力消耗49%的醫療資源?對於自由民主黨人來說,這是他們跟執政盟友力爭來的制衡機制,49%已經難能可貴了。他們宣稱,未經管理機構投票同意,信託基金所屬醫院不得從私人病患賺取超過5%的利潤,更何況還有監管人員隨時稽核;實際上,49%只是防護網,備而不用。

在工黨及其他反對改革人士的眼裡,49%可是非同小可。二〇一二年三月八日,出現一個斗大的標題:「福利國家被保守黨開腸破肚,綿羊般溫順懦弱的自民黨,只能袖手旁觀」—— 這是知名專欄作家與社會事務專家波莉・湯恩比(Polly Toynbee)在《衛報》(*Guardian*)發表的文章:

週四,雪莉・威廉斯(Shirley Williams,譯註:時任自民黨總裁)率領她昔日的造反派,進入政府大廳,投票支持醫院有權利提供49%的病床給私人病患。[5]

湯恩比把一六三條款簡化成一種醫院新獲得的「權利」,還把49%這個數字具體化,一口咬定49%指的是醫院的病床數。隨後難免有人起鬨,根據專欄字面上的意義,推論出在法案通過之後,有近半的國民健保服務設施,會轉為私有化。

過了幾天,她改用不同的說法,暗示政府要「區隔出49%國民健保服務設施提供私用」,勢將「排擠健保病患的體檢、服務以及病床」。[6]這樣一來,49%不再是理論上限,反而成了實際的下限。

法案通過之後，就有一半的醫療資源，不再屬於尋常的國民健保病患。我們再度看到這篇評論中的集中效果；未來有可能發生的崩壞成了現在式。這個法案的幕後推手，意圖絕無疑問：無論嘴巴怎麼說，目的就是要推動私有化。

威廉斯則是強力為她的立場辯護，套句她自己說的話，「兩害相權取其輕」。她在自民黨春季大會上，引述湯恩比的第一篇文章，接著告訴與會代表：

所謂的49％是個神話。或者，套句我們不在國會殿堂使用的語言，根本是在撒謊。〔湯恩比〕要不是沒看清細節，在《衛報》胡說一通；要不就是看清細節，但還是決定讓一己私見強壓在事實上。[7]

接著，她發表擲地有聲的論斷，不只反擊湯恩比的抹黑，矛頭還指向一旁興風作浪、助長流言的新興媒體：「我們正展開一場仰攻的苦戰，捍衛事實、保護群眾基於事實發表的意見，而不是推特（Twitter）上面的那些東西，蜚短流長，我敢說，這種新的社會網絡，應該被稱為扭曲（twist）。」[8]

49％的真相究竟為何？人們總是會尋求某方面 —— 英國統計局（UK Statistical Authority）、BBC或者某家自命是調查事實的機構或某人 —— 在爭議相持不下之際，做出公正的裁決。感覺起來49％的意義可以客觀決定，但其實卻是政治意見的角力：

「不論我用哪個字，」蛋頭先生說，語氣很是輕蔑，「意思都由

我自訂 ── 不多，不少。」

「問題是，」愛麗絲說，「你有辦法讓同一個字指涉不同的意義嗎？」

「問題是，」蛋頭先生說，「那看誰當家囉 ── 就這樣。」[9]

49％跟「死亡陪審團」並不相同。許多保守黨成員的確是希望大幅增加國民健保服務中商業的運作成分，自始至今並未改變。法案反對者與自民黨之間的激辯 ── 後者的說明重點，始終在與保守黨協商拉据取得的諸般保障究竟足不足夠 ── 其實是一個政治實質（political substance）的問題。直至今日，湯恩比依舊砲火猛烈，捍衛49％的說法，也始終認為這是將政治議題帶進日常生活的合理做法。

她切中要點。大致上，我們可以根據一條直線，從49％這個數字，一路來到真正政治歧見糾結而成的死結。雙方的歧見原本是對字義的爭執，隨後轉變成基本教義的兩極對壘 ── 其中最重要的是分庭抗禮的哲學：要怎樣才能把公共服務經營到最好、最能保障公眾利益？跟「死亡陪審團」不同，49％的壓縮與無限上綱是決策菁英不得不跳進來周旋的辯論。偏偏這辯論缺乏確定性 ── 甚至有沒有意義（意向性 [intentionality] 本身就很有問題）都不知道 ── 聽眾只好去衡量兩造陳述者的可信度與自己對於議題的態度：人格與感情。幻想中的陰謀論，也就是保守黨想把商業運作引進英國的醫院體系，自然穩坐辯論中最主流的議題寶座。

49％完全無法協助大眾了解凌士禮法案帶來的真正衝擊。這個

數字含含糊糊，在國民健保的辯論中，定義不明，卻又盤據在最核心的位置。反對陣營予取予求，濫加利用，動輒祭出49％，遙指最關鍵的字眼 ——「私有化」。

儘管國民健保服務具有強烈的公共服務精神，現實始終是：所謂的全民醫療資源是由公私單位混合供應的。實際的情況是：國民健保服務既有公立的醫療機構，也有私人承包商 —— 遍布全英國的家醫診所。家醫或許自認是無私奉獻的公僕，但從法律的觀點來看，他們經營的是小型私人企業。近幾十年來，國民健保服務將無數的工作，外包給小型私人包商。

英國國民健保服務如此根深蒂固，沒有任何英國主要政治人物，遑論政黨，膽敢廢止全民覆蓋的設計，頂多就是在供給面以及機制上，研商如何落實供給最優化，促進全民醫療服務而已。我們已經看到，歷任英國政府都著眼於漸進式的市場化，以提升健保品質、節省支出。舉個例子來說，不同的公立國民健保醫院可以相互競爭（有時，還可以跟私人醫療服務較量一番），爭取國民健保服務的工作機會，或者提供家醫財務上的誘因，以更精簡的費用，提供病患品質更好的治療與照顧。

只是這幾十年來，反對改革的人總是不約而同的想要說服群眾，這些改革手段是朝廢止全面服務而跨出的頭幾大步。原本以稅收為基礎、服務全民的制度，會大規模的移轉給（可能是以保險為基礎的）私營系統。批評者最常使用的字眼就是私有化，從柴契爾政府時代，反對陣營就開始充電，暗指如下的可能性：（1）在不引進私人經營的前提下，刺激源自於市場的競爭能量或者全力發展

內部市場（internal market）；（2）將國營的醫療照顧服務（進一步的）移轉給私營部門；（3）一種長期的隱憂，英國政府終將放棄承諾，將無論收入、全面提供的醫療照顧，改由私營體系承接，或者採行「雙軌制」：富人享受優越的醫療服務，窮人忍受廉價的醫療品質；或者（4）其中某幾項，或者全數發生。想用一個字把這些不同的意義串連起來，意味著這幾種可能性必須要彼此銜接，本質上有因果關係——但就歐洲其他國家的經驗來說，未必是這樣。

　　49%到底是怎麼嵌進國民健保服務的藍圖裡的？答案可以從兩方面來看。第一，也是最重要的一點，就是上述（1）的定義：鼓勵國民健保醫院盡可能的開闢財源，擠出備用容量出租，再將商業收益投資更好的設備與服務，或者以較低廉的單位成本回饋國民健保服務承包者，執行「公務」。從這個角度來看，49%指的是近半的供給量。但念及健保醫院中大量的病床上躺著自費病患，難免會讓人憂慮服務品質——難道這些額外的自費病患，不代表政府暗地計畫改變需求面，意圖廢止或者限制人民全面接受醫療服務的權利？雖然凌士禮法案中，不曾觸及這一點，49%的病床以及私有化召喚出的幽靈，雖然若隱若現，對於許多人來說卻很有說服力。

　　這些口舌之爭無法協助民眾了解，二〇一二年《健康與社會關懷法案》（Health and Social Care Act）究竟提供了什麼實際服務、又帶來怎樣的問題？——大家只記得嫻熟社會事務的資深女政治家與表現卓越的新聞記者，為了一個法案中根本不存在的數字，惡言相向。值得注意的是：這並不是左派右派之間的唇槍舌戰，而是左派的內訌。在許多社會議題上，這兩個人的意識形態根本沒什麼差

別。

跟歐巴馬健保的命運神似，凌士禮健保最終也發展出兩條平行的辯論路線：粗糙的意識形態之爭，完全沒有或者很少觸及法案中的實際方案，這種辯論，最終難以避免淪為憤怒對立。技術官僚的辯論（多半是決策菁英茶壺裡的攻防）較為細緻，收場時基礎原則大體完整，不過政治過程混亂顛簸，削弱立法品質，無論立意多麼良善，法案上路時卻顧此失彼，甚至無法施行。好些美國人開始擔心，歐巴馬健保恐難倖免。

經過重大修正之後，凌士禮法案勉強過關。但從某些觀點來看，法案的反對者在修辭戰場上大獲全勝。易普索莫里的連續調查顯示，自認了解法案內容的民眾比例，始終在低檔盤旋 —— 不管在哪個時間點上，最高的數字從來沒有超過30%。到了二〇一二年春天，易普索莫里發現，只有22%的受訪者認為「政府為國民健保服務提出正確對策」；相反的，認為改革其實是偷渡「私有化」的人，卻從原本的3%，激增到二〇一〇年十二月的15%。[10]「私有化」，正是凌士禮法案反對者，最希望灌進群眾腦海的字眼。至於凌士禮本人，很快的被撤離健康大臣的職位。根據他同僚透露的內閣內部報告，撤職的罪狀之一，就是無法有效的向大眾解釋法案背後的理論基礎。[11]

我們還需要關注別的事情。威廉斯以激昂的語氣，捍衛自民黨的立場，用尖銳的自創警語，押頭韻的三字組合 ——「部落主義戰勝真理」（tribalism trumping truth），還把社會網路狠狠的詬成「扭曲」，卻不經意的破壞修辭平衡：變得難以妥協，只能對抗到底。

在我當記者與編輯的年代，妥協，無論是名詞還是動詞，都帶著輕蔑的意味；不肯妥協這個形容詞卻是讚美。改變立場，等於是 U 型迴轉，在美國，稱之為「逆轉」（flip-flop）。

在某些情況下，對於某些政治人物來說，妥協還是可能的。每個人都知道政治的合縱連橫，本來就是利益交換，這也就是柯麥隆與歐斯朋的某些政策，妥協、改變之後，就政治而言，還差強人意的緣故。即便是保守黨在二〇一五年壓倒性的贏得大選，全面執政，這兩個人還是保留了一些空間，可以調整甚至揚棄某些政策。但在英國決定舉行脫歐公投之後，保守黨終究付出慘痛代價。越是堅信意識形態 —— 對許多政黨及所有政黨裡的積極分子而言，就是每一個議題 —— 跟政治對手的纏鬥半途而廢，就越是背叛。就是得一口咬定，略有鬆動，聽起來 —— 我是指真正的聽起來 ——就是示弱、背叛。

試圖「兩害相權取其輕」，就有些利益交換的味道，這是民主政府賴以運作的基礎，但公開向大眾招認，可是危險得很。就算法案先天不良，難道不能修補，只能徹底廢止嗎？就拿凌士禮的健保改革案來說好了，執筆的此時，工黨磨刀霍霍，一副不肯善罷干休的樣子 —— 這也許意味著健保法案未來仍有波折，而我們只能接著看下去。

被排擠的中道

二〇一二年初，美國總統初選如火如荼。羅姆尼的顧問就建議，一旦當選，就要全力清除歐巴馬健保的遺毒。右派準備蠻力掃

蕩。部落客艾立克‧艾立克森（Erick Erickson）這樣說：

> 共和黨一旦入主白宮，就得不惜灑熱血，徹底清算歐巴馬健保，（無論成敗），否則，我預期共和黨就沒有存在的理由了。……老大黨奪回白宮，它的支持者要的就是一場真正的戰鬥，而不是半吊子的改革。[12]

　　最有意思的就是括弧裡的那幾個字 ——「無論成敗」。團結己方支持者顯然比增進立法品質來得重要。寧可痛痛快快的全面失敗，也不要半吊子的成功。相對於含意豐富、折衷妥協的語言，利用激情帶動團結，要簡單、有力得多。

　　但，這真的是語言的問題嗎？許多人相信，這場戲的主角，其實是壁壘分明的意識形態。在英國，像是健保這樣的議題，越來越難妥協；在美國，國內事物幾乎無法獲致共識的困境，就是因為政策基本教義派的對峙。這當然要靠極端的修辭，才能讓支持者深信不疑。幾十年來，新教徒跟天主教徒都認為，彼此之間的鴻溝無法跨越。不過，在雙方領袖開始向支持者推銷和解方案之後，也不過幾個月的時間，就取得了實質的進展。

　　二〇一四年六月，兩位共和黨現任民代，參議員林賽‧葛蘭姆（Lindsey Graham）與眾議員艾瑞克‧肯特（Eric Cantor），面臨茶黨來自邊緣的挑戰。一般相信，參議員難免一場苦難，眾議員將輕騎過關。結果，葛蘭姆輕輕鬆鬆摺倒對手，反而是肯特 —— 當時他是眾議院第二資深的議員，還被看好是議長約翰‧貝納（John

Boehner）的接班人 —— 卻在維吉尼亞區，慘敗給對手。更難堪的是：他的對手根本是個毫無勝算的無名小卒，就連茶黨內部的主要團體都棄他而去。

相較而言，肯特的立場比葛蘭姆強硬得多。分析起輸家，還煞有介事的解釋，為什麼肯特落敗，葛蘭姆又如何絕地逢生。這個結果跟原先的假設 —— 現任越保守，在茶黨激進的訴求下，就越不會激起反彈，比較不容易受到傷害 —— 完全相反。移民問題是初選中的重要變數，但，至少就表面看來，對選舉結果的影響很難分辨。葛蘭姆參議員旗幟鮮明，擁護移民改革，引來保守派猛烈的攻擊；相對的，肯特眾議員謹言慎行，不輕易表明立場，遑論支持非法（或無證）移民的公民權利。儘管他曾經暗地同情溫和的改革計畫，但初選時，他根本絕口不提。

葛蘭姆評論肯特為何意外落馬時，回答已入修辭境界：

你的立場要清晰，要麼支持這個，要麼支持那個。……最糟的事情是：別人還得猜你對某個政策究竟有什麼看法。我對移民改革的態度，有誰不知道呢？[13]

在《紐約時報》的同一條新聞中，還報導了法蘭克·夏利（Frank Sharry）的說法。他是支持移民改革的某個遊說團體執行主任。他提到，你在面對特定議題時，「要不就是百分之百的支持，要不就是百分之百的反對。」夏利是這樣想的，「肯特想要開創一個中道地帶，其實根本沒有這空間。結果，兩方的說法，都從他的

嘴裡冒出來了。」

今天我們為何會面臨兩難的局面？比起政治極端主義一意孤行的說法，我相信，上述的解釋更有道理。一個（尤其是在其他政策領域，始終採行保守立場）政治人物，可以在某些議題上獨樹一幟，如果他擁有足夠的說服力、立場不常鬆動，即便是看法不同的選民，也不得不對他保持敬意。第二種政治人物，只是空談理論，謹小慎微，但如果修辭靈活善變，也能夠順勢收割成果。肯特的毛病不在政策本身，也不是他在共和黨內的光譜，而是「兩方的說法，都從他嘴裡冒出來了」。

我們就此損失了不確定的可能性、傾聽他人的雅量、考慮證據與政治現實並隨之調整的彈性。意識形態、價值與政策的歧異，扮演重要的角色 —— 多多少少與孕育它們的公眾語言溫床，脫離不了關係 —— 但在相當程度上，極端化的傾向是在修辭領域中展開的。政策中道地帶消失，固然嚴重；含糊、彈性的空間 —— 幾乎是所有政治進展發生的地方 —— 在修辭上得不到共鳴，卻更致命。別說是無法折衷南轅北轍的意識形態，就連陣營內部都開始內訌；還從原本務實的政治中心基礎，向兩個極端蔓延。要不百分百，要不就歸零。

chapter 7

如何修補破碎的公眾語言

有心人都承認英文狀態堪虞，一般人認為無法以有意義的行動去修補。我們的文明在墮落，我們的語言 —— 始終爭議不休 —— 難以避免的捲入整體崩壞中。

—— 喬治・歐威爾（George Orwell）[1]

「從一九四〇年開始，每到二月，我都覺得那年的冬天怎麼也過不完。」歐威爾在一九四六年寫道。[2]那年的冬天格外淒涼。前一年春天，他前進德國，替《觀察者報》（*Observer*）採訪歐洲的最後戰事。在一次任務中，他的妻子艾琳不幸身亡。如今，他發現自己困在伊斯林頓（Islington）破敗的公寓裡。作伴的只有蹣跚學步的理查（Richard），那是他與艾琳在一九四四年六月領養的義子，雖是寬慰，念及撫育的責任，卻使得歐威爾肩頭更加沉重。他的身子越發單薄，二月開始，出血病加劇，而且寂寞難耐。那一年冬天，他至少跟四個女性示愛求婚，全都遭到拒絕。

公寓外的城市無力紓解他的壓力。前一年的勝利喜悅，早就隨風而逝，倫敦還是受困在漫長的冰冷清晨中。戰爭結束了，配給制度卻沒廢止，國內掃蕩貧窮的苦戰，依舊持續。大不列顛精疲力盡，勝利的果實無處尋覓。國際情勢陰霾重重。戰時，西方盟國與

史達林蘇聯締結的夥伴關係，已成往事：民主資本主義與共產主義的鬥爭，在戰火止息的原處，接替上演。在外交溫度計上，水銀像鉛一樣墜落谷底。

從諸多方面來看，當時的世界像煞了《一九八四》（*Nineteen Eighty-Four*）裡的情景：社會麻木封閉，苦無出路，人民在屋內簌簌發抖，或者躲進燥熱難耐、煙霧繚繞的酒吧，窩在被蒸氣摀住的窗戶後面。戰爭的傷痕尚未收口，又開始恐懼未來。這是一個歷史力量此起彼落的非人世界、一個社會（community）被轉化成機器的世界、一個個人被剝奪掉力量，感受痛苦的能力卻依舊敏銳的世界。

儘管悲慘如此，卻是歐威爾發光發熱的年代。《動物農莊》（*Animal Farm*）一九四五年八月在英國出版，一九四六年緊接著在美國印行。這本書讓歐威爾成為眾所矚目的焦點，沒人膽敢將他視為英國左派文人中的尋常聲音。他是一個在意識形態上拒絕被分類的作家（讓歐威爾特別不舒服的是：他一度被美國反共右派拿來當樣板人物），他的黑暗預言早就超越了時間與政治脈絡。《動物農莊》並不是一個關於極權主義的控訴，而是我們人類如何建造、又如何摧毀社會的歷程。

歐威爾還是頭一回出名。發行商與編輯爭先恐後的邀請他撰寫散文或是評論。錢 —— 儘管不算巨大財富，但比以前賺得多 —— 開始湧入。也許是他始終掛念著理查的未來、也許是他想排遣寂寞、也許真的是因為文辭與理念像泉水一樣汩汩湧出，從一九四五年春到一九四六年春，他發表了一百多篇的文章、評論與小品，同

時開始構思一本小說，那就是日後名動一時的《一九八四》。

　　一九四六年四月，他發表了一篇評論〈政治與英語〉（*Politics and the English Language*），讀起來幾乎就像是被狂熱評論激出來的物理反應，是給吸收太多惡毒文字、滿口粗話、流彈四射的酸民最嚴厲的報復。儘管篇幅不長，也不算是正式的論文，卻被認為是二十世紀針對英語公眾語言最具影響力的省思。

　　這篇短文之所以得到熱烈的回響，是因為歐威爾在文末，附上具體建議，告訴讀者如何把文章寫好，或至少不要寫壞。他建議避開陳腔濫調、冗長的句子，不要濫用被動語法與純粹只為炫耀的外來語或專有技術名詞。那時有好些（現在可能更多）的人認為，講述、寫作沒有「對」「錯」的分別，只有不同的實務操作方式，每一種都一樣有效。歐威爾經過反覆的思考，堅稱他不是建議「樹立某種『標準英文』」，而是它不該偏離，但也無須促成「所謂的『好的散文風格』」。他最後建議，別把他提供的實務線索太當回事──寧可打破陳規，也不要出言「粗野」（barbarous）。

　　絕大多數的讀者，順順暢暢的讀完〈政治與英語〉，根本沒注意到歐威爾的苦心孤詣與批評的深沉。這篇短文在各級院校大受歡迎的原因，是師長覺得歐威爾可以協助年輕學子發展出「好的散文風格」。根據歐威爾建議的精神，撰寫工作申請、處理簡單的往來信件，都挺派得上用場；至於其中譏誚的內涵，大家就視而不見了。他們當然是對的。無論是以寫作為職志，或者提攜後進踏上文學之路的人，都知道──文中的警告確有裨益──歐威爾原則是很好的起點。

　　也有很多人相信歐威爾精準擊中修辭與公眾說服的痛處，有關語言的論述，更是切中當今時弊。這些人覺得，要說這段時間發生了什麼事情，就是歐威爾的恐懼成真，七十年前，腐朽的英文「狀態堪虞」，現在變得更加糟糕。相較於《動物農莊》、《一九八四》，〈政治與英語〉更像是一篇預言。

　　有件事情倒是很確定：歐威爾在小說與隨筆中，有關公眾語言的討論 —— 特別是他敏銳的察覺到：語言的可塑性與機巧的騰挪空間，很容易被邪惡勢力利用與曲解 —— 影響力至今不曾磨損。二〇一三年十二月，美國上訴法院（Appeals Court）法官理查・里昂（Richard Leon）搜尋適當的形容詞，譴責美國國家安全局大規模竊取通話資料，他選擇了「幾乎是歐威爾」這樣的片語。[3] 裴林的「死亡陪審團」、「社會中的生產水平」，根本就是從《一九八四》借出來的概念。批評家明明可以輕易質疑這位前阿拉斯加州長濫用歐威爾語言，但為何袖手旁觀？

　　有些字始終沒有擺脫歐威爾星球的重力場（gravitational field）。一提到形容詞，「大」，難免會聯想到「老大哥」。最好的例子就是布萊爾的「大對話」，許多人一聽到這個詞便可斷言：他只打算自說自話，根本不想聽別人議論。柯麥隆喊出「大社會」（Big Society），當場扼殺了社區參與的新紀元。感謝歐威爾的啟發，「大社會」反倒激出完全相反的想像 —— 失敗社會福利國家中的小社會、權力與財富集中在少數菁英手上。《一九八四》中的政權，施政的優先重點之一，就是要求人民接受黑就是白。他們還真的造了一個新詞「黑白」（blackwhite），顛倒是非，在官方新

語言 ── 新說法（Newspeak）中全面混淆字義。讀過這本小說的人，始終無法揚棄懷疑：我們的政治領袖是不是為了自己，私底下報名參加了顛倒語意的訓練課程？

整個西方世界，不論是有關國家安全、社會福利或其他重大議題的辯論，政客都想方設法套用歐威爾的大敘事（master-narrative），攻擊對手或者其他有力的團體，指責他們使用扭曲或工具性的語言，關閉辯論大門，遂行不可告人的祕密計畫。每個人都同意這是一種語言陰謀論，有爭議的是：究竟誰在幕後？

刺激歐威爾提筆寫下兩部小說與〈政治與英語〉的原因，未必是泛泛的諷刺語言與政治的墮敗，還源自一種特殊的恐懼。我們不該模糊焦點，忽略這個影響更廣泛的因素。歐威爾擔心英國，也許是西方世界，會屈服於史達林的極權主義。就「政治」而言，他憂慮公眾對話的品質下滑，低劣到難以支撐健康的政治辯論，無法抵抗左翼共產黨及其同路人的滲透。

在這篇短文中，他為了說明「惡意宣傳」，引用馬克思知識分子哈洛德‧拉斯基（Harold Laski）文章中某個立場強硬的段落。拉斯基的文章是根據一九四四年他在國際筆會（PEN）的座談講話，增添潤色而成的，紀念約翰‧米爾頓（John Milton）捍衛言論自由的名作，《論出版自由》（*Areopagitica*）問世三百週年。（「我真的不十分確定，米爾頓一年比一年尖酸刻薄，是不是越來越像十七世紀的雪萊[Percy Bysshe Shelley]，譯註：雪萊的詩作有很強的社會意涵，被馬克思稱為「社會主義的急先鋒」；恩格斯則形容他是「天才預言家」]，變得更親近耶穌會[Jesuit]的創始者，完全沒

有任何鼓勵他容忍的誘因。）歐威爾也到過幾個紀念場合，活動內容證實他對於英國左派的厭惡：聲嘶力竭、盲目的趕時髦，刻意閃躲，拒絕正視蘇聯的實情。一度鼓吹暴力革命的拉斯基，從受人尊重的學者、政治理論家，成為指引工黨前進的明燈。在歐威爾的眼裡，此人所代表的，正是他在〈政治與英語〉中最迫切的焦慮來源——左翼共產黨發射煙霧彈，以委婉的說辭、詰屈聱牙的字眼，隱藏他們真正的意圖——將英國轉變成蘇聯模式，成為一個受到嚴密控制的社會。也難怪歐威爾會鎖定拉斯基展開這輪猛攻。

如果過分推崇歐威爾這篇文章，不免得面對一個尷尬的事實：歐威爾的憂慮最終證明是白操心了。英國並沒有變成共黨國家。工黨還是左翼陣營的民主組合，拉斯基還短暫成為工黨黨魁。最終戰勝的是我們的民主自由體制，儘管一團混亂、到處都是毛病；而共產主義幾乎在所有地方都沒逃離崩潰的命運。

今天的我們，也並沒有活在「歐威爾式」的世界，儘管三不五時，政客與評論家會借題發揮一番。錯誤、混淆的訊息，倒真的圍繞在我們的身邊，絕大多數也不是政府、谷歌或者某人的陰謀。在西方，無論政府還是私人企業，都沒有誘因冒這種天大的風險。儘管這世上還有很多受到嚴密監控的社會，但是它們越來越沒有能力維持撒謊不被戳穿，或者輕易鎮壓異議分子。隨身碟、智慧手機總有辦法穿透控制者無所不用其極的手段。

艾德華・史諾登（Edward Snowden）二○一三年揭露的真相，顯示美國國安局、英國國家通訊總部（GCHQ）以及其他西方情報單位大規模的監視行動，不就證實情況剛好相反嗎？難道這不意味

著歐威爾至少有一個預言，最終還是實現了？科技不是讓未來的政府有新的手段監控她的人民？答案是，也不是。我們今天再讀《一九八四》，就會發現溫斯頓（譯註：書中的主人翁溫斯頓·史密斯是大洋國的國民）的公寓裡，有個遠程監視器，透過這個裝置，大洋國得以控制他跟每個人。透過網路互動裝置，搭配鏡頭與螢幕，的確可以達到同樣的效果。關於科技主導我們的生活這點，歐威爾確有先見之明。

歐威爾沒有預見到的是：在真正的未來，大洋國最熱心監視市民的人，其實就是市民自己。他們自由自在的錄下親朋好友的話、發出的聲音跟活動，盡可能的透過不同的管道，分享給最多的陌生人。真正的溫斯頓是個愛現的人，他希望被看到。如果監視鏡頭壞了，他會覺得人生變得空虛，直到鏡頭修復為止。隱私權最終是怎麼消失的，原因大出歐威爾的意料。

儘管如此，〈政治與英語〉在我們的分析路上，依舊擁有難以搖撼的權威。這篇文章是在現代大眾媒介萌芽之初寫成的，正是我們了解語言的關鍵時刻：兩者還要再花幾十年，才會發展成熟，但歐威爾當時已經提出正確的問題。

❖

〈政治與英語〉主要的論點是：現代公眾語言已經變得陳腐、虛矯、混淆、模糊。結果就是「麻醉」（anaesthetise）部分讀者的腦袋，讓他們的思想無力統合，不可能進行有意義的辯論。英文文體的墮落與極權主義政權的邪惡語言，只有程度上的區別，而非本

質上的不同，放任它往邪處滋長，前者也會變成後者。但歐威爾拒絕承認這場戰爭已然失敗，只說「無法畢其功於一役」；他要求作者揚棄二手、懶惰的文風，代之以簡單、清爽、原創的文體。

如今，態勢很清楚，一種語言的墮落，最終還是離不開政治與經濟原因：絕對不是這位或那位個別作者的壞影響。影響會變成原因，掉頭去強化原本的肇因，造就更深遠的影響。惡性循環就此展開。

換句話說，回饋循環迫使劣化的語言掉過頭來，助長讓語言劣化的外部力量，而這些力量再進一步帶動了語言的劣化，傾頹之勢，就此難以遏抑。但歐威爾還是相信正向改變的可能性，我們的書寫不但可以阻止惡性循環，甚至可以逆轉頹勢。

我們應該認知：當下政治的混亂與語言的敗壞脫離不了關係。我們或許可以從「口語端」開始，略做改善。

〈政治與英語〉立論的核心，就是歐威爾試圖分析他那時的英文出什麼毛病。他找到了兩大問題 ——「想像力陳腐」、「欠缺精準」—— 並且列出平庸作家最常用的四種把戲，用以「閃躲」理路連貫的寫作原則：仲介操作（operators）、廢話（meaningless words）、矯飾用詞（pretentious diction）、垂死比喻（dying metaphors）。他希望掃除這四種弊病，強化「口語端」的表述，並趁勢清理圍繞在他身邊的「政治混亂」。

　　仲介操作，也稱為「口語義肢」（verbal false limbs）：使用迂迴的方式，表達一個字就可以交代的意思，例如：用render inoperative（使其不運作）而不用break（中斷）、exhibit a tendency（展現一種傾向）而不是tend to（意圖）。他認為被動不如主動、建構名詞不如動名詞（by examination of不如by examining[檢查]），以及in view of（有鑑於）、on the hypothesis that（根據某種假設）之類的片語，太過囉唆。

　　而他所謂的廢話，多半擺脫不了如下兩種特徵：第一，使用抽象的字眼（他開出一張特質清單，包括romantic[羅曼蒂克的]、plastic[可塑性的]、價值[values]、human[人性]、dead[死亡]、sentimental[濫情]、natural [自然]、vitality[生命力]）在不同的書寫情境裡，比方說：藝術評論，「這些字眼並沒有指涉『可以發現』（discoverable）的對象」，「嚴格來說，並無意義」；第二，在政治對話中，有許多重要術語（他舉的例子是democracy[民主]、socialism[社會主義]、freedom[自由]、patriotic[愛國]、realistic[現實主義的]、justice[正義]）蘊含「好些不同的意義，彼此之間，無法協調」。這直接帶領歐威爾討論像是蘇聯、天主教會這種壓迫力量，為何會傾向使用「黑白講」的敘述方式：「蘇聯媒體全世界最自由」，就是一例。

　　矯飾用字，就是字面上的意義：盲目追逐流行，特別是在政治與文學論述上，總愛挑聽起來很重要、看起來很複雜的字眼。他列舉好些例子，從常用到罕見都有 —— 最反感的字眼是predict（預測）。歐威爾的攻勢連綿不絕，最後指向馬克思－列寧主義者，

常用於宣傳手冊或者演講中的術語——petty bourgeois（小資產階級）、lackey（侍從）、hyena（走狗）、White Guard（白衛兵）。

　　至於他對陳腔濫調（cliché）的批評——集中在他所謂的「垂死比喻」，也就是用到爛的形容表述——同時展現他剖析語言現象的高明與局限之處。他興致勃勃的舉了好些他認為拖泥帶水的形容詞（no axe to grind［別有用心］、hotbed［溫床］、ring the changes［換點花樣］），然後找幾個「最近的例子」，就匆匆宣布勝利。他號稱explore every avenue（探索各種可能性）、leave no stone unturned（千方百計）「在幾個記者的訕笑之下，已經立斃當場」；但他可能很沮喪的發現，這兩個片語非但還活著，七十年後，依舊in the pink（氣色紅潤）。

　　歐威爾看待比喻與陳腔濫調的視野太窄。像他把Achilles' heel（譯註：阿基里斯腳踝，引伸為罩門的意思）歸類為垂死比喻。事實上，這個成語只用了兩個英文字，內含的意義卻需要一整個句子才能表達清楚，也不大會勾起意象上的衝突，因為使用者不容易聯想起那位疑似有躁鬱症的青銅器時代英雄。可是，他又覺得iron resolution（鐵般的決斷）不壞——因為這個片語已經跳脫字面上的連結，所以可以接受——但相較於Achilles' heel，兩者只是品味上的差異而已。

　　為什麼大家要用陳腔濫調呢？歐威爾始終沒有提出清晰的觀點，但〈政治與英語〉留給讀者一個印象，應該是知識分子故作姿態、懶病發作與共產黨顛覆，綜合起來的結果。陳腔濫調之所以歷久不衰，是因為用來方便，讀者可以立刻了解，不需要花太多

腦筋。陳腔濫調是語言的一部分，並不是癌症似的外部增生。它們當然也有生命週期 —— 從誕生時的機變討喜，到老朽時的難以容忍 —— 夭折的原因，多半是難逃達爾文的競爭法則，在幼時慘遭扼殺，由更年輕、更新鮮的陳腔濫調取而代之，而不是在省思之後斷然揚棄。

　　歐威爾其他的「技巧」也犯了相同毛病。我們每個人都可以找出一堆鬼打牆的荒謬敘述、矯揉造作的詞彙、輕飄飄的廢話與沒有必要的術語。他的建議 —— 盡量使用平易扎實的英文、調性連貫的原創語言想像 —— 還滿淺顯的，跟〈政治與英語〉中的其他建議一樣，如果絕不妥協，執意去做，不免有些遙不可及，違背人類真實寫作與講話的方式。作家表達迷離曖昧的感受，完全合理，舉個例子，你說你「也不是不開心」，並不能解釋為你其實很「開心」。不同的術語不能一概而論。他在虛矯用語的罪犯照片陳列室中，提到兩個德國字：第一，Weltanschauung，明明就有非常好的英文替用語，world view（世界觀）。但第二個，Gleichschaltung，原意專指一九三○年代，德國機構逐漸納粹化的過程，被譯成一般的英語coordination（協調），就沒有精準傳達出原字的精神。

　　〈政治與英語〉真正隱藏的祕密是：儘管歐威爾嘴巴上強調清晰，其實他真正在意的是語言的優雅。在他的建議中，壓軸的真正重點，正是優美的書寫，只是被他偽裝成負面的陳述：「在講赤裸裸的蠻語前，請先打破先前的原則」。這並不是說歐威爾評論的是美學不是政治；而是說歐威爾把優美文字與語意清晰連在一起。清晰是一種不妨礙思考、能把想法表達清楚的語言能力。話講得

清楚，就能支持真正有效的政治辯論。無論歐威爾有沒有意識到，他對於修辭的了解，跟先賢已有神似之處，特別是以下這種古代想法：修辭中蘊藏的公民價值（civic value）跟精采論述，互為因果。

一幅語言的特殊圖像

歐威爾論及語言與政治的互動，遼闊視野，引述了五個失敗的寫作範例，只有一個──批評馬克思主義者煩悶拖沓的高談闊論──觸及政治面向，一個論及心理學、一個源自文學宗教，剩下兩個都是語言學方面的例子，包括學重士林的科學家藍斯洛・霍格班（Lancelot Hogben）的名著《格羅沙語》（*Interglossa*）：

最重要的：我們不能濫用（play ducks and drakes with）片語的本土砲台（a native battery），跟「基礎英語」（the Basic）開出一樣的處方，惡名昭彰（egregious）的排列單字（collocations of vocables），用 put up with 取代 tolerate（容忍），用 put at a loss 取代 bewilder（困惑）。

儘管這段話有點不知所云，用字明顯不搭調，（比方 play ducks and drakes with [譯註：這個片語字面為玩弄公鴨與母鴨，引申義為揮霍、濫用] 撞上 native battery [譯註：battery 也有一列、一組的意思，如果不考慮凸顯這兩個片語連在一起的突兀，或可譯成「一組本土的片語」]，或者詰屈聱牙的 collocations of vocables），讀者多

半還是匆匆掠過，根本不知道霍格班在講什麼。

　　歐威爾顯然也沒有興趣深究霍格班的用意。他用一個句子掃射這段短文，先是嘲弄霍格班的想像力風馬牛不相及，玩弄「公鴨、母鴨跟一個會開處方的砲台」，然後斥責作者「懶得查字典，看看egregious是什麼意思」。霍格班誤用這個字才是惡名昭彰。

　　讓我們仔細的研究這段話。霍格班是動物學家，終其一生，都是政治活躍分子。他還有一個興趣：發展新語言。最初，他醉心於「基礎英語」，一種「國際輔助語言」。這是語言哲學家奧格登（C. K. Ogden）在一九三〇年發展出來的，希望協助英語教學，成為全球性的第二語言，促進不同民族之間的了解，鞏固世界和平。霍格班卻慢慢開始相信，他的構想應該可以更上層樓。一九四三年，他印行《格羅沙語：為民主世界秩序草擬的輔助語言》（*Interglossa：A Draft of an Auxiliary for a Democratic World Order*）。格羅沙語是為增進世界和諧而創造的新語言，最早設定的族群是散居世界各地的科學家。

　　在地球的範疇內，自然科學是人類能通力合作的唯一現存形式。科學人必須透過不同語言發行的期刊，獲取必須資訊，深知巴別舌（babel of tongues）是最嚴重的社會問題。[4]

　　霍格班的格羅沙語彙源自古典字根，不是英文，而是奠基在拉丁文跟希臘文。世界各地的科學家，在替新科技命名的時候，幾乎都會找上這兩種語言。歐威爾在〈政治與英語〉一文中所引用的古

怪段落，是霍格班試圖說明格羅沙語的豐富語彙，要比「基礎英文」優越得多。簡單的翻譯應該是這樣：

以英文為通用語言的麻煩之一，（為了避免新手學習過多的生字）是你得用一堆短字組合而成的片語，取代被「基礎英語」踢出來的複雜字彙。舉個例子來說，奧格登因為不希望把tolerate與bewilder加到「基礎英語」字彙裡，只好建議使用者改用put up with取代tolerate；用put at a loss取代bewilder。

表面上來看，歐威爾挑上霍格班的句子，或許是因為他的用詞確實駁雜，也可能是霍格班左派烏托邦的想法惹惱了他。稍早，大約一九四〇年的時候，歐威爾也寫過一篇短文〈新字〉（New Words），在他死後才發表。在這篇文章中，他力促創作新詞彙，「以便處理我們現行語言經驗無力修補的部分」。[5]一九四二年，他為BBC製作一個討論「基礎英文」的節目，之後，還跟霍格班通過幾次信。[6]格羅沙語在〈政治與英語〉中時隱時現，舉個例子，歐威爾宣稱，字彙向拉丁與希臘字源移動的趨勢已然發生：

拙劣的作者，特別是科學、政治與社會學的作者，幾乎都被拉丁與希臘字彙的陰影籠罩，薩克遜（Saxon）文字退居二線。

對於歐威爾而言，結果當然不是由全世界科學家領導的國際和平運動，而是「潦草、含混與日俱增」—— 也許還更糟。他開

出一張需要避開的拉丁詞彙，包括了predict以及其他狀似無害的字眼，像是expedite（急送）、clandestine（祕密的）。在一個語意不甚清楚的註釋中，他還說英國的花名，像是snapdragon（金魚草）、forget-me-not（勿忘我），都悄悄的被拉丁同義字所取代。這是烏托邦國際主義的負面效應，讓人不禁擔心原本被根除（deracinated＊）的外國字，排擠本土文字，就像亞洲天牛跟其他病蟲害，肆意摧毀英國闊葉林一樣。

　　歐威爾深信公眾語言亟需更新。他在〈政治與英語〉的幾段引文，套句霍格班的用語，正是「巴別舌」的代表作，隨之帶來社會與政治的嚴重後果，使得歐威爾認定的「最嚴重的問題」更加積重難返。在檢查「基礎英文」與格羅沙語之後，他似乎認為：猛藥可能比疾病本身還糟；根治並無捷徑，只能從我們現行的語言著手。他在《一九八四》中杜撰一種新語言，非但沒能促進和平與了解，反倒淪為壓迫的工具。「新說法」的語彙受到層層限制，並不是因為學習方便，而是制約理念（idea）甚至想法（thought）被討論的範圍。

❖

　　人雖理性，卻也有尚待修補的缺點。當前，人性受困在傲慢與偏見的黑暗中，依舊受到政治與宗教的壓迫，難以擺脫幾世紀以來的愚昧傳統。只有示之以理性，男男女女才能走出牢籠，迎向光

＊　根據歐威爾的說法，這個字也源自拉丁文。

明。大部分的戰役必須在語言戰場上開打。壓迫的力量多半倚靠傳統對話的弱點，在巷議街談中兜售傳說及謊言。我們必須用奠定在理性與證據的論述，取代他們含糊折衷的語言。

　　廣泛來說，這就是理性主義者對於語言與社會的主張，在啟蒙（Enlightenment）時代匯聚動力，透過奧古斯特・孔德（Auguste Comte）這樣的思想家，傳遞到十九與二十世紀。哲學的實證主義（positivism）就此橫空出世。根據實證主義的說法，真實的知識只能源自於實證觀測（empirical observation）以及邏輯或數學推論。在實證主義成為一種運動之前，一七四八年蘇格蘭啟蒙哲學家大衛・休謨（David Hume），就很乾脆的為語言與文學，闡明箇中的實證理性主義意涵：

　　如果我們拿一本書在手上：無論是神學，還是形上學（metaphysics），舉例來說；讓我們問自己：這本書包含了考慮數量或數字的抽象推理（abstract reasoning）嗎？沒有。它包含了任何考慮事實與存在的實驗推理（experimental reasoning）嗎？沒有。那麼把它扔進火焰裡吧：因為在這本書裡除了詭辯與幻想，就什麼也沒有了。[7]

　　在二十世紀早期，有些哲學家開始相信：絕大多數，也許是全部的哲學問題，都是語言問題。只要把名詞界定清楚，清除沒有邏輯、欠缺實證的材料，誤解就會消失，剩下來的，自然就是沒有爭議、實際可用的語言。這方面最有名的立場論述，大概出自路德維希・維根斯坦（Ludwig Wittgenstein）的《邏輯哲學論》（*Tractatus*

Logico-Philosophicus）。一九二一年在德國出版，翌年，英文版問世。在這本書的前言結尾，年輕的維根斯坦說，「我因此相信，在所有本質點（essential points）上，我已經發現問題的最終解答。」[8]所謂的「問題」，他指的是所有回答得出的哲學問題。

奧格登，基礎英文的發明者，英國實證主義的重要人物，奉獻了相當心力，將《邏輯哲學論》翻譯為英文，稍後並與呂嘉慈（I. A. Richards）一道撰寫了《意義的意義》（*The Meaning of Meaning*），透過實證主義的眼光，分析思想與語意，影響了艾爾（A. J. Ayer）實證主義的經典作品《語言、真理與邏輯》（*Language, Truth, and Logic*）。基礎英文的想法，就是從奧格登與呂嘉慈合著的《意義的意義》中孵育出來的。

當實證主義運用在公眾語言，再套用亞里斯多德的修辭三角模型，邏輯論證才是最切中弊病的關鍵，其他，無論是對於信仰以及不同主觀性（subjectivity）的表達（人格）、試圖感染聽眾的嘗試（情感），都偏離重點，而且危險。受到啟蒙運動前的文化習俗籠罩的語言，庇蔭了迷信與愚昧，很可能也是嫌犯。理性主義偏好運用哲學與社會科學，從最基礎的原則重新建立起：也難怪這種思維方式在左翼陣營，要比在右翼獲得更多的回響。

在〈政治與英語〉中，有好些段落，可以很清楚的看出源自實證主義的影響。我們已經讀到在文學與藝術評論中所使用的文字，並沒有「指涉可以發現的對象」，因此「嚴格說起來，並無意義」。意義，歐威爾暗示，是個別對象與表意文字之間一對一的關係。在別的地方，他把他的想法解釋得更清楚。「如果你簡化你的

英語，」他說，「就能擺脫正統信仰（orthodoxy）那套蠢把戲」：「你講不出有意義的對話。每講句笨話，那話會愚蠢到很明顯，連你自己都無法視而不見。」在歐威爾眼裡，簡化就必須要移除欺騙的、沒有意義的或是不需要的單字或片語。就跟實證主義者一樣，看起來他也宣稱，語言就此變得清晰，「愚蠢」會讓人無法視而不見。這番旗幟鮮明的論述預告了某種語言理論，就在他以具體的寫作法則作結之前，歐威爾的確提供給讀者一個理論。

　　他說，文字是危險的對手，呼應了路易斯・卡羅（Lewis Carroll）「蛋頭先生」那番話。為了要展現誰掌權，重要的是讓「意義選字，而不是倒過來」。他用較長的篇幅娓娓道出他的想法：

　　你在想某個具體的物件時，你並不是用字來思考，要等你想要描述你視覺上呈現的這個物件時，你才開始搜索，直到你找到符合這個物件的適當字眼。但你在思考抽象理念時，從一開始，你會更加倚賴文字，除非你刻意避開文字的障礙，否則現存的字義會衝進你的腦海，替你把思緒料理停當，只是這樣一來，你卻得付出含混甚至改變原意的風險。也許應該盡可能的讓文字越晚出場越好，透過圖像或知覺來感受，意思的表達盡可能的清楚。只有這樣，你才能選擇 —— 而不是接受 —— 最能涵蓋意義的句子，然後掉過頭去思考你的用詞遣字，會讓對方產生怎樣的印象。

　　在「具體物件」的情境下，一般人比較容易理解。我餓了，一個水果浮現在我腦海，然後，我開始對照內心的水果百科全書。硬

的？軟的？圓的，還是別的形狀？綠色、橘色還是黃色？透過除去法，我輸入了「香蕉」形象，然後，在內心，我看到了一個軟軟的、略帶弧形、黃色的物體，完全符合香蕉的模樣。

就連上述過程都不太像我感到飢餓、聯想到香蕉的實際狀況。有人認為：在我們看到或者想到某個具體物件時，就會展開「無字的」（wordless）思考，搜索適當字眼，去貼合那個物件，但歐威爾斷言這番描述應該是錯的。在這過程裡，並沒有出現任何有意識的搜索，除非為了某些原因，我們想不起某個物件的名字，或者一時忘記某個人的名字；只有在這種時候，我們才會翻閱內心的參考書。但是把歐威爾的理論，移到思考抽象概念的場景裡，就顯得七零八落了。他的建議是：「讓文字越晚出場越好，透過圖像或感知，比較能清楚感受到原意」。就拿共和黨對歐巴馬健保本能式的反彈為例，運用圖像或感知，難道就「清楚感受到原意」？

我們的腦子處理有意識的意義（conscious meaning），本質上倚靠語言：字眼一跳進腦海裡，意義以及無法脫離的情緒，立即尾隨而來；有的時候，情緒還出現在意義之前，提供憑藉，讓新的意義得以建構。歐威爾就是想要避開這個過程，很不巧，這偏偏是我們大腦一般運作的實況。

最遲到一九四六年，有些實證主義支持者，就開始倒戈，認為這種哲學難以為繼。其中一人就是維根斯坦。他晚期最重要的作品《哲學研究》（*Philosophical Investigations*），一開頭就引用聖奧斯定（St Augustine）的一段話，描述了一個語言理論，跟歐威爾在短文裡提及的想法極為類似。維根斯坦說，聖奧斯定給了我們「人類語

言本質的特殊圖像」：

> 原理如此：在語言中，個別的字眼替物件命名 —— 句子由這些
> 名稱組成 —— 在這幅語言的圖像中，我們發現了下述的概念根源：
> 每個字都有一個意義。意義與文字相互聯繫。文字代表某個客體
> （object）。[9]

但是，維根斯坦指出這種構想有其限制：

> 如果你用這種方式，描述語言的學習，我相信，你想的多半是
> 「桌子」、「椅子」、特定的行動與特性；其他類型的字眼就只能自生
> 自滅了。

只有單一意義的文字，源自它們與「可發現的對象」之間的
關係；就維根斯坦看來，語言絕對不是這種文字的組合。他用一
連串別出心裁的思想實驗，證明相同的字眼，在不同的情境裡，
會出現不同的意義。維根斯坦於是強調：字的意義來自人類使用這
個字的情境。實證主義者可能會鄙夷任何關於神的討論，一律斥
為無稽之談；但維根斯坦則是認為對話是一種語言遊戲（language-
games），只有在靈魂、神與罪確有意義的社會與文化情境，才會發
生。論及靈魂的宗教教義時，他是這麼說的：

> 如今，我能了解這些教義嗎？—— 當然我懂得 —— 我還能想像

許許多多與它有聯繫的事物。但是，這些事物的圖像，至今尚未描繪出來吧？[10]

　　他並沒有宣稱一個人必須要相信靈魂的存在 —— 如同許多實證主義者堅信 —— 否則靈魂這個詞就沒有意義。

　　維根斯坦對於實證主義的批評、強調活生生的語言社會情境，很快就得到其他哲學家的支持，還得到了人類學家、心理學家、語意學學者的背書。語意學與其他語言相關學科，在戰後，雨後春筍般的興盛起來。但是，語言的起源與如何使用語言的爭議，並未得到定論，幾種取向相持不下，有的人強調環境與社會互動，有的人著重人類生理決定的基本語言構造，有的人試圖折衷這兩個極端。但是，沒有任何理論，也沒有任何神經科學或發展心理學的新發現，支持歐威爾的語言模式以及刺激這個構想的實證主義思維。純粹用理性主義回答語言問題，立論基礎漏洞處處，並沒有說服大多數的西方知識分子，遑論更廣泛的大眾。

　　那麼歐威爾要在哪裡料理這些質疑呢？我們發現，與支配今日語言學界的正統主義者完全相反，歐威爾是個約規主義者（prescriptivist，譯註：語言約規主義者相信某些語言形式不正確、缺乏邏輯，沒有溝通效果，支持創建標準語言），相信話能說得比較好，也能講得比較差；換句話說，語言的不同用法與不同風格，可以客觀評定。這是理性取向的特色，他的語言理論亦復如此，相信簡約風格能讓事實自然呈現。

　　而就另外一方面來說，我們熟知的歐威爾，是個對於政治正確

以及其他現代形式的語言壓迫，深惡痛絕、覺得荒謬絕倫的人，從骨子裡，懷疑烏托邦主義。他在《一九八四》中將語言修正、簡化，跟滅絕人性的暴政聯繫在一起。在〈政治與英語〉中解釋完語言理論之後，歐威爾並沒有呼籲建立新詞彙與文法，反而提供一組溫和實際的建議，協助我們強化運用已然存在的英語。

歐威爾的〈政治與英語〉深受語言純粹理性的吸引，但是其中的某些成分，又讓他感到很不安，威脅到陪著他成長、平實而人性的英語，更糟的是：他還感受到其中的扭曲與濫用。他有點像是逛街的人，透過玻璃，渴望的看著裡面的商品，但，最終還是轉身離去。

血與土

現在讓我們傾聽另外一種公眾語言 —— 一九三六年九月，阿道夫・希特勒（Adolf Hitler）對著黨與政府領袖發表的演說：

一旦你聽到一個人的聲音，撞擊你心房的聲音，你就會猛然驚醒，跟隨那個聲音。這些年來，你一直在追尋，儘管沒見過那聲音的主人，只要一聽到，只能追隨。我們今天在這裡見面，所有人心中都充滿了這個聚會難以思議的奇蹟。不是每一個人都能看到我，我也沒法看到你們每一個人。但是，我感受得到你，你也感受得到我！就是同胞的這種信仰，讓我們這一小群人變得偉大，讓貧窮的人變得富有，讓搖擺、沮喪、恐懼的人們，變得無所畏懼、勇往直前！[11]

希特勒利用詐騙修辭，將自己送上權力舞台。上述的演講只是一個例子，證明歷史上其他的公眾語言，都比不上希特勒更能讓「演說術」背上污名。如果我們仔細閱讀這個段落，不難發現希特勒是那種急著傳播修辭理論——他自創的修辭理論——的人。

道理如下：現代性（modernity）很可怕，它帶來的掠奪破壞、瓦解分裂，讓我們貧窮、恐懼，也同時摧毀了我們的個人意義與價值意識；但是這種恐懼還是有可能表達、面對，甚至被所有人能聽到的單一「聲音」征服。

較小的奇蹟是現代科技：麥克風、擴音機，可以讓看不到希特勒與希特勒看不到的人們，聽到他的聲音。較大的奇蹟是希特勒的聲音與聽眾間心有戚戚的一致性與同盟關係，既建立在共通經驗上，更在德國人民深信自己隸屬於命運共同體的集體理念上。希特勒宣稱，他要結合人格與情感，提煉出相互了解與認同的分享狀態，要逼近一種共同存在的境界。

現在已經沒有什麼政客，擁有希特勒這樣煽動的天賦，更慶幸的是：也沒人擁有他惡魔般的企圖。但是交互信賴與認同的連結，或是類似的感受，會讓聽眾用「真實」（authentic）這樣的字眼，形容某位演說者或者某場演說。跟理性一樣，「真實」聽起來有為修辭加分的效果。誰會喜歡不真實的公眾演講者，是不是？但是，就跟理性主義一樣，真實主義（authenticism）——我把這個詞定義為：一面倒的相信，在公眾語言中，真正要緊的是演說者理所應該呈現的真實性——這個概念遠比表面看來更複雜，也更危險。

心頭雪亮的希特勒就是個真實主義的奉行者。他相信聽起來越

「真實」的修辭，越具有說服力。他用自己的故事 ——《我的奮鬥》（*My struggle*）—— 作為一個敘事樣版（narrative template），不只囊括在他面前陷入集體狂熱的群眾故事，還兼併整個德國的心聲。他打點起十二萬分精神，盤算他的說辭與出現在新聞影片及照片上的姿態。他不想讓人覺得他是統治階級的一員，絕不流露任何想要晉身菁英圈的野心，而是試圖保留局外人的氣質。站在各位面前的是一個得過勳章的老兵（甚且不是軍官），「聲音」要同時在講台與群眾心裡響起。他不斷微調用語與姿勢，連結眼前的群眾。「他用頭一分鐘摸索、感受、偵測氣氛。」一度是他好友的恩斯特・漢夫施丹格爾（Ernst Hanfstaengl）如是寫道，「突然之間，他就爆發了。」[12]他連跟伊娃・布朗（Eva Braun）的婚事也拖到最後，就是不想破壞孤獨先知與群眾間魔咒般的連結。理論上，只有在諸般算計與工具考量都被拋在腦後，真實性才會躍然而出。就希特勒這個案例來說，只是自然共振（natural resonance）與冰冷算計的古怪組合而已。

　　真實主義儘管被希特勒玩得出神入化，卻不是他的發明，只是歐洲在兩次世界大戰間的創傷副產品。跟現代修辭理性主義一樣，修辭真實主義也是啟蒙運動的結晶 —— 其實，真實主義壓根就是為了反擊理性主義學派而誕生的。伊曼努爾・康德（Immanuel Kant）的好友，約翰・喬治・哈曼（Johann Georg Hamann）最早辨明以下狀況：如果把理念、文字從人們的行為與文化情境中抽離出來，就不再會有意義、不再會有關聯。就這個角度來看，難怪他有時也被視為啟發維根斯坦《哲學研究》的先驅。只是維根斯坦的

目的，看起來像是要理解語言；哈曼卻別有懷抱，希望把人類的信仰 —— 最重要的，當然是宗教信仰 —— 回復啟蒙運動之前的首要地位。

　　哈曼的想法並沒有建構得很完整，卻透過一連串的哲學大師，從黑格爾、齊克果（Søren Aabye Kierkegaard）、尼采、海德格（Martin Heidegger）加工闡釋，進入西方主流思想。宗教 —— 以及意識到社會失去宗教信仰表述能力之後，會帶來怎樣的損失 —— 占據核心位置。相對而言，尼采所謂的真實性，指的是揚棄對於宗教的錯誤幻想以及建立其上的道德系統，回復到人之所以為人的新意識。與哈曼同時的詩人、哲學家約翰·戈特弗里德·赫爾德（Johann Gottfried Herder）就在語言以及文化、國家狀態（nationhood）之間，建立了批判的聯繫。語言真實性的概念與另外一種根植於啟蒙運動的概念 —— 民族主義（nationalism）—— 互動得越來越緊密。

　　海德格的名著《存在與時間》（*Being and Time*），在一九二七年出版。他認為人類的存在應該可以被了解為落在光譜中的不同式樣（mode）：一端是最最真實的狀態，稱之為「此在」（Dasein，譯註：這是幾乎無法翻譯的德文，由 da「此時此地」與 sein「存在」兩個意義組成）—— 用以包括個別與集體的人 —— 在這世上最清晰、最深刻的了解自身與所處情況；到另外一端「失真」，此在落入群眾、落入面目模糊的人 ——「他們」之間，招致迷失的風險。嚴格說來，語言可以區分為言談（rede）與閒談（gerede），純粹的對話以及群眾之間不真實、沒根由的謠言與八卦。

　　儘管海德格刻意保持價值中立，認為「真實」與「失真」沒有高下之分。但《存在與時間》意在言外，暗示「真實」不僅是一個形容詞，而是比「失真」來得優越 —— 更值得追求、更值得讚賞。而「真實」這個詞在海德格的政治論述中，沒有任何懷疑的空間。一九三〇年代初期，這個被認為是二十世紀最偉大的哲學家，歸納出一個結論：希特勒就是德國此在的化身，透過希特勒與他發動的革命，德國人民如今「進入了重新發現自身本質的過程」，一種奠定在「血」與「土」的「真實性」於焉誕生。[13]海德格一度是納粹黨員，支持希特勒政權，深具影響力。論及希特勒的演說為何如此煽動人心，海德格跟希特勒一樣，可能都認為真實性直接來自領袖與他的國家共享的認同與存在意識。

　　先前第二章我們曾經看到，演講的真實性連同人格的真實性，尤其是修辭意識（狡辯、操縱性的演說），是偵測人性真偽的可靠指標。這個概念在英語傳統中，至少可以追溯到莎士比亞，即便到了歐威爾時代的文壇，還依舊活躍。舉個例子，艾略特（T. S. Eliot）就引用《約翰福音》的邏輯 —— 基督究竟是兩個「字」，還是理性與秩序的終極基礎 —— 反映現代世俗對話的危機：

> 文字扭曲，
>
> 迸裂，時或破碎，在負擔之下，
>
> 在張力之下，滑落、滑動，枯萎，
>
> 因失準而崩壞，斷難留駐原地，
>
> 斷難靜止不動。刺耳的聲音

斥責、挖苦，或僅是喋喋不休，

總是指責它們。荒蕪中的字

最常受魅惑之聲攻擊。[14]

「僅是喋喋不休」呼應海德格的「閒談」概念。真實性的此在落在八卦喧嘩的日常生活中，卻要與之對抗，區隔出自身存在，尋找更深刻的意義。最近的新造字chatterati（名嘴）就是由chatter（嘮叨）與literati（文人、文學界）組合而成，試圖激發出一種雜音四起、矯揉造作的業餘嗜好（dilettantism）。我們於文化與政治的想法有意義且深刻；他們則是老生常談偏又聒噪刺耳 —— 但他們卻威脅著我們，有壓倒之勢。真實被失真包圍，奮戰突圍；發自內在的簡單事實，想要送進人們耳裡，卻陷入外來的謊言之海。這是真實主義者試圖建立、設法解決的典範衝突（paradigmatic conflict）。

跟理性主義者一樣，真實主義者也強調簡練語言的重要性，不只是因為他們珍視理性，更是因為他們認為：簡單的表述跟誠實的情緒（至少表面上，有意願關注群體中最卑微的成員）密不可分。相較於理性主義者獨尊事實，幾乎排除其他事物；真實主義者卻覺得事實頗為可疑，輕蔑稱之為「事實小報」（factoids，譯註：明明是杜撰的事情，卻因為登在媒體上，就被信以為真）或「統計數字」（statistics）—— 真實主義者反技術官僚語言，也累積出相同的效果 —— 這跟他們想要促進的「更大的事實」是不同的。理性主義崇拜辯證法；真實主義者卻認為，真正關鍵的並不是往返的辯

論，而是故事：他們所謂的「事實」跟他們對於所屬團體的敘事，緊緊的糾在一起。特定主張中的事實性（facticity）不及動人的敘事來得重要。如果有件事情感覺起來是對的，那麼就某些角度來說，就一定是對的。

❖

　　將真實主義放進二十世紀極權主義的情境裡，不免讓人感到不安。真實主義幻化出不同的形式，對世界各地的政治與宗教狂熱分子，卻同樣具有吸引力，更是許多和平民主派據以修辭、擬定計畫與策略的基礎。時至今日，無論是左翼還是保守政黨仍會動用這個法寶。

　　在左派人士眼裡，保守派某些領袖高人一等的出身，使得他們在本質上，就無法博取尋常百姓的認同、說不來庶民語言。布希家族就是銜著金湯匙出生的。柯麥隆上伊頓公學，羅姆尼是對沖基金玩家：別費工夫聽他們說什麼，因為他們根本不可能了解你。

　　民主右翼一樣可以把真實主義玩得很上手。好些共和黨人就不怎麼喜歡歐巴馬的某些人格背景。是不是，也許，其實因為他是黑人？天啊，別這樣說，你們以為我們是誰啊？也許他是穆斯林？也許是因為他不在美國出生？確定這樣的人，不應該入主白宮，他們挑剔歐巴馬的人格背景，也不過是希望能歪打正著，腐蝕公眾對於他言行的信任。

　　在諸多抨擊中，有一項是指控他是漫步在雲端的知識分子──對於道地的真實主義者來說，凡是知識分子，在定義上

必定是假貨，無須理會真實主義的概念壓根就是知識分子建構起來的。英國保守媒體也用同樣的手法修裡艾德‧米勒班（Ed Miliband，譯註：二〇一〇～二〇一五年，工黨黨魁，反對黨領袖），對他進行無情的人格摧毀，指責他是行為怪異、跟現實脫節的蛋頭。他試圖展現真實的一面，最後以慘敗收場。在一段外流的影像裡，他看著攝影機，演練了幾種不同的表達方式，鏡頭外突然傳來一個聲音：「好啦，艾德，自然點，不是這樣，自然點，艾德，看起來自然點。」無意間道破現今「政治真實性」的矛盾。成功絕對不是來自於「做你自己」，而是要屈服於大家能接受的「真實性」標準 —— 在這個例子裡，就是要在電視攝影機前擺出一副從容自在的模樣 —— 至於怎樣才算從容自在，並不是來自閱聽大眾的觀感，而是由政治操作顧問及媒體來決定。[15]主流政客還真有強化「真實性」的標準操作手冊：捲起袖子、鬆開領結；流露出關切的神情、也許需要控制急衝而來的暴怒；可以略略脫稿，但是要記得拍攝順序 —— 永遠要知道偷窺者就坐在你後面。

　　大眾當然一眼就可以看出箇中玄機。真正的真實性是血肉模糊的屠宰場。無論是你還是觀眾，都不知道接下來會發生什麼事。沒有人能百分之百的控制情緒。緊追不捨的攝影機並不是在拍一個失算的商業行銷活動，而是運動實況。通常捕捉到的是狼狽的場景。有時甚至改變了歷史前進的方向。

　　真實主義衝擊西方政治，英國、美國以及許多歐陸國家中，浪頭時起時伏，如今，我們正經歷一個激盪的階段。脫歐就是一個很清楚的例子：超越了傳統政黨、意識形態與利益，而是真實主義趁

亂鎖定理性主義，展開的系列攻擊之一。像川普這樣的反政客，純粹的修辭「真實性」——他們有能力推翻體制、揚棄傳統政治階級的公眾論述——正是他們區隔對手的主要重點。

其實，在傳統的政治體制裡，真實主義也能施展拳腳。茶黨，從某個角度來說，就可以視為共和黨內的真實主義修辭運動。棘手的是：想要通吃的人很難兩者兼顧。在二〇一六年總統選戰中，茶黨兩位主要候選者，泰德·克魯茲（Ted Cruz）與馬可·盧比歐（Marco Rubio），就想消弭雙方之間的矛盾——儘管他們是共和黨參議員——卻走出舒適的權力體制，揮別華盛頓菁英模稜的修辭積習。只是他們揚言要與現存政治語言分道揚鑣的真實主義路線，卻比不上川普那般純正。如果說，勝利屬於跟職業政治世界切割得最乾淨的候選人，那麼，這場賽跑冠軍只能頒給跑到最極端的那一位。

左翼陣營的複雜程度略高一些。從馬克思-列寧時代的「科學社會主義」，極左翼鼓舞了一種烏托邦的理性主義：資本主義裡的「矛盾」，成為一種得到證據支持的天啟（revelation），勞工夢想中的天堂即將實現，還附帶了一個具體的施行計畫。歷經二十年的第三條道路新中間路線（Third Way）、全球經濟危機，根紅苗正的傳統社會主義又獲得新的真實性氣氛。柯賓、桑德斯與阿列克西斯·普齊拉斯（Alexis Tsipras），無論時機好歹，始終篤守原則，也讓他們擷取到一種信賴感、某種破壞偶像崇拜的力量，頗有跟右派造反派分庭抗禮的架勢。許多人可能忘記、年輕人可能根本不知道：這種修辭本身一度被認為是空洞的正統（hollow orthodoxy）。七十

年前，歐威爾完全不曾讚揚它的事實敘述能力，反而單挑出來，強調它在智性上的閃躲與欺騙。

理性主義者與真實主義者發現自己無法了解對方。有幾位理性主義者，認定柯賓二〇一五年當選工黨黨魁，與一年後川普發動選戰爭取共和黨黨內提名的訴求，都跟極端政策有關；但這個結論恐怕畫錯了重點。能打動憤怒大眾的，未必是政策中偏激主義，也未必是政客在政治光譜中極左或極右的位置，而是他們的極端主義中，蘊含著與現狀的徹底決裂。

二〇一六年四月，我在馬里蘭州的吉維・蔡斯（Chevy Chase），碰到一個桑德斯的支持者。他是一位黑人長者，極為關心美國總統大選，但心裡也明白：桑德斯得到民主黨提名的機會不大。所以我問他，最後如果出線的是希拉蕊跟川普，他要投給誰？「川普也許瘋了，也許是種族主義者，」他說，「但我還應付得來。至少川普想什麼就說什麼。換成每天都扯謊的人，你還真不知道該怎麼辦。」

儘管這個現象不好誇大，但是全美國的記者都發現，好些選民擁有類似的直覺。既然政客難以信任，在某些公民心中，能不能感受到真實性，不是比其他事情來得重要嗎？政策、意識形態傾向，甚至在別種情況可能會把他們嚇跑的人格缺點，就此消失在他們的眼簾。

❖

由於〈政治與英語〉開宗明義的宗旨，是要警告讀者：語言的

弱點會導致傾向極權主義的滑坡，讀者可能會期望歐威爾會花點篇幅討論他那個時代極權主義運用的語言，也就是剛剛敗亡的軍國主義政權——德國、義大利與日本這些法西斯國家的前車之鑑，接著討論到他最厭惡的蘇聯及其衛星國家。但是，歐威爾的行文卻不符讀者的預期，他以這樣坦率的推論開場：

> 整體氣氛不佳，語言肯定惡化。我想我應該可以發現——這僅是猜測，因為我沒有足夠的知識可以證實——德語、俄語與義大利語在最近十或十五年，應該日趨劣化，這是獨裁導致的結果。

即便討論個案，他也完全避開希特勒的修辭煽動技巧，而試著用「委婉修辭」（euphemism），在同時劣化的英語與俄語建立連結。「在我們的時代，」歐威爾寫道，「政治語言和書寫多半是無可防禦的防禦（the defence of the indefensible）」，美化為了延續英國在印度統治，發動的殘酷戰爭。由於事實太過血腥，無法與公眾分享，許多國家的政客，只得動用委婉修辭：轟炸平民稱之為「綏靜」（pacification）、整肅時代，蘇聯大規模屠殺與監禁公民，美其名為「清理門戶」（elimination of unreliable elements），諸如此類。

只是歐威爾列舉拙劣寫作的引文裡，並沒有提及委婉修辭的例子。所以他杜撰了一段修辭（由一名想像中的「教授」提供）重新界定——並且遮掩——蘇聯的謀殺與壓迫，是「轉型期間難以避免的伴隨現象」，「具體扎實的整體成就，充分證實了手段的必要性」。歐威爾以果斷的敘述、華麗的隱喻，把他虛構的案例與真正

的引文綁在一起：

> 膨脹風格（inflated style）本身就是一種修辭。巨量的拉丁詞彙像是柔軟的雪花，輕輕的覆蓋在事實上，模糊了邊界，遮掩住細節。

這影像著實儡人。我們彷彿置身蘇聯，也許是個位於「北極圈的伐木營」，一如歐威爾的描述。地面上躺著成群的屍體，他們是熬不過虐待，或者是直接在脖子後挨了一槍的囚犯。雪還是不住的下，蓋住屍體，變得難以分辨——這雪，就是委婉修辭。這是給拉斯基教授與其他人開的大師講堂：一個原創、完美控制、難以忘懷的影像，以一句簡練的句子，將活力灌進想法裡面。

也許，我們該捏自己一下，清醒點。拉丁字彙？為什麼拉丁字彙必然能委婉修飾，源自其他文化的語言，就沒有類似的效果？他們還真的徹夜坐在克里姆林宮中，實現新的邪惡手法，將拉丁的語彙結構，滲透到誠實的英文文章中嗎？歐威爾很明顯的偏好本土文字——多半源自盎格魯薩克遜以及早期德文——敵視後期納入的外國語。他宣稱，晚期的外國語不如原始語言精確，只是像是 predict（預期）真的比 forecast（預測）或者 foretell（預言）來得清晰嗎？在論文中，他也沒有說明讓他引以為憂的「喪失精確性」究竟指的是什麼。

但他卻進一步斷言：源自拉丁文的字眼最適合用來粉飾太平。現代官僚的委婉修辭靠的就是抽象化（abstraction），而英文極端倚賴拉丁字源的抽象名詞與動詞。這可能讓歐威爾覺得有必要深

究這個領域。問題是：某些歷史上最恐怖的委婉修辭根本就是純粹本土語言造就的。「特殊處理」（special handling）就是一半拉丁文、一半薩克遜文，這個從納粹用語轉過來的英語譯文，曾經被用來形容納粹謀殺猶太人的過程，而德文Sonderbehandlung（譯註：特別醫療）跟拉丁文可沒關係。政策試圖達成的最終目的，英文是final solution（最終解決方案），源自拉丁文，但是德文原文Endlösung，卻徹頭徹尾的來自德國。在現實世界裡，我們使用的字，來源其實是混在一起的。氣候變遷（climate change）用來粉飾全球暖化（global warming），難道是因為這個詞是由從老法文演變而來的希臘文，和從拉丁文與老法文演變成的凱爾特文（Celtic）組成，而不是法文跟薩克遜文的緣故嗎？語源學（etymology）固然有趣，但講到政治語言，卻很少是最關鍵的因素。

事實上，歐威爾偏好的「英文」語言跟習慣，在認定上時對時錯，多半出自直覺，並沒有什麼理性依據。他其實是文化與情緒上的本土主義者。起初，他的同胞使用純正本土語言；隨後，外國的影響開始扭曲傳統語言。流行字眼與表述思想的複雜方式，進入我們的語言之後，開始拖泥帶水，再也無法分辨實話與謊言，不知道誰不打誑語，又是誰胡說八道。我們現在的工作就是要清除語言中的污染成分，重新恢復過去我們那種直來直往、信用牢靠的說話方式。

比起那些粗率的語言文化清理計畫，歐威爾對於英語的體會，自然高出一截。問題是：他在文章中，以直覺認定某些外國字眼有問題，能歸納出合邏輯的結論嗎？況且這種直覺還得到赫爾德

（Herder）的認可。

　　歐威爾至少比較偏近真實主義而不是理性主義。但是，把他形容成「血與土」型的真實主義者，好像也太過了些。英語傳統與價值，界定了歐威爾的主要特質，但他所謂的「英語」卻是極端可疑 —— 可疑的程度不遜於傳統主義（traditionalism）的宣稱以及支撐傳統主義的假設與構思；也跟他對於蘇聯馬克思主義質疑，不相上下。但他個人鼓吹的政治議程，還算溫和節制：剷除傳統中社會與帝國統治的不公不義，但不要喪失最好的價值與態度；而且要在民主體制中打贏這場仗，不能唐突的用別種體制取代民主。

　　儘管如此，我們很難不做出這樣的結論：歐威爾把英文中的外語成分，跟外國的理智主義（intellectualism）及理念綁在一起 —— 特別是跟馬克思主義沾親帶故的事物 —— 被他視為一種威脅，可能會破壞他珍惜的一切。在他眼裡，蘇聯的話術，跟天主教打壓率先點起改革之火的英國新教（Protestant）的說辭與神學論述，根本就是一丘之貉。他一直恐懼自己無法排除心魔，也許外國人真說對了呢？ —— 幾年之前，看來他一度接受革命難以避免的辯證法，開始沉思「我憂慮倫敦的下水道，會流淌著鮮血」的可能性[16] —— 但他還是奮戰不懈，避免走上這樣的結局，不惜賠上性命力阻。於是他發表〈政治與英語〉，單挑拉斯基跟他的同路人，質疑他們的虛矯、過分理智化的失真。這些人是假貨，他總結道，用複雜的廢話，掩飾真正的目的，要擊潰他們，就得實話直說。

　　這番話跟川普力推的真實本色以及他反政客的作風，頗有神似之處。只是現今真實主義的出場方式，不像〈政治與英語〉中的理

性主義，而是變形的版本。如果，歐威爾看到故事的演變 —— 共產主義破敗，民主獲勝，新的空洞意識崛起，謊稱真實的聲音此起彼落 —— 也許他會多用點篇幅，好好詮釋一番。

失去的平衡

　　沒有個性的論述，了無生趣，聽眾悄然消失。沒有論述的個性，卻很危險。具有魅力的人物，一旦將群眾的歡呼，加碼匯聚成真實的權力，誰知道他們接下來會怎樣？忽視群眾的情緒，他們會反過來忽視你。如果把他們的情緒當作指南針，卻會危及你的航路，筆直撞上暗礁。

　　收斂而冷靜的修辭，能在邏輯、人格與情感間維持平衡，達到批判說服（critical persuasion）的目標 —— 所謂的批判，指的是演講者理性呈現論點，面對事實與質疑，不閃躲迴避，還邀請聽眾運用知性與情緒的天賦去判斷。從古代到文藝復興以降，人們苦學修辭，就想要掌握這種完美平衡的境界。跟歐威爾一樣，他們認為這不僅是一種美學上的挑戰，也有實際的政治功能。但是，啟蒙理性主義卻相信：不應該，也沒有必要追求傳統修辭，純粹理性的語言便已足夠。一般人或學術界對修辭的興趣日益滑落，也不再把修辭視為一種有用的技巧。

　　但是理性主義的公眾語言替代方案，注定難以實踐。過去兩百年，環顧世界，只有少數幾個嘗試，將理性主義的改革方案，強加在人類社會的實際語言上，而且都由壓迫性政權推動，這對歐威爾

來說，當然是意料中事。

　　隨著時局演變，支撐修辭理性主義的政治與哲學基礎，開始鏽蝕。「科學社會主義」全面潰敗。啟蒙計畫試圖建立禁得起數學與邏輯考驗的完美系統，即便在原則上都說不通。後現代主義（postmodernism）開始挑戰啟蒙主義認為神聖不可侵犯的理性。某些後現代主義知識分子，議及理性時，口氣跟講到歐洲男性壓迫，沒什麼差別。

　　但是，規範（prescriptive）理性主義依舊潛伏在今日有關公眾語言的辯論裡。它不再制定烏托邦式的計畫，卻深植在許多人心中——尤其是在西方政府或機構中的管理者與政策制定者。技術官僚就是理性主義者志業的結晶，所以，當下的政策專家拿他們講究證據、超級理性的討論，對比市井政治欠缺理性的庶民語言，我們自然不會感到意外。無神論的公眾知識分子，談起宗教語言，就好像艾耶爾還在發號施令，而維根斯坦根本沒有誕生似的。理性主義的政治正確，來自如下的想法：只要你能阻止人們出口傷人，杜絕偏見，時間一久，他們的思考跟行為就會跟著回到中道來——這是一個未經證實、在心理學上也說不大通的假設，只有小說中「新說法」發明者，才會由衷讚賞。

　　修辭理性主義在追求純粹的論辯時，也希望不要忽略了人格與情感，但是他們的對手卻走上另外一條道理。我們已經看到：真實主義的哲學基礎，到了二十世紀中期已經被削弱，更被許多人視為是替煽惑、偏執的行徑炮製理論基礎，以及為希特勒與歐洲獨裁者殺人政治辯護。

　　時至今日，真實主義又掀起一波的高潮，但是老誘惑 —— 煽動群眾、悍然蔑視事實，玩弄徹頭徹尾的極端主義 —— 卻也如影隨形。箇中高手敵視有體系、有證據的論述，比起前輩來，未遑多讓。他們不斷攻擊主流政客左支右絀的殘破修辭，但拿出來治療公眾語言的解藥，除了憤怒與謾罵之外，幾乎沒有別的成分。他們跟理性主義者一樣，都無法察覺到現在的公眾論述已經失去平衡，唯一恢復健康的方法就是開始把論述、真實性與同情心，整合成一個理性的整體。

　　在〈政治與英語〉問世七十年後，理性主義者與真實主義者之間的鴻溝，又被拉得更開了。我們可能會佩服歐威爾從「語言端」著手的果斷，還能提供讀者實際的操作法則；只是我們不大可能用簡短的字句取代囉哩八唆的廢文，就能夠逆轉形勢。裴琳與川普之流的民粹政客的確都用最簡單的字，也能把歐威爾原則運用得很好 —— 主動句、避用專業術語與源自拉丁或希臘的字眼 —— 但這顯然不是答案。毛病與可能的解藥，都藏在更深的地方。

　　在接下來的章節裡，要說明這些問題在我們討論科學、戰爭以及分開我們的價值信仰時，扮演怎樣的角色。但在開始之前，我要先探討歐威爾在〈政治與英語〉未曾觸及、但對於形塑今日公開對話，具有關鍵影響力的修辭領域。

chapter 8

賣得掉的句子

好的銷售話術，用的字越少越好。沒法增加銷售的贅字，只會危害整宗買賣。因此，請用「打電報」的概念造句，錙銖必計，我們可沒時間寫「家書」。學好魔術，讓你的「句子賣得掉」。

—— 艾瑪·惠勒（Elmer Wheele,1937）[1]

在《修辭的藝術》中，亞里斯多德分辨出三種類型的公眾語言。頭兩種是法庭（forensic）修辭與議事（deliberative）修辭，至今，大家還是很熟悉這兩個概念。法庭修辭就是法庭上的攻防，議事修辭則是政客在大會、國會或議會內外，推動政策提案、質疑對手時使用的言語。法庭修辭，亞里斯多德告訴我們，處理過去的事 —— 發生了什麼事情？該怪誰？深層的目的是正義。議事修辭著重的是未來：我們應該怎麼做？不是判誰的罪，或者替誰除罪，而是不同政策或意見的彼此辯詰，目的是協助市民決定何者對社區有利，何者有害。亞里斯多德說，比起法庭修辭，議事修辭面臨的挑戰更多，因為未來尚不可知。而這也就是政治家更具價值的緣故，因為他處理的是公眾議題，而不是個別市民的行為與事務，比較不偏私，也無須面對尖銳的現實。

亞里斯多德界定第三種修辭，一開頭就顯得很無趣。他稱之為

「表揚修辭」（epideictic）。這個希臘字的原意是顯示（display），有時也稱為「展現修辭」（demonstrative）。這種公眾語言出現在某些正式場合：喪禮的悼辭（eulogy），或者稱頌某個名人、某個機構的致辭（encomium、panegyric，譯註：這兩個詞一般都譯為頌辭）。跟法庭與議事修辭一樣，表揚修辭的目的也是說服，但跟前兩者不同，因為它不會激起任何爭執，也不會捲入任何矛盾。就算你認為伯里克利是傲慢的蠢賊，把雅典導向毀滅之路，但在他喪禮的那一天，你也不好醜事重提。亞里斯多德告訴我們，展現修辭的特徵就是處理當下，它的焦點與存在理由就是「美化與讚揚」，[2]目的是稱讚與譴責 —— 儘管在實務上，稱讚占了壓倒性的多數。

　　某些展現修辭，在我們的世界已經失寵，理由我們稍後詳述。就像我們對於戰爭的意義莫衷一是，逐漸揚棄數千年來的傳統，不再認為戰爭是足以銘刻在石碑上的英雄事蹟，或者永誌不忘的愛國行為。在現代紀念建築裡，只能夠看到死者的名字，設計者改採中立的石頭幾何造型，用光與水的折射，表達我們的遺憾與感激。但是正式的展現修辭依舊派得上用場，就像是我們在第三章結尾看到的那段，總統向太空人的英勇犧牲表達敬意，或者是現任美國總統主持前任總統紀念圖書館的開幕，明明是讓他作嘔的政敵，還是得在講辭中強顏歡笑，將溢美的言辭灑給台下的聽眾。其他的場合還包括了始業式的致辭、奧斯卡的獲獎感言、追悼故去親友。而且，不管你喜不喜歡，宗教還是盤據喪禮的核心。

　　還有一種變形的展現修辭，正以雷霆萬鈞之勢，席捲全世界。我們因它而醒，整天靠它吃喝，還得靠它麻痺，讓我們再度入睡。

或許亞里斯多德在替修辭分類的時候，並沒有想到它；但它卻百分之百的符合他的定義。我指的，當然，是行銷語言。

行銷專家在聽到行銷是某種修辭的時候，有可能會揚揚眉毛，而它帶動的諸多效果，可以總結成「說服」這個詞。舉個例子，倫敦商學院（London Business School）的德默崔厄斯・瓦克拉希斯（Demetrios Vakratsis）與提姆・安伯樂（Tim Ambler），[3]於一九九九年發表成果豐碩的學術調查結果：〈廣告如何得手：我們真正知道了什麼？〉（*How Advertising Works: What Do We Really Know?*），發現了他們稱之為「說服階層」（persuasive hierarchy）的廣告模式。消費者之所以會購買某種商品，必須經過特定認知（先被通知有這個產品，然後開始斟酌），繼之以效果（覺得這個產品不錯），最後才是行為（出去買）。但是他們也描述其他的消費模式，效果跟行為產生在認知之前，或者，根本跟認知無關。

在他們的分析架構中，「說服」是模型中具有特殊重要性的項目，優先於資訊與認知，這當然非常合理。但現在態勢變得更清楚了，我認為說服是來自認知（或邏輯）、感受與經驗（可以比附成人格與情感），但是先後順序與影響比例可就沒那麼一定了。超脫文字、純情緒的訴求，在我的定義裡，可能比激烈辯論更具有說服性。瓦克拉希斯與安伯樂的廣告分析架構跟亞里斯多德的修辭理論，在譜系上，其實異常接近。要說廣告跟其他行銷手段，多半靠視覺與其他非語言的方式衝擊消費者，這個主張頗有斟酌的空間。所以在這裡，必須重申我對修辭的定義 —— 不僅限於文字，還包括了影像與其他感知效果。

這本書已經展現了好些政治修辭導致的行銷衝擊。截至目前為止，我們還把它視為一種外部力量，塑造或者迫使政客修正他們的言語風格、決定媒體如何回應。現在，我要從內部來檢查行銷語言。

❖

商業訊息不是什麼新鮮事 —— 在考古挖掘出龐貝城，至今還能看到一具陽具，指向妓院，幫當時人一個小忙 —— 但今天包圍我們的行銷策略，是現代性的產品。大量製造、配送與聯繫，意味著有史以來第一次，同樣的產品與服務，可以大量提供給潛在的消費者。公司給產品固定的名字與視覺標記，在海報或報紙上刊登促銷，變得很合理。命名與設計進化為品牌，告示板與報紙促銷變成今天的廣告。

當然，敵對公司也會設定品牌，行銷他們的產品；擬定不同的策略，尋找市場區隔，提供更具吸引力的選擇。可能是同類產品中，品質最好的，也可能是最物超所值的，或者乾脆是最便宜的。當然也可以鎖定特定消費者，開發他們最有興趣的創意或者投其所好的特色。

區隔要能順利執行，必須兩者兼顧：往上游延伸，是產品設計跟製造的問題，往下游就是價格判斷、銷售與廣告策略的綜合思考。大公司 —— 汽車製造商，或者，舉例來說，大規模消費產品製造商 —— 不難發現他們置身在品牌與副牌叢林中，不但在家族內要分工，還要跟對手區隔。科技加速產品發展，競爭逼使市場區

隔與產品分化、催生五花八門的廣告與公關管道。從雅致的正字商標、少數幾張宣傳單、對銷售團隊的簡單訓練，一路發展到二十世紀末期，演變成行銷大師指揮的三度空間戰場。

他們可能會透過行動載具的App「快照聊」（Snapchat）、「釘興趣」（Pinterest），或者藉由驚人的現場活動，傳播即時訊息；現代行銷最終還是得靠說服性的公眾語言，才能達到目的。跟展現修辭一樣，搞的就是萬民擁戴，而且毫無愧色；行銷的目的也是「美化與讚揚」可疑的產品，讓閱聽人相信，這產品無論哪方面的品質，都毋庸置疑。

我們在第二章談到了亞里斯多德的用語，「放大」效果。展現修辭很重要的一個特徵，就是只強化正面的元素。如果你要稱讚一個人，亞里斯多德告訴我們，何不強調他比同時代的人更勇敢、更聰明、更仁慈也更謙虛，來建立他的形象？

擔心這樣不夠嗎？那麼就拿他跟歷史或傳奇中的英雄，相提並論。描繪或比較，要無所不用其極，將所有的光彩全投在他的身上。同樣的道理，如果這人有個來勢洶洶的對手，最好的方式，就是提也不提。亞里斯多德建議，展現修辭應該避免負面的比較、批評與界定，或者任何可能弱化主角正面形象的敘述。行銷幾乎就是遵循亞里斯多德的建議。如果提到競爭產品 —— 一般而說，行銷人員會避免這點，特別是他們想要將產品塑造成市場領導品牌的時候 —— 只會強調在某個行銷重點上，對手落後了多少。

他們也經常使用去脈絡化（decontextualise）為產品消毒。在超市裡，一盒食物告訴我們「含有0％反式脂肪」，第二盒強調

「無糖」，第三盒說「低鈉」。聽起來都很健康，等我們回過神來，或許會提醒自己：不含反式脂肪，可能裡面很多糖；隔壁的鄰居說它沒糖，可能使用純豬油。顧及健康，這種截長補短、相互抵銷的營養選擇策略，並沒有完全被遮蓋起來，但能輕描淡寫，就絕對不強調。政府堅持在食品盒裝上要清楚標示營養成分，就是因為它知道：如果讓食品製造商為所欲為，他們一定會全部省略這些讓他們難堪的事實。

　　不是所有的行銷策略都這樣搞。有的公司在處理有安全顧慮的產品時，可能會選擇公開面對消費者，以重建信心。有的品牌會誠實公布所有成分、有的會警告消費者食用過量會招致怎樣的風險：也許因為這是它們認定的區隔重點。擁抱社會與生態責任的公司，甚至會公布超越紅線的訊息，不惜冒犯消費者的興致。但是結合「放大」與「去脈絡化」，是當今行銷業者的慣用伎倆，相關法令就是看準了這一點 —— 舉例來說，每個香菸盒上都強制加註健康警語、美國政府規定處方用藥的廣告，必須附上副作用警示，無論資訊多麼讓人毛骨悚然，也不能迴避。

　　急迫性永遠是商業行銷玩不膩的把戲之一。現在就買！限時供應！點這裡，獲取更多訊息。甚至某些很久以後的顧慮 —— 你存夠退休老本了嗎？—— 也會要你立刻展開行動。當然也有例外：在某些狀況下，品牌行銷就是要用一段較長的時間，改變公司與產品的形象 —— 舉例來說，某家受到次級貸款重創的投資銀行，可能就會用這樣的策略。不過，相較於冠冕堂皇的公眾語言，我們經常看到或聽到的行銷語言，多半會設法激起消費者的不耐。

不耐也展現在別的地方。在第二章,我們注意到:一般來說,演說者比哲學家性急得多,主要是因為他們不想失去聽眾的注意力。行銷人員的壓力更大:他們要在五光十色、雜音四起,非常容易分心的環境裡,接觸消費者。因此,訊息傳遞的速度,具有無與倫比的重要性。簡短,成為鐵律。放大與急迫性結合在一起運作,要求傳播的每個面向,都需要強化:蓋版廣告上、電視節目廣告裡以及客服人員的話術中,字的選擇與數量,都有嚴格的限制。

放大、去脈絡化、強化,全都源自拉丁文,又臭又長,也都列在歐威爾的禁用清單上。我把行銷形容成複雜的工業精煉廠:透過上述的概念與其他用「-ation」結尾的過程,將語言原料提煉成純度更高、更集中的物質。儘管我對於其中涉及的諸多創意過於輕描淡寫,但行銷的本質就是如此。

行銷其實也得碰運氣。在理論上,行銷的影響應該很持久,但實際收效卻為時短暫。我們經常看到,行銷人員不斷回收利用一小撮禁得住時間考驗的基本信念,換上亮麗的新包裝,適應新的顧客需求、新的市場情況與新資料類型開創出來的新契機。儘管行銷在商業上擁有舉足輕重的重要性,但如下的事實可能不會讓我們太過驚訝:行銷語言並不是有史以來第一種經過大規模系統研究,了解它在實務上如何運作 —— 以及如何才能更具說服力 —— 的公眾對話。大多數人都知道:現代的數位行銷極端倚賴數據及分析,但是科學行銷的理論與實務,在很早以前就已經成形。

你的前十個字

一九三七年，美國出版公司普林迪斯堂（Prentice-Hall）印行了《驗證過的銷售名句》（*Tested Sentences That Sell*），作者是艾瑪・惠勒（Elmer Wheeler）。這是一本實務入門書，也是銷售話術的方法論宣言，協助個別銷售員與雇用他們的公司，成就共同的目標。書裡包括了惠勒最有名的推銷建議，「不要賣牛排 —— 要賣滋滋作響！」意思是把你的焦點集中在提案裡「最大」的賣點 ——「你的顧客掏錢的主要原因」。但是，這本書絕大的篇幅其實是在告訴讀者，稍稍調整用語，就會產生巨大的銷售差異。

在〈五個小字賣掉一百萬加侖汽油〉這章裡，惠勒回顧小時候一個讓他恍然大悟的行銷啟示：

> 銷售用語比標價有力量。我們用字來駕馭消費者。每個星期都有上百萬人次去加油、買油，因為他們聽到加油幫浦旁的那個人講了一句驗證過的行銷話術。[4]

惠勒的父親在紐約州羅徹斯特（Rochester）開加油站，惠勒小時候就在幫浦旁替客人加油。一天，標準石油（Standard Oil）某個不知名的推銷員問他，在替客人加油的時候都說什麼？

一般我就順口問問。所以我回答他說，「有的時候，我問他們要加五加侖還是十加侖；有的時候，我問：『今天加多少？』」推銷

員跟我說,「下一個客人來加油,你這樣跟他說:『要不要給您加滿?』」我就用了這個句子,客人叫我把他的油箱加滿。我賣掉十五加侖,而不是平常的五加侖或十加侖。

　　就是要把你的油箱加滿!這句子當時有用,在接下來的二十年,沒有一天不靈。

　　在行為經濟學發光發熱之前的半世紀,惠勒就已經發現了「推力」的基本原則,儘管用字不同,卻同樣利用潛意識暗示,刺激個人或群體,獲致預期效果。

　　惠勒花了好些年的時間,發展理念,付諸實現,協助公司因應銷售與行銷的挑戰。日後,他成立「惠勒文字實驗室」(Wheeler Word Laboratory),大規模研究最具銷售效果的語言。他在書中宣稱分析了十萬個銷售字眼與技巧,並且通過一千九百萬人次以上的驗證。這兩個數字看來都有誇大之嫌 ——《驗證過的銷售名句》教導的,多半是「放大」技巧 —— 但至少證實了,早在一九三七年,惠勒就已經知道:我們今天稱之為大數據的概念,在優化行銷訊息的過程中,扮演關鍵性角色。他引用夏洛克·福爾摩斯的名言,「每個人都是難解的謎團,但加總而言,卻無懸念」,接著解釋,「這段話的意思是:你沒法預測,某個人在聽到特定行銷名句時,會有什麼反應;但是,一般人的大致反應,卻有科學精確性」。[5]

　　那麼,大數據究竟告訴惠勒說服語言有哪些特性?其中一個重要的發現,就是要善用急迫性:

人們會有「急促判斷」的傾向：頭十秒，對你這個人的印象就成形，將會左右他們的整體態度，對你接下來要告訴他們的事情，產生重大影響。在頭十秒就以「打電報」的方式，把有利於你的偏向，烙進他們心頭。讓電報「唱歌」——你才會有機會詳細闡釋。[6]

所謂的「電報」就是用最簡短的方式，傳達訊息。在這一章開場的引文中，惠勒區分「家書」（一般的英文書寫或口述）與「電報」（壓縮的語言，針對對方並不熟悉的產品，立即揭露獨特的銷售提議）之間的差異。無論是推銷員、父母、傳教士或者想要賣東西的人，「頭十個字比接下來的千言萬語都重要」。

讓人目不轉睛的盯著「滋滋作響」，就是去脈絡化——聚光燈鎖緊銷售的核心理念，旁的訊息，包括不好提的產品缺點與限制，都留在陰影裡——惠勒明白反對刻意的欺騙。最好還是實話實說，用他的方法轉弱為強。《驗證過的銷售名句》在語調上其實滿諷刺的。惠勒跟湊巧發明新科技、想要造福全人類的科學家，沒什麼不同，只是他想要提升效率，把好產品跟快樂的消費者連結在一起罷了。

對於爭辯，他也有清楚的建議。「千萬不要反駁對產品有意見的消費者」：

假設消費者說，「看起來有點重」；千萬別回，「重？當然不重！」而要說，「看起來的確是有點重，但拿起來很輕」。狀似同意，卻是外交辭令，讓消費者能夠根據你的想法去思考。[7]

　　這一段 —— 名為「要贏得決定，不是贏得爭吵」—— 說明推銷取向的語言運用，是如何大幅偏離我們對於辯論的一般看法。哲學辯證、議事修辭，不留餘地，總愛辯到一清二楚才肯罷手；推銷員卻依照惠勒的指示，引導消費者的注意力，集中在「美化與讚揚」產品上，反對意見就這麼從視野中消失。這種方法的簡便與效果，淺而易見，規避往復辯證的痛苦過程，意味講者有更大的自由，可以決定講什麼或怎麼講。為了獲致最大的說服能量，無須打磨複雜的辯論技巧，而是盡可能的面對消費者，實際測試不同的表達方式，選出最具潛力的說詞，優化呈現。

　　如果我們面對的聽眾，最大的煩惱只是要不要買這部吸塵器，那麼我們也無須過慮。但是，假設有人把這種做法延伸到哲學或者政治呢？

　　在《驗證過的銷售名句》出版前兩千五百年，柏拉圖就宣稱，在雅典有一小撮人幹的就是這般勾當。他非常擔心那群周遊列國教授修辭與哲學的辯士，當時稱之為「詭辯學家」（sophists）。在〈高爾吉亞篇〉（Gorgias），他記載了蘇格拉底面對一群名聞遐邇的詭辯學家，如何出奇制勝的故事。蘇格拉底說，辯證哲學希望反覆斟酌問題，獲致真正的了解；而修辭學家 —— 至少是高爾吉亞這種逞口舌之利、以詭辯為能事之流 —— 僅僅是在「阿諛」聽眾：

　　高爾吉亞這班江湖術士搞的（修辭學），在諸般藝術中，就我看來，實在稱不上是有效的學科，只是玩弄技巧、逞一時之快，試圖欺瞞大眾的把戲罷了。如果替它取個名字，我會稱它為某種「阿

諛」（flattery）的形式。阿諛有不同的變形與規模 —— 其中之一是烹
調術（cookery），有些人覺得那是藝術，在我的認知裡，頂多是個小
玩意兒（knack）、依樣葫蘆的把戲。我認為，修辭只是某種形式的阿
諛。……問我它算是哪種阿諛，我會說是一種特殊的政治詐欺。[8]

　　蘇格拉底認為，烹調術夠不上藝術，頂多就是小玩意兒，因
為只需掌握一般人喜歡的食材，知道怎麼料理就行了。根據他
的說法，高爾吉亞就是烹調文字的廚師。柏拉圖用希臘名詞，
empeiria，形容蘇格拉底所謂的「小玩意兒」，而這個字就是實證
（empirical）的源頭。他批評詭辯學家用各種方式測試對錯，確定
人們想聽什麼，料理一番上桌，完全不顧事情的真相、有沒有思想
深度。柏拉圖預見有系統的運用資料、優化語言的趨勢 —— 當下
了解這會威脅到持之有故的辯論傳統。

　　儘管對手不斷的攻擊，高爾吉亞卻利用他的修辭學堂，狠撈一
票，甚至還在某座神殿裡，給自己塑了一個黃金本尊。據說，他福
壽雙全，活到難以思議的高齡，一〇八歲，平安辭世。被送進法庭
的反倒是有話直說的蘇格拉底。

幾個關鍵要點

　　高爾吉亞的影響力至今還在增加中，不只在零售市場，在公眾
語言的範疇中，亦復如是。要知道，公共語言始終被認為是非常嚴
肅的領域，只容得下以證據為根本的辯證交鋒，這種看法直到非常

最近才開始動搖。一個好的例子就是盤據現代政治、公司與體制生活的重要活動——策略簡報。

這本書有很大一部分在講政策形成之後的討論與辯論。在接下來的篇幅中，我們要觀察香腸是怎麼做出來的——換言之，就是政策在發展完成與廣被接納之前，提案是怎麼在政府內部、公司或者其他組織中，發展、折衝與精練。為了說明我們的想法，我們需要約略涉獵另外一個操作指南。

你在「小組面前講話，會覺得膽怯嗎？」或者，「你要不要研究怎麼磨練你的技巧？」無論是哪種問題，《跟誰簡報都成功》（*Harvard Business Review Guide to Persuasive Presentations*）都幫得上忙。這本書的封面就是一個PowerPoint簡報幻燈片的模型。在標題下面，編者把這本書的三個承諾，放在三顆看起來很厲害的子彈上：「發想行動、鼓動聽眾、銷售想法」。看到這個神似亞里斯多德的三段論證，我們知道我們又回到熟悉的領域。這是一本有關修辭的書——只是這一次走在時代尖端。

南西・杜雅特（Nancy Duarte）是該書的作者，一開頭就反駁蘇格拉底，宣稱：說服，不折不扣是門藝術——只要肯下苦工，就會有收穫。

　　我們要建立初稿文化（first-draft culture）。寫封電子郵件。寄出。寫一段部落格分享。貼上。準備幾頁圖表。開始說。
　　這種文化靠的是手藝，不斷精進的手藝——一再重申、反覆演練——卓越，才會竄出頭來。

你明明有很多事情好心煩，何必在意自己的溝通技巧不到家？本書可以幫你把這些事情搞定。

當你開始構思、視覺化、呈現你的訊息，準備工夫不能馬虎。即便你只是簡單講幾句話，都要仔細計畫，將想法提煉出幾個關鍵要點，而不是耗掉幾小時的長篇大論……盡可能的蒐集回饋，這樣的話，等你重複這個過程時，會更有效率。[9]

我們幾乎可以立馬發現，這很接近惠勒的手法。只是這一次賣的並不是實際的物件或者服務，而是「幾個關鍵要點」──換句話說，是用簡報促銷某些重要的觀念。但是兩者的手法卻很類似。核心理念就是循環實證優化：靠「手藝，不斷精進的手藝」打磨技巧，在報告前充分準備，一旦登台，就要注意「回饋」，根據聽眾反應，擬定下一次的呈現。

「放大」是貫穿這本書的線索。「透過對比，放大你的訊息」，先前有人這麼告訴我們，「技巧純熟的溝通者懂得對比元素，捕捉聽眾興趣 ── 隨即提供答案，解除緊張」：作者提供了成對的對比清單，方便取用：過去／未來、停滯／成長、需求／實現等等。放大可以造就一個讓人畢生難忘、戲劇張力十足的爆點。揀選能烙進聽眾心裡的事實：「如果統計數字很驚人，別輕輕放過 ── 要放大！」語調盡量拉高：

另外一個例子：如果你的簡報內容是「佛羅里達濕地」，不過是個題目而已。增加你個人的觀點與迫切感，比方說：「我們要限制商

業與民宅開發佛羅里達濕地，因為我們正在摧毀脆弱的生態環境，殘殺瀕臨絕種的珍貴物種。」[10]

杜雅特告訴我們，人們「會設法離開痛苦，迎向快樂」，所以，你應該用「摧毀」、「殘殺」這樣的字眼，「刺激他們」，不讓他們安於現狀。

另外一章處理電視訪問。受訪片段往往只有少數幾個字，卻蘊藏力量、讓人難以忘懷，「所以在每次談話裡，都要嵌入一段精心炮製的『電視訪問』」── 有件事情很重要，在講這個片段的時候，「切忌敲鑼打鼓」，要讓人覺得這話是「興之所至」。賈伯斯的演說用重複來製造韻律感，就是把這個公式用到出神入化的例子。賈伯斯曾經舉行臨時記者會，處理iPhone4瑕疵 ── 某些消費者發現，如果拿手機的角度不對，天線就沒法運作。但他想要傳遞的訊息，卻不是解釋實際發生的問題，而是蘋果與消費者之間的特殊關係：

Hubspot的社會媒體科學家丹‧沙瑞拉（Dan Zarrella）指出，賈伯斯在他的簡報中，重複好幾次這樣的句子：「我們希望讓我們的使用者開心。」其中，賈伯斯放了一張圖片，說明天線瑕疵僅僅影響一部分消費者。很快的又回到這個基礎的句型：「我們關心每個使用者。」幾張簡報圖片之後，「我們愛我們的使用者。」下張圖表後，再重複一次：「我們愛我們的用戶。」接著一張圖片重複一次。再一張，再重複一次。「我們愛我們的使用者，我們愛他們！」賈伯斯作

結：「我們決定這麼做（提供一個免費的手機套，解決天線問題），因為我們愛我們的使用者。」「愛」，就是媒體從他的「危機溝通」中，取出的關鍵字眼。[11]

　　杜雅特並沒有完全忽略辯證法 —— 她建議要仔細研究聽眾的「邏輯論證」（logic argument），掌握他們如何抵抗你的說服 —— 但通篇強調的卻是「在分析訴求與情緒訴求間，取得平衡」、「增加情緒肌理（emotional texture）」。這本書的核心理念是「故事」：「運用故事的原則與結構，去動員你的聽眾」。你的簡報一開始就要帶動挑戰、累積張力，告訴大家你要解決什麼問題，最後，你要證明「接納你的想法，在他們的世界裡會是多麼幸福的事情」。[12]這本書的讀者最終會留下一個印象：「在大多數的情境裡，故事都比辯論來得安全、更有效率」。PowerPoint就是一個能隨意安排圖卡順序的資料庫，適合用來說故事，讓人留下深刻的印象，並不適合呈現結構性的推理。

　　《跟誰簡報都成功》是一本深具內涵的著作。看來作者對於亞里斯多德的古典學說與如何說服大眾的時髦技巧都不陌生。但是她最後用「幸福」這樣的字眼，卻也提醒我們：現代行銷話術跟議事修辭之間的距離，是多麼的遙遠。行銷語言就像是展現修辭，「說服表達」的目的是帶給他人美與愉悅。結論不靠辯證，而是足以激發並滿足情緒的華麗詞藻。惠勒告訴我們，要「贏得對方的決定，不是贏得爭吵」；杜雅特也沒教我們如何運用邏輯法則，提供出環環緊扣的命題，好讓聽眾檢測與挑戰，而是建議我們，透過張力十

足、扣人心弦的故事，把他們引進預先設定好的情緒狀態。在現實中，必須仔細權衡或是痛苦掙扎的抉擇，被杜雅特簡化成一清二楚也無可避免的兩分法。利益與因果關係轉成人類最基本的直覺與最原始的對立：需要／實現、犧牲／回報、停滯／成長。

從較大的範圍觀察，政策形成已經從精心描繪到草率勾勒、從論說文簡化為重點提示（bullet point）與圖表、從辯論轉成講故事。如果政策制定都變成這樣了，傳播溝通跟著質變，又有什麼好奇怪的呢？我們愛我們的使用者，我們愛他們。要求他們認真思考，過分了吧？

不是你講了什麼，而是他們聽到了什麼

政客就是天生的行銷專家，面臨強大的競爭壓力，始終緊盯著能確保傳播優勢的新發明。漂亮乾脆的短句，足以進駐報紙頭條、讓一般投票者了解複雜的政策，早在大眾媒介興起之初，就是政治傳播的特色之一。一八九六年，威廉·詹寧斯·布萊恩（William Jennings Bryan）一講出「黃金十字架」（Cross of Gold，你不能把「人類釘在黃金十字架上」）立刻成為反對金本位的共通代號。或者，「他能帶領我們遠離戰爭」，一九一六年伍德洛·威爾遜（Woodrow Wilson）陣營的總統競選主軸。接下來那年的國會改選，兩大政黨競相啟用這個侵略性的行銷策略，而國會也開始思考立法規範政治廣告。[13]

一九三〇年《廣告年代》（*Advertising Age*）宣稱，「政治選舉

就是廣告選舉」。一九四〇年，專欄作家桃樂西‧湯普森（Dorothy Thompson）在CBS的廣播節目上，批評美國政治遭到廣告商滲入，試圖強迫推銷：「他們的首要之務就是製造恐慌，然後提供一個標示品牌的解藥。」[14]湯普森告訴聽眾，她打算要投羅斯福，因為跟共和黨的對手不一樣，羅斯福可沒有廣告大師幫他操盤。相反的，惠勒卻在《驗證過的銷售名句》中，極度讚揚「推銷員羅斯福」，認為他在一九三六年的選戰中，使用「魔術字眼」勾勒他對未來前景的信心。惠勒還引用羅斯福在選戰中的經典名言：

四年前，白宮像是醫院急診室。頭疼、腰疼的企業家紛紛上門找我。沒人知道他們有多痛苦，除了老醫生羅斯福。

他們需要皮下注射，快速紓解疼痛，需要一帖特效藥。我給他們打針，餵他們吃藥。他們就有力氣幹活了。事實上，我們很快就把這些人治好，效率好到他們重新回來，把柺杖扔在醫生臉上。[15]

惠勒的結論是，羅斯福「知道有些字賣得出去，有些卻會滯銷。他很清楚這一點，所以，他只選擇能在支持者心中直接、立即留下印記，而且永誌不忘的語言」。

二次世界大戰結束後的幾十年內，政治行銷的體系粲然大備，變得更加流行。在電視廣告與競選海報普及之前，廣告代理商就已經開始提供編寫信息的策略性建議。越來越多出身廣告行銷界的專家，出任總統或其他政治領袖的全職幕僚：尼克森身邊至少有五個，其中之一是來自智威湯遜廣告公司（J. Walter Thompson）的

霍德曼（H. R. Haldeman）。同時，政治行銷也越來越像是政治運動。在一九五六年民主黨大會上，總統提名人阿德萊‧史蒂文森（Adlai Stevenson）宣稱，共和黨即將施展行銷教科書上的卑鄙招數：「就像推銷早餐穀片一樣，把高階公職競選人當商品一樣的賣出去——你可以像蒐集盒蓋廣告一樣，蒐集候選人——在我的眼裡，他們賣的其實是民主過程中最終極的尊嚴。」[16]但他忘記告訴大家，民主黨也簽了一家位於麥迪遜大道的廣告公司。

　　到了二十世紀下半葉，政治行銷專家快速發展出整套的理論與實務經驗，足以區分不同的需求與活動，造就逐漸崛起的新領域——行銷學：市場調查、行銷策略、品牌行銷與定位、直接行銷、顧客關係管理、廣告、公關與公司溝通。

　　世紀初取得長足進步的心理學與動物行為學（ethology），提供了許多新的想法，快速運用在不同的策略上，解決商業與公司的疑難雜症。舉個例子來說，創建現代公關理論的關鍵人物，艾德華‧柏內斯（Edward Bernays，他的舅父正好是大名鼎鼎的佛洛伊德）就從心理分析中借用許多概念。伊凡‧帕夫洛夫（Ivan Pavlov）運用動物與人的制約實驗成果，協助建構新理論，了解群眾行為與商業組織——或政府——如何在美國這樣的工業社會「打造共識」（engineer consent）。[17]

　　不同派系的行銷理論家廣泛汲取社會科學的理念與實驗發現。即便在早期發展階段，我們都可以在惠勒的例子裡看到，推銷專家的直覺往往是高層級的概念模式辨識（conceptual pattern recognition）、成功的個案研究與大量的統計資料綜合而得：大概

念、動人的生活故事以及世上最偉大的偵探──「數學確定性」（mathematical certainties）的誘人承諾。

接下來，行銷又跟新興的學術領域，像是社會心理學、社會人類學借來更多理論與方法。這些學科都宣稱它們的理論奠基在實證上，其實證據依照學科內涵有所差異：人類學的證據盲點難免，因為研究方法是長時期觀察規模相對較小的族群（引領產生行銷人類學田野調查 [ethnographic fieldwork]，讓研究者浸入某些消費者的生活）；相對的──尤其是心理學與經濟學逐漸增長的重疊部分──心理學家則是經常倚靠大規模的量化研究與統計分析。兩者都稱不上是嚴謹的科學，詮釋資料時，研究者的判斷與「感受」還是扮演很重要的角色。但整體而言，這些學科增加了行銷學的深度與廣度，讓行銷人員能夠提供客戶更精闢的觀察。

民主體系中的所有政客幾乎都無法抗拒這樣的套裝服務。慢慢的，也無可避免的，政治行銷開始往上游發展，不是在過程末梢，而是在擬定廣告策略、思考政策與形象定型前該如何訴求，就已經出現。行銷人員受邀加入政治策略的早期討論，最終還踏入被視為聖地的決策領域。以往政黨運用調查、焦點團體與各種市場調查手段，尋找政策宣傳的最佳形式，如今，卻用來制定政策內容。

幾十年來，政治領袖都靠民意調查專家協助，掌握公眾心理。但是民調跟專家提供的解答，就算再精闢，也都具有回溯性質──專家告訴你，上週或上個月，公眾曾經有過什麼意見，或者他們可能會投給誰。新世代的市場專家則是說：他們可以建立受眾模型，夠深入、夠精巧，足以預測未來走向。這才是這個領域的

專家，真正重視的課題 —— 用這樣的方式宣告政策，而他們會那樣反應。只是現實很倔強，未必照著研究結論走。資料顯示應該受到擁護的政策或者候選人，慘遭滑鐵盧。但總有成功的案例 —— 在市場實驗室裡，政治理念或訊息通過檢測，加以細膩調整，再釋放到現實世界裡的構想太過誘人，許多政客無法抗拒。

　　區隔化（segmentation）是最近引進的新世代政治行銷策略之一。店家與製造商早就知道這個原理：將潛在客戶區分為不同的族群，再細修產品特性，滿足特殊需要：男人與女人、青年與長者、富人與窮人，諸如此類。基礎分類當然很重要，但打從一九五〇年代開始，行銷專家就開始發展更細膩複雜的標準。一九五六年溫德爾・史密斯（Wendell R. Smith）在《行銷月刊》（*Journal of Marketing*）上寫道：

　　市場區隔就是把一個異質性市場，看成好些小規模的同質性市場，以回應不同的偏好。根據消費者的個人慾望，更精確的滿足他們千變萬化的需求。[18]

　　理論上，行銷人員可以把一個整體，切割為分散的小型消費族群，鎖定需求，開發相關商品 —— 製訂與產品相關的訊息。族群未必要墨守傳統類別，像是年紀或者性別。行銷人員可以研究數據，根據興趣、態度或者生活方式，開發出單身運動族、社會地位提升家庭（upwardly mobile family）與省錢一族。這種分類不倚靠單一的人口統計特性，是推估出來的，並非真實的存在，結果難免

會有人工化的刻意與較強的主觀取向。但確實可以把血肉賦予統計數字，帶進現實生活，讓行銷創意人員、產品開發團隊甚至公司主管，都可以從中獲得啟發。

如果能區隔消費者，為何不能區隔選民？在時機成熟之後，選戰經理人或者候選人如同飢渴的銷售主管，開始審視區隔模式。舉個例子來說，一九九六年美國總統大選，柯林頓與鮑伯‧杜爾（Bob Dole）陣營，都把注意力集中在足球媽媽（soccer moms）身上。這個名詞的字面意義，是一個會開車載孩子參加足球比賽的媽媽，內涵卻是一種都會妻子與母親，在社區裡十分活躍，愛管閒事，對家庭前途很有野心。最後 —— 對兩黨來說是兵家必爭的特點 —— 她關心各種議題，政治態度溫和，可以策動周遭的人投給民主黨或共和黨。

「足球媽媽」這個詞的意象鮮明，被美國方言學會（American Dialect Society）選為當年的風雲單字。[19] 雖然報紙、電視很容易找到「足球媽媽」來接受訪問，但是，它始終不是一個具有穩固內涵的類別 —— 相對於非裔美人、五歲以下 —— 而是一個由質化與量化數據結合直覺造就出來的概念。不過，這個詞簡潔有力、符合人性，雖然不及某些區隔（「中產階級溫和女性」）精確，卻更容易得到共鳴。無怪乎美國兩大黨從政治廣告到政策選擇，都選定這個區隔來當創意試金石。在這次選戰中，假設這個區隔真正存在，足球媽媽放棄外表陰鬱、行事彆扭的杜爾，選擇了整體看起來較具人情味的柯林頓。

深切掌握質化與量化研究方法和各種行銷技巧，已經成為政治

顧問或選戰經理的先決條件。在美國，一九九〇年代的多數時間與二〇〇〇年代初期，共和黨在這個領域都穩定領先，但是當歐巴馬開始打選戰，又把區隔與目標受眾這些概念，玩得更上層樓。民主黨政治顧問肯・史特拉斯瑪（Ken Strasma），還開了一家名字取得很傳神的公司「策略遙測」（Strategic Telemetry）——曾說有些客戶依舊在尋找一槍斃命的「銀子彈」（silver bullet），想知道「這對貓主人、喝波本的酒客有效嗎？會造就琅琅上口的廣告名句嗎？」事實上，效果是「成百上千個特點互動的結果——絕少看到可以解釋一切的單一指標」。[20]不過十年，「足球媽媽」就變成老哏，粗枝大葉，無助於瞄準微標的（micro-targeting）訊息；過於含糊，無法預測走向。所以歐巴馬團隊走出「廣告名句」的舒適圈，開始探索無數個互動點，寄望資料科學（data science）引領他們走向當代行銷學的聖杯——經過細膩調校的訊息，不只能針對十萬人，不只能縮小到一千或一百人，而是能精準鎖定一個人。

　　新型態的政治行銷技巧，跟過去的政治訊息製造風潮一樣，很快的就從大西洋的這一岸外銷到彼岸。一九九〇年代中期，英國進入布萊爾主政時代，延聘顧爾德與其他專家進入政府。他們提出當時尚稱先進的目標族群鎖定建議，布萊爾幾乎照單全收。柯麥隆贏得二〇一〇年大選，也是帶著希爾頓走進唐寧街十號。此人對政治行銷展現高度的興趣與天賦。希爾頓踏出校園之後，幾乎都以政治軍師為業，擅長運用數位科技、社會心理學、行為經濟學的研究成果，屢出奇計，對於選民的了解程度，達到史無前例的高峰。他掌握全新的知識，廣泛運用在政策制定上，更與選民發展出更親密的

關係。這種政治行銷專業裡的新新人類，分享了惠勒的夢想，以實證分析為基礎，在概念上拆解公眾的態度與慾望。如今，他們相信他們擁有科技手段與知識，讓美夢成真。

　　在這個領域裡面高手如雲，但是美國政治及商業顧問法蘭克‧藍茲（Frank Luntz），卻是最知道如何運用具體的單字或句子，打造最有效政治語言的專業人士。他著作等身，率多集中在這個課題，像是《有用的字》（*Words That Work*），就是以政治與商業領袖作為目標讀者。他的主張跟惠勒並無二致，成功的公眾語言，不見得四平八穩，不見得源自個人直覺，但一定要面對受眾，竭盡所能、不斷測試。以下是他二〇一一年一月登在《赫芬頓郵報》（*Huffington Post*）上的一篇文章：

　　「字」關緊要。最有威力的字眼有能力發動社會運動或文化革命。最有效的字眼會促成公共政策的巨大轉變。在正確的時機使用正確的字眼可以改變歷史。[21]

　　藍茲根據他的研究，提供讀者十一個關鍵字與句子，建議政客與各界領袖不妨在二〇一一年多多使用。絕大多數的例子會讓人卸下心防，因為實在簡單得要命。imagine（想像），很明顯的，還是個很有力量的單字 —— 還有一個，不意外，integrity（正直），或者組成一個短句子uncompromising integrity（不折不扣的正直）。此外，他還強烈建議「I get it」（我明白）這個句子：

　　它不但說明自己對於情況的完全掌握，還展現解決或再次解決的意願。這句子短、卻貼心有效 —— 只可惜太少領袖懂得運用。[22]

　　藍茲看中 I get it 這個句子，並不是靠直覺，而是他眼見也測量過受眾對於這個句子的反應。其中一個做法稱之為「立即反應焦點團體」（Instant Response Focus Group）。選定一小組聽眾，聆聽演講或者承受其他刺激，使用手上的機器，持續按下他們的反應，綜合起來，隨著內容的推進，即時繪製曲線。藍茲經常使用這種科技 —— 跟惠勒在一九三〇年代的發明，名字取得大器磅礴的心電反應檢測器（psychogalvanometer）有很密切的血緣關係 —— 協助廣播媒體評定政治人物的語言便給程度。二〇〇五年，我們同時運用人工與機器，在 BBC 的「新聞之夜」節目中，觀察某個選民抽樣小組，對於保守黨國會成員有何反應。這些國會議員都是有志角逐黨魁的菁英。那天晚上，得分最高的人是柯麥隆，結果證實，他的確擊潰了黨內其他對手。或許，他的勝利應該部分來自於他成功的討好了「立即反應焦點團體」。[23]

　　對藍茲來說，尋找適當的字眼是行為科學上的一大挑戰。因為驅動人類的，主要是情緒而不是理智。可能有一種政策或政治想法的表達方式，就是比另一種更有說服力，或者明顯的在情緒上更容易接受。一個不曾在事前仔細測試用字的演講者，可能會很錯愕的發現：觀眾的反應跟他的料想差了十萬八千里。最好還是先研究，再透過系統性的嘗試與修正，找到最好的呈現方式。藍茲公司的座右銘是：「不是你講了什麼，而是他們聽到了什麼。」

　　就藍茲看來，答案很簡單：使用強烈、簡單的英文。跟歐威爾或杜雅特一樣認為：動用行話或者技術官僚式的用語，肯定是不對的。藍茲也跟惠勒一樣相信：說服力的關鍵是講者的真實面貌與誠實的內容。他並不認為他的方法在協助無恥講者誤導跟欺騙聽眾，而是提供政治人物與執行長一種方法，確保他們與聽眾之間能產生信賴感與同理心。

　　雖然清晰很重要，藍茲也同樣要求表達強度。一九九〇年代，藍茲是紐特・金里奇（Newt Gingrich）的民調專家，在政策宣言「與美國有約」（Contract With America）＊擬定期間，藍茲強烈推薦他使用「死亡稅」（death tax）這樣的字眼。這個詞最早是由保守派的社會運動者詹姆士・馬丁（James L. Martin）造出來的，原本指的是遺產稅。他之所以會這樣建議，不是直覺，而是他把「死亡稅」跟「遺產稅」放在一起測量，得到的結果。「死亡稅」也可能刺激裴琳的靈感，在十五年後，想出了「死亡陪審團」。

　　有的時候，從氣球裡面洩點氣出來，比打氣還重要。就像藍茲建議小布希政府不要再用「地球暖化」，改用聽起來比較中性的「氣候變遷」：僅僅修正一公釐，就改變爭執的條件，居然還沒引起太多注意。我們在書中持續強調壓縮、微調的政治語言，其實是不同趨勢與力量互動激發的結果。我們也親眼見證一個新學科的聲勢衝近頂點：透過實證法方法檢測過的優化語言，上個世紀原本用

＊ 共和黨的政策宣言，一九九四年公布，主要的執筆者是金里奇與迪克・阿美（Dick Armey）。

於促銷商品與服務；如今卻被藍茲之流反覆的用在政治修辭上。

　　藍茲與其他實務操作者所謂的技巧，主要是減少受眾投入同理心（empathy）、無須承受不必要的心理衝擊，不過卻因此犧牲了有體系的辯論與解釋。在政治與現代媒體如此野蠻的現實環境裡，弊病更難擺脫。儘管柏拉圖言之諄諄，脫穎而出的卻是高爾吉亞，不是蘇格拉底。今日詭辯學家的活動足跡，不再限於希臘的市場；而是忙著遊走在麥迪遜大道、矽谷、華盛頓、倫敦與世界各大權力中心之間。

　　日新月異的科技驅動行銷，使得藍茲即時回應焦點團體的方法，都顯得老派。今天，越來越多的行銷主管炫耀他們的電腦科學知識，宣稱他們的決策多有數據根據。數據科學家動用一種稱之為「機器學習」（machine-learning）的人工智能，外加傳統統計分析，從伺服器農場（server-farms）篩選海量的資料，尋找消費行為模式，預測未來的行為與偏好。在數位平台上測試行銷訊息與效果，也不再倚賴問卷與訪問，而是選擇特定比例的客戶群體，即時評估其反應。結果再次證明，某些表達方式的細微調整──比方說，促銷的具體用語跟文句、展現在消費者眼前的顏色與字體大小──對最後的結果頗具關鍵影響。A/B測試、多變量（multivariate）測試──與某個網站有關的多種變項，同時展現給不同群體的消費者，隨即比較結果──理所當然的被政客與他們的行銷專家採用。出任歐巴馬二〇〇八年選戰分析主任的丹・斯洛克（Dan Siroker），是前谷歌Chrome瀏覽器工程師，他運用A/B測試與網路優化手段，（要求瀏覽者註冊電郵地址），大幅提升

訂閱歐巴馬網站的意願，對於選戰的貢獻是三級跳的助力。斯洛克後來共同創辦了奧特馬力（Optimizely）公司。他們開發的軟體在二〇一六年大選季中，先後服務過小布希、馬可‧盧比歐（Marco Rubio）、班‧卡森（Ben Carson）、桑德斯與柯林頓各家陣營。

　　測試的目的是優化使用者對於特定網站的整體使用經驗：背景應該用動態影像還是靜態的照片？「我同意」、「我捐款」的按鈕要多大、該用什麼顏色？有的候選人還會測試「頭條」（headlines），想知道何種選戰訊息或者承諾，最能激起選民回響，促使他們按下「訂閱」或「捐獻」鍵。有的時候，幾種相持不下的呈現方式會並排展現在受測者面前。自動化測試對於候選人整體修辭造成什麼衝擊，截至目前還不清楚 —— 但說毫無影響，卻也讓人難以置信。

　　候選人也無須等待傳統民意調查結果，倚靠回溯式研究與學術型測試（educated guesswork）來評估公眾對於選戰的反應。根據社交媒體與網路研究數據，開發出來的即時情緒分析（sentiment analysis），能針對產品發表、總統辯論或是其他事件，取得立即與演進（evolving）的反應。

　　社交媒體隨時隨地都在發揮非正式的語言優化功能。裴琳當然可以雇用藍茲，去尋找最適合攻擊歐巴馬健保的語言，但，她根本沒這必要。網路平台，像是推特、臉書早就把網路上的人性反應，轉成巨大的政治語言實驗室。評論者或者政治玩家，大可一天放出十幾個句子或名詞受測，雖然大多數石沉大海，但經常也會出現幾個吸睛、激盪腦力或者滑稽逗趣的佳作，幾分鐘內就在數量日增的

網友群裡，被瘋狂轉貼，或者瘋狂轉推（retweeted）。久而久之，公眾人物自然而然的就知道在數位環境裡面，哪些用語行得通。我在第一章引用過的，「死亡陪審團」、「不要撤退，反倒要 —— 子彈再上膛！」就是裴琳自己提煉出的修辭藝術。

我們先前討論過，報紙與廣播電視業者，都著魔似的看著平台 —— 特別是推特 —— 推特或PO文會橫跨不同工具，持續擴大效果，遠非傳統管道所能企及。這有點像是字句的達爾文自然選擇理論，在定義上，歷經物競天擇的篩選，最後脫穎而出的字句一定行得通。你聽到、你領略，然後你傳出去。在以往，這種最高層次的說服藝術，僅限於天才 —— 狄摩西尼（Demosthenes）或西塞羅、林肯或邱吉爾，才得以接近；而現在，大可透過電腦科學，攫取原屬於天才的諸般特質。修辭，已非藝術，而是演算。

判斷的問題

這情勢聽起來，公眾好像變成了刀板上的魚肉，任人宰割。就算是行銷話術對於其他形式的公眾語言，擁有決定性的影響力；就算福爾摩斯是對的，我們集體的反應，會逼近「數學確定性」，難道我們是帕夫洛夫的狗，看到暗號就只能流口水？還是說我們可以保持批判性的距離，對於存疑的問題，擁有自己的主張？

要回答這個問題，讓我們從傳統的商業行銷作為思考的起點。既然商業訊息被包裝得如此具有說服力，我們為什麼不會把貨架上的所有商品都買回家？行銷教授可能會用兩個思考起點。第一個是

競爭。每個行銷訊息都會碰到對手。你看到某個廣告，當場被它說服，這世上最棒的運動房車品牌就是BMW。幾秒鐘之後，你又看到賓士的廣告，然後，奧迪。每個品牌都有自己的訴求，更重要的是，也塑造獨特的氛圍：賓士讓你覺得你是成功人士、BMW滿足你對於高超駕駛技術的幻想，至於奧迪——這個嘛，準確來說，就是它不是賓士，也不是BMW，給你一種個人主義的色彩，拒絕服從（至少跟其他專挑昂貴德國車的買家相比）。

第二個是實證回饋（empirical feedback）。一旦人們購買產品或服務，就開始檢測行銷承諾。製片公司當然可以宣稱他們出品的某部影片有史以來最爆笑。首映之夜後，觀眾完全笑不出來，第二天早上，嚴酷的事實就會在爛番茄（Rotten Tomatoes）或者網路電影資料庫（IMDb）上揭露開來。許多產品是經濟學家口中的資訊商品（information goods）——只有消費之後，才能評價——如果消費者不滿意，不會再回頭，還會告訴朋友，請他們也不要買。

競爭與實證回饋都必須倚靠一種個人能力：將即時訊息結合進更廣泛的整體生活經驗裡，評估哪個產品最好、哪個訊息最牢靠。消費選擇——以及修辭訴求——必須臣服在這種批判性的區別與評估過程。希臘人稱這種能力為phronesis（實踐智慧），這是一種實務的智慧與判斷，跟sophia（智慧）有所區別。sophia跟科學與抽象知識的關係比較密切，西塞羅稱之為「prudentia」，也就是拉丁文或英文prudence（謹慎、精明）的字源，翻譯得很貼切。

就是這種謹慎或精明，協助一般人抵禦信用可疑的行銷宣傳，讓我們面對好到難以置信的商品與服務廣告，或者類似的說服伎倆

時，能夠理性檢查（sense-check）。在成熟、運作良好的環境，謹慎，也會迫使政客收斂，免得他們禁不住信口開河的誘惑。

謹慎的能量有多大？這是從古典時代一直到現在都爭論不休的難題。好些古代的觀察家就質疑「實踐智慧」純屬虛妄，群眾對於包藏禍心、刻意誤導的說服伎倆，根本不堪一擊。對見證過政治制度與社會秩序崩解的人來說，這種實踐判斷中根深蒂固的弱點，足以推翻民主制度的優點。修昔底德告訴我們，精於煽動群眾的克里昂（Cleon），「最暴力的市民」，前一天抨擊米蒂利尼（Mytilene）島騷動，打動雅典公民大會派出戰船，準備屠殺島上的叛徒。[24]二十四小時之內，迪歐都圖斯（Diodotus）又說服與會公民，推翻原議，派出第二艘戰船，去追回前一艘。兩個敵對的說客、競速戰船、搖擺的群眾，導致米蒂利尼島民命運難卜。修昔底德似乎是在說，這就是我們的民主。

對於人民實踐智慧抱持悲觀態度的哲學家，並不僅限於古典時代。翻譯修昔底德《伯羅奔尼撒戰爭史》與亞里斯多德《修辭的藝術》的霍布斯，認為十七世紀上半葉將英格蘭拉扯得四分五裂的力量，來自針鋒相對的宗教與政治歧異。他也慢慢相信：絕大多數人的判斷，品質低劣、三心二意，對於公眾討論或者決策沒有絲毫幫助。「這麼多的人在辯論，但觀點如此淺薄，對政策制定來說，不就是干擾而已嗎？能有什麼貢獻？」霍布斯問道。[25]

而今日，我們又該怎麼看待「實踐判斷」呢？這個議題與我們怎麼感受修辭，有很密切的關聯。如果你對一般人運用常識以及分辨的能力有信心，知道他們未必會受政客說辭擺布；那麼，也不大

可能相信行銷話術會所向披靡，或者修復公眾語言徒勞無功。一舉道破，最乾淨俐落的一句話，歸功給林肯（儘管我們找不到出處，無從證明他真的說過這句話），「你可以欺騙所有人於一時，你可以欺騙部分人於永遠，但，你不可能永遠欺騙所有人。」[26] 對於公眾的實踐智慧，保持批判性的信心與對民主優越性的廣泛信仰，兩者之間，具有相互交錯的因果關係。陪審團參與審判，是英語系國家司法系統的基礎，預設的構想也是相信一般公眾有謹慎思考的能力。

但如果你跟柏拉圖或霍布斯一樣，認為一般公民非常好騙，欠缺內省能力，你也許會相信，政客或者行銷大師有可能永遠欺騙所有（至少絕大多數）人，少數的獨醒者，幾乎可以略過不計。而當前，對「實踐智慧」抱持悲觀看法的人，更是快速的倍增中。

無論怎麼包裝，「簡化」（dumbing down）所引發的恐懼，在本質上，就是憂慮智慧與教育不如你的人，一旦能自行其是，可能沒有能力或是沒有意願問正確的問題、做出正確的文化選擇。我們可能會聽到越來越多要求檢查的呼聲，這自然不是質疑正義魔人，而是懷疑公眾沒有能力分辨華而不實或含有破壞性的理念與意見，找不到真正的價值所在。此外 —— 踵繼藍茲與其他人的做法 —— 強調簡化意味著認定一般人不如政策制定者，心思不夠複雜、難以理解含糊的概念：這自然也是一種蔑視「實踐智慧」的心態。

你盡可相信實踐判斷是一種普遍的本領，而我們的修辭轉錯了方向。但除非你相信人也有「謹慎」能力，否則，你也找不到修正的方向。而在我們考慮藥方之際，最核心的一味，就是你準備相信

你的同胞到怎樣的程度。

❖

　　在先前的四章中，我們挖掘的是侵襲公眾語言的病根。首先，西方政治的性格大變，先前立基在階級與其他傳統組織的互動關係，（尤其是在冷戰結束後），逐漸讓位給更複雜、更不確定的環境，迫使政治領袖重新定義、切割市場。其次，現代決策官僚的世界觀與專業術語，跟一般大眾落差越拉越開。第三，數位科技的衝擊以及伴隨而來的斷層與競爭態勢，同時影響到媒體與政客。第四，好的公眾語言究竟該由哪些成分組成，理性主義者與真實主義者展開鏖戰，綿延兩個世紀，無法定出勝負，而且還持續混淆、扭曲今日對於修辭的討論。

　　最後，我們描繪了行銷販售語言如何成形，又是如何把整體的公眾語言，一併拖進染缸，置換（至少部分的）傳統議事修辭。行銷中最厲害的元素就此導入政治語言，使之更加簡短、強烈與急迫，卻也剝奪了解釋與辯論的力量。為了抵禦這種傾向與其他施加在公眾語言的諸般壓力，我們引進了一個脆弱的概念 ── 人類有「謹慎」這種天賦，可以用來鑑別該相信誰或者該相信什麼。

　　在接下來的章節裡，我們要開始檢查為什麼公眾語言的窳敗，意味著我們無法討論當下最重要 ── 也最具爭議性 ── 的議題，包括了戰爭的發動、容忍的界線以及言論自由。但首先，請讓我們從科學與社會開始講起。

chapter 9

付之一炬

我有個理論，這理論還真有不少人信，就是疫苗接種。我是說，我們從沒碰過這種事情。現在卻很流行。這風潮，大概是從十年前開始的 —— 這兩年越演越烈。你知道的，帶著十二磅不到的嬰兒，走進醫生的診所，然後他們就把好幾種疫苗，一口氣打進去 —— 我是贊成疫苗接種的，但是，你把所有疫苗混在一起，兩個月之後，嬰兒就變了個樣，發生許許多多奇怪的事情。我是說真的 —— 我自己就知道好些個案。

—— 唐納・川普，2012[1]

史丹利・庫伯力克（Stanley Kubrick）於一九六四年拍了電影《奇愛博士》（*Dr. Strangelove*），劇中惡棍空軍將軍傑克・李伯（Jack D. Ripper，譯註：直譯就是「傑克開膛手」），計畫派出B52轟炸蘇聯，啟動核子戰爭。在自殺之前，他跟英國皇家空軍的交換軍官李奧尼爾・曼德拉克（Lionel Mandrake），解釋他的動機：

李伯：你什麼時候知道自來水裡開始加氟？

曼德拉克：不，不，我不知道。傑克，不要。

李伯：一千九百，五十六。一九五六年，曼德拉克。為什麼跟你

　　們戰後的老共陰謀，剛好是同一個時間，呃？這還不夠
　　明顯嗎？是不是？異體物質混進我們珍貴的體液，而一
　　般人根本不知道，更別說是選擇了。這就是你們老共行
　　事的作風。

曼德拉克：傑克……傑克，聽我說好嗎？……你是什麼時候變
　　　　　成……呃，發展出這套理論的？

李伯：我最早發現這件事情，曼德拉克，是我做愛的時候。[2]

　　五十年後，類似李伯將軍的恐懼，侵襲好些看起來很正常的老
百姓 —— 孩子的疫苗、打著健康旗號在水裡加氟的類似措施，總
是會勾起大眾的憂慮，就跟流行病一樣。

　　疫苗跟藥物一樣，都有副作用。每年幾百萬個孩子接種疫苗，
難免有孩子會覺得不舒服，極少數的情況，導致劇烈的反應。疫苗
的功能跟藥物不同，目的是預防疾病，卻會害孩子不舒服，找大
人麻煩。感覺起來實在很不自然 —— 醫生護士給好端端的孩子打
針，害得他們大哭大鬧 —— 難免會引發部分父母根深蒂固的原始
恐懼。歷史上出現好些反對疫苗接種的抗議活動，特別是在政府試
圖推動強制接種的時候。不過，當下這種對於疫苗的恐懼卻有獨特
的流行根源。

　　一九九八年，名為安德魯・威克菲爾德（Andrew Wakefield）
的醫學研究者，在國際頂尖的醫療期刊《柳葉刀》（Lancet）發表
論文宣稱：他與同事發現了麻疹、腮腺炎、風疹三合一疫苗（簡稱
麻腮風三合一疫苗，MMR），跟腸道疾病和自閉症有關。在威克菲

爾德發表論文之初，這個領域裡的專家一面倒的抱持懷疑態度，其他的研究團隊也無法取得相同的研究成果。更有人立即指出迫在眉睫的危機——越來越多的父母執迷於科學上毫無根據的傳言，質疑麻腮風三合一疫苗的安全性，不願意給孩子接種，對於整體人口的健康，造成劇烈衝擊。

這則新聞在英國剛被揭露的時候，立刻引發媒體的密切關注，辯論雙方的勢力也狀似平衡。BBC具有議題設定影響力的晨間廣播節目「今日」，密集的報導這則新聞，發動好幾波的現場辯論，非醫學專業的疫苗壓力團體代表與政府科學家及醫生，[3]享有相同長度的時間。在媒體的推波助瀾之下，威克菲爾德的理論，引起大眾普遍關切。二〇〇一年「今日」製作的民調顯示——這自然要歸功於這個節目窮追不捨的堅持——不低於79%的受訪者認為，應該由公權力介入調查此案。[4]一如預期，疫苗接種率在英國與其他國家，同步下滑，過了好幾年，疫苗接種才慢慢的恢復。

科學與專業責任的巨輪，雖然速度緩慢，但總能及時碾來。威克菲爾德的研究應聲粉碎，事後證明，他的結論不僅錯誤百出，根本就有詐欺之嫌。另外一份重要的醫學期刊形容它「也許……是近一百年來，損害最嚴重的醫學詐騙案件」。[5]威克菲爾德自己在二〇一〇年，因為專業行為嚴重失當，遭到醫界除名。跟他聯合執筆的同事，早在幾年前就否認論文的可信度與理論價值。

一般人可能會想，這事情就這樣了了。但在確鑿的證據出爐，最終確認麻腮風三合一疫苗跟自閉症之間根本沒有關聯之前，反疫苗運動又糾結了更多的能量。這些人並沒有更正自己的想法，反倒

更進一步製造更多的揣測，非但相信疫苗導致自閉症，連其他失調與失能都算在它的帳上。其中之一是「太多、太快」或者是「疫苗超載」理論。這就是川普在接受福斯新聞網「福斯和朋友」（*Fox & Friends*）電視節目訪問中，暗示（還有可能剽竊成他的發明）觀眾的依據，本章開頭摘述了其中一部分。

這理論別說是醫學或科學根據，甚至連率拖有可能為真的概念模型都沒有。幼兒疫苗接種時程，已經（而且持續在）受到各方鉅細無遺的監測。我們沒有任何理由相信，疫苗跟自閉症的關聯程度，會比抱子甘藍與自閉症的關係來得密切。但對於真心懷疑疫苗的人來說，真正重要的不是事實，而是挖掘陰謀與掩飾的證據。投身反疫苗陣營的小羅伯特・甘迺迪（Robert F. Kennedy Jr.），就譴責美國政府與其他醫療機構，對疫苗的真實風險輕描淡寫，與大型藥廠「祕密聚會」、「陰謀勾結」，避而不談 —— 甚至假借援外名義鼓勵、資助發展中國家，接受疫苗接種 —— 讓這個世界背負毒害孩童的惡名。[6]在現代「倒轉修辭」的風潮中，醫療機構被定義為「反疫苗安全遊說團」，反疫苗運動者悄悄的拿掉「反」字，反而打著「維護兒童健康運動者」的名義。請看反疫苗運動者的網站（childhealth-safety.wordpress.com）就可察覺一二。支持疫苗接種者被他們形容為「網路惡棍、藥廠打手」，「可惡，非常可惡」。[7]

在威克菲爾德聲望重挫之後，絕大多數的媒體調整他們的報導角度，不再給疫苗懷疑者相同的時間與待遇，（即便是「福斯和朋友」電話訪問川普，主持人脫稿，也要把話說清楚：沒有任何醫生相信疫苗與自閉症之間有任何關聯）。但是，懷疑蔚為風潮，只是

因為新聞專業以及倫理安全的理由，現在會在句子後面打上個問號。就拿「線上郵件」（*Mail Online*）二〇一二年的一個標題來說：

麻腮風三合一疫苗：母親的勝利。絕大多數的醫生說，三合一疫苗跟自閉症沒有關聯，但是義大利法庭審議中的案件，會不會重啟爭議辯論？[8]

媒體對於這個議題始終保持高度興趣的原因，是許多「疫苗懷疑論」的高調擁護者都是名人。就拿電視實境明星克莉思汀·卡瓦拉莉（Kristin Cavallari）為例：

你知道，不管怎麼說我都是個母親。有個很嚇人的統計數字跟疫苗有關，會導致很可怕的後果——氣喘、過敏、耳朵感染都不是什麼好事。我們覺得該為我們自己的孩子，做最好的選擇。[9]

在娛樂圈幾乎十項全能的模特兒暨電影電視影員珍妮·麥卡錫（Jenny McCarthy），就是反疫苗運動者最著名的代言人，立場始終不曾動搖：

我們美國媽媽不是在治療自閉症，而是在治療疫苗帶來的傷害。只要我們能把疫苗帶來的傷害治好，那麼自閉症就會遠離、減少影響，甚至消失。[10]

「一九八三年，疫苗注射的排程，是十次。」她告訴「早安美國」（*Good Morning America*），「自閉症的比例是一萬分之一。現在是三十六次，比例提升為一百五十分之一。……全部都指著一個方向。」[11]就跟李伯將軍的想法一樣，這很明顯，不是嗎？

自由派喜劇演員、談話主持人比爾．馬赫（Bill Maher）在HBO的節目中告訴觀眾，他不相信健康的人會受到H1N1病毒（豬流感）的感染，於是反對一般人——特別是政府規定——把「疾病注射進手臂裡」。[12]事實上，無論是健康的孩子還是成人，都會感染H1N1，而且傳染速度很快，有的人甚至會送命。疫苗中並沒有活病毒，也不像馬赫形容的那樣恐怖。

有意思的問題是：為什麼馬赫一開頭就認為他有足夠的專業知識，可以推翻流感疫苗功效上的判斷？是因為他相信，相較於別的學科，病毒學家專業程度比較低？還是他認為無論他對科學的領悟多麼粗枝大葉、對於數據的掌握多麼淺窄，只要沒從疫苗中得到利益的人，自抒己見，就一定會提供有用的訊息？他的發言很快引發熱議，馬赫在他的部落格裡，貼了一段文字，透露出某些線索：

　　我同意某些批評我的人、他們說，有很多很多比我夠資格的人——那就是堅持另類觀點、主流媒體鮮少訪問的醫生與科學家。[13]

他的論點多半就是這個調調：當權派（政府、絕大多數的醫學研究社團）無所不用其極，要將懷疑疫苗安全性的異端，除之而後快——而且大多得逞。「主流媒體」都是軟骨頭，助紂為虐，一起

加入打壓的行列，結果，另類的觀點根本無從讓民眾得知。當然，我，馬赫，也許在專業上不那樣夠格，但至少我敢在我的平台上大聲疾呼。能有些關於疫苗的討論，總比全面噤聲來得好。

這也是對於開放心胸與言論自由的訴求，像是勇敢的大衛力抗巨人歌利亞：特立獨行但堅持實話實說的「科學家與醫生」（當然馬赫自己也在內），站在面目模糊的國家權力結構與藥廠工業集團，了無懼色。這訴求超越傳統的左右政治取向：保守自由主義者在意識形態上本來就對疾病管制中心（Centers for Disease Control）這類聯邦機構有根深蒂固的懷疑，就可能集結在馬赫的旗號下。

馬赫的言論激發出一個問題 —— 醫學或科學發現，如果招致異議人士或者非科學家的抨擊，要到什麼程度（如果有標準的話），在辯論或者媒體報導上，我們才該放棄傳統的平衡原則？這個問題很有趣，稍後我們再來詳談。不過，馬赫的例子並不適用。在部落格裡，他形容疫苗接種只是「小把戲」。事實上，撇開他的胡言亂語，疫苗接種並不是小把戲 —— 科學與統計都清晰的證實這一點 —— 真正的小把戲，是你需要承擔點麻煩，接受科學訓練去了解整體情況。事實上，只要接受過基礎訓練的人，幾乎都不覺得需要跟馬赫之流辯論，儘管他們看起來言之鑿鑿，但就像是威克菲爾德信口開河的發現與麥卡錫不知所云的指控一樣，很難被視為科學，無須嚴肅以對。

而今日這些疫苗懷疑論調究竟對公眾態度以及父母為子女接種疫苗的意願，造成怎樣的影響呢？二〇一一年在《小兒科》（*Pediatrics*）醫學期刊發表（但調查進行的時間是二〇〇九年）的

論文指出，我們在上一章議及的「謹慎」思維武器，幾乎蕩然無存。[14]當受訪者（代表樣本是兩千五百對父母）被問及，他們相信誰提供的疫苗接種安全資訊？76％的父母說，他們「非常相信」孩子的醫生，22％說他們「有點相信」。政府疫苗專家／官員，預期上要低一些，但淨正值如下：「非常相信」的有23％、「有點相信」的有61％，16％選擇完全不相信。至於名人，「非常相信」的是2％、「有點相信」的是24％，74％也就是接近四分之三的人說，他們完全不相信名人。

　　儘管，跟家庭醫師相比，名人的信任度落居第三，但是有四分之一的受訪者說他們「非常」或「有點」相信名人，依舊讓人憂心。這份基礎調查顯示，對於疫苗接種，其實存在著更廣泛 —— 也毫無根據 —— 的懷疑，依舊在負隅頑抗：25％的受訪者同意「某些疫苗會讓健康的孩子罹患自閉症」；11.5％的父母說，即便是醫生推薦，他們還是會拒絕讓孩子接種疫苗。[15]

　　這些數字讓我在《紐約時報》的同事，法蘭克・布魯尼（Frank Bruni）異常悲觀。他在二〇一四年四月的專欄中寫道：「無論議題是自閉症還是總統政治，名人總能超越權威、驅除持之有故的學術看法」。[16]儘管這場疫苗接種的戰役還沒輸。但是，為什麼這樣的議題竟然會掀起戰役？為什麼有人會去注意名人以及壓根是外行的人，針對這專業疫苗接種說三道四？有什麼方法能去改變類似疫苗這種議題的討論方式，讓簡單的科學事實可以揭露，讓公眾不再受到誤導？

嚴重、理性與明智

翻開整部西方歷史，幾乎每個系統思考過「理解如何獲致」的人，都會同意科學具有特殊的地位。真正享有尊崇地位的並不是漸成體系的科學理論，而是支撐理論的科學方法：首先在數學與抽象學科中，運用邏輯與演繹法則；其次，「科學方法」也就是以系統性的實證，在可觀察的宇宙中測試假設。休謨的名言，就很能涵蓋上述兩個要點：只要不是「根據數量或數字的抽象推理（abstract reasoning）」、也不是「根據事實或存在的實驗推理（experimental reasoning）」的命題或宣示，一概扔進火裡，付之一炬。

在二十世紀絕大多數的時候，多數的政客與公眾知識分子，都已經做好準備，在討論與科學相關的議題時，援引最風行的科學共識；即便他們知道一般公眾的科學知識水平都不高，很容易 —— 有時甚至會得到政治上的好處 —— 激發老百姓的混淆與恐懼。

一般而言，在經濟學、社會學與其他社會科學界，共識程度較低，在特定的政策領域裡，政客大可選擇與自己觀點以及意識形態接近的專家。當時的專家 —— 還會彼此較量 —— 專業程度極高，且人格高潔，受人尊敬。這一點格外重要，是因為我們在第六章已經說明過，公眾政策的形成，隨著二十世紀的開展，持續向技術官僚的方向前進，如果政策希望爭取公眾的支持，科學家、醫生、經濟學家的立場極為關鍵。

一九九〇年代，由於各種修辭上的限制，這個傳統開始瓦解，如今，已經成為一堆廢墟。有關疫苗的爭議，絕非個案。類似的現

象 —— 為了鞏固己方觀點，對於科學以及事實，視而不見或厲聲批評 —— 很明顯的出現在其他的政策辯論中：氣候變遷、基因改造作物與能源政策，都是很好的例子。在社會科學的領域裡，即便所有專家都認定是顛撲不破的真理，依舊換來抹黑與斷然否認。就拿二〇一四年蘇格蘭獨立公投與二〇一六年英國脫歐公投當例子，無論結果是贊成還是反對，都無法透過公眾辯論達致共識，確認此舉對經濟與憲政的負面影響究竟有多嚴重。只要是不贊同我方意見的經濟學者，就無視他的意見。理論上獨立公正的重量級專家，例如英格蘭銀行行長，撰寫的聲明，只要不方便運用，也當作沒看到。再以脫歐公投為例，憲政專家一再警告：里斯本條約（Lisbon Treaty）中，為脫離歐盟預留的架構，其實非常窄。公眾卻以為條約沒有限制，什麼事都可以討論，政客生怕嚇壞公眾，絕口不提法律現實。好像世上沒有事實跟法律，只有意見，公眾可以自由自在的相信他們想相信的事情。

權威在現代公眾語言裡，逐漸脫序 —— 展現辯論中如何引用權威意見；更重要的是，聽眾是怎麼接收、如何評估。在這章中，我們想要檢視各種原因。科學是我們主要的焦點：科學訴諸客觀的權威，立場格外鮮明，要顛覆這種權威，可以說是斷無可能。但是在硬科學與醫學之外，還有社會科學、都市設計等諸多領域，專家卻發現他們的知識，正受到現代敵對政治的無情衝撞。

接下來，我們要看一個對抗科學的複雜個案 —— 說複雜，是因為它並沒有在科學領域中挑戰權威；反而宣稱：在公眾政策的辯論中，科學應該找個合適的地方窩著：

各位女士，各位先生，有關氣候變遷的辯論，並不局限於科學理論與環境統計數字的戰場上。最核心的是：我們的社會在面對這個民眾嚴重關切的現象，並且，在未來，可能演變成為真的問題，該採取怎樣的途徑。理性的社會與政策制定者需要問的是：最合理、最符合成本效益的政策是什麼？既不能忽略可能在遙遠未來降臨的潛在問題，也不能忽視此地此時為了這樣的政策，必須實際付出的經濟代價。基本上，政策牽涉到社會、倫理與經濟的問題，並不是科學可以回答的，而是需要經濟學家與社會評論者（social commentators），一起來審慎思考。[17]

說這話的人，是全球暖化政策基金會（Global Warming Policy Foundation，GWPF）主任班尼·派瑟（Benny Peiser）博士。這個智庫兼壓力團體的主席，是前保守黨財政大臣奈吉爾·勞森（Nigel Lawson），上述的講話，引自派瑟博士二〇一一年的基金會年度演說。

讓我們仔細審視上述的訊息。乍聽之下，這番談話的語氣，經過深思熟慮。氣候變遷是「備受關切的現象」，儘管會演變成為「真的問題」。「理性的社會與政策制定者」必須注意到政策不但要「合理」，也需符合「成本效益」。嚴重、理性、合理。

如果我們盯得再緊一些，不難偵測到一些修辭上的細部裝飾：在兩個句子的範圍裡，「嚴重關切的現象」，被一組三個標準限定住範圍，在語意拉開距離──變成了「潛在」的問題，有「可能」在「遙遠」的未來發生；相對的，還有另外一組三個標準，倒是

立馬呈現在我們面前 ——「實際」會發生，尤其是「經濟」的代價，「此時此地」就得繳費。這種三重奏對比，是轉義（trope），一種數千年來為人熟知、廣泛運用的修辭手法。

　　派瑟博士設定好情境，「鎖定」在氣候變遷的課題上，然後把科學的角色局限在回應政策制定上。接下來，又是一組三重奏：「基本上」包括了「社會、倫理、經濟」的問題，並不是「單一學科可以回答」，而是需要「經濟學者與社會評論者」，一起來審慎思考。「基本上」這個詞不能等閒視之，意味著需要審慎思考的政策層面，因為涵蓋社會、倫理、經濟各方面的問題，比科學層面的分量更重，也更加關鍵，彷彿是說：在真正的辯論中，科學雖然必要，單槍匹馬上陣卻還不夠。為了支持這個論點，讓我引述派瑟博士發表年度演說前幾個月，在另外一個場合的言論：

　　全球暖化的恐懼症，的確是過頭了。我們是怎麼知道的呢？從所有相關指標 —— 民意調查、新聞報導、政府髮夾彎、在政策制定者心中，明確流失的興趣 —— 在在顯示：公眾關切的議題中，全球暖化的優先順序，正急遽的下滑。[18]

　　的確有民調數據支撐派瑟博士的論調，在二〇一一年之前，民眾對於氣候變遷的憂慮確實在消退中。但是，第二段引文，依舊出現了兩層論述：科學層的「相關指標」是大氣溫度之類的數據；第二層，則是公眾認知、政策與政治，附帶一組偽科學的衡量標準 —— 民意調查、新聞報導，還有（恐怕測量難度要略高一些）

「政策制定者心中，明確流失的興趣」。在派瑟博士的思考範圍之內，好消息是所有衡量標準都支持他的看法。但沒有任何一個標準告訴我們，這跟科學層面究竟有什麼關係。就算公眾對於氣候變遷的興趣變冷淡了，地球的溫度還是可能持續發燒。

這種上下的隸屬關係意味著：派瑟博士在第一段引文中，使用「基本上」這個詞，看起來指的不只是跟氣候變遷有關的科學，而是科學本身。在進入政策討論、評估可能回應及紓解之道時，科學發現必須被「經濟學家與社會評論者，一起來審慎思考」。

我們知道經濟學家，但什麼是「社會評論者」呢？需要受怎樣的訓練、具備怎樣的資格，才能成為一個「社會評論者」？一個社會評論者，是不是跟經常受現代媒體訪問諮詢的社區領袖（community leader）一樣，是一個需要某種「自任」（self-election）成分的職位？如果你查閱全球暖化政策基金會的董事名單以及他們的報告作者，你會得到這樣的印象：實際上，所謂的「社會評論者」指的是退休政客與公務人員、社會科學學者以及 —— 這點很難對讀者剖析 —— 新聞記者。

讓我們把這個發現，嵌進派瑟博士最後一個句子裡：「牽涉到……的問題，並不是科學可以回答的，而是需要與新聞記者，一起來審慎思考。」這話說得通說不通？因為科學家與新聞記者的權威，其實有著天壤之別。易普索莫里曾經針對英國的公眾，調查他們對於不同職業的信賴程度。在二〇〇五年的調查中，89％的受訪者相信醫生最肯說真話；科學家是79％；只有25％的人信任記者；行政官員與民選政客，以類別來論，分別是22％與21％。[19]在

科學家與記者的單挑中，記者慘遭屠戮，退休政客敗得更慘。比較安全的做法是：請他們跪下來，用寶劍點點他們的腦袋，站起身來，賦予他們全新的身分比較安全，於是一個潔白無瑕的全新權威類別就此誕生 —— 社會評論者。

　　派瑟博士的這些話，談的其實就是權威 —— 特別是在衡量公眾政策時，哪一種權威更具影響力。全球暖化政策研究基金的網站就是一種權威神壇，至少也是某種贗品。網站告訴我們，基金會的宗旨是「重拾氣候辯論的平衡與信賴」，聽起來很慎重、很成熟。誰會反對「平衡」跟「信賴」呢？像我這種在傳統新聞教育裡成長的人，講究不偏不倚，所謂的「平衡」指的是對於一個議題的持平報導，但這份堅持顯然不在全球暖化基金會創辦人的腦海中。他們網站徹頭徹尾都貫徹赤裸裸的氣候變遷懷疑論，蒐羅的內容，大同小異，沆瀣一氣。僅舉一個作者與一個標題以見其餘：克里斯多福・布克（Christopher Booker）及「BBC與氣候變遷：三倍背叛」（The BBC and Climate Change: A Triple Betrayal）。[20]不禁想問「只有三倍嗎？」標準一定下滑了。

　　從一個觀點來看，我想全球暖化政策基金會，真的在試圖重拾辯論的平衡。諸多機構 —— 例如政府間氣候變化專門委員會（Intergovernmental Panel on Climate Change）、皇家學會（Royal Society）與美國國家科學院（American National Academy of Sciences）——根據堆積如山的科學鐵證，奮力疾呼氣候變遷已經到了危險關頭，基金會糾集氣候變遷懷疑論者，其中還有好些政界、商界與學界的知名人士，在天平的另外一端，施以重手。派瑟博士的講話，充其

量，也就是要求大家正視另外一種權威；特別是在政策制定之時，要比科學家被更加嚴肅的看待。當重要的社會與經濟問題，危如累卵，把科學 —— 尤其政策中的科學意涵 —— 只交給科學家詮釋，不是很危險，而且在政治上，不切實際嗎？

　　我們已經吃了暗虧，現在要如何反擊呢？且拿我自己做個例子好了。我跟一般非科學家的社會與教育成長背景類似，也認為科學是了解物質世界的最佳途徑。在與人爭辯之際，我下意識的會站在主流科學那一邊。並不是因為我個人檢驗過支撐《物種源始》（The Origin of Species）的證據，或者驗算過薛丁格方程式（Schrödinger equation）：我並不具備這樣的專業知識。不，我支持科學是因為我發現卡爾・波普（Karl Popper）對於科學方法的解釋令人折服*，因為在常識的層級上，科學解釋與預測的能力毋庸置疑。我經常跟科學家在一起，深信科學的文化與實際作為，都是為了發現事實。

　　但我也知道，說科學永遠、立即是對的，自然是簡化了點。有的時候資料欠缺；有的時候資料中的迷團尚未破解；還有的時候研究依舊在發展中：科學，至少在表面上，是未竟的事業。還有的情況，科學家也莫衷一是 —— 相持不下的解釋，也有某些尚未成為定論的解釋，有些科學家支持，有些反對：在這樣的狀況裡，科學是陷入爭議的。也難免會有人質疑科學家的動機 —— 他們可能接

---

* 波普在《科學發現的邏輯》（The Logic of Scientific Discovery，1934）以及其他地方強調，科學理論的可否證性（falsifiability），換句話說，科學理論永遠要接受挑戰，面對新的證據，理論有可能修正，或者乾脆揚棄。永遠開放迎接歸納法與推演法的挑戰（即便信仰對某組理論揭示無可動搖的事實，或是信仰有可能不會改變的科學事實），使得科學方法獲致了知識論上的可信度。

受政府或大企業的贊助，研究成果未必公正，可信度很有問題：這個時候我們稱之為墮落，至少也是妥協的科學。我們也知道：在非常罕見的特例裡，科學史上會出現革命性的變化，根深蒂固的共識，一夜之間，被激進的新理論取而代之。

在我們觀察科學辯論的時候，會浮現好些疑問。沒錯，我們當然相信某些權威來自善良的、底定的、誠實的科學——但也許這種情況還沒準備好；也許我們還在拉扯的角力中點；也許是因為報告接受贊助，呈現的角度有些可疑；也許是我在廣播上聽到的那個踽踽獨行的科學家是對的，其他百分之九十九的物理學家最終被證明都錯了。在這個懷疑蔚為風尚、什麼事情都不確定的時代裡，叫隻象鼻蟲（weevils）出來搞破壞，實在不是一樁難事。

情況還沒這樣單純。讓我們想像一下兩個角色之間的對話，假定兩個刻板人物，其實，在我們的現實生活裡，經常可以碰到這種對立。讓我們管第一個人叫「行政官僚」。她倒也不是對綠色施政毫無概念，只是覺得這個議題裡，捲進太多的無稽之談與政治正確，再想到解決方案必須投入的代價跟行政成本，不由得膽戰心驚起來。就她看來，全球暖化政策基金會的說法，聽起來還滿有道理的。第二種人物，我稱之為「環保分子」。他相信人類的行為，破壞我們的生態系統，是那種什麼都擔心——從實務到道德層面——的人。他不是恐懼決策官員做太多，而是憂慮他們做得太少、做得太慢。

對話從氣候變化開始。一點也不意外，「行政官僚」覺得，她非常懷疑全球暖化背後的所謂科學根據。難道東英格蘭的專家不會

錯嗎？難道政府間氣候變化專門委員會對喜馬拉雅山冰河的處置就一定是對的嗎？「妳是科學家嗎？」環保分子問道。不是？那麼妳憑什麼質疑，世上壓倒性多數的氣候學家都同意的結論？

隨後話題轉向基改食物。現在輪到環保分子質疑科學了：也許科學家還不到那火候，所以我們無法全盤了解基改食物的風險。也許是因為商業利益無孔不入，科學未必全然獨立。反倒是行政官僚在全力支持科學家的研究。

換句話說，我們先入為主的觀念 —— 即便是我們的世界觀 —— 對於決定我們準備接受某種科學權威，或者會不會四處蒐羅疑點，具有關鍵性的影響。某個人會不會接受某派說法，相信全球暖化是由人類造成的？我們要怎麼判斷？是不是跟他在中小學及大學研讀過幾年科學有關？還是跟他們讀過多少期刊、聽過科學家談過幾次相關課題有關？其實，更強一點的指標，是要看他們怎麼投票。無論在英國還是在美國，許多調查顯示：政治光譜靠左的選民，通常比較相信地球暖化危機，靠右的選民比較懷疑。[21] 舉個具體的例子：皮尤公司二〇一四年元月的民調證實：42%的民主黨選民認為遏止全球暖化，應該被「列入優先的施政順序」；但是，支持這種做法的共和黨選民，只有14%。[22] 因此，一個人究竟會怎麼回應嚴肅的技術科學，極可能跟他的意識形態傾向有關。

我們習慣透過信仰與偏見的觀點去觀察科學，跟看待別的事物並沒有差別。就拿我們針對疫苗安全的討論為例，這種科學上的不確定其實需要相當程度的專業知識才能判斷，但面對這種議題，我們卻覺得一般老百姓的意見，跟專家可以等量齊觀。如果牙醫師告

訴我們，照過 X 光，發現口腔裡有個膿瘡，大概沒有人會跟他唱反調。但是，在科學家解釋該贊成還是反對捕殺獾的時候，我們卻非常可能認為，我們可以補充些有用的資訊──比方說在網路上看到的內容、常識判斷，或者《柳林風聲》（*The Wind in the Willows*）深烙進腦海的擬人化動物記憶。

❖

當科學面對大眾，為什麼科學證據與判斷只被視為諸多意見中的一種呢？如果我們考慮這個背景──先入為主與期望心態、恐懼與偏見的，那答案也就呼之欲出了。但在考慮辯論結構與本質之際，我們還需要增添新的元素。

現代的公眾議題辯論經常是兩種力量殺到血肉模糊。這兩種力量來源不同，根本還是對角線式的相互衝撞──科學論證與鼓吹擁護。

科學論證──我們可以很理想化的，把它想成是一篇學術論文──不單要盡可能的清晰，也要盡可能的軟弱：每個反對意見、不同環節的質疑，都要虛心因應。假設我們這篇論文是要反駁另外一個理論：那麼當然應該以最具說服力的方式呈現出來。在說明證據如何驗證假設前，所有最強的重點，都已經傾巢而出了。

鼓吹擁護就剛好相反。它故意忽視，或者淡化己方弱點，卻拿對手的弱點大做文章。它不在乎清晰度或全面性，喜歡玩弄修辭技巧，遂行目的。鼓吹擁護，也是系統追尋真相的一部分──比方說在法庭的情境裡，雙方都為自己辯論，挑戰對方的論點──這

是另外一種探索真相的方式。

如果你把科學論證跟鼓吹擁護混在一起，會發生什麼事情？且讓我們拿英國學術聲望最崇高的皇家學會來說好了，二〇〇七年，第四頻道播出一部紀錄片，《地球暖化大騙局》（*The Great Global Warming Swindle*），顧名思義，自然是強烈懷疑暖化的真實性。[23]這部影片進一步帶動懷疑論的風潮，聲勢之大，讓許多科學家恐懼：群眾對於人為地球暖化危機的看法，會一夜翻盤。當年六月，皇家學會權衡後公布了一篇文章〈氣候變遷爭議：簡單指南〉（*Climate Change Controversies：A Simple Guide*），開頭是這麼寫的：

> 皇家學會以這篇文章，略述學界對於氣候變遷的研究現狀及發現，協助非專業人士更進一步了解，當今有關這個複雜議題的辯論。[24]

然後，他們把桌上的牌攤開，宣稱這篇報告，並不是要：

> 提供鉅細靡遺的完整答案，回覆試圖扭曲、暗中破壞氣候變遷科學和否認全球暖化潛在嚴重後果的人士，以及平息此伏彼起的爭議課題。學會 —— 聯同英國國家科學院 —— 改以如下八點回應，均有堅實的科學證據作為基礎。

接著，一系列快速反擊氣候變遷懷疑論的攻勢，依次開展，從「誤導一」、「誤導二」……臚列了八大要點。

　　上述的引言，在修辭上，頗有派瑟博士在全球暖化政策基金會年度演說的影子。作為基礎的「科學證據」聯同「英國國家科學院」集結了堅實的反擊力量，制裁「試圖扭曲、暗中破壞氣候變遷科學」的人士。文中提及真正的警告是「全球暖化的嚴重後果」，偏偏又是「潛在」的。請注意他們撤回誠信原則的前提。換句話說，這不是兩派人士光明正大的辯論，而是光明睿智的科學家，挑戰試圖「扭曲」、「暗中破壞」的敵對勢力。從二○一○年的《科學》（Science）月刊上的一封讀者投書，我們也可以看到相同的論調，作者是美國國家科學院上百位研究員中的一人：「最近針對氣候科學的攻擊，（還有更讓人困擾的）對於研究人員的個人中傷，是特殊利益或教條驅策的結果，並不是源自某種有扎實證據支撐的替代理論」。[25]

　　但在這兩段論述中，我們都沒看到雙方提出確切的理由，只是質疑對手不懷好意。一口咬定對方居心叵測，有不可告人的祕密，並不是符合休謨「實驗推理」的精神，壓根只是靠人身攻擊強迫取分而已，玩弄政治的時候常見，並不是科學討論。〈氣候變遷爭議：簡單指南〉是這樣結尾的：「我們必須準備好迎接氣候變遷的衝擊，某些影響已經無法避免。」[26]不是可能無法避免，而是無法避免。至於鼓吹擁護，本來就是一廂情願的事情，還請出超級權威皇家學會來強力背書，刻意用庶民的語言娓娓道來，卻極少提及預設的前提與設定的條件，背離科學家預期的溝通方式。

　　這就是問題。接下來的發展早在意料之中。四十三名皇家學會會員抱怨〈氣候變遷爭議：簡單指南〉的調性，特別是「刺耳高

亢」的語調以及沒有展現科學「不確定性」的範圍。於是,皇家學會另行組成一個新的指南小組,最終在二○一○年秋天,提出新版本。[27]

第二個版本的修辭偏好,跟第一個版本很不同。這篇〈氣候變遷:科學摘要〉(*Climate Change：A Summary of the Science*),至少在我這個外行人眼裡關鍵就是敘述的調性改變。在這一版裡,有較長的篇幅處理科學的不確定性。部分結構沿著確定性光譜編排,像是「有廣泛共識但是持續爭議與討論的方面」、「尚未完全了解的方面」。

就我判斷所及的範圍裡,這兩個版本所倚靠的科學基礎,幾乎一模一樣。我毫不懷疑支持第二版本的絕大多數科學家,跟第一版本的作者一樣深信:如山的鐵證已經足以證實,人為的氣候暖化現象,可能已經累積到極端嚴重的階段。這兩種指南的差異是論證的方式:第二個版本從鼓吹擁護的技巧以及語言撤退,回歸到直率坦誠的科學解釋。

二版指南的出版,並未標誌皇家學會從氣候變遷的公眾政策辯論,鳴金收兵。學會的資深代表 —— 以及連續幾屆會長 —— 始終在辯論中充任急先鋒,呼籲、促使政府在國內以及國際,採取積極的行動,同時對氣候變遷懷疑論者,展開凶猛的砲火還擊。從「科學就是科學」的辯證與修辭領域,向鼓吹擁護演進,變成難以避免的宿命,在美國也同樣發生。「身為科學家,我們扮演的角色,並不是告訴人們該怎麼做,或者應該相信什麼。」這是美國科學促進會(American Association for the Advancement of Science)二○一四

年發表的聲明，但是他們接下來的所作所為，絕對不只是傳播知識，呼籲大眾採取行動降低二氧化碳的排放量而已。[28]在科學與政治之間，有一條界線：並不是兩種志業或兩種學科的分際，而是對話與辯論兩大領域間的楚河漢界——但是皇家學會與美國科學促進會都選擇跨越。

我們先前提到，派瑟博士在二○一一年宣稱，全球暖化的「歇斯底里」已經結束——或者用比較嚴肅的語言來陳述，公眾與政治對於這個議題的興趣與急迫性，正在消退之中——基本上，並不是空穴來風。在英國，人民民調公司Populus Poll，在二○○九年秋天與二○一○年春天之間進行的調查顯示：不相信全球暖化現象正在發生的受訪者，從原本的15％激增為25％；同意「人為氣候變遷是環境保護分子的宣傳，只有極少或完全沒有證據」這句話的人，從9％增至14％。[29]在美國，相信有「堅實證據」證明暖化正在發生的受訪者，從二○○六年的70％，降至二○一四年的62％。[30]到了二○一三年，比起擔心北韓與伊朗核子計畫（分別為59％與54％），憂慮氣候變遷的人（40％）顯然要少得多，還別提「國際經濟動盪」（52％）與「中國的力量與影響」（44％）。[31]懷疑論在其他西方國家與發展中國家，聲浪要小得多，但是相關的政策也在偃旗息鼓之中，尤其是金融風暴席捲，引開政治人物與一般民眾對於環境議題的關注，恢復經濟穩定與成長。

相對而言，全世界的氣候科學家，對於氣候變遷的態度，就是一面倒了。一項調查顯示：超過97％大氣科學家相信人為的氣候變遷正在發生。[32]當然，在氣候科學家裡，也有懷疑論者，但是，數

量屈指可數。另外一項研究則是統計在專業期刊上發表的氣候變遷論文，認定確有人為氣候暖化的文章高達六萬九千四百零六篇，只有四篇認為沒有。[33]這個研究是由反氣候變遷懷疑論陣營執行的，但其他研究也支持相同的結論：有極高的可能，這個星球正在暖化，主要的肇因是工業活動，而且對生活在地球的人類，構成嚴重的威脅。在壓倒性多數、仍在進行研究的科學家中，並不存在任何有意義的「科學爭議」。

專家與一般大眾的判斷，呈現尖銳的對比，使得許多科學家相信，老百姓極不可能了解重大的科學議題，而這也意味：在討論動用何種手段以確實遏止氣候變遷的課題上，公眾無法達成共識。問題並不是出在科學知識本身，而是將科學知識傳輸到公眾領域時，出了狀況。這是溝通的問題，換句話說，是科學家打算怎麼陳述以及附加何種修辭策略的問題。站出來力挺。不要瞻前顧後，盡可能理直氣壯。直接衝入敵陣。環保陣營二〇〇六年的紀錄片《不願面對的真相》（*An Inconvenient Truth*），就人為造成的暖化現象，提供梗概的科學證據，搭配艾爾‧高爾（Al Gore）的名人幻燈秀，成為這種傳播取向最有影響力、也最具侵略性的案例。

在他們相信危機已經迫在眉睫的時候，為什麼會有這樣多的氣候學家願意挺身而出大聲疾呼，警告群眾氣候暖化的風險；為什麼有這樣多非氣候專業的科學家，也願意鼓起勇氣加入他們，其實不難理解。專家轉向鼓吹擁護的語調，是因為他們害怕事實無法揭露，必須多做點什麼，好去說服群眾 —— 但是，這種宣傳手段能收到多少效果呢？並不太大，根據我的經驗，至少在氣候變遷這個

領域中，收效甚微。《不願面對的真相》跟其他勇往直前的宣言一樣，只能糾集相信氣候暖化已經十分嚴重的堅信者，但卻沒有什麼證據顯示，這部紀錄片說服原本的懷疑論者，或者深入搖擺者的內心，促使他們投入環保陣營。政府間氣候變化專門委員會跟其他的科學組織，也沒有大幅度的改變他們的意見。鼓吹擁護或者質疑對手別具用心，剛好落入氣候懷疑論者設下的圈套，因為他們正是無視事實，搞這種把戲的高手。當科學家聽起來越來越像是政客在推動政策，他們的說服力就越低落。

污染意義

　　媒體要怎麼解釋這般複雜的情境？坦白說，難度很高。為了競爭版面並不足為奇：題材太硬、新聞壽命短暫、衝擊與爭議一般重於證據與解釋。但就科學與媒體的關係而言，還是值得花點時間討論。

　　首先，除了《紐約時報》等少數著名媒體之外，比起一個世代，科學記者要少得多了 —— 新聞媒體的經濟狀況大不如前，是原因之一。一般的新聞記者、編輯以及評論者，就算被分配到科學版面，對於科學專業也所知不多；跟一般老百姓相比，並沒有特別強的能力，去分辨專家的科學「意見」跟業餘社運人士與政客的直覺。這種喪失特定領域的專業能力，也同時出現在不同的社會科學新聞中。

　　第二，他們跟讀者一樣，經常掉進陳腐的科學敘事與刻板

的文化印象裡，儘管很容易下標題，卻阻礙或至少也無助於了解。彼得・馬賽爾（Pieter Maeseel）與德米崔・舒爾曼（Dimitri Schuurman）的論文〈知識、文化與權力〉（*Knowledge, Culture and Power*），[34]研究生物科技與法蘭德斯（Flanders，譯註：這是一個包括比利時、荷蘭與法國部分區塊的文化社群，操荷蘭語）通俗媒體的關聯。他們從二〇〇〇年到二〇〇四年的法蘭德斯通俗報導中，整理出四百個隱喻（metaphors），用來形容不同生物科技之間的辯論，還列成一張表：

基因改造有機體（GMO）* ：使用「科學怪人」（Frankenstein）
——二十二次

基因改造有機體是污染物 ——四次

對抗基因改造有機體是十字軍 ——兩次

複製是「侏羅紀公園」（Jurassic Park）——六次

複製意味著長生不老 ——二十六次

基因控制是納粹的把戲 ——十次

基因控制就是「美麗新世界」（Brave New World）—— 六次

基因控制就是薩達姆・海珊追求的目標 ——一次

諸如此類。儘管有少數正面的形容，但壓倒性多數都是負面的，許多甚至是恐怖的。最有效、也最容易吸收的類比，就是「科

---

* 基因改造有機體，包括食物。

學怪人」、「侏羅紀公園」，幾乎都是說科學出了狀況或者一意孤行導致邪惡的結局，結果，在媒體上成功塑造驚疑不定的氣氛，引發恐慌，卻無法引導群眾衡量客觀的證據，找不出反對或贊成的確切理由。追求「長生不老」是另類科學的寫作語調，主要的工具就是「萬靈丹」、「神奇解藥」，荒誕誇大早期的醫學發現，但終究是鏡花水月一場空。種種神祕的傳說四處傳播，影響所及也排擠了真正的科學現實。就法蘭德斯的案例來說，馬賽爾與舒爾曼下了這樣的結論：在「詮釋性的鬥爭」中，「科技複合體」正在失勢，或者已然失敗。[35]

科學記者或者專欄作家或許不會打「科學怪人」這麼粗糙的牌，卻依舊可能落入淵遠流長的人性、科學、自然書寫的窠臼中。瑞秋．卡森（Rachel Carson）一九六二年描述殺蟲劑濫用的經典名作《寂靜的春天》（*Silent Spring*），儘管臚列相當大量的實證，但是，迴盪在書中的卻是不祥、悼念的語調，焦點也始終集中在工業人的傲慢。在她的「明日寓言」中，描繪了自然環境遭到摧毀，一個想像中的美國小城，如何淪為殘破的廢墟。她是如此寫道，「邪惡的詛咒降臨在這個社區」。貫穿脆弱的自然世界、難以饜足的人類貪婪與奢侈浪費的生活方式，是一種宗教性的感受，也讓日後的環境報導，染上難以甩脫的色彩。

羅馬俱樂部一九七二年的著名報告《成長的極限》（*The Limits of Growth*），成功樹立起一個典範 —— 經濟成長消耗了地球的自然資源，至今還在支配這種主題的報導，即便它立基的模型爭議不斷，被當時媒體視之為預測（predictions）的環節，其實比較接近

猜測（projections），結果還被證明錯得離譜。[36]媒體與大眾從《成長的極限》中得到一個簡單的故事，但這故事卻不怎麼爭氣。

　　第三個議題就是記者跟編輯始終在角逐不同種類的權威。醫生、科學家是明顯的權威人物，一般人也投以敬畏的眼光。但是，在我們這個時代，犧牲者也享有一定的權威感：他的苦楚、喪失親人的哀痛，他們的個人損失，在這種讓人心有戚戚焉的感受下，他們無論講什麼，都無人膽敢動用侵略性的交叉檢查。在辯論一個特殊醫療程序的場合裡，一邊是冷冰冰的專家，另外一邊是沒有任何專業知識，但是經歷過這個療程、甚至冒過生命危險的病人，由於擁有難以質疑的個人信用，雖然在學術上完全不平衡，兩人的發言卻幾乎可以分庭抗禮。

　　我們可能不喜歡這一點，但是，在媒體上，所謂的「名人效應」，證明他們也有一定的權威感──或對或錯，許多人就是對他們的意見很感興趣──就拿疫苗的案例來說，有的名人可能身受其害，要不，多少也耳聞過悲劇，這麼一來，多多少少也算有權威性。麥卡錫的兒子就是自閉症患者。就連川普都說：「我自己就知道好些個案。」

　　至少從自身的角度來看，編輯經常自認是在一則新聞中，或者在討論現場，截長補短、折衷平衡各種權威。他們不想嘩眾取寵，放任科學被肆意凌虐，也不想照著現代媒體流行的趨勢，違逆大多數科學家──以及非科學家，但善於思考的有志之士──的想法，故意拉低科學的崇高地位，讓他們跟別種聲音平起平坐。從許多角度來看，如何將科學以及專業性的科學語言，整合進公眾聽得

懂的語言系統進行庶民對話，可以視為媒體專業的核心。

❖

　　二○一一年七月，BBC的管理層印行一篇報告，說明BBC在報導科學新聞時，如何維持公正與精確，執筆者是名重一時的英國科學教授史帝夫‧瓊斯（Steve Jones）。[37]由於設想周全、態度嚴謹，深受BBC同仁歡迎，也廣被接受。但在這篇報告中，不免碰到好些爭議──儘管是相當文明的爭議，但爭議就是爭議。瓊斯教授跟BBC的工作人員，一路爭進問題的核心，也就是在公眾辯論中我們應該怎麼面對權威？

　　談到公正的時候，不免會有如下的疑問：在怎樣的範圍內，BBC（或者擴展一點，整個媒體界）應該把科學跟其他領域──政治、宗教、藝術──等量齊觀？又該在怎樣的範圍裡，要重視科學自成一格的知識論，保證它獨特的地位？我們把這兩個範圍推到極端，再拿漫畫來比喻：第一類，就是讓科學爬上擂臺，跟其他的專業或興趣，依照辯論的普遍法則，一起混戰，拳打腳踢；第二種，就是科學家想要發言，媒體慌不迭的打開麥克風，從開場一直轉播到謝謝為止。我知道好些科學家發自內心的支持第二種做法。運用我在第七章討論過的啟蒙理性修辭，這個架構相信辯論應該奠基在證據跟邏輯上，永遠不能背離這個原則，而且立馬就可以見到成效。但他們卻發現，當下好多例子，根本不是這麼一碼事。於是，他們或者歸咎於媒體失能，或者某種集體的瘋狂。

　　瓊斯教授宣稱，有些BBC的員工告訴他，公正原則包含了

「聲音平等」（equality of voice）。對於廣播電視或者其他新聞供應者來說，他們要盡力達到的「聲音平等」是「政治公正」，也就是在選舉時，或多或少以強制的方式，維持均衡的報導（也就是根據選民支持度，分給不同陣營相對應的報導時間，還以碼表統計）。「聲音平等」原則有可能廣泛擴及到政治辯論時，各黨派分配的時間，甚至在公眾討論一般議題 —— 像是移民、安樂死、同性婚姻 —— 時，對立的不同陣營也適用於相同原則。

　　但是，這個原則不分清紅皂白一體適用，就沒道理了。BBC的「言論編輯綱領」（Editorial Guideline）要求的是適當的公正。就我看來，是要將特殊的周遭情境列入考慮，然後賦予雙方辯論上的公平性。在公眾之間，許多道德上的問題絕無疑義 —— 謀殺、恐怖活動，或者其他的重罪 —— 絕大多數人會認為賦予雙方「聲音平等」的權利，實在很不合適，甚且會冒犯他人。

　　有些事實，已經無須爭辯，且廣為人知，那麼，在辯論中賦予它相同的時間及關注度，並沒有什麼道理。吸菸有礙健康已成定論，既然如此，將相同的時間分配給狂熱的老菸槍與醫療總監或衛生署長，所為何來？或者，疏於警告觀眾，受訪內容 —— 僅代表少數觀點，缺乏醫學知識與扎實證據 —— 需要不同的基礎來進行判別，也是失職。講到氣候變遷這個議題，BBC持續調整報導的平衡點 —— 以及雙方陣營播出的時間分配 —— 主要是根據「政府間氣候變化專門委員會」與其他類似機構不斷的研究，歸納而成的地球暖化科學共識。

　　負責任的媒體，不會墨守「聲音平等」原則，亦步亦趨，完全

不理會個案的性質。如果有BBC的員工告訴瓊斯教授，「聲音平等」的原則適用於氣候變遷這樣的科學爭議，那他們就錯了。

這當然無法阻止懷疑論者要求更平等的發言權利。在這一章裡，我們聽到馬赫的說法。他或許不是要求「聲音平等」，而是強調既然科學並不像傳統觀點認定得那樣簡單明瞭，那麼疫苗懷疑論者至少應該分配到更多的聲音。但就我們看來，馬赫弄錯了懷疑科學的層次。在科學證據如此明確的前提下，與其說疫苗懷疑論者的音量太小，倒不如說他們的意見已經被過度代表了。否認氣候變遷的人士，也誇大了科學的不確定性，為他們的主張爭取更多的露出機會。全球暖化政策基金會就經常玩這一手，但是，我們也會看到派瑟博士還有第二套，也更加有趣的說辭 —— 也就是，氣候變遷的政策內涵（policy implications）需要更廣泛的討論，因為它們無可避免的會衝擊到深具社會與經濟價值的諸多事物。

這個論點難以忽視，也說明媒體在氣候變遷之類議題上，維持公平正義有多艱難。一方面要確保辯論的每一個層次都堅守公正原則：就基礎科學而言，在專家意見與懷疑論者之間，維持某種平衡，比方說，後者的露出時間是不是打到九折以內？另外一方面，還要在「聲音平等」的基礎上，處理不同政黨政策回應的權利。而各政黨共通 —— 尤其是採行懷疑論的黨派 —— 的利益，就是搖擺在科學問題與政策問題之間：考慮到這個現實，便更能了解媒體操作的難度。

舉個例子，類推其餘。二〇一四年二月，「今日」節目安排了全球暖化政策基金會主席羅森爵士，與葛拉漢氣候及環境研究所

（Grantham Research Institute on Climate Change and the Environment）
布萊恩・霍金斯（Brian Hoskins）爵士教授，討論氣候變遷與英國
最近屢屢發生大洪水以及極端氣候之間的關聯。節目播出之後，
BBC接到許多申訴。這些申訴起初都被拒絕，直到二〇一四年六
月，由於確認聽到羅森爵士有關科學的錯誤陳述，廣播主持人並未
更正，有違公司對於精確與公平的宗旨，重新受理。其中一則申訴
內容頗具代表性：

　　很不幸的，BBC最初認定邀請羅森爵士是合理的選擇，主要以
他身為全球暖化政策研究基金會主席，有資格參與討論氣候變遷的經
濟與政治相關議題。全球暖化政策研究基金會是氣候變遷「懷疑」陣
營的壓力團體。但是，在先前的訪問中，羅森爵士卻利用絕大部分的
播出時間，激烈爭辯氣候變遷科學的可信性。這個就是一個病徵，說
明BBC各節目製作單位目前面對氣候變遷，所採行的報導做法令人
困惑、頗多瑕疵。二〇一一年，瓊斯教授為BBC信託基金撰寫的評
論建議：節目製作單位要極其小心，避免在科學家與氣候變遷「懷疑
論者」之間，維持假平衡。[38]

　　目前的做法，有時的確可能會「令人困惑、頗多瑕疵」；但在
尋常媒體的現實世界中，如何區隔科學政策辯論，實在是一大挑
戰。許多科學家很明顯的相信：最好方法就是徹底的把懷疑論調從
媒體裡趕出去。有的媒體也採行這樣的做法。《洛杉磯時報》（*Los
Angeles Times*）已經不再刊載懷疑氣候變遷的讀者投書。[39]Reddit

（譯註：美國的社交新聞網站）隨後跟進。[40]但是這種做法無可避免的會引來新聞檢查的抗議，更讓陰謀論甚囂塵上，這是氣候變遷懷疑論者最擅長操作的工具之一。

大家當然會同情科學家以及他們的支持者，但不免懷疑：阻止對手發言，真是贏得辯論的不二法門？如果你對你的論點很有自信 —— 你應該會歡迎每一個辯論的機會。檢查意味著示弱 —— 也許還是一種絕望，對於公眾是否有能力分辨科學論證與懷疑論者究其本質無非是虛偽的宣傳，不再抱持任何信心。

耶魯大學法學院教授丹·卡漢（Dan Kahan），在《自然》（Nature）雜誌發表了一篇評論氣候變遷辯論的文章。他認為，阻礙資訊成功送進公眾腦中的關鍵，並不是老百姓的推理能力（就像是我們上一章論及的實踐智慧），而是分裂的「科學傳播環境」。他繼續說道，「克服這種兩難需要集體策略，保護科學傳播環境，免遭分裂文化意義的污染。」[41]所以，我們現在談的是語言本身的生態系（ecology），而不是卡森的殺蟲劑論調，或者強加在疫苗的莫須有罪名 —— 某種受到污染的「分裂文化意義」。

我們或許會同情卡漢教授的挫折感，只是在後啟蒙多元主義（post-Enlightenment pluralism）盛行、民主辯論如此開放的時代，「分裂文化意義」根本難以避免，就算我們琢磨出某種「集體策略」—— 卡漢教授建議心理學與人類學，倒是派得上用場的現成學科 —— 我們真的有必要動用嗎？不管在怎樣的情況裡，總是得有人去決定哪些文化意義是分裂的。我們所處的世界，還得費盡口舌去說服大家某種學科或者專業知識，為什麼得占據特殊的地位，論

斷什麼是「分裂文化」，其實就是分裂的源頭，訴諸權威，注定徒勞無功。

卡漢教授還是明知其不可而為之。如果你還想找證據，證明我們的公眾語言危機四伏，單單仔細審視氣候變遷辯論就夠了。科學應該是論斷者，一種超脫爭執紛擾的知識，只要它開口，大家都得傾聽，即知即行。但是，今日的科學卻難以擺脫模糊定義與界線的欺凌，淪為遍布本書的諸多案例之一。

如果科學在今日並沒有配備任何的權威，那麼，我們要怎麼接受任何的專業知識？我們有什麼理由相信經濟學家、社會科學家以及其他政府專家告訴我們的事情？或者接受法庭的判決？如果知識並沒有解釋能力，每件事情都只是某種意見，那麼，我們每個人都是專家，誰也別想說服誰。

chapter **10**

戰爭

處理重大主題，他的語言深具韻律，卻迅速遭到自己措辭的驅策。他
自認視野遼闊，實則局限在問題的小細節裡。

—— 伊舍爵士（Lord Esher）論邱吉爾，1917 年[1]

　　戰爭是修辭者最大的考驗。說服一個國家投入戰爭，或在戰爭
期間激發全民的勇氣及樂觀的心態，考驗著他的說服能力，要能讓
聽眾願意為更偉大的集體目標，犧牲自己與孩子。話要說得讓人不
顧一切，出生入死。

　　解釋戰爭的正當性，需要長篇大論，也需要細節關照；需要兼
顧短小精悍與情緒衝擊；真實、理性、權威。要能說服聽者，卻不
會 —— 也不能 —— 聽起來像行銷話術，因為大家會因此危及寶貴
的血肉之軀。在考慮戰爭修辭之際，這本書討論過的原則要集結起
來，傾巢而出，挑戰之大，造就了歷史上諸多著名演說 —— 從古
希臘伯里克利的國殤致辭到林肯的蓋茲堡（Gettysburg）演說，一
九四〇年到一九四一年，英國為國族命脈奮戰，首相邱吉爾的演說
與收音機談話，都環繞著戰爭 —— 詮釋戰爭的必要、戰爭的神聖
以及要付出的可怕代價。小說中也有許多修辭篇章與戰爭有關，從
亨利五世阿金庫爾（Agincourt）戰役的陣前宣誓到《魔戒》（*The*

Lord of the Rings）黑門之戰前亞拉岡（Aragorn）的演說。

　　近年的戰爭與二十世紀上半葉的規模，自然不能相提並論，但在政治及語言表達上，卻有各自的挑戰。最突出的就是戰爭正當性，屢起爭議，讓人不免感到躊躇。在初期戰果之後，往往陷入泥淖，結果遷延不定。即使一開始低風險、大快人心的干預行動──不動用地面部隊，只從空中轟炸──最後經常落得裡外不是人。轟炸波及當地醫院、扶植的本土領袖事後證明也非善類。時間、金錢、殫精竭慮，成功案例屈指可數；還有的地方陷入無政府狀態，一心要消滅的威脅，只是遠端轉移（metastasis）。

　　另外還有影子戰爭，我們並未捲入、卻有人認為我們應該加入的戰爭：遏制前南斯拉夫、盧安達及敘利亞的濫殺無辜；阻止伊朗製造核子武器；協助烏克蘭抵抗俄羅斯的侵略。參加，被罵；置之不理，也被罵──批評有時還來自同一批評論者。

　　反對軍事干預行動的抗議者會說，他們的國家領導人輕起戰端，是因為自身的政治利益，或者虛榮心作祟。這樣的論調至少從《戰爭與和平》（War and Peace）開始，就不斷出現在小說和電影中。每個人對他那個年代的領導人還有戰爭，都有自己的評價，但我們可以確定，除了福克蘭戰爭時的柴契爾夫人、一九九〇到一九九一年第一次波斯灣戰爭時的老布希、梅傑等盟軍領袖，近三十年來，凡是想藉由戰爭提升聲望的西方國家領袖，無不大失所望。當今的戰爭只會折損領導人的威信，無力回天。

　　在這最棘手的政策領域中，我們岌岌可危的公眾語言扮演了什麼角色？請讓我們先看一段經典談話：

你們問，我們的政策是什麼？我會說，就是開戰（wage war），在海上、陸上、空中全面開戰，用盡我們的氣力、用盡上帝賦予（God can give us）我們的所有能量，對抗人類罪行中最黑暗、最悲慘、絕無儔類的殘暴集權政體。這就是我們的政策。

你們問，我們的目標是什麼？我可以用一個詞回答你：勝利，不計一切代價的勝利；克服所有恐懼的勝利；不論花費多長時間、歷經多少困難也要爭取到的勝利。除了勝利，我們別無生路。[2]

一九四○年五月十三日，邱吉爾出任大不列顛聯合王國首相剛滿三天，首次以英國領導人的身分，在下議院發表演說。這一天，也是德國入侵法國北部的第四天，邱吉爾演說的時候，法國部隊正從色當（Sedan）潰敗，距離敦克爾克（Dunkirk）大撤退，不到兩個星期。

邱吉爾這段講辭的結構，明顯借用自十四行詩或祈禱文的結構，分成兩個部分——我稱之為「節」（stanzas）——第一節，自問自答：我們的政策是什麼？第二節自問自答另一個問題：我們的目標是什麼？第一節不斷重複戰爭，第二節不斷重複勝利，整段講辭最重要的字眼，也可能是堆砌烘托的結語，就是生路（survival）。短短的幾句話卻飽含修辭技巧：反問法（anacoenosis，修辭性的提問）、押頭韻（alliteration，如 wage、war 與 God、give us）、列舉法（enumeratio，舉出仗該怎麼打，再說明取勝前必須面臨的挑戰）、層遞（tricolon crescens，三個提到勝利的句子，長度越來越長，分量越來越重）。修辭運用不矯揉造作、

不露出精心設計的刻意，反而讓人感到直接、自然、流暢；複述、精簡俐落的短句，帶著講者與聽眾一起往前推進。

其中這句話——「對抗人類罪行中最黑暗、最悲慘、絕無儔類的殘暴集權政體」——即使聽在邱吉爾同時代人的耳裡，都不免覺得他的大聲疾呼過於老派、浮誇。邱吉爾這個靠自學而卓然成家的演說大師，用過去的尺度衡量當下的危機，放進篤定的敘事脈絡中，向聽眾保證，至少在這時刻，道德危在旦夕是鐵一般的事實。

這段講辭是〈鮮血、辛勞、眼淚與汗水〉（*Blood, toil, tears and sweat*）演說中，最動人的一句話。首先，也是最重要的一點，他沒叫老百姓拿起武器，而是糾合舉國上下，面對真正的世界危機。敵人正橫越法國，進逼英吉利海峽。侵略與國家毀滅並不是出現在遙遠的理論中，而是迫在眉睫的威脅。道德訴求與進逼危機如此貼合，敵方錯到如此明顯，以至於應該（should）與必須（must）、理所當為與現實所迫，一度融而為一。在歷史的洪流中，這只是個瞬間——我們知道，講到修辭，邱吉爾絕非天使——卻是無與倫比的一刻。

邱吉爾為「清晰」設下了難以超越的標準。之後每一任英國首相站在公文報匣（Despatch Box，譯註：英國下議院有兩邊，各設有一個遞送公文的木箱，是雙方議員發言的地方）旁，說服國民投入戰場，再也沒法辦法像邱吉爾把國家利益以及道德理念聯繫得這般天衣無縫。試看後繼者的嘗試。場景同樣在英國下議院，時間是二○○三年三月十八日，為了英國該不該尾隨美國陣營入侵伊拉克，首相布萊爾開啟新一輪的辯論：

一開始我就說，下議院有權利辯論這個議題，闡釋各自的論點。這是我們的民主權利，許多人苦爭而不可得。我再次強調，我並非不尊重反對我的意見。這是艱難的決定，但也是明明白白的選擇：或者，停止增派並撤回英國部隊；或者，堅守我們既定的道路。我誠摯相信：我們應該堅守我們既定的道路。[3]

這個段落，乃至於通篇演說都透著一股慈悲的調性：過了幾句話，布萊爾接著說，他知道「在其他議題上贊同我的人，反對這件事」；而「從未支持我的人」卻找到「共同的基礎」。演說開頭，他強化道德訴求：英國人民有權質疑政府，就政策進行辯論，伊拉克人民卻沒這等幸運。其次，他承認這是一個「艱難的決定」，但不是邱吉爾定義的那種艱難，因為那要打仗、要犧牲，艱難的本身是要拿定主意。不過，這也是個「明明白白的選擇」：要嘛，「停止增派並撤回英國部隊」；要嘛，「堅守我們既定的道路」。

但「我們」是誰？第一個我們，是設定目標的我們，顯然指的是布萊爾和他的政府。但接著他說：「我誠摯相信：我們應該堅守我們既定的道路。」這第二個我們就不只是他的政府，還包括他的聽眾、在下議院投票的每位議員，並擴及全國人民。但兩個「我們」之間的差異，很容易忽略，於是聽進耳朵的話就變成：我們－每個人都必須堅守我們－每個人共同的既定道路。說服意興闌珊的聽眾做出痛苦的決定，方法之一是讓他們相信他們已經做出決定；拒絕是不合理的，退讓會招致危險。我們－政府、我們－人民之間的界線變模糊了，幫助布萊爾建立這個心機暗藏的論述脈絡。

「我誠摯相信：我們應該堅守我們既定的道路。」這句話倒是挺搶眼的。它沒有逗勇鬥狠的暗示，「堅守」隱含守護 —— 英國和全世界的安全 —— 重於攻擊。「我相信」也很重要。這是一位政府領導人的自述，也是直白的個人保證。布萊爾很清楚他領導的工黨以及全英國的民意有多麼分歧，卻賭上自己的政治判斷與聲望。跟邱吉爾一樣，布萊爾拿得出務實的政策和目標，但是「我相信我們應該堅守」卻也在說：這還是一個測試個人有無決心、一個攸關原則的問題。

比起邱吉爾面臨的狀況，布萊爾的難題顯得複雜微妙，畢竟英國的盟友與軍隊並沒有遭受直接攻擊 —— 但誰知道呢？ —— 本土也沒有立即被入侵的風險；他的動武依據是潦草的聯合國決議與武器檢察官的報告，外加合縱連橫的外交算計。問題並不是：我們的政策是什麼？與我們的目標是什麼？這樣簡單；而是我們是不是竭盡我們的外交斡旋手段，敦促伊拉克總統海珊遵守聯合國第一四四一號決議？即便他置之不理，罪行有嚴重到必須出兵懲戒嗎？對於後面兩個得仔細推敲的問題，布萊爾的答案卻是毫無疑義的「是」。

在布萊爾左支右絀的解釋中，邱吉爾的幽靈出現了。大家心中浮現這樣的問題：海珊是另一個希特勒嗎？二○○三年反對出兵的人，是不是等同一九三○年代的姑息主義者？布萊爾的回答很狡猾。他先把自己保護好，「跟一九三○年代比較，太過圓滑愚蠢」，隨後直言「在座沒有一個是姑息主義者」，卻又以相當的篇幅討論一九三○年代的姑息主義。他宣稱，如今反對武力介入伊拉

克的人，在一個層面上，跟當年的姑息主義者明顯不同：二戰前的姑息主義者可能不了解希特勒有多危險，今天反對出兵的人，沒有這樣的藉口，因為海珊侵略他國、發展大規模毀滅性武器，罪證確鑿。接下來，他補上一段邱吉爾的思維：

世人必須重新認識：面對獨裁者威脅，軟弱以對，並不會帶來和平，反而 —— 很不幸的 —— 招致衝突。[4]

這分明是拿一九三〇年代的往事來說嘴。但是二〇〇三年跟一九三〇年代，還是有本質上的不同。西方世界已經跟海珊打過一仗，之後追加嚴厲制裁，已經引發激烈辯論：有些人認為太嚴苛，有些人則認為無論多嚴苛，都不太可能奏效 —— 但跟昔日西方世界坐視希特勒再武裝萊茵蘭（Rhineland）、併吞奧地利、入侵捷克斯洛伐克，不敢稍置一詞相比，卻不能說是怯懦畏戰。單就海珊而言，沒有人能說西方國家的政策讓姑息主義甚囂塵上。然而不管實情如何，面對戰爭「最可靠的方式」是怯戰，總是說不過去。面對戰爭「最可靠的方式」當然是打上一仗，這正是布萊爾的提議。

八十年之後，事後諸葛、修正主義、現代懷疑主義，都難以削弱、抹黑邱吉爾的修辭威力。但在布萊爾議會講話之後十五年內，大家已經無法再以當年布萊爾希望的角度，解讀那篇演說。他的論點幾乎都聚焦在海珊擁有的大規模毀滅性武器上，編造各種風險：直接威脅鄰國和中東地區、與海珊勾結的恐怖分子，一旦獲致大規模毀滅性武器，對我們會有直接與間接的危險。如果我們不解決海

珊，銷毀他的武器，其他邪惡政權也會有樣學樣，暗藏或設法取得大規模毀滅性武器。布萊爾通篇演說中，「大規模毀滅性武器」出現十四次 —— VX神經毒劑、炭疽菌、芥子氣、沙林毒氣、肉毒桿菌、放射性武器 —— 更是頻頻列舉，不一而足。

我們現在知道，伊拉克境內從未發現大規模毀滅性武器。布萊爾的指控徹底崩潰。至今看來，他的演說空穴來風，根本不知所云 —— 但卻引發一場戰爭。我們還無法斷定這篇演說有沒有刻意欺瞞的成分 —— 換句話說，布萊爾是否真的相信海珊擁有大規模毀滅性武器；只是想強調，我們發動戰爭的客觀道德正當性，已經全然瓦解。

布萊爾提到一九三〇年代的時候，建議大家不要責怪當時的姑息主義者，因為希特勒的威脅之大，到後來才看得清楚。如今，我們卻看到相反的揭露，也是要到後來，才弄明白海珊的威脅，遠比布萊爾當年的宣稱要小得多。就算知道海珊不曾擁有大規模毀滅性武器，推翻他的其他理由，還是不難列舉 —— 獨裁者、殺人魔、區域不穩定因子、民主的伊拉克有助於中東地區 —— 只是這些理由並不是首相當時決策的主要依據。布萊爾故意提出錯誤「公開說明書」（prospectus）嗎？信不信在你。但他的申論奠基在錯誤的假設上，這點斷無疑問。

❖

當週，最值得大書特書的事件，是布萊爾前往下議院的前一天，他的工黨同僚羅賓・庫克（Robin Cook）的辭職演說。庫克對

伊拉克問題的看法，與布萊爾不同調，因而辭去內閣職務。他講辭十分淡漠，但聲音中流露出的傷感、臉上浮現的不祥預感，使得演說多了幾分悲劇色彩。以下是演說結語：

> 政治評論家最喜歡的論調是：這個下議院已經不在英國政治的核心了。想要推翻他們的指控，沒有比阻止這場得不到國際同意、得不到國內支持的戰爭，來得更輕易。明晚，我準備加入反對參戰的下議院議員，一起投下反對票。因為這個原因，也只為了這個原因，我帶著沉重的心情，辭去內閣職務。[5]

第二天晚上十點鐘，英國下議院以四一二票贊成，一四九票反對，同意參戰。軍事行動兩天後展開。

姑且不論辯論品質，庫克渴望駁斥的政治評論家，至少有一點是說對了：基於各種意圖與目的，入侵伊拉克，早在動議送進下議院前，就已經定案了。布萊爾憑藉的主要修辭依據，以爭取政治資源與公眾支持，持續推動戰爭，壓根不是下議院演說，而是政府掌握海珊坐擁祕密武器的情報摘要。媒體稱這些情報摘要為「卷宗」（dossiers）。至少在英國小報的編輯部，這個名詞代表了間諜跟失竊文件，有如《丁丁歷險記》（Tintin）和《沙岸之謎》（The Riddle of the Sands，譯註：一九〇三年出版的間諜小說經典）中的場景。

英國國會辯論前一個半月，其中一個卷宗就已經出版，俗稱「二月卷宗」，一出版就備受質疑，因為部分內容抄襲自十幾年前的一篇博士論文。釋出卷宗是由布萊爾的傳播策略主管阿拉斯泰

爾‧坎波（Alastair Campell）主導，對爭取支持出兵伊拉克，只幫了倒忙，毫無助益。

其實還有一份更早的卷宗——「九月卷宗」，有個比較嚴肅標題，「伊拉克的大規模毀滅性武器：英國政府評估」（Iraq's Weapons of Mass Destruction：The Assement of the British Government）——前一年秋天出版。在下議院投票時，大家認為這份文件比較權威。投票支持出兵的國會議員、贊成政府立場的民眾，相當程度都是因為相信「九月卷宗」的內容。幾個月之後，他們問自己：「九月卷宗」是不是跟「二月卷宗」一樣可疑？他們是不是被要了？

二〇〇三年五月二十二日，英國入侵伊拉克後九個星期左右，有兩個人約在中倫敦的查令十字酒店（Charing Cross Hotel）見面，喝點簡單的飲料（一瓶可樂和一瓶氣泡蘋果汁）。一個是英國國防部大規模毀滅性武器專家大衛‧凱利（David Kelly）博士，另一個是英國國家廣播公司「今天」節目的記者安德魯‧吉勒根（Adrew Gilligan）。他們之前見過幾次面。吉勒根正在調查英國政府宣稱伊拉克擁有大規模毀滅性武器的真實性，凱利是他主要的消息來源。吉勒根把當天談話的摘要速記在他的電子秘書（electronic organiser）裡：

出版一週前改動 讓它更性感

一般是四十五分鐘。mst thngs inndossier wre dbl sc（譯註：原文是英文速記，有些縮寫，難以辨識，部分譯文，見後），但那是

單一情報來源，有消息來源說 四分鐘可以讓飛彈就位是錯誤解

釋……

絕大多數情報人，很不高興，因跟其看法不符

坎波

real info but unr, incl against ur wishes

不在原稿中 —— 無趣　他問能加什麼[6]

　　吉勒根的速記多半不難翻譯。凱利博士告訴吉勒根：第一份卷
宗關於大規模毀滅性武器的初稿，在出版前一週經過「改動」，讓
它看起來「更性感」，意思是更具有衝擊性、更嚇人，這樣才更有
說服力。先前提到，亞里斯多德以較為冷靜的方式，稱這種修辭技
巧為放大。一個例子是：海珊的化學武器可以在接獲命令後四十五
分鐘內部署完成，由於他擁有中程飛彈，化武等於可以在四十五分
鐘後，攻擊英國在塞浦路斯（Cyprus）的軍事基地。卷宗出版後，
這個頗為可疑的說法，讓部分報紙見獵心喜，登在頭條。根據吉勒
根的記錄，凱利博士的說法只有單一情報來源，專家存疑；但是
坎波認為原稿「無趣」，問能不能加料？常任上訴法官布萊恩‧赫
頓（Lord Brian Hutton）調查期間，吉勒根解釋 real info but unr, incl
against ur wishes 那段速記的意思是：「坎波：真情報，但不可靠，
有違我們的期望」。[7]

　　吉勒根根據這段談話以及與凱利博士其他的交談內容，在五月
二十九日的「今天」節目中受訪，還做了一條後續報導，指控英國
政府操作卷宗。吉勒根說，他得知卷宗內容「在唐寧街的指示下」

修改過。至於化武四十五分鐘內就緒的傳聞：

> 一位負責草擬卷宗的資深官員告訴我們，政府可能，呃，知道四十五分鐘這個數字是錯的，但還是決定放進卷宗裡。

「可能」之後的「呃」—— 試圖淡化指控 —— 是新聞史上最要命的遲疑。吉勒根的指控這樣嚴重，接受廣播電台的現場訪問，卻不事前擬稿，而是一邊說，一邊決定怎麼說，實在匪夷所思。他並不需要指控政府早就知道「四十五分鐘」這說法是錯的，彷彿躊躇了一會兒，最後還是脫口而出。再加上這一句，「在唐寧街的指示下」，含意就再清楚不過了：布萊爾以及／或者他親信身邊的人故意扭曲「九月卷宗」，強化說服民眾的論點。

英國政府對吉勒根的指控怒不可遏，回應異常激烈，卻不失律師奸巧的精準：「卷宗裡絕對沒有任何一個字不是出自情報單位偵搜的結果。」聽起來像是全盤否認，其實根本沒有回應凱利博士和吉勒根的指控 —— 唐寧街可能誘使或脅迫卷宗作者修改內容，加入他們覺得不可靠的情報，堅持取消前提與提示，不准他們擅置一辭，或是補充自己的想法。

口水戰就此展開。凱利博士跟他的國防部主管坦承，他的確見過吉勒根，但自認不是吉勒根主要的消息來源。國防部向新聞界透露的訊息，足以辨識出是凱利博士。國會議員於是組成特別委員會，電視直播他們咄咄逼問凱利博士實況。凱利博士告訴特別委員會，吉勒根報導中引用的說法，並不是他講的，特別委員會也接受

凱利博士的解釋。但凱利博士顯然非常焦慮，不久自殺身亡。布萊爾的聲望 —— 外帶他的職務 —— 岌岌可危。英國的媒體上，凱利博士和吉勒根爭議的篇幅，比入侵伊拉克還要大，持續數月之久。

對當時的觀察家來說，凱利博士對上吉勒根，是一場政治與新聞間的戰爭。我們也可以視之為修辭戰爭。吉勒根的指控是第一個卷宗修辭刻意而莽撞，政府急於說服大眾，不惜誇大情報，忽略前提、切割脈絡，很可能是將錯的情報當成事實，還片段呈現 —— 我在本書提及當代政治人物鍛鍊公眾語言時，玩弄的諸般技巧；而英國政府的罪過就是把那套操作手法，用來編撰第一個卷宗。

政府的反擊也從修辭的角度出發。他們批評吉勒根的報導過於浮誇，無端指控政府蓄意竄改卷宗的內容，以增加新聞報導的衝擊性。是的，凱利博士與國防部其他武器專家也懷疑過卷宗的內容，即便如此，也不能證明內容扭曲是故意的，記者的指控純粹為了出風頭。英國政府像是誹謗官司中的狡獪原告，刻意緊鎖痛擊吉勒根報導中最弱的一點，以便贏得整體的名譽保衛戰。

政府挑選資深法官赫頓負責調查凱利／吉勒根事件。赫頓曾因主持北愛爾蘭恐怖分子聽證會而聲名大噪。他很快就找到查令十字酒店的訪談電子速記內容。以下是吉勒根接受調查時的部分證詞：

Q：這段只有一個名字 —— 坎波，前面是不是有一個問題，才得到這個答案？

A：對，我問的大概是：為什麼要改動內容？

Q：是。

A:對方的回答就是一個名字。

Q：他就只說了「坎波」？

A：對。

Q：帶出下一段的提問是什麼？

A：我嚇了一跳，於是說：什麼？你說坎波編的嗎？他們捏造的？他說：不，是真的情報，只是不可靠罷了，出現在卷宗裡，有違我們的期望。

赫頓法官：我能問一句嗎？吉勒根先生。仔細看你的第一段，你的問題是：是讓它看起來更性感嗎？凱利博士的回答是：是的，讓它看起來更性感嗎？

A：是的，讓它更性感。他引用了我的用語。

赫頓法官：你問凱利博士，內容為什麼要改動，坎波這個名字，是凱利博士主動提及的，這段過程，你記得很清楚嗎？

A：非常清楚，絕無疑問。

赫頓法官：所以你並沒有問：這事跟坎波有關嗎？

A：沒有，是他主動提及的。他先講到「四十五分鐘」的部署時間，隨後提起了坎波這個話題。[8]

　　所以是吉勒根率先使用「性感」這個詞，不是凱利博士；雖然吉勒根宣稱凱利接受了這個用語（「對，讓它更性感」）。另外，吉勒根力陳是凱利博士先提到「坎波」這個名字，而不是他。雖然吉勒根在報導中沒有對布萊爾的「左右手」指名道姓，但凱利博士率

先道破「坎波」，卻至為關鍵，間接說明報導訊息來源，政府刻意變動卷宗內容的「資深官員」已然呼之欲出。

只是這個新聞來源卻有疑點尚未澄清。凱利博士並沒有親眼看到坎波下令修改卷宗，事實上，他壓根沒見過坎波。凱利博士也沒跟資深官員開會討論卷宗內容，更沒看過足資佐證的文件。國防部大規模毀滅性武器專家對於「九月卷宗」抱持怎樣的態度，凱利博士當然是權威的消息來源。但講到政府有沒有可能改動卷宗內容，他的說法只是臆測。而且 —— 對於四十五分鐘部署時間，政府認為不見得牢靠的原因一樣 —— 吉勒根的報導，也倚靠「單一消息來源」。

吉勒根指控政府刻意扭曲，等於是宣稱，他掌握證據足以證明政府欺瞞英國公眾，在謊言的基礎上，爭取民意支持發動戰爭。指控的意涵，路人皆知，這也解釋了政府極端憤怒的緣故。但講到新聞來源，儘管在別的領域裡算是很有信用，但就改動這個指控來說，根本稱不上是消息來源。

英國國家廣播公司向赫頓法官招認，他們在作業上有嚴重疏失。英國政府卻什麼也不肯承認。赫頓法官的結論完全倒向政府；絕大多數觀察家（到現在還是）卻秉持不同的看法。吉勒根在新聞查證上，或有瑕疵，但報導卻掀起廣泛的衝擊 —— 這是一個允許政治企圖介入卷宗改動的案例 —— 成為真知灼見。就信譽而言，政府贏得戰役，卻輸掉戰爭。

在這個民眾對政治語言信任度逐漸滑落的時代，將客觀的事實 —— 情蒐資料、衛星照片、地圖、表格 —— 綑綁呈現在他們面

前，頗具實質的說服力。既然他們可能懷疑你的修辭，何不讓證據自己說話？不過，一旦你選擇了綑綁客觀事實，作為主要的說服手段，所有修辭技巧和誘惑會立刻浮現。我們可能永遠都不知道，情報圈的技術官僚會不會受到誘導或指示，把卷宗內容修改得更吸引人；抑或，政治目的如此明顯，根本不用明言，他們就會主動配合。我們只知道：呈現客觀事實，就是希望把修辭技巧抽離出來，但是，某人在某個時候，又決定把它給放了回去。

　　就新聞學的角度來看這起事件，修辭也扮演重要的角色。吉勒根有個精采的原創故事 —— 政府的大規模毀滅性武器專家，否定了關鍵卷宗的內容價值 —— 這還不夠。更勁爆的大獎是：布萊爾或者他的貼身幕僚下令歪曲證據，刻意誤導公眾，動武根本就是偏見推動的誤擊。吉勒根後來承認他的指控 —— 政府可能知道四十五分鐘的部署時間是錯的 —— 本身「並未得到充分的支持」，報導「用語也未見精準」。[9]他給自己找的開脫理由是，現場訪問，疏漏難免（但在後來的文字報導中，他依舊重複類似的指控）。無論有沒有意識到，吉勒根的所作所為很難讓人不懷疑：他指控政府的同時，自己也在重蹈覆轍，證據明明漏洞百出，行文卻是那樣的篤定強硬，不留餘地。

　　我在相對可靠的第四頻道上，看過凱利／吉勒根事件的報導，也聽過BBC內部相關人員的說法，包括當時的總監葛雷格·戴克（Greg Dyke）。即便只是旁觀者，都覺得殘酷沮喪，難以理解。至於政府，似乎出於報復心態，即便到了最後，還是不願意找出解決之道。最沒有必要的就是凱利的自殺悲劇 —— 依照良心行事的好

人，夾在英國兩大體制之間，以徹底的毀滅，擺脫自己的痛苦。

託辭與脈絡

有些行動非法、見不得光，或者，在過程中有些環節說服力不足，「託辭」（pretext）就會出場救援，用以誤導大眾、強詞奪理。這是一種不正當的修辭策略，讓發言者得以用「更好的」論述來取代事實。

顯而易見的是：如果發言者知道，他們提出的解釋是錯的，或者成色嚴重不足，那麼藉口就真的是藉口。小布希和布萊爾一定會說：他們指稱海珊擁有大規模毀滅性武器的說法，不是藉口，因為他們和他們的政府當時都深信不疑。批評者可能會附和曼蒂‧萊斯－戴維斯（Mandy Rice-Davies，譯註：一九六〇年代，震驚英國的政壇醜聞女主角。在法庭對質的時候，某政要律師否認他的當事人與她有染，戴維斯咯咯的輕笑兩聲，回答說，「他當然會否認啊，不是嗎？」這句話被收入一九七九年的《牛津名句辭典》）的名言：他們當然會這麼說，不是嗎？也難怪有關託辭的爭議，總會鬧上好些年頭而無定論。被批評為找藉口的政客，還他清白之後，當然會否認；就算說對了，政客的確是在找藉口，他還是會否認。除非你能闖進政客腦袋，找到紀錄與證據，證實在他推託或誤導群眾的時候，一清二楚的知道，他在睜眼說瞎話，否則，你實在很難分辨他到底有罪沒罪。

但如果我們退一步，更廣泛的思考這個問題：為什麼有關託辭的討論（無論是真正的藉口，還是被指摘找藉口），總是會定

期出現在戰爭的現代修辭中。這不是新現象。中世紀的巨頭兼併土地、侵篡王位，也會假託領土、朝代或宗教上的藉口，不管多牽強，也要用來合理化自己的作為。希特勒慣用栽贓嫁禍，鎖定攻擊目標——例如，一九三九年八月入侵波蘭前夕，格列維茨（Gleiwitz，譯註：其時，一小批穿上波蘭軍服的德國部隊，攻擊電台，播放反德言論，成為歐洲戰場的導火線）電台的攻擊事件——可以解釋後續的突擊，是防衛而非侵略。

如今講起「藉口」，便激發火熱辯論，已為常態。蓋達組織無端發動侵略行動，在九一一事件中，肆意攻擊紐約世貿中心及其他目標，惡行讓人髮指，但現在卻發展成各式各樣的陰謀理論，認為美國、以色列、沙烏地阿拉伯，或者其他黑暗勢力，坐視或者促使恐怖行動橫行（兩派主要的思維縮寫為：LIHOP——let it happen on purpose，故意讓它發生；MIHOP——make it happen on purpose，故意使它發生），藉以合理化後續的入侵戰爭。部分理論家也以類似的角度，詮釋一九四一年日本偷襲珍珠港。

日本出動幾千名海軍和空軍官兵，數百架飛機和多艘航母，突襲美國夏威夷的海軍基地，其實是美國政府設下的騙局：這種事情也有人敢說，還有心思搖擺的人會信，沒那樣乾脆的現代戰爭——不是回應直接攻擊，而是援助盟邦，制裁侵略，或者消弭未來的可能威脅——陷入是不是「藉口」的反覆爭執中，自然不足為奇。

強烈的懷疑、追殺潛藏動機，只是現代戰爭雄辯家面臨的諸多挑戰之一。電視、網路把戰爭的恐怖帶進西方家庭，一般市民看到

倒盡胃口。比起過去，今日的戰爭真的是「不對稱」（asymmetric）戰爭：具有大規模催毀能力的高科技武器，部署在發展中國家，卻用來對付藏身於尋常百姓家的敵人。直接與間接的人命損失，加上自身傷亡，只有在符合最高道德標準的前提下，才能接受。結果導致戰爭論述總是全力強調最可能打動人心的元素。國家安全、自我防衛算是王牌。崇高理想──和平、民主、捍衛人權──也是強棒，但實務上，卻禁不起檢視，很容易暴露西方的雙重標準與虛偽。其他理由，包括：牟取經濟利益、地緣政治、對盟國的義務、廣泛的外交考量，就實在太危險了，要不輕描淡寫，要不乾脆絕口不提。

偶爾，西方領袖會公開討論國家的自利主張。例如，一八九八年，當時美國總統威廉‧麥金萊（William McKinley）要求國會授權美國介入古巴脫離西班牙統治，引發更廣泛的美西戰爭，他用的理由就是：

坐視不理，將會對我國的商業、貿易、經營，造成嚴重的傷害、混亂情勢更會摧殘產業，踐踏這座島嶼：這就是我們干預的正當理由。……近在咫尺的古巴，陷入長期衝突，自會影響我國人民與古巴的貿易與經商關係。我國公民的生命與自由屢遭風險，財產不保，甚且危及人身安全。我國的商船在自家門口，更容易被外國戰艦攔截、查扣。[10]

一九五六年，蘇彝士（Suez）運河危機期間，英國首相安東

尼・艾登（Anthony Eden）以經濟利益作為理由，採取軍事行動，對抗埃及總統納瑟（Gamal Abdel Nasser），不過，當時，商業利益的保護，是以「國防安全」的形式來闡述的：

接下來，我要向各位解釋蘇彝士運河爭議的當前局勢。在我們檢視這起事件的政治意涵前，我必須用最平實的方式告訴各位，任何具有敵意的勢力，干預蘇彝士運河自由通行權，將會嚴重衝擊我方在該國的命脈。如果說，這是我國身為貿易大國的存亡關鍵，並不為過，因為這攸關我國的就業、生活水準，還有每位國民的荷包收入。[11]

近幾十年來，西方領袖以經濟因素或其他國家利益，解釋發動戰爭的必要性，卻幾乎都會被貼上帝國主義者或戰犯，或者帝國主義戰犯的負面標籤。

國家利益當然不會消失，持續在外交決策（包括戰爭行動）上扮演核心的角色。這個詞聽起來工具性太強，又沒人性，過去可以高談闊論，現在卻沒什麼人願意公開承認、誠實以對。結果導致過於誇張的懷疑，真正的戰爭原因反倒隱沒不彰 —— 比方說，西方只要軍事介入中東地區，永遠為的是石油。公眾的不信任使得修辭瞻前顧後，然後又助長公眾更加不信任。

❖

一九六四年八月四日深夜，美國總統詹森發表電視演說，向人民報告。根據他的說法，當天稍早，美軍驅逐艦「馬多克斯號」

（USS *Maddox*），在公海遭到北越魚雷艇攻擊。這是三天內的第二次攻擊，詹森說：

> 在這次交火中，美軍官兵的表現，反映美國海軍的最高傳統。對方反覆襲擊美軍武力，我方不僅要警戒防禦，更須斷然回應。今晚，就在我同諸位講話之際，我方已經斷然回應，正針對北越砲艇與支援設施，實施空襲。[12]

公開且無挑釁意味的入侵，鎖定軍事目標以癱瘓攻擊者，此為自衛，是聯合國憲章和國際法允許的。但接下來，詹森的談話有如擊劍手手中的劍，開始擊刺。有時向前，有時向後，有時佯攻，有時閃避。他說，美國的回應「有限而且合宜」；「我們美國人了解衝突擴大的風險，雖然其他人似乎忘了，」大家有疑慮嗎？「我們不會追求更全面的戰爭，」這是詹森給觀眾的保證。原本半信半疑的美國人聽了可能會稍微放鬆心情，但是詹森的言辭之劍仍然閃露出光芒，這就是他的突襲：

> 最後，我今天會晤了國會兩黨領袖，知會他們，我將即刻要求國會通過決議，表明立場：美國政府上下團結一致，決定採取一切必要手段，支持東南亞的自由、捍衛該地區的和平。[13]

突然之間，所有事物 —— 地圖、立論基礎的內涵，更重要的是總統的政策目標 —— 全都擴大了。如今詹森總統說：美國承諾

的不只是「有限的」立即反應，還「決定採取一切必要手段」。保護「馬多克斯號」、捍衛美國海軍公海航行權，膨脹成為支持東南亞的「自由」。自由這個詞，放在冷戰脈絡裡，等同於免於共產統治的自由。「馬多克斯號」官兵行使自衛權，也變成了「捍衛和平」。我們要如何捍衛和平？總統沒有明說，但我們已經在布萊爾的伊拉克用兵演說中發現：政治領袖會主張，捍衛和平最簡單的方式就是打仗。諷刺的是，衝突的另一方也這樣想。古羅馬歷史學家塔西佗（Tacitus）記載，喀里多尼亞人（Caledonian，譯註：中古時期大不列顛的反羅馬勢力）的領袖喀勒迦庫斯（Calgacus）以諷刺的口吻，形容羅馬人「把國家變成廢墟，稱之為和平」。[14]

　　三天後，美國國會通過聯合決議，只要該區域盟邦要求美國協助，抵禦共產主義威脅，便授權總統無須經過國會批准，即可動用武力。接下來，經年累月，隨著越戰情勢升高，美國深陷泥淖。儘管國會不斷激辯，也持續支持海外用兵，《東京灣決議》（Gulf of Tonkin Resolution）是觸發戰況攀高的關鍵。總統利用東京灣事件強迫國會順從他的意志，也是行政部門蠻橫擴權的實例。

　　此事還有下文。幾乎從一開始，東京灣事件就招致質疑，消息披露得越多，反倒越顯可疑。「馬多克斯號」遭受攻擊時，美國正針對北越進行多項祕密任務；她的確在國際公海上沒錯，但正在執行信號解碼作戰。最有力的反證 —— 近年來才確認 —— 八月四日，驅逐艦「馬多克斯號」遭受攻擊，驚動詹森總統即席廣播演說，更是用以說服國會動武必要性的理由；其實不是真正的攻擊，而是慌張的水手看錯雷達影像，誤以為有敵艦逼近。更嚴重的是，

美國政府高層 —— 幾乎確定包括國防部長羅伯‧麥納馬拉（Robert McNamra），甚有可能連總統本人在內 —— 當時就知道，第二次遭受攻擊的報告可能有誤。二〇〇八年二月，當時仍在服役的美國海軍上校派特‧派特森（Pat Paterson），在《海軍歷史雜誌》（*Naval History Magazine*）中，總結道：

> 東京灣事件爭議，持續四十幾年。過去幾年解密的文件及錄音帶，加上先前就被揭露的事實證明，政府高層扭曲事實，誤導美國民眾，導致美國全面介入越戰。[15]

　　詹森總統和東京灣事件，已經成為學術界研究政治修辭的經典個案。在諸多研究成果中，全都會出現一個關鍵詞 ——「託辭」。

　　李察‧薛維茨（Richard A. Cherwitz）現在是著名的修辭學教授。一九七八年他還是博士生時，寫了一篇論文〈林登‧詹森與東京灣「危機」：總統的參戰理由〉（*Lydon Johnson and the "Crisis" of Tonkin Gulf: A President's Justification of War*），[16] 在「修辭情境：託辭東京灣」（The Rhetorical Situation: Tonkin Gulf as a Pretext）一章中，薛維茨有系統的解構詹森的用詞，發現很多我在本書中強調的修辭技巧：運用有限度且「含糊」的事實、「生動與描述性」的用語，包括「強而有力」的形容詞，誇大戲劇張力、強化總統權威、個人特質，也就是人格、壓縮，就像是電視談話第二天，他向雪城大學（Syracuse）學生演講時，使用的三個短句：

刻意攻擊。

無端挑釁。

斷然回應。[17]

　　進一步的修辭工具是「放大」。根據薛維茨的解釋，就是把「區域事件」放進國際脈絡裡：「雖然東京灣事件距離美國本土有幾千英里之遙，總統卻有辦法凸顯問題嚴重性，將小衝突聯繫上打動美國人心的大原則，讓事件看起來具有國際分量。」[18]

　　不過薛維茨這篇創見十足的論文，也需要一點修辭解構。他的定論 —— 詹森政府利用微不足道的小衝突以及子虛烏有的第二次攻擊，鞏固國會和民眾支持美軍介入越戰 —— 極具說服力，斷無疑義。但是講到當時的政治脈絡 —— 或是說明軍事介入的政治動機，薛維茨冷靜的修辭分析語調不見了，轉而倚靠他自己的想法與對當時美國外交政策的典型政治指控：

　　一九六〇年代美國外交的特色是總統擴權，片面軍事介入第三世界國家。美國總統，身兼三軍統帥，在一九六〇年代無數次讓美國捲入其他國家的衝突。[19]

　　薛維茨的用語 ——「總統擴權」、「片面軍事介入」「第三世界國家」、「無數次」，特別是「捲入」—— 使我們不免懷疑他對美國外交政策有意識形態立場。但不論你同不同意他的說法，他的結論確有「事後諸葛」的優點，只是講到政治脈絡，也就是詹森當時面

對的情況，就貧弱許多。如果我們想要了解詹森為什麼這樣說、為什麼要那樣做，就一定要掌握相關脈絡。也只有掌握這樣的脈絡，才能揣摩他的意圖，獲致結論：東京灣事件是不是託辭？如果是，又是怎樣的託辭？

我們不妨做個對照，首先考慮其他託辭的政治脈絡。二〇〇三年，英國政府為入侵伊拉克鋪墊，聲稱伊拉克擁有大規模毀滅性武器。當時的情勢如下：英國可以自行決定要不要加入美國主導的軍事介入行動。其他西方盟邦悉數袖手旁觀。美國國防部長唐納德·倫斯斐（Donald Rumsfeld）說得很清楚：不論英國加不加入，美國都會攻打伊拉克，英國不參加的「應變方案」也已經規畫就緒。[20]此外，入侵伊拉克並不是為了獲致長期戰略目標，非打不可的戰役。當年海珊侵略科威特，小布希的父親，老布希總統已經有入侵的正當理由，還在中東集結揮師直指巴格達的兵力。但老布希決定克制。

這也是為什麼需要特別證據，合理化入侵伊拉克的緣故。假設布萊爾政府無法製造海珊擁有大規模毀滅性武器的「證據」，英國就不該參戰。道理就是這麼簡單。還有一個推論沒那樣確定：如果小布希政府沒有出示美國版的可疑卷宗，那麼伊拉克戰爭不會那樣輕易的打起來。

東京灣事件不同。當時的世界已經在打仗 —— 冷戰。全球各地都爆發對抗蘇聯及其附庸的衝突，在薛維茨的論文中，卻完全沒提到這個背景。薛維茨似乎把東京事件的國際脈絡視為另外一種「修辭工具」，生怕賦予越南安全情勢「某種國際分量」就有誤導

讀者之嫌。將區域性的警示牽扯進兩強的全球性對峙，是冷戰雙方都慣用的伎倆。特別是美國、蘇聯及中國都相信，在更遼闊的戰場上，越南具有地緣政治上的重要價值。詹森總統的施政重點原放在國內改革上，但到了一九六四年夏天，詹森的幕僚已認定，南越政府不是越共的對手，美國如不迅速實質介入的話，南越崩潰在即。

不同於二〇〇三年的伊拉克，一九六四年美國政府介入越南情勢的計畫，跟當時美國朝野的全球觀點很合拍，也獲得多數民眾的支持。詹森政府認為，他們處理的是對峙前線國家的危機，是圍堵國際共產主義蔓延的成敗關鍵。在這樣的脈絡裡，詹森政府很可能早就在尋找引爆點、某個可以證明越共明目張膽的「侵略」事證，激起美國國會和人民的怒火，為升高越南戰事鋪路。引爆點並不難找。八月二日，和北越魚雷艇交火可能是真的，以美軍出現在衝突熱點的數量而言，加上情勢快速惡化，要等另外一個合適的爆點，實在不是難事。

有一件事大家經常會提到 —— 如果沒有東京灣事件，可能就不會有越戰。我們剛剛見證過凱利／吉勒根案，應該很熟悉一件事情：為了堆砌嚴厲指控，不時會冒出來的修辭誘惑 —— 詹森當晚撒謊，賠上美國成千上萬的士兵性命，東南亞數以百萬計的生靈因此塗炭。其實較為冷靜、也比較可信的說法應該是：美國早以某種形式投入越戰，並不是受到虛假修辭的蠱惑，而是因為美國冷戰外交政策的內在邏輯。也就是說東京灣事件並不是實質的託辭，而是在那個當口，一個信手拈來的藉口。就算戰事沒在這裡升高，還是會在別的地方引爆。

　　東京灣事件對詹森來說可能很方便，在很多方面，也極投國會和美國民眾的胃口。儘管對東京灣事件公開或私下的質疑很快出現，但詹森的決策還是獲得廣泛的支持。很多民主黨人跟他們的領導人一樣，對冷戰議題採行鷹派主張，共和黨的立場甚至更強硬。薛維茨在論文中多次提及「帝國總統」（Imperial Presidency）理論，這個概念有個好處，可以將越戰起因歸結到一小撮菁英身上；但是將「東京灣決議案」視為國會自動繳械，甚至稱為憲法政變，就流於空想了。實際的情況是，立法部門在接下來幾年，始終握有財政大權，只是不斷投票通過越戰撥款。有個事實，雖然無涉陰謀論，同樣令人不安，那就是美國是依照民主體制運作，才參與越戰的。參眾兩院絕大多數議員都支持詹森的政策。不是因為他們天真無知，誤信謊言，而是因為他們支持政府對冷戰的總體立場，東京灣事件雖然疑點叢生，他們還是姑且相信總統的說法。直到駐越美軍頹勢畢露，美國政壇及輿論對參與越戰的狂熱支持，才逐漸消退。

　　這就是棘手之處。美國國會及民眾默許越戰升高，但升高的方式——以及詹森以極其簡略的方式，倉促解釋發動戰事的理由——卻讓兩者在選擇未來是否持續支持開戰，保有極大的搖擺空間。如果一九六四年戰事升高，越戰很快就取得決定性戰果，國會和民眾可能得意洋洋，自認參與關鍵決策。但是陣亡人數持續攀升，失敗主義瀰漫，越戰變成詹森的戰爭。幾年不到就壓垮了他。

　　這就是片面解釋以及託辭會產生的問題，在通往戰爭的路上，它們頂多是附帶的角色，發揮不了決定性的功能。講到戰爭，現代公眾傾向模稜兩可。我們的首肯永遠保有餘地：如果我們大體同

意，就會忽略說辭的漏洞，甚至願意受謊言擺布；但我們也預留這些說辭可能是藉口的可能性，跟決策拉開一點距離，以便情況不妙的時候，可以順勢脫身。

古老的謊言

在《尤里西斯》（Ulysses）中，愛爾蘭作家詹姆斯・喬伊斯（James Joyce），藉斯蒂芬・迪達勒斯（Stephen Dedalus）嘴說，歷史是他始終想奮力掙脫的夢魘。戰爭、戰爭修辭也一樣。不論主張軍事介入的說辭多有說服力，聽眾還是不免發現好些陰暗的問題，盤據心頭。演說內容聽來頭頭是道，但事後證明演說者心懷不軌或是陷入瘋狂，那該怎麼辦？我們如何確保有限戰爭不會掉進泥淖？是不是所有戰爭基本都是徒勞？我們把年輕的男女送上戰場，非但得不到勝利與榮耀，反而為他們、敵人，還有不計其數的無辜平民，招來殺戮？

這個夢魘有個名字，那就是我們對第一次世界大戰的了解。不僅僅恐怖 —— 對西方盟邦而言 —— 比起之後的戰爭，或是歷史上的任何一場衝突，都能更清晰的感受到戰火的殘酷。這場大戰感染我們對於戰爭的認知，就像一個黑暗的問號，只要提及軍事行動，就會不由自主的浮現心頭。我們要怎樣確定，到頭來這批領導人，不會變得嗜殺成性、推諉塞責，就像一九一四年，把歐洲變成廢墟的那批老頭一樣的愚蠢、一樣的輕忽人命？

　　敘述一次大戰的主軸離不開修辭。那批缺德的領導無須親臨戰場作戰，而是說服幾百萬平民替他們犧牲。他們如何利用公眾語言說服歐洲「在劫難逃的青年」拋頭顱、灑熱血，以及如何保證下不為例，是一戰故事與教訓的兩大主題。請看著名戰爭詩人威爾弗雷德·歐文（Wilfred Owen）的力作結尾：

> 倘若你能聽見，在每一次顛簸，血
> 從破碎的肺葉中流出 漱口般的作響
> 如癌症般猥瑣 反芻物似的苦
> 不治的瘡爛在無辜的舌頭上
> 我的朋友 你就不會熱情宣揚
> 古老的謊言：為國捐軀
> 甘之如飴 分所當為[21]

　　「為國捐軀，甘之如飴，分所當為」是古羅馬著名詩人賀拉斯（Horace）的格言。在維多利亞與愛德華時代，經常用來紀念戰死沙場的年輕戰士。直到現代，一九一三年，英國桑德赫斯特（Sandhurst）皇家軍事學院（Royal Military Academy）教堂，仍然選擇這句話來裝飾紀念碑。

　　把這句話放進毒氣攻擊的背景裡 —— 或者，延伸到戰壕裡禽獸般的殺戮經驗 —— 傳統的誓詞最終證明只是謊言。歐文從來沒有告訴我們，散布謊言的朋友是誰，但我們認為，他指的是每一個人 —— 軍隊體制、盲目愛國的媒體，還有政治、宗教、教育領

袖 —— 這些人形成一種文化，讓戰爭得以發生。你告訴我們戰爭是英勇神聖的，而今我們了解它的真意。

「甘之如飴，分所當為」是對修辭的警告，儘管它本身也是修辭，而且力道千鈞，是反戰修辭中的壓卷之作。它傳達的訊息超越時代 —— 謊言指的不是尋常的謊言，而是「古老的謊言」—— 雖然歐文的詩是在反思特定戰爭以及與之俱來的恐怖，描繪的主角 —— 化學武器 —— 是新的，引發的現代覺醒與道德反感也是新的。「甘之如飴，分所當為」是在現代工業大戰問世之後，響起的暮鼓晨鐘。

美國內戰結束在一次大戰之前的半個世紀，工業化正在改變戰爭本質，當時已然清晰可見。裝備現代武器的機械時代大軍，不可能在單一戰役遭到聚殲，而是需要靠多次的消耗戰，才能拖垮他們。在這種新式戰爭中獲勝，比較不靠創意洋溢的將領，更重要的是社會及經濟優勢 —— 人口規模、製造業能量、交通基礎建設、科技及工程水準 —— 在漫長血腥的消耗戰尾聲，具有優勢的一方，會在敵人崩潰後，持續屹立。

戰爭是部絞肉機，交戰雙方不斷把年輕的血肉之軀送進去，直到無以為繼；這個新的事實可怕到令人無法細想，過去如此，現在亦然。我們可以想像，維多利亞時代最初使用「為國捐軀，甘之如飴，分所當為」時，是一種因應世局的修辭策略，將工業化大戰殘酷至極的難言之隱，轉移到戰士的動機和特質上，他們跟過去的戰

爭英雄一樣英勇而單純。於是一次世界大戰的飛行員，坐進剛剛發明的飛行器裡，變成了空中武士（knights of the air）。但歐文以他在戰壕中的親身感受，戳破話術，認為這種修辭伎倆斷難持久。

這是兩種迥然對立的反應之爭——一方致力聯結浪漫的／宗教的超越性（transcendence），賦予戰爭意義；一方滿腔怒氣，認定戰爭只是無謂的犧牲——在停戰簽訂之後數年，雙方依舊相持不下。聖歌〈噢！勇敢的心〉（*O Valiant Hearts*,1919）中，陣亡將士追隨「殉道的聖子」「盡飲祭獻之杯」，最後理應跟聖子一起復活，迎接勝利。一九一八年的愛國歌曲〈我宣誓效忠祖國〉（*I Vow to Thee, My Country*）傳唱至今，把陣亡將士對國家的熱愛，比擬基督的大愛，「那是祭壇上最誠摯、最美好的愛」，

> 那愛永不凋零　誠願付出一切代價
> 無所畏懼　不惜獻上最後的犧牲[22]

即便在當時，敵對的修辭——戰爭無謂論——也隱隱成形。自我犧牲仍是主角，但不再放在純真的準宗教祭壇，而是傲慢愚蠢的祭壇。戰爭詩人，尤其特別是歐文和西格夫里・薩松（Seigfried Sassoon），對新修辭貢獻良多。*羅伯・格瑞夫斯（Robert Graves）也是，他以尖酸、荒謬論調寫就的回憶錄《向那一切說再見》

---

* 一九一七年七月三十一日出刊的《泰晤士報》，薩松在〈反抗宣言〉（*Statement of Defiance*）一文中，把這場衝突視為「侵略戰爭」。

（*Good-Bye to All That*,1929），以另類的文學形式，呼應詩人描繪的戰爭感受，依舊讓讀者動容。

到底該怪誰呢？將領與政客是最明顯的箭靶。一戰結束後沒多久，英國陸軍元帥道格拉斯·黑格（Douglas Haig）和其他將領論功行賞。黑格獲封爵士，還被前部屬推選為英國皇家軍團（Royal British Legion）主席。這個組織成立於一九二一年，功能是輔導協助英國退伍軍人。但很快的，出現了一種反思的氛圍，有可能是受到西線戰事的血腥屠殺驅動，更可能是因為政客根深蒂固的直覺，總急著沽名釣譽，先把責任推出去再說。

這一章開始的引言，就是伊舍爵士警告黑格要提防邱吉爾，當時戰況膠著，英國國內政客開始躁動。伊舍一九一七年的警告，主要是受到近期事件的刺激 —— 幾個月前，邱吉爾寫了幾句評語，強烈批判黑格的索姆河攻勢 —— 這也預告了英國將領的名譽，即將面臨政客的清算。

一九一七年，邱吉爾極力鼓吹推動的加里波利戰役（Gallipoli Campaign，譯註：這是一戰中最著名的登陸戰，協約國死傷十幾萬人，依舊無法攻克土耳其據點。邱吉爾當時擔任海軍大臣），最後以難堪的慘敗收場，邱吉爾軍事戰略家的威望跌落谷底，卻無法阻攔他對英國將領的冷嘲熱諷，只要有人肯聽，他一定把自己的戰略見解拿出來大肆吹噓：這就是邱吉爾的典型作風。消耗戰的原則跟邱吉爾對戰爭與領導的信仰，完全牴觸，套句伊舍爵士的說法，這就是為什麼邱吉爾會用自己的直覺，使用「深具韻律」的語言，解釋大戰在壕溝中陷入僵局的緣故。

真相很簡單：機關槍及更精準的火砲有利防守，在戰爭初期，讓參戰各國絕大多數的軍事專家，難以施展。經過漫長時間的創新與嘗試、調整，他們才發展出新的戰略與武器，在一九一八年的戰事中，取得突破性的進展。但邱吉爾刻意簡化實情，在他嘴裡，答案一直很清楚：英軍將領是一群笨蛋，看不出致勝關鍵。

一次大戰之後，邱吉爾重拾攻勢。他在《世界危機：一九一一～一九一八》（*The World Crisisi, 1911-1918*）中，把索姆河戰役描述成「從頭到尾的無序殺戮」，並沒有直接攻擊黑格，但敵意躍然紙上：

> 軍事專業賦予他一種自信，伴隨著他歷經三年大規模的戰事，走過低潮、高潮與錯估，無所動搖。軍中袍澤也很健康的在他的自信中得到自我肯定。[23]

黑格時運不濟，他遇到的不只一位雄辯型的政治人物，而是兩位。大衛・勞合・喬治（David Lloyd George）是把英國帶進一次大戰的內閣成員，大戰後三年，擔任首相。此人善觀風向，喜歡把對戰事的批評，推給軍事將領，而且跟邱吉爾一樣不留口德。喬治事後回憶說：黑格「對抗一次大戰中某些最厲害的對手，缺乏規畫戰役所需的想像力縱深及遼闊視野」。說真的，他從沒見過「如此缺乏想像力」的高階將領，[24]意味著：如果英國指揮官更有遠見、不自以為是，最後的勝利會快上許多，損失也會大幅減輕。黑格師心自用的評價，很快成為定論。但如果英軍將領如此無能，政客怎麼

不陣前換將？儘管政治領袖極力撇清，但他們很快也跟將領一樣，成為群眾公審的對象。

這樣的論調——獅子受驢子指揮，國家遭到政治及軍事菁英背叛——隨著時間逝去，反倒越發牢固，直到二戰爆發前後那幾年才退燒。二戰浩劫又與先前的戰爭迥然不同，足以開創出專屬的敘事論調；但很快被打回原形，在二十世紀最後三十幾年，甚至演變成一種創作規範（normative）。BBC嚴肅省思的開創之作，紀錄片《大戰》（*The Great War*, 1964）、生氣盎然的音樂劇《噢！多可愛的戰爭》（*Oh! What a Lovely War*，一九六三年舞台劇版，一九六九年電影版）——從反諷的劇名，就透露出規範性有多麼根深柢固。巴巴拉・塔克曼（Barbara Tuchman）描述二戰起源的《八月砲火》（*The Guns of August*, 1962），獲得普立茲獎。二十年後，她再發表《愚政進行曲》（*The March of Folly*），以一戰「愚蠢、背判」的敘事觀點出發，從木馬圍城到美國棄守駐西貢大使館，綜觀西方文明史上各大關鍵戰役。

一次世界大戰爆發至今已過一百年，學術研究與辯論推陳出新，但是一般人對這場衝突的認知卻沒多大改變。如果說「為國捐軀，甘之如飴，分所當為」代表老謊言，那麼說簡化的敘事模式，「背叛與無能」編織出新的謊言，應該不算太過分。兩者的功能並沒有本質上的差別——都是在提供一個舒適的選項，轉移焦點，不讓我們正視工業發明造就的災難與我們究竟有沒有能力成為一個「人」的痛苦省思。新謊言創造了「欺騙修辭」，而在許多重要方面，它本身就是「欺騙修辭」，但卻博得廣泛的認同。無論我們有

沒有意識到，新謊言幾乎影響了每場戰爭的討論，不只是英國，而是遍及西方世界。

❖

二〇〇六年四月，英國國防大臣約翰·里德（John Reid）在喀布爾（Kabul）的記者會上，議及英軍在赫爾曼德省（Helmand）的部署。他說，他希望這項部署——側重重建、安全維護、籌建堅強的地方政府——可以跟九一一恐攻後，美國及盟國發動阿富汗戰役的前幾個階段，明顯區隔：

> 我們在南部提供保護，協助阿富汗人民重建經濟和民主政體。我們絕對樂於在三年內撤軍，一槍不發。[25]

最後那句「一槍不發」在之後的八年內，不斷有人引用。英軍在這段期間裡，跟赫爾曼德省的神學士組織，血腥纏鬥，終究徒勞無功。以上下文來看，那句話的意思很明顯——我們是來建設，不是來打仗的——但拿掉脈絡，聽起來就十分可笑，就像大戰開頭幾個月，大家樂觀認為耶誕節前就可以打包回家一樣。記者會一年半後，英國《衛報》的西蒙·詹金斯（Simon Jenkins）寫道：

> 當時的國防大臣里德甚至說「一槍不發」，就完成赫爾曼德省的任務……。整個遠征赫爾曼德省行動，從一開始就是自殺任務。[26]

注意倒裝用法。一槍不發與樂於撤軍，一槍不發，意思頗為不同：原本是說英軍無意主動發起攻擊，卻變成國防大臣預測根本不會有戰鬥。聽進我耳朵裡，就連用字的順序都讓人依稀想起一次大戰將領。詹金斯拿瘋狂預言，對照現實，奚落戰略部署最終淪為「自殺任務」。但那個瘋狂預言卻是詹金斯錯誤引述，捏造出來的西貝貨。

接連幾年，里德博士積極說服世人，「我從來沒有在任何地方，表達過希望、期待、承諾或誓言讓英軍在『一槍不發』的情況下，離開阿富汗」。[27] 他一度因為在BBC上，看到有人如此指稱，從家裡打電話給我，我也出面幫他善後。但敘事一旦成形，幾乎不可能翻案。本書一開始，我們就討論過，如何壓縮句子，贏得辯論。里德博士碰上的其實是意義的問題：一個新的意義，強加在他的原意上——但是新意義跟國家記憶（或神話）連在一起，攫取強大能量，已經有了自己的生命。

二〇一二年三月，《蘭開夏電訊報》（*Lancashire Telegraph*）報導奈吉‧庫普（Nigel Coupe）中士在執勤中陣亡的消息。他是蘭開斯特公爵步兵團（Duke of Lancaster's Regiment）的成員。以下是報紙網站上，有關這則新聞的讀者留言：

> 這使英軍陣亡人數累積到四百人。國防大臣里德誇口，我們可以一槍不發，進出阿富汗。我真好奇他晚上怎麼睡得著覺。
>
> 英軍在阿富汗表現傑出，卻付出慘痛的代價，遠遠超過政客嘴裡的數字。只可惜西敏寺軍團（Westminster regiment，譯註：指英國國

會）沒有損失一兵一卒。

　　每年，我都會驕傲的別上我的罌粟花，替無法返鄉的陣亡官兵祈禱……年輕人，請安息，至少我不會忘記你們。[28]

　　說到這裡，我們已經很接近一次世界大戰了。里德博士的評論成了「誇口」，如今它不再專指赫爾曼德省的軍事部署，而是整個阿富汗戰爭。句子固定在倒裝句法。針對「西敏寺軍團」的嘲弄，其實適用於過去一世紀中任何一個十年。於是，我們找到了一個背叛典範（paradigm），不僅可以形容一個世代的政客，甚至對每一個世代、政治人物整體，也都派得上用場。

　　狡獪老到的作者可能會這麼解釋，就算是把里德分明沒說過的話，硬栽在他身上，也跟主旨毫不相干，因為這個錯誤引述在事實上反映了更廣泛的真實。同樣是二〇一二年，明明知道里德博士被錯誤引述，朱立安・柏傑（Julian Borger）還是在《衛報》專欄中寫道：

　　無論如何，這個虛構的迷思，概括一個更深刻的事實，那就是大家對布萊爾政府二〇〇六年初，調派三千英軍進駐赫爾曼德省這件事，顯得漫不經心、過度樂觀。[29]

　　起初，英國國防大臣是向阿富汗人民保證，英國政府想在赫爾曼德省，盡可能的減少戰鬥，盡可能的協助當地重建；原本高尚的情操，最終卻變成無能與冷酷的校對文本（proof-text）。他有沒有

那樣說，一點都不重要 —— 就算有人相信他被冤枉也無所謂。這就是更深刻的事實。

同時，阿富汗戰爭也提醒世人另一個難以接受的事實 ——「正義的」戰爭，到頭來還是會跟「不正義」戰爭一樣，難有圓滿大結局。

❖

工業戰爭時代來臨，我們思考戰爭道德及修辭時，還有第二個深遠的衝擊。二次大戰後期，在物質領域，特別是飛機製造上，同盟國的優勢已經遠遠凌駕軸心國。掌握空優的盟軍，得以長驅直入，轟炸德國與日本的工業核心，瓦解逐漸削弱的抵抗。一九四五年，美國在廣島與長崎投擲原子彈前，已經有成千上萬的德國與日本人民，男女老少，死於空襲。

我們應該怎麼看待這種大規模的殺戮？這個疑問特別切題，原因之一是：即便在二十世紀深具「道德」意義的大戰中，大規模的濫炸都得被打上大大的問號。原因之二，在今天，西方依舊享有無可搖撼的空中主宰力量，強大的武器火力，更不是被他們鎖定的對手，所能望其項背。

二〇一五年二月，英國坎特伯里（Canterbury）大主教賈斯汀‧威爾比（Justin Welby），在德國德勒斯登（Dresden）聖母教堂（Frauenkirche）前發表演說，這是大轟炸七十週年紀念活動的一部分。當年英國的空襲，導致兩萬五千名德國人罹難。

像朋友一樣，攜手前行，需要實話實說。一如克羅埃西亞神學家米洛斯拉夫·沃弗（Miroslav Volf）的名言：「錯誤的行為無法如實記憶，就是行不義之事。」

許多辯論圍繞在盟軍極具爭議的轟炸行動上。姑且不論各方的觀點，七十年前的往事，至今依舊留下深深的傷痕，讓我們的人性不免失色。身為耶穌基督的追隨者，站在各位之間，只感到沉痛的歉意與無盡的哀傷。[30]

只是「實話實說」對部分英國政治人物和媒體來說，實在難以承擔。蘭柏宮（Lambeth，譯註：坎特伯里大主教倫敦住所）很快就否認大主教在「道歉」，也否認演說涉及「究責問題」：大主教只是見證了「戰爭的悲劇」。[31]引用沃弗的話，並不意味著大主教認為英國空襲德勒斯登是一個「錯誤的行為」。蘭柏宮的聲明引發爭議，因為英國——總是急匆匆的批評別國，不願面對發動戰爭的道德責任——從未就空襲造成德國無辜民眾死傷，進行嚴肅的辯論。究竟轟炸是不是具有那樣高的必要性跟正當性，必須讓幾萬名空勤人員英勇捐軀？或者，空襲壓根是戰爭罪行？

這個話題太複雜，乘載過多抽象的道德概念以及敏感的宗教意涵，完全不是現今政治領袖的舒適圈。結果導致當代軍事行動的道德性，沒有得到足夠的公開討論。動用無人機及特種部隊暗殺可疑的敵人首領，經常誤擊、誤殺，造成嚴重的間接傷害（collateral casualties）：空襲摧毀一個國家的基礎設施，對平民造成嚴重的影響，加入西方盟軍的組織或國家，有時在戰場上的行徑，非但視

法律於無物，就連起碼的人權標準都差得很遠。西方的敵人在這方面的紀錄可能更不堪聞問，但就連最鄉愿的國防部長都不想知道實情，更沒臉用比爛來當藉口。這種事情還是盡量少提，就讓大主教那樣的人誤闖地雷區吧。

　　過去沉甸甸的壓在我們心頭。二十世紀的重大衝突讓人們渴望道德高點，最後只得到嘲諷與質疑的渣滓。在我們辯論是否參戰時，某些真正的理由未必說得出口的問題，而卻因為現代戰爭的現實、難以面對只想逃避的殘酷，變得更加複雜、更加讓人不安。我們三軍將士該如何在戰場上恪盡職責。誰不希望自己的國家富強安全？又有誰不希望自己站在正義的一方？結果，我們的領袖只好塗脂抹粉，就跟灰姑娘那兩個倒楣的姊姊一樣，把現代戰爭駭人聽聞的醜陋真相，硬生生的套進簡化道德的玻璃鞋裡。

別打著我的名號

　　當然，政治領袖 —— 還有一般公民 —— 永遠有別的選擇。東京灣事件後約三年，金恩在紐約市河濱教堂（Riverside Church）「打破沉默」，評論越戰。他盛讚邀請他的宗教領袖，強調他「完全同意」他們最近發表的聲明，尤其是這句話：「沉默就是背叛的時代已經來臨。」隨後，他開始措辭謹慎卻強烈批判的演說。在演說即將進入高潮前，金恩改變譴責語調，話鋒一轉，提出結束戰爭的五個具體做法：

這種瘋狂狀態總得結束。現在就懸崖勒馬。我要以上帝子民與貧苦越南兄弟的身分發聲；我要為土地荒蕪、家園毀壞、文化覆滅的人發聲；我為美國的窮人發聲，他們付出兩倍代價，在國內卻只換到破碎的希望、在越南，更換來陣亡與腐敗；我以地球公民的身分發聲，這個世界因為我們選擇的道路，震駭難安；我以深愛美國的人民身分，向我們國家領導人發聲：我們既然膽敢發動這場大戰，化干戈為和平的責任，自然也落在我們肩上！[32]

從不同的角度來看，我們都彷彿回到了一九四〇年，聽到了邱吉爾演講的那種力道與簡練。五個發聲帶我們走過終止戰爭的宗教、道德與政治理由。金恩的開場訴諸直覺（「這種瘋狂狀態總得結束。」）結尾提出政治呼籲（「化干戈為和平的責任，自然也落在我們肩上！」）連結開頭與結尾的弧形很短，言簡意賅、清楚宣告，但中間的句子就複雜多了。如果說邱吉爾的關鍵用語是勝利；金恩的核心概念就是破壞：實體的破壞（荒蕪、毀壞、陣亡），還有期望和價值的破壞（覆滅文化、破碎的希望、腐敗）。他的語調悲傷多於憤怒，責難卻不減鋒利。另外，金恩提到「我們國家領導人」時用的是複數，但矛頭顯然主要指向詹森總統，畢竟東京灣事件以及其後續發展，他正是始作俑者。

一九六〇年代末，套用金恩的話，戰爭 —— 特別是現代工業化戰爭 —— 被認定是「瘋狂」，不再是什麼離經叛道的宣示，而是西方世界公認的事實。冷戰結束後，有一段很短的時間，讓大家以為西方捲入戰爭的時代狀似結束 —— 反戰示威、歌曲、電影，也

應該沒有市場。但戰爭接連不斷，反戰示威跟著捲土重來。

今日反戰運動的起因是反對西方國家介入中東局勢，但是貫穿其間的意識與使用的語言，卻未曾擺脫過往的陰影，深受各種戰後反思的影響：道德和平主義（ethical pacifism），尤其是親近貴格會（Quakerism，譯註：主張和平、宗教自由，強調個人化宗教體驗的基督教新教派別）的思維，旁及基督教其他教派、不同信仰與人道主義關懷；自由國際主義（liberal internationalism），盛行於一戰後，試圖阻止下一場血腥屠殺，但徒勞無功；興起於一九五〇年代，蔓延整個到一九八〇年代，反對原子彈與氫彈的大規模示威；再加上反越戰激化了原本對政治冷漠的美國人，並將強烈的反戰主題帶進通俗文化。同樣重要的是兩種意識形態的合流：其一是西方資本主義國家與帝國主義經驗的一般理論；其二是西方對於穆斯林及伊斯蘭文化（Islamophobia）的恐懼傾向，導致攻擊與壓抑穆斯林國家的慾望。

諸多信念可以把不同類型的反戰者綁在一起，其中之一是他們的修辭（他們當然不喜歡這個名詞）跟他們反對的政治領袖話術，確實大相逕庭。他們一開口，就跟金恩一樣，以「世界公民」自居，對於國家已經選擇或即將選擇的道路，感到震駭難安。誰會贊成轟炸兒童？誰會真的鼓吹戰爭、反對和平？我們不用接受諸般事物的本質都是赤裸裸的政治與修辭，盡可承認大多數反戰人士是真誠的。

英國目前最大的反戰團體是終戰聯盟（Stop the War Coalition, STWC），九一一恐攻後創立，曾經聯合裁減核武運動（Campaign for Nuclear Disarmament, CND）、大英穆斯林議會（Muslim Council of Great Britain），發起英國歷史上最大規模的抗議活動──二〇〇三年二月在倫敦登場的反對侵略伊拉克大遊行。一如它的名字，聯盟，終戰聯盟的確在設法超越成員不同的意識形態。也因為聯盟成員，各據不同政治立場的山頭，帶給這個反戰聯盟更強的道德力量：體制可以輕易打發意識形態同質性較高的壓力團體，但是，處理狀似橫跨社會不同區塊的聯盟，可就棘手多了。

儘管終戰聯盟換了包裝，其實跟所有西方反戰團體一樣，左派成員占有壓倒性多數。很多人可能不清楚，這個聯盟是死硬左派促成的，成員甚至敵視「中產階級民主」以及言論自由。好幾位發起人曾經是（隸屬托洛斯基派的）社會主義工人黨（Socialist Workers Party, SWP）及共產黨的黨員，目前聯盟中的活躍人士很多都是左翼極端組織的成員。社會主義工人黨特別出色的是動員能力與組織技巧，盟友讚嘆、敵人敬畏，對早期的終戰聯盟產生劇烈衝擊。幾年後，它還協助推動另外一個對消費者比較友善的品牌──抵制聯盟（Coalition of Resistance），反對「撙節」與政府縮減開支的政策。但眼見這樣的態勢，很難不讓人推出如下的結論：幾乎所有選民都認為終戰聯盟的核心意識形態斷不可行，所以他們發展出許多聯盟副牌，作為政治行銷手段，希望在選民能夠接受的大傘底下，爭取支持，推動政策。

柯賓在二〇〇九年到二〇一五年期間，擔任終戰聯盟主席。多數英國媒體形容他為極端左派，但跟他的同志相較，看起來比較像是中間溫和派。柯賓的繼任者安德魯・莫瑞（Andrew Murray）是

前共產黨員，曾經為史達林和北韓辯護。另一位資深幹部是核武裁減運動主席，在「禁止核彈」全盛時期，核武裁減運動是相對寬容的政治教堂，不過今天核武裁減運動也「左轉」，現任主席是前共產黨員。

二〇一五年十一月十四日，終戰聯盟發表〈西方支持中東極端暴力，巴黎終嚐報應苦果〉（*Paris Reaps Whirlwind for Western Support for Extremist Violence in Middle East*）。文中提到，巴黎連環恐怖攻擊（一百三十人死亡，數百人受傷）的真正原因，是「華府數十年來，無分黨派扶植宗教極端主義」：

> 如果不是美國及其盟國在過去數十年的介入，根本不會有「反恐戰爭」，也不會有巴黎的恐怖攻擊。[33]

文章很快遭到刪除，但也沒快到不激起任何責難。巴黎恐怖攻擊後，這類意見使得很多工黨人士認為，他們的領袖不該繼續擔任終戰聯盟主席，柯賓立馬辭職撇清。綠黨黨魁卡洛琳·魯卡斯（Caroline Lucas）也跟著辭去副主席。

巴黎恐攻後幾個星期，一群人權運動人士投書《衛報》，談論另一個議題。投書中宣稱，終戰聯盟偏袒敘利亞政權，缺乏對受害者的同情。信中指控，終戰聯盟習慣性的扭曲反阿塞德陣營，阻止他們在集會中發聲。

> 終戰聯盟有體系的忽略阿塞德政權犯下的戰爭罪行，污衊反阿塞

德陣營多半是由極端聖戰士及帝國主義代理人組成；同時，在阿塞德的暴政下，邊緣化各種非暴力、走世俗路線、崇尚民主、社區型、不結盟的反對勢力。終戰聯盟歪曲敘利亞公民社會組織呼籲建立平民避難所、開闢人道走廊，栽贓說他們是懇請西方前往轟炸，實則他們是要求阿塞德政權停止濫炸，搶救人命。我們敦促終戰聯盟接受建設性的批評，改變立場，支持敘利亞人民對抗伊斯蘭國及阿塞德政權的迫害。[34]

這封投書指控終戰聯盟中的有力人士，將狹窄的教條主義觀點，強加在終戰聯盟的公開立場上，讓外界誤以為聯盟內部對於敘利亞衝突，並無異見。其中包括：敘利亞衝突是西方帝國主義的錯。阿塞德挺身而出對抗帝國主義，理應保護。反對阿塞德的叛軍是帝國主義者的走狗，即便遭到迫害與處決，也是咎由自取。就連伊斯蘭國也歸咎西方帝國主義，是西方多年來扶植宗教極端主義的後果。

人民有權對歐巴馬、弗朗索瓦・歐蘭德（François Hollande）和柯麥隆，秉持自己的看法，組織抗議行動。我的重點不是批評某種敘利亞內戰的分析觀點，也無意切斷巴黎恐攻與西方在中東的軍事、外交行動間的關聯。而是，無論你對爭論本質有何看法，最近這兩起爭議表明一件事：終戰聯盟內部的意識形態衝突，比表面上的修辭歧異來得更加嚴重；聯盟某些重要人物在政治上別有所圖，導致聯盟宗旨脫離單純的反戰訴求，而近期曝光的文件，也證明了這一點。

終戰聯盟可能是個極端的例子，但所有反戰運動都有相同的壓力：遭到滲透、利用，外帶所有最激進的團體，都不免遭到波及的老毛病——沒完沒了的分化以及終究要面對現實世界的痛苦選擇與妥協。

反戰人士喜歡標榜自己實話實說，對照戰爭販子夸夸其談的修辭，他們主要的目的就是戳破對手的虛偽修辭。我們見識過戰爭詩〈為國捐軀，甘之如飴，分所當為〉及金恩博士河濱教堂演說，剛好是雙方的代表作——的確是有這種可能，只要在特定的時間，能出現像金恩博士那樣言辭便給的演說家。不過多半的時候，我們只能見到今天西方國家熟悉的情況，反戰者的修辭跟他們反對的目標，犯一樣的錯誤：傾向迴避難言之隱、淡化無解爭議、面臨困難的抉擇時假裝輕巧、辯論時各說各話、簡化所有事情。就像傳統的政治修辭，反戰修辭也有相當的偽善成分與隱藏意旨。評斷某種反戰爭主張時，跟評斷其他政策一樣：要看它的是非曲直，而不是想像中的優點，因為那多半是由辭藻堆砌出來的。

在眾多反戰口號中，獲得最多回響的一句，是來自某個反伊拉克戰爭團體的口號：「別打著我的名號」。概念很簡單：政府的部分決策令人髮指，人民有道德責任切割。當然民主政治的核心是：民意代表的決策，即便我們不同意，也能「打著我的名號」來議定——沒錯，只有在輸掉辯論的一方，同意暫時支持多數意見，並期望自己在未來得以翻案的前提下，民主體制才得以順利運作。

金恩試圖改變美國參與越戰的立場，卻沒有挑戰參與越戰的民主程序合法性，也無意離開民主議場，另闢蹊徑。但至少在修辭

上，「別打著我的名號」威脅到上述兩個基礎論述。很多反戰人士是民主的信徒，但是，如我們所見，部分反戰領袖卻擁抱特定意識形態，認為西方民主制度是資本家設下的陷阱，偏愛世上最邪惡的獨裁政權，儘管有孩子在場時，他們不願意公開嚷嚷。當然，某些無法提供契機，讓反戰人士得以輕易攻擊西方領導人的戰爭，就不會勾起他們的興趣，就像是剛果民主共和國（Democratic Republic of Congo）的內戰，造成六百萬人的死亡，足足是敘利亞至今死亡人數的二十倍 —— 但沒有政治利益，也就無人聞問。

很多人希望有一天人類不再用戰爭解決問題，但希望並不會自動實現。我剛做記者的時候，感覺英國未來只可能介入一場戰爭 —— 就是理論上會發生的全球大戰，只是很少人打心裡相信會有這麼一天。等我當上製作人及主編，英軍卻參與四場大戰，外加多起小型軍事介入行動。

我們選出的領導人仍然會參與戰事，有時在某些情況下，也能打幾場勝仗。但我們的公眾語言卻沒有找到適當的處理方法，來因應現代戰爭的現實。也許現代戰爭實況不易理解，也應該不易理解，因為它恐怖到難以用語言描述。結果就是我們說得太少，或者像邱吉爾一九一七年那樣，以「深具韻律」的語言安慰自己，迎合我們敏銳的感受，無論我們是紙上談兵的鷹派將領、人道主義介入者，還是選擇性的和平主義者。

無法誠實討論戰爭，是在這一輪衝突中浮現的嚴重弱點。使得

我們的政府更閃躲、更悍然不顧事實，媒體則是人云亦云，變得更加偏執，公眾則是越來越猜忌。尖刻、分裂、墨守偏見，甚至不願意跟反對我們的人討論 —— 但如果不願意坦誠接受檢驗，我們跟我們的公眾語言，也只能坐困愁城。

chapter *11*

廢止公眾語言

總結來說，我告訴你：如果沒有任何方法可以制衡你們的表達自由，
那麼請敞開心胸，接受我們的行動自由。

—— 奧薩瑪・賓・拉登（Osama Bin Laden）[1]

　　誰曾經邀請過極端右翼政治領袖 —— 他否認納粹大屠殺，還因為煽動種族仇恨而被判刑 —— 參加全國性電視節目，讓他可以對成千上萬的觀眾，宣揚理念，呼籲大家支持他的政黨、他們那些讓人作嘔的政策？那個人，就是我。

　　二〇〇九年秋天，BBC新聞部門告訴我，他們計畫邀請英國國家黨（British National Party，BNP）黨魁尼克・格里芬（Nick Griffin）參加談話節目「答詢時間」（*Question Time*）。一般來說，這個論壇邀請的是英國主要政黨代表，但製作人不時會替換來賓，容納小黨的聲音 —— 綠黨，比方說，還有英國國家黨。有鑑於這個平台崇高的聲譽以及潛在的政治價值，BBC只邀請跨越一定門檻或者取得足夠選民支持的黨派，惡名昭彰的政團，儘管深受媒體關注，或者在民調上突然竄升，都只能敬謝不敏。但是到二〇〇九底，英國國家黨在選票的表現上，已經追上了其他曾經上過這個節目的小黨。「答詢時間」的編輯，認為沒有理由拒絕英國國家黨的

參與。

　　對許多人來說──絕對不只是左派──英國國家黨是個特例。這個政黨成立於一九八〇年代初期，是英國早期右翼政黨──民族陣線（National Front）爆發激烈內鬥後的產物。第一任領導人約翰·丁朵爾（John Tyndall），跟他們早期政策，都源自於赤裸裸的種族主義。但是為了擴大對於選民的訴求，同時，也看到了歐陸極右翼黨派，像是法國民族陣線成功達陣的經驗，格里芬軟化了英國國家黨對於移民以及政策的表述方式，卻有確鑿的證據（例如二〇〇四年BBC的臥底調查紀錄片《密探》[The Secret Agent]）證實，英國國家黨領導層的真實態度，不像他們的宣傳，並沒有大幅度的轉變。許多人擔心該黨會在某些觸動選民敏感神經的議題上，藉機興風作浪，爭取政治利益。最引人注目的移民問題已經上升為隱憂，特別是藍領與中低階層聚集的區域，正是英國國家黨攻城掠地的主戰場。對伊斯蘭恐怖主義的焦慮，也具有同樣的煽動力。而下次大選就在幾個月以後。

　　BBC總經理的角色，是在節目播出前，充任言論取向的最後仲裁者。一旦新聞或節目被播出、張貼、推特之後，就會有其他意見加入，衡量並評論這個決定，包括BBC的自我管理機制、廣播監管單位英國通訊管理局（Ofcom）、外部監督團體，少數的案件，甚至連法庭都加入審判。但是在播出的當口，總經理就得拍板決定──坐在這個位子上的人，一旦陷入極端瘋狂，或許會去尋求同僚的意見──但BBC的章程規定得很清楚：責任必須由總經理一肩擔起。這是單一問責（accountability）制度，或者套用最新的

系統工程術語，叫做「單點故障」（single point of failure）。

半數的BBC總經理被迫離職，多半不是因為他們不夠盡職。事實上，BBC引發重大不滿的編輯政策，總經理往往不曾與聞，一直要到內容播出才會赫然發現。假設冒犯觀眾的內容只是一連串爭議的最新一筆；或者有明顯證據證明這是編輯管理系統失靈；再或者是後續處理明顯不當：還算有層布幕可以稍微遮掩總經理的責任。但扣人心弦的意外插曲——稀奇古怪、風險極高的請示，放進銀盤，托進總經理的房間，一如古老的傳統——還是經常發生。英國國家黨與「答詢時間」堪稱是最經典的個案。

幸好我還有思考的時間。我已經擬定邀請政黨代表上節目的標準：必須是合法政黨、需要有選舉成果。事實上，英國國家黨的候選人即將出現在選票上。反對他們出現在大眾媒體上的聲浪，撇去雜質，可以用「法西斯沒空間」（No Platform for Fascists）這種政策作為代表。在英國，一九八〇年代，由全國學生會（National Union of Students）率先採用。以下是全國學生會的亞隆・凱利（Aaron Kiely）二〇一二年為政策辯護，在部落格上的貼文：

這個政策立基於如下的事實：法西斯主義意味著整體人類族群的滅絕，意圖剷除所有民主與自由。據此，我們無法與法西斯主義者開展合於邏輯的辯論。提供他們廣播的機會與時間，只會強化他們，轉而危及許多群體——黑人、猶太人、男女同性戀、雙性與跨性別戀者（LGBT）、殘障人士、女性與幾十年來法西斯鎖定的攻擊目標。我們永遠不能忘記數百萬死於納粹之手的無辜百姓。他們並不是死於

辯論技巧不好，或是論點不夠扎實。他們犧牲的原因，是法西斯濫用民主體制，攫取權力之後，立刻關閉自由之門，鎮壓所有反抗。這也就是我捍衛全國學生會「法西斯沒空間」政策的原委。[2]

根據他的貼文，由於法西斯內在的壓迫本質與反民主性格，使得這個政黨沒有什麼必要參與民主辯論，反而有足夠的理由，將它排拒在外。法西斯主義進入民主程序，目的只是破壞民主基礎，「攫取權力」。如果給他們機會與時間宣揚理念，只會「強化」他們。但這是表面上的理由，骨子裡的真正想法其實是：法西斯的理念讓人作嘔，但反對者還是擔心他們會找到同好，特別是法西斯主義者善於使用巧妙的手法，把殘酷的本質包裝成深具吸引力的訴求。這就是墨索里尼與希特勒的故智。於是 —— 誰知道？—— 接下來，會不會是現代化、刻意溫和的格里芬？

事實上，很少有主流政治人物認為英國國家黨、英國保衛聯盟（English Defence League）之流的極端團體會成什麼氣候，在短期內威脅民主的正常運作。儘管他們在歐洲與地方議會選舉，取得有限的勝利，卻沒能在英國國會拿下任何席次。他們始終難以維持成長動力，無法積小勝為大勝，痛恨歐盟與憂慮移民政策的選民，比較容易接受英國獨立黨。英國獨立黨（儘管提倡小英格蘭政策 [Little Englander policies]，喜歡招降納叛，對特異獨行的元素頗為寬容）跟希特勒的褐衫軍（Brown Shirts）除了都喜歡啤酒之外，並沒有什麼共通點。

不過，許多左翼的政客 —— 特別是基於某種原因跟他們打過

交道的人 —— 卻極端厭惡英國國家黨，無論左派或右派對他們都沒好感。即便你秉持自由主義理念、尊重表達自由，揚棄法西斯沒空間政策，你可能還是不想跟他們一起上電視辯論。「答詢時間」邀請英國國家黨代表，無可避免的觸及到電視台的特定政策，尤其是種族爭議。在英國政治體制中，這是一個非常危險的課題。過去的幾年裡，在英國獨立黨的策動與群眾呼應的壓力下，堤防曾經潰決過，主要政黨不但熱中辯論移民政策，還相互競價。二〇一六年，脫歐辯論，堤防再次炸裂。不過，當時是二〇〇九年，還有若干君子協議，不曾捲進主要的政治戰場。邀請英國國家黨上節目，讓跨越不同階層而且數量龐大的觀眾，聽到他們狂妄的主張，誰能預測這樣的辯論會走到什麼方向？

　　我知道BBC這個決定將會招來外界普遍的敵意，但還是選擇邀請英國國家黨上電視。我是這樣想的：在英國民主辯論的廣泛體系中，「答詢時間」只是其中的一個環節而已。既然這個政黨已經展現實力，跨過特定的選民門檻，不讓英國國家黨上節目，就只能認定他們必須被排除在廣泛的辯論體系外。換句話說，他們的政治觀點得經過檢查。但無論是我還是BBC，又有什麼權力檢查政黨呢？就是因為我們不同意他們的主張？BBC有致力維護政治公平的使命，否決英國國家黨的辯論權利，難以自圓其說。難道要我們聽命於其他政治力量？答案同上。同時，我投書《衛報》：民主國家的確偶爾會禁止傳播某些政治理念，以防止暴力與社會脫序，但這絕對不是廣播電台或是任何新聞媒體所能肩負的責任，必須由其他的民主授權單位來執行：

有的時候，民主社會的確會決定拒絕某些政黨或組織。結果，它們會設下限制以及／或者禁止它們接近傳播媒體。英國政府在一九八〇年代就採行這種政策，限制特定的北愛爾蘭黨派與組織。許多人認為這種檢查制度與限制令，只會招來反效果。一般來說，正面挑戰、質疑辯論，遠比透過壓迫的方式，試圖泯滅極端觀點的做法要來得好。我的想法很簡單：強力的限制與檢查手段，只能由政府及國會決定。

儘管我們抗議過，BBC還是遵守一九八〇年代針對北愛的廣播禁令。如果英國國家黨也遭禁，BBC一樣會遵守法令，也就是說，英國國家黨不會出現在「答詢時間」中。但是，目前並沒有這樣的禁令，更何況，現在已經到了英國國家黨被公眾接受，可以成為投票對象的時候，但英國國家黨反而不能出現在「答詢時間」這樣的民主論壇裡，毋寧是標準不一，難以自圓其說。如果這是一個必須禁止的案例，請在國會辯論後決定。政治檢查不能外包給BBC與其他人。[3]

邀請英國國家黨代表上「答詢時間」立刻招致各界的撻伐。工黨政府的威爾斯大臣彼得‧韓恩（Pete Hain），也是著名的反隔離主義運動者，形容BBC的決定「令人痛恨」，「既不合理、也不理性，且有非法之嫌」。[4]柯麥隆告訴《泰晤士報》記者，這個決定讓他「很不安」。[5]許多政治人物宣稱格里芬出現在電視節目上，等於讓他的政黨汲取新的合法性，將會藉此大肆鼓吹，獲得更多選票。主要政黨則是考慮要不要參與論壇 —— 工黨一度明令，不與英國國家黨成員同台 —— 最後還是決定正面迎戰。最後的論

壇來賓可以說是一時之選——工黨代表，司法大臣傑克·史特羅（Jack Straw）；保守黨，南亞遺產影子部長沃爾希女爵（Baroness Warsi）；自由民主黨，主要發言人胡尼（Chris Huhne）；以及著名的非裔美籍作家邦妮·葛瑞爾（Bonnie Greer）。

在節目終於錄製、播出的那一天，電視中心外面，有數百名憤怒的抗議群眾。在節目現場，格里芬得到充分的發言機會，儘管多半的時間，砲火隆隆，都被他用來攻擊其他來賓，或者厲聲反駁受邀到現場的觀眾。坐在格里芬旁邊的葛瑞爾形容「這可能是我這輩子裡最邪惡、最恐怖的經驗」[6]（之後，還有點誇張的以此為題，創作一齣歌劇[7]）。散場之後，她認為格里芬遭到「圍毆」，大多數觀察家贊成她的看法，也有少數人覺得現場提問跟觀眾的反應，對格里芬太不友善。念及一般百姓對他和他的政黨，憤怒之廣、之深，很難想像完全相反的場景。事實上，幾乎所有人都認為英國國家黨度過極為難堪的一夜。少數勇敢直言的諤諤之士，相信BBC做出理所當為的決定。

英國國家黨並沒有收割到什麼政治成果。儘管對外宣稱要引發「地震」，提名人數創下史上新高，英國國家黨在二〇一〇年的大選中，全軍覆沒，一個席次也未能攻下。而且支持度持續下滑，二〇一四年歐洲議會選舉，僅有的兩席也保不住。其中一席還是尋求連任的格里芬。過沒多久，格里芬的黨主席，由他人取代。

實在無法判斷格里芬在「答詢時間」露臉，跟他以及他的政黨瞬間瓦解有什麼特別關聯；其他的因素，尤其是英國獨立黨的崛起，可能更為關鍵。但現在回想起來，至少深恐格里芬出現在全國

電視上，會導致嚴重後果的臆測，並沒有根據。當天收看節目的觀眾人數大約是八百萬，事前事後看到、聽到或者讀到相關報導的，應該占選民大多數。英國國家黨的選票非但沒有增加，支持率反而流失，幾近崩盤。

我們在討論表達自由的時候，似乎只是指一種賦予講者喜歡說什麼就說什麼的權利，隨興所至，不受羈勒。從這種定義來看，表達自由是一個慷慨、寬容的社會贈與個人 —— 不論是政治煽動者或是前衛藝術家 —— 的禮物，允許他們透過反文化或是「攻擊冒犯」性的觀點及藝術，表達意識形態或者美學上的個人目標。即便如此，更重要的卻是聽眾的權利。他們可以隨心所欲的聽跟看，形成自己的判斷。表達自由也是一種影響（impression）的自由，不專屬於有意對公眾事務發表達見的人，而是人人都得以享有。相反的，強制性檢查的出發點，卻是對於公眾的懷疑，不相信他們擁有理性的觀點，深恐他們暴露在有害的政治理念、情慾藝術或者其他需要遮蓋檢查的事物前，無力抗拒誘惑，就此墮落沉淪。換句話說，呼籲強力檢查的人，壓根不認為他們的同胞公民具備抵抗實踐智慧的能力。這種與生俱來的謹慎小心，我們在第八章，有比較詳細的討論。

我們邀請格里芬上「答詢時間」，是因為棚內觀眾由一般老百姓組成，格里芬如何回應他們的質疑，公眾有權利看到、有權利聽見，獲致自己的結論。

痛苦點

除了明確涉及犯罪的案例（舉例來說，未成年拍攝色情影片或者煽動犯罪），沒有任何證據顯示，在現代民主社會中，想要擊潰你不贊同的理念或者文化作品，壓抑會比直接面對、公開辯論來得有效。

認為應該防堵極端政治觀點的人，經常援引一九二〇及一九三〇年代，義大利與德國法西斯崛起的事證，說明放任激進分子為所欲為，濫用民主辯論特權，會導致嚴重的後果，卻忽略當時的環境與現今迥然不同。公民結構脆弱，政治核心信用破產，街頭暴力與全面革命的陰影，揮之不去。

但是墨索里尼與希特勒得以攫取權力，並不是因為過度的政治辯論與挑戰，恰恰相反，是因為辯論與挑戰的嚴重不足，再加上其他政治勢力 —— 特別是真心擁護民主價值的政黨 —— 無力整合對抗的緣故。單靠檢查，或者檢查配合查禁就能阻止法西斯的崛起，是違反事實的說法。一九三〇年代初期，奧地利恩格爾伯特·陶爾斐斯（Engelbert Dollfuss）政府，就採行這樣手段，還是無法剷除境內的國家社會黨，就跟二十世紀的中歐與東歐，面對四處橫行的反民主激進運動，難以圍堵一樣。在飽受戰火摧殘、經濟危機接踵而至，且缺乏穩固民主傳統的國家，以高壓手段就能讓極端政治觀點噤聲，不會四處蔓延？還真得打上個問號。

回想起美國麥卡錫時代清理圖書館書架以及我在第五章約略提到，柴契爾政府嚴禁訪問愛爾蘭共和軍以及共和國恐怖組織成員；

如今，我們的社會普遍認為，以官方力量鎮壓表達自由，乃是邪惡之舉，誤導群眾。藝術檢查制度，在英國有幾個世紀的傳統；在美國則是勉強維持到一九六〇年代，但不斷受到《查泰萊夫人的情人》（*Lady Chatterley*）與《北回歸線》（*Tropic of Cancer*）等經典作品與類似判例挑戰。憑弔檢查制度退場，認為禁止閱讀勞倫斯（D. H. Lawrence）或者亨利・米勒（Henry Miller）的作品，這個世界就會變得更美好的說法，頗令人費解。

往者已矣。表達自由在西方民主國家普遍得到法律的保護，「檢查」卻借屍還魂，躍躍欲試，企圖心不可一世，在美國與英國校園尤其如此。最典型的個案首推愛麗卡・凱瑞斯塔斯基（Erika Christakis）掀起的風波。她是孩童早期教育專家，二〇一五年十二月前，擔任耶魯大學住宿學院 —— 西利曼學院（Silliman College）的副院長。幾個星期之前，耶魯的跨文化事務協會（Intercultural Affairs Council）發表公告，提醒學生，尊重少數族裔，請在萬聖節避免出現不合適的裝扮。凱瑞斯塔斯基怒不可遏，直接署名，質問當局，有沒有空間留給「小孩或年輕人」，讓他們「能有一點點的挑釁，或者，沒錯，冒犯？」

耶魯部分學生對這個問題的答案是語氣強硬的「不」。十二月初，耶魯校園出現憤怒的示威活動，凱瑞斯塔斯基決定停止授課。她說，她的決定是針對耶魯校園當下的氣氛，因為它「無益於公民對話或者公開對話，這是解決我們當前社會問題的不二法門」。她的院長先生，尼可拉斯・凱瑞斯塔斯基（Nicholas Christakis）加入戰局。二〇一五年十一月六日，一個西利曼學院的學生，張貼一篇

文章，記述院長與一群抗議學生會談的經過：

> 今天，我們一群人，主要是由耶魯黑人學生聯盟（Black Student Alliance）組織，在西利曼學院中庭，與凱瑞斯塔斯基院長對話。他的回應一度讓許多人非常失望。學生試圖告訴他，在學院裡，因為膚色有異，讓他們感受到痛苦的個人經驗；他則以捍衛表達自由的各種論述答覆。你的學院院長對於你的經驗，視而不見，讓人無法接受。……他似乎欠缺某種能力，恕我直言，無法放下個人的意見，不肯傾聽受傷族群的真正感受。他就是不明白。我不想辯論。我需要訴說我的痛苦。[8]

　　最後的兩句，實在讓人動容。「我不想辯論。我需要訴說我的痛苦。」總結表達自由與文化敏感度（cultural sensitivity）—— 以及辯證與移情（empathetic）兩種不同形式對話 —— 之間的難堪衝突。而這種情況在大西洋兩岸的校園，不斷發生。

　　早在二〇一五年，卡迪夫大學（Cardiff University）的學生，就發動激烈的抗爭，反對著名的女性主義者吉曼・基爾（Germaine Greer）到校演講。她的罪名是「混淆性別」；因為基爾認為「跨性別者」只需宣稱自己是女性，就應該被當成是天生的女性，學生顯然並不認同。基爾身經百戰，早就是單挑既有體制的老手。她非但現身授課，還把這個爭議當成平台，捍衛自己與所有人表達意見的權利。「我不相信女人就是沒有老二的男人。」她以一種教科書般的清晰語調說，唯獨少了一點抗議者原本以為她會有的文化敏感

度。「你可以用球棒打我的頭。我是不會改變想法的。」

一個校園又一個校園。到訪的講者與學重士林的學者，一再受到挑戰，或者因為在政治與文化上，他們的意見無法為人接受；或者是因為有的學生將到訪的來賓視為「微侵略」（micro-aggression，一個全新打造出的名詞，以遮掩種族歧視行為）。種族主義與其他形式的偏見與壓迫，陰魂不散，依舊在毒化人們。深受其害的犧牲者，痛苦是真的。不過，儘管大家都知道明目張膽或者若有似無的種族偏見，依舊盤據在我們的社會裡，腐蝕人性；但很諷刺的，面對「微侵略」、面對自稱是受害者的憤怒年輕人，你的反應中其實有很多受到恐嚇的成分。

校方公布行程後，引發校園敵意活動，許多公眾人物一旦發覺，就會婉拒邀請，避免出席。舉例來說，二〇一四年畢業季，前國務卿康朵麗莎·萊斯（Condoleezza Rice）就取消羅格斯大學（Rutgers University）的畢業典禮演說；IMF總裁克莉絲蒂娜·拉加德（Christine Lagarde）也打消前往史密斯學院（Smith College）的計畫。反對萊斯的人，認為她是小布希的內閣成員，捲入發動伊拉克戰爭的決策；杯葛拉加德的則是說她身為國際組織IMF的首腦，「將失敗的發展政策，植入世界上最貧窮的國家」，理應負責。[9]

布蘭迪斯大學（Brandeis University）以同樣的理由，採行更激烈的手段，撤回頒贈給索馬利亞裔荷蘭籍女性權利運動者阿亞安·希爾西·阿里（Ayaan Hirsi Ali）的榮譽學位，學生自然也喪失聆聽她演講的機會。根據校方公布的新聞稿，理由是她過去對於伊斯蘭發表的言論，「與布蘭迪斯大學的核心價值相違背」。少數族裔學

生的反彈，嚇壞了美國校方，竟然以少數族裔敏感性為理由，箝制女權運動者在校園發聲。待校方發現他們可能招來限制表達自由的譴責時，又改口宣稱「依舊歡迎阿亞安·希爾西·阿里蒞臨校園，與師生對話」。沒人相信她真的會接受邀請，近期擇日造訪。對於布蘭迪斯與美國其他大學來說，恐嚇當真有效，而學生許可的言論範圍，也在縮小當中。

一個校方最常使用——其實也是最卑微的——理由是：為了學生的整體安全，避免爭議講者進入校園。彷彿是說：表達自由是某種危險的放縱，像是抽菸，對於沉默的旁觀者會有不好的影響。其實，表達自由是需要捍衛的基本人權，如果有必要，甚至要請警方全副鎮暴武裝，在現場維護秩序。人民有權利抗議任何事情，包括表達自由，但是，大學理應設法處置，不動聲色。因為暴力威脅而取消既定安排，並不是負責任的表現，而是怯懦。

這也就是前紐約市長麥克·彭博（Michael Bloomberg）力抗學生的抗議示威，堅持應邀，準時亮相。二〇一四年五月二十九日，我聽到他在哈佛畢業班上的演說，倒是很能說明這種情況的特色：

今年春天，看到好些原訂要在畢業典禮上演說的貴賓，紛紛打起退堂鼓——要不，就是校方撤銷邀請——在學生發動抗議之後——而我，卻覺得很震駭——學校的教職與行政人員應該更明白事理才對……在先前事例中，只要認為某人在政治上的表現無法被他們接受，自由派的人士就不准他發言——或是駁回他的榮譽學位。這種行徑未免過分，我們不能再放任下去。如果校方邀請來賓在畢業典禮

上致詞，還得沉思再三他或她的政治立場，檢查、屈從 —— 自由的永恆大敵 —— 就要高奏凱歌了。[10]

　　彭博在他的發言裡講得很明白，最近盛行在美國校園裡或明或暗的檢查行徑，多半是左翼學生發動的抗議行動 —— 學校教職員絕大部分的自由主義者，隨之起舞 —— 剝奪演講者的權利。只要被左派指責為政治經濟既有體制結構的一部分，不管是什麼，學校立刻退避三舍。

　　在政治領域裡，多半也是極端左派會試圖打壓對手的發言權；進到藝術與文化，就是另外一個場景了。紐約大都會歌劇院（Metropolitan Opera）剛宣布要推出約翰・亞當斯（John Adams）的《克林霍弗之死》（*The Death of Klinghoffer*）—— 故事描繪一九八五年，巴勒斯坦解放陣線（Palestine Liberation Front）挾持「阿基萊・勞倫號」（*Achille Lauro*）郵輪，殺害美國殘障旅客里昂・克林霍弗（Leon Klinghoffer，譯註：美籍猶太人，被恐怖分子槍殺，屍體扔入海中）的故事 —— 頓時雜聲四起。反對最力的是保守派的猶太團體，要求立刻中斷歌劇製作。美國猶太復國主義組織（Zionist Organization of America）的莫頓・克萊恩（Morton Klein），以一種聲嘶力竭的超誇張口吻，形容這是「歌劇界的水晶之夜」[11]（Kristallnacht，譯註：一九三八年十一月九日到十日，納粹黨人與黨衛軍襲擊德國境內的猶太人，被視為是對猶太人組織性屠殺的開端）。大都會歌劇院處變不驚，只同意取消國際同步播出，其他要求，敬謝不敏。參與首演的觀眾（包括我跟我兒子）得

通過一群憤怒但大抵平和的抗議群眾，聽他們大叫：「你們是納粹情人！下一個被扔進海裡的，就是你們！」

在英國也是，我們經常看到保守的宗教團體無所不用其極，一旦被他們認定為「挑釁冒犯」的藝術，就會設法阻撓公眾自行判斷，有時還會得手。在別的地方，自認是先知穆罕默德的守衛者，甚至不惜動用赤裸裸的謀殺手段，制裁他們所謂「褻瀆」行為，試圖殺一儆百。

見到自己不喜歡的創作，就想鎮壓或查禁，是左派及右派共同的傾向，源頭是過分強化的受害意識（或者是代理的受害意識），使得他們對於公眾對話、開放辯論與表達自由的傳統理念，失望透頂，只能採取非常手段，獲致了解與正義。這也就是為什麼受壓迫的一群，反而成為潛在壓迫者的緣故。

如果你想見識如何利用無所不在的恐嚇手段，打擊逆耳言論，或者讓理性辯論沒有立足餘地，不費什麼周章，看你的手機就成。理想主義一度認為，透過手機，使用者可以接觸無盡的訊息與各式各樣有用的服務，網路還能孕育新型態的參與和辯論，讓理念與意見自由自在的交換與討論，突破類比時代（analogue age）的限制，讓人民得到發出真實聲音的管道。這樣的網站與討論群組的確存在，但是主持新聞聊天或評論室的人，心裡也都清楚：網路貼文或者推特的活躍使用者，或許想參與文明對話，但也暗藏旁的 —— 有時還著實不少 —— 更黑暗的心思。

　　怨恨與憤怒在網路上出現的形式，千變萬化，對於傳統辯證方式，卻是共通的不屑；只要有機會，就毫不遲疑的打斷，肆意侮辱，或者套入刻板論斷。極端團體，從反西方的恐怖分子到白人種族至上主義者，現在擁有全球發聲管道，而且幾乎無須費用。他們以狂熱的態度擁抱新工具，特別善於利用社交網路，將他們的詭辯發揮到淋漓盡致。這些冷嘲熱諷對主流辯論的衝擊，比較不危險，但依舊讓人覺得沮喪。以往的辯論，雙方還能維持在合理的禮貌範圍內，現在一交鋒，很快就會惡言相向，淪為人身指控，醜陋不堪。

　　女性尤其容易成為標靶。二〇一三年，凱若琳・克里亞多－裴蕾茲（Caroline Criado-Perez）與其他社運人士，成功說服英國銀行，將珍・奧斯汀（Jane Austen）的肖像，印在十元英鎊的鈔票上。也就這麼件事情，就在社交平台上掀起驚濤駭浪，甚至連強暴、暴力、謀殺威脅都競相出籠。古典學教授、電視製作人瑪麗・畢爾德（Mary Beard），經常在廣播電視上，針對時事發表達見。在西方國家，卓越的女性經常成為酸民惡搞攻擊的目標，畢爾德也不例外。[12]她有時會替酸民開藥方、貼標籤，或是反唇相譏 —— 有時她還很出人意表的給酸民提建議、幫忙寫推薦信。[13]

　　很少有女性願意跟網路上這些男性（有的時候也是女性）的數位卡力班（Calibans，譯註：莎士比亞劇作《暴風雨》中的怪物奴隸，比喻為醜惡殘忍的人）糾纏，可以理解。但是網路上隱藏真實身分的流言蜚語，釋放出惡魔般的混亂，卻是不分性別、階級或是題目，找到目標就撲上去。名人或者網紅可能是最容易受到攻擊的

對象，但是，網路惡質成分已經悄悄爬進政治、文化、理念、社會科學諸般領域，不論任何人，都難以倖免。我們從海量的案例裡，挑一個來說明。近幾年來，諾貝爾經濟學獎得主克魯曼與知名歷史學家弗格森，曾為了好幾個經濟議題，展開激烈辯論，戰場多半在部落格。這兩位學術界大師，戰力都不容小覷，交鋒的語言，再怎麼客氣的形容，也得使用「尖銳」這個詞。不過，兩人持之有故，內容頗具知性分量。

　　現在請睜大眼睛，打量網民在重量級辯論之後，發表的言論：

　　幹他媽的克魯曼，還有那些喜歡引用這個爛貨作品的自由派，在我逐一痛批他們的反駁之後，他們根本啞口無言。徹頭徹尾的偽善爛貨。

　　他應該被釘起來，把他的嬰兒屁股刮得乾乾淨淨。這樣就很容易看到大便是怎麼從他的嘴巴裡噴出來的。

　　骯髒的蘇格蘭爛X弗格森，根本就是羅斯柴爾德家族的走狗。睜著眼，說瞎話，強暴派對來賓。蘇格蘭共濟會儀式，這堆大便根本是兩個猶太家族之間的恩怨，或者一群蠢人關起門來玩的把戲。

　　一坨屎，招來另外一坨屎，怎麼也夠不上「文明」——這就是網路史詩？[14]

　　惡毒的字眼、幼稚的態度、毫無人性，還持續泯滅人性：在缺乏真實身分的無人地帶中，就網路辯論的標準而言，這些評論並不是例外。這是出氣大會，每一種憤怒都歡迎——左派與右派、

富人與窮人、支持生命（pro-lifers，譯註：認為嬰兒有生命權的人士）與支持選擇（pro-choicers，譯註：認為無論任何狀況，女性對自己的身體，都有選擇權。以上是面對墮胎爭議的兩種對峙態度）、愛伊斯蘭與恨伊斯蘭、支持猶太復國與反對猶太復國。接獲大會邀請函的唯一條件，就是毫無理性的憤怒。

良知修辭

以下的事實就是重要指標，證明我們公眾語言已然陷入危機：許多人會不擇手段，阻絕他們難以贊同的言論；最好的方式是讓對方根本沒機會開口，如果辦不到，就充耳不聞，或者惡言相向，恫嚇對方。

思考模式其實很清楚：如果某人的價值觀與我明顯不同，那麼過了某個臨界點，再討論也沒有意義，我無法把對方當成是一個值得傾聽的對話者，或者是必須透過辯論加以反駁的智性對手，而是一個道德無賴，如果可能，根本不該讓他發言。這個情況無論贊同與否，你都會輕易聯想到一九三〇年代，德國民主派面對希特勒歸納出來的相同結論。如今，我們應該關切的問題是：明明是一個處於政治與道德極端情境，才有機會被認可的手段；為什麼在討論「失敗發展政策」這樣可受公評的課題，竟也派得上用場？

為了回答這個問題，我踏出的第一步是分析，為什麼在號稱人類歷史上最容忍、最大度的社會裡，只要涉及「價值歧見」的爭辯，就會劍拔弩張、難以解決？道德哲學家阿拉斯代爾‧麥金泰爾

（Alasdair MacIntyre），在其著作《德行之後》（*After Virtue*）中這樣描繪當今的道德問題爭辯：

> 當今道德論述中，最醒目的特色，就是表達反對；在辯論中，最醒目的特色，就是雙方把反對表達得斬釘截鐵，不留餘地。我不是指辯論始終糾纏不休──儘管經常如此──重點是，辯到後來，總是失焦。在我們的文化中，似乎缺乏獲致道德共識的理性之路。[15]

麥金泰爾提到辯論中的三種特徵，導致難解的僵局。第一，辯論雙方的觀點，根本無法適用同一標準來衡量。就拿支持與反對墮胎權利的對立來說好了：推理都合乎邏輯，也都擁有自成一體的道德世界觀。但是一邊的道德世界觀是腹中孩子有活命的權利，一邊卻是女性有選擇的權利；雙方出發的起點，就是完全兩碼事的前提，要如何折衷歧異的觀點，裁判出讓人滿意的結論？雙方都可以退守己方前提，負隅抵抗；一旦採行這樣的打法，辯論就變成「斷言」（assertion）與「反斷言」（counter-assertion）之間的爭執。像是我們在「死亡陪審團」與書中其他例子裡看到的，無從比較的觀點衝突，不只在墮胎這樣狹窄的「價值」辯論中，找不到解決方案；任何一種辯論，只要雙方決意戴上極端眼鏡，就一定會爭執不休。時至今日，政治、社會、文化問題，全都難逃相持不下的命運。

麥金泰爾論及的第二個特徵是：互不相讓的道德世界觀，通常不會坦然承認這是個人偏好，而是被包裝成非個人、（於是在某種意義上）客觀價值與標準的架構較量。對辯論雙方而言，誰會

認為自己的架構是無效的呢？更重要的是：我們難免有敝帚自珍的傾向，認定自己的道德論述既能代表個人，又有獨立的依據證明——套進我們先前討論過的用語——能兼顧真實性與客觀理性。

最後一個特徵，麥金泰爾認為：近一兩百年來，發生巨大的文化與社會變遷，致使表達世界觀的語言，處於失序狀態。回首過去，我們就會了解美德或正義之類的關鍵用語：

原本是在大的整體理論及實務範疇，才能扮演某種角色，發揮特定功能。而那樣的情境，今日已不復存在。[16]

脫離塑造道德思想與行為的結構，這些字眼的意義不再牢靠。辯論者不僅要知道，彼此對於正義的定義，並沒有共識，更要了解——雖然這個詞明明很簡單——雙方都沒有前後一致的定義，議及與道德相關的理念時，自然是在各說各話。

總合而言，麥金泰爾的觀察有助於了解，為什麼辯論一觸及價值與倫理就會失控、為什麼參與者經常宣稱進一步的對話已無意義，動輒叫囂，拒絕聆聽、在網路上匿名放話，在某些狀況下，甚至導致暴力。

麥金泰爾的第二個論點，值得我們花點時間深入探討——一般人並沒發現我覺得真實正確的事情跟每個人認為真實正確的事情，不見得是同一碼事。最最古老的時候，這種直覺被解釋成天啟（revelation）或良知（conscience）：神直接或間接的向我揭示

真理，我現在要傳授給你。這種特別的語言，演進成後來的預言
（prophecy）。最明顯的就是《聖經》與《可蘭經》，裡面充斥著這
些描述。有的人相信，神對他們開了金口，於是他們或多或少感受
到強制力，必須要相信，神的訊息，在某些或者所有情況下，都行
得通。但如果別人不同意呢？

一六四二年，倫敦。宗教改革近百年之後的英格蘭，歷經幾十
年高潮迭起的波折，宗教與政治分離勢力各行其是，中央已經無力
掌控全局。在搜捕五名國會激進成員受挫後，英王查理一世（King
Charles I）決定隻身力抗倫敦市法團（Corporation of London，譯
註：這是倫敦自治組織與地方政府的統稱）。此時，一個年輕的五
金商人亨利・沃克（Henry Walker）挺身而出，對抗當權者。他靠
的不是劍、不是槍，而是朋友的一部印刷機：

　　沃克的發明已經攀升到破壞的高度。他要用印刷機來實現他的
計畫與想法。傳說，在他冒著生命危險，撰寫、印刷《致國王請願
書》的那個夜晚，他借來的印刷機正在印《聖經》。他取下一看，正
是《列王記》第十二章第十六節：「以色列人啊，各回各家去吧！」
他又寫又印，忙了一整夜。第二天，抗議小冊便四處散布。國王陛下
用餐結束，搭乘馬車，返回白廳。沃克在聖保羅座堂（Paul's Church-
yard）跟一群布商混在一起，想在御駕從他身邊經過時，趁機將他的
請願書面交國王。沒想到現場人潮洶湧，沃克根本擠不進去，他（實

在非常莽撞大膽）乾脆把請願書從大家頭頂上扔過去，直接打在國王的馬車上。[17]

　　查理一世是獨裁君主，沃克只是二十九歲的倫敦小商人；但是沃克揉合宗教與政治信仰、新媒體科技（晚上撰寫印刷宣傳小冊，第二天早晨散發），在首都紛擾不安的氣氛鼓動下，讓這個五金商人擁有跟查理國王平起平坐的表述方式，更讓他有勇氣把自己的主張朝國王頭上扔去。內戰已然不遠。

　　經歷過這段波折的人，包括政治理論家霍布斯在內，開始相信：導致內戰的原因是清教徒（Puritan）異議分子受到新教激進派蠱惑，廣發小冊子與短論，嚴重削弱社會秩序所倚賴的權威，結果就是退化成人類最原始的恐怖狀態，也就是霍布斯《利維坦》（Leviathan）中，最有名的描述：「每個人對抗每個人」的戰爭。[18]

　　依憑時代趨勢崛起的宗教極端主義、你的公眾論述得到神的親自背書，那種讓人不寒而慄的篤定，自然不是英國新教徒的專利，或者只限於宗教革命時，新教徒陣線才有的使命感。天主教狂熱分子也是極盡所能的煽惑叛亂，鼓動內戰。十七世紀一開頭，羅伯特・蓋茨比（Robert Gatesby）在展開驚天動地的陰謀前，講過一段話──他要用「火藥炸掉國會大樓。他們在這殘民以逞，或許，上帝也將這裡設計為懲處他們的煉獄」。[19]霍布斯力斥新教徒異議分子，可以被視為絕對主義（absolutism）與世俗實用主義（pragmatism）現代早期衝突之一例。

　　霍布斯的實用主義閃著冰冷的寒光。美國政治學家班揚・葛斯

坦（Bryan Garsten）在他強悍維護修辭的著作《拯救說服》（*Saving Persuasion*）中說，霍布斯在撰寫《貝希摩斯》（*Behemoth*），一部以獨特觀點詮釋的內戰史，一度懷疑「擾亂治安的牧師，總數頂多一千人。如果在他們傳教之前，搶先撲殺」會不會比較好？[20]讓有些人運用公眾語言是有害的，霍布斯說，合理的方法是先發制人，鎮壓他們與其言論，而不能坐等他們將國家扯得分崩離析。

霍布斯知道辯論很難分出高下，於是懷疑修辭辯證的價值。他警告說：缺乏公允獨斷的仲裁者，辯論「要不導致惡言相向，要不就懸而不決」。[21]而他的恐懼核心就是葛斯坦說的「良知的獨斷主義」（the dogmatism of conscience）：激進分子都認為他們的論述很特別、無從回應，因為源頭來自非凡的啟示。他強調，在個人的生活中，每個人都有權利選擇自己相信的良知與預言，但是，進入公眾論述的領域，自命先知的預言，應該跟其他聲音一樣，被視為一種意見，不該享有任何特權。他進一步闡述，所有私人意見都一樣，理應臣服於主權（sovereign）的判斷。這種權力蘊含著公眾理性（publique reason），產生集體良知（collective conscience）的效果。主權不只認定哪種論述更好一些，更要確定是誰聽到了神的真言，除此之外，無政府的狀態恐難避免。

霍布斯所謂的「主權」指的是獨裁君主，或者某種體制。幾個世紀過去，公眾普遍承認的體制，就是自由民主，特別在英國、法國與美國，擁有根深蒂固的現實偏好。在開放社會裡，每個人都可以暢所欲言，公眾規範（public norms）分散，譴責目標也難以鎖定。先知發現自己得花好些力氣去找聽眾、拉關係：容忍雖然大

方，卻是冷酷的平衡桿。

「先知特權」信仰被徹底推翻後，論證依據早被遺忘。二十世紀末期，絕大多數人相信，霍布斯的警告 —— 受宗教狂熱主義煽動的公眾語言，蘊藏政治風險 —— 對現今地球的開明住民來說，是來自冥界的訊息，不可能有任何意義。但這只是欺人的表象。

我該是查理嗎？

一九八九年二月十四日，伊朗最高領袖何梅尼發布宗教裁決（fatwa），下令處死小說家薩爾曼・魯西迪（Salman Rushdie）。魯西迪的「罪行」是撰寫《魔鬼詩篇》（*The Satanic Verses*），探索認同與放逐，但也扯上先知穆罕默德的生活。許多穆斯林相信 —— 少數人讀過原著，但絕大多數顯然只是道聽塗說 —— 這本小說玷汙先知的榮耀、褻瀆伊斯蘭。

這個發展不是橫空出世。早在何梅尼發布宗教判決前，這本書已經引發高度爭議：在好幾個國家出現焚書、示威的活動。在英國則是再次爆發表達自由是否應該設限的爭議 —— 藝術家的創作自由對上少數族裔宗教尊嚴不容踐踏的呼聲。

但是宗教裁決改變這一切。時至今日，超過一個世代，情況依舊沒有改變。儘管沒有九一一的恐怖與戲劇張力，或者柏林圍牆崩潰的高昂情緒，但是，從我踏進新聞圈開始，這是我經歷第三次、真正的世界歷史大轉折。我進辦公室的時候，世界還是這個樣子；值完晚班回家，世界就變成那個樣子。過去，再也喚不回。

　　時至如今，我們還是不十分確定當時究竟發生什麼事情。就我跟我的團隊來說 —— 我那時是「九點新聞」的編輯 —— 這是最重要的頭條大新聞，需要把它拆開來，剖析報導。第一，魯西迪的人身安全。英國政府會保護他嗎？怎麼保護？他在哪裡？會替自己辯護嗎？然後是英國與國際的政治反應 —— 一個英國作家、一本英文著作，鬧上了國際新聞，對與錯，自然會是國際話題。英國人民與穆斯林有何反應？他們會支持宗教裁決嗎？會有人支持魯西迪嗎？最後，何梅尼真正的目的是什麼：真的只是一宗神學上的爭議？或者坐實某些人的猜測，這是最重要的什葉派領袖，試圖在穆斯林世界取得更廣泛的道德發言權？

　　切割新聞是記者與編輯的反射動作，在過程中難免忽略新聞中的問題。連講都講不清，別說還要報導的，就是集體的困惑。何梅尼是玩真的嗎？一個世界級的領袖真的會在一九八九年，只因為有人寫了一本小說，就公開唆使謀殺（就我們世俗的語言來說，不折不扣就是謀殺），甚至還有懸賞回饋？實在深受誘惑，很想把宗教裁決詮釋為一種空洞的修辭，表面上咬牙切齒，非要達到某種目的不可，實際上，跟西方政客例行的空洞警告，並無二致。剛脫口的時候，煞有介事，很快的，就覺得不知所云。

　　沒想到何梅尼竟是言出必行。謀殺真的接二連三的出現 —— 不過卻不是魯西迪本人（他早就躲起來了），因為何梅尼要求刺殺「與本書發行相關的人等」，犧牲的是日文翻譯五十嵐一，幸好隨後被鎖定的義大利文翻譯與挪威發行人，逃過一劫。一九九三年，在星期五主麻日祈禱之後，土耳其中部錫瓦斯（Sivas），一群遜尼

派穆斯林攻擊一家正在舉行文化慶典的旅館，原因是翻譯與出版《魔鬼詩篇》土耳其文版翻譯阿吉斯·涅辛（Aziz Nesin）也受邀出席。暴徒在旅館縱火，導致三十五人死亡。大約兩百人死於跟這本小說有關的抗議及騷亂。

在宗教判決一發出，就有人知道自己身處險境。魯西迪密友之一的希鈞斯說：

> 我當場就知道我已經完全被捲了進去。如果我能這樣造句，我會說，這是我的最恨對上我的最愛。憎恨欄：獨裁、宗教、愚蠢、煽惑、檢查、霸凌、恐嚇。喜愛欄：文學、反諷、幽默、個人與捍衛表達自由。[22]

希鈞斯立刻就發現宗教判決是對西方價值赤裸裸的攻擊：「實在很難想像，竟有針對啟蒙價值（在巴士底獄陷落兩百週年）或者憲法第一修正案如此全面的挑戰。」

英國政府立刻發言反對宗教判決，誓言保護魯西迪，不過，語調有些意興闌珊。好些大臣反而不滿這位小說家挑起的爭議，譚百德（Norman Tebbit）話就說得很難聽：魯西迪這種人，他的「公眾生活就是一連串讓人不齒的紀錄，辜負他的養育之恩，背叛他的宗教、接納他的家庭與國籍。」[23] 憤怒的本意其實是：一個根本不在英國出生的小說家，怎麼可以同時惹翻這樣多的政治人物、宗教領袖、庶民百姓？我記得身兼BBC董事的小說家菲麗絲·桃樂絲·詹姆斯（Phyllis Dorothy James）喜歡把魯西迪說成是一個密探，每

天晚上就只知道跟政治部（Special Branch）鬥紙牌。

批評家約翰・伯格（John Berger）則認為：魯西迪以及他也願意投身捍衛的 —— 不受任何羈勒的表現自由 —— 與伊斯蘭反對者間，存在一種相持不下的關係。除非有所限制，否則

一種獨特的二十世紀聖戰，雙方都堅持恐怖的正義感 —— 在機場、商店街、市中心，只要人潮洶湧又疏於防範的地方 —— 不只零星爆發，甚且永無寧日。[24]

在這段文字裡，表達自由變成一種「恐怖正義感」，魯西迪，一個戰爭裡的士兵，將死傷帶進「疏於防範」的人潮 —— 我們可以從其中讀出「無辜的非戰鬥人員」—— 也隱約認定魯西迪並不是純然無辜，毋寧變成戰犯。

前美國總統卡特也採取類似的立場，只不過他考慮的情境不是恐怖分子的報復，而是國家與文化間的和睦：

何梅尼允諾暗殺魯西迪的刺客，得以上天堂，驚動西方的作家與公僕。舉世的焦點，幾乎都集中在作者的權利上。魯西迪受憲法第一修正案保護的自由，固然重要，但在吹捧這個人以及他的作品時，我們可能忽略這本書直接侮辱成千上萬的穆斯林。他們神聖的信仰遭到冒犯，何梅尼莽撞的做法，增添難堪之餘，讓他們更難發聲，只能強忍煎熬。這種不同文化之間的創傷，極難療癒。西方領袖應該明白：保護魯西迪的生命與人權是一回事，但切勿替侮辱我們穆斯林朋友神

聖信仰的行為背書。[25]

　　卡特宣稱在西方國家，「作家與公僕」，「幾乎都集中在作者的權利上」，對某些作家來說，或許是對的；但對多數「公僕」而言，明顯卻是錯的。《魔鬼詩篇》中的想像，對任何人都夠不上直接侮辱，不過是部小說，設定在虛構世界裡的虛構人物。卡特說何梅尼下達的暗殺令，「增添難堪」，好像這位伊斯蘭宗師的罪過，不過是在社交場合略略失禮罷了、好像他的罪行 —— 唆使殺人 —— 跟魯西迪的冒犯，能夠相提並論似的。實在很難不推出如下的結論：最讓卡特總統感到難堪的，因此最需撇清的，是他無力維護保障「第一修正案」對於各種表達自由的保障。

　　我們當然可以把表達自由想成不容挑戰的權利，必須意志堅定、全力捍衛。就像伏爾泰所說：用我們的生命去保護他人言行的權利，即便我們不以為然，甚至認為他們是錯的。或者，我們也可以把表達想成一種相對權利，如果想維護社會的寧靜，就需要跟別的職責與義務保持平衡。在《魔鬼詩篇》爭議鬧得最凶的時候，卡特總統與其他政治人物，或明或暗的建議，我們可以維持兩者平衡：一邊是尊重憲法《第一修正案》與聯合國《人權宣言》所保護的種種絕對自由；同時也告訴所有人，有諸多道德考量，約束你必須遵守一定的規範，等於又變成一種相對自由 —— 這種彆扭的中立姿態，兩邊都不討好。解決這個兩難的答案，西方社會仍在爭議，沒有定論：因為它與現代自由的定義，還有許多難以折衷的地方。

　　時光飛逝，來到二十六年後，二〇一五年初，一對攜帶重武器的伊斯蘭極端分子，闖入位於巴黎的諷刺漫畫《查理週刊》（*Charlie Hebdo*）辦公室，謀殺裡面的十一個人，包括專門繪製、出版以先知穆罕默德為主角的諷刺（經常還猥褻）漫畫工作人員。在《魔鬼詩篇》與《查理週刊》事件間，還發生別的暴力事件。二〇〇四年，一名摩洛哥裔荷蘭籍男子刺殺作家、導演希歐·梵·谷（Theo van Gogh），原因是他與女權運動者阿里聯合製作一部探討壓抑女性的紀錄片，在許多伊斯蘭國家引發爭議。第二年，死亡威脅與暴力抗議籠罩丹麥報紙《日德蘭郵報》（*Jyllands-Posten*），也是因為他們刊登一系列描繪先知的漫畫。而《查理週刊》漫畫家與員工屠殺案（還有其他六人因為相關事件身亡）非但震驚法國，就連整個歐洲都陷入恐慌之中——有關表達自由界線的爭議，爭論難決，結果招來血腥報復。

　　在屠殺案爆發當晚，BBC晚間廣播新聞節目「今夜世界」（*The World Tonight*），邀請伊斯蘭人權委員會（Islamic Human Rights Commission）主任阿爾蘇·梅拉利（Arzu Merali），評論《查理週刊》攻擊事件。她認為這個引發廣泛爭議的課題，具有如下特性：

　　你知道這裡有許多的紛擾與憤怒。在未來三十年的晚上，都會是老套話題：信徒，特別是穆斯林，感到被冒犯了，但，他們怎麼不能接受表達自由呢？我們許多來自人權團體的人，注意力被轉移，忽略真正影響到人的因素。言論自由像棍子一樣，打在穆斯林社區身上。……一旦出事，大家上街抗議，諸如此類的活動，把「對話」

逼進妖魔化的領域裡，變得非常無力、變得非常邊緣化，唯有在結構性的種族主義架構裡才能運作。我們也相信，表達自由會是個好理念，但是要讓我們能平等的進入所有論壇，暢所欲言。只是邊緣化的社區，像是歐洲穆斯林，處在西方的環境裡，並沒有這種接觸管道。[26]

　　這番言論震懾住其他參加討論的貴賓，孔武有力的記者大衛・阿羅諾維奇（David Aaronovitch），全力支持表達自由，但是被逼得口沫橫飛，卻言不及義：「我完全不知道剛才那位來賓在講什麼。」他說，「只要用到『對話』這個詞，就知道大事不妙，意味著你正在應付跟主題無關的旁枝。」[27]

　　事實上，梅拉利的話並沒有那樣難懂。跟卡特總統一樣，她並沒有把表達自由當成是抽象的理念，而是把它投入政治與文化情境裡面來理解，在其中，穆斯林是第一個，也是最重要的犧牲者。跟阿羅諾維奇不同的是梅拉利提出脈絡一貫的理論，解釋為什麼不能把表達自由當成是一種絕對的權利。

　　抽絲剝繭，加以申論，理由大抵如此：在西方社會裡，有一個「結構性的種族主義架構」，刻意設計得不利少數種族。看待少數族裔宗教信仰的態度，就是架構的一部分，雪上加霜的是：由於世俗化的結果，統治菁英對於宗教信仰幾乎一無所知，相關知識極度匱乏。結果是總以輕蔑的態度，面對伊斯蘭以及其他少數族裔的宗教信仰，讓他們更感疏離，甚至分離。在這個被「妖魔化」的對話中，某些字眼或者影像被視為是明目張膽的挑釁，引發極端的反應，不足為奇。你可以把這些反應，想像成飽受社會與經濟不

平等待遇的少數族群，手上的「最後一根稻草」。有關表達自由的辯論，只是轉移注意力，狀似共通的權利，並沒有公平分配到社會的每個階層，而是有權、有錢階級的奢侈品。他們把表達自由當成棍子，肆意鞭打那些默不作聲的弱勢族群。因此把表達自由說成一種神聖不可侵犯的權利，未必是有效的論述，而是一個「老套的話題」，方便時就借來用一下的人工修辭製品，必須加以解構（deconstructed，就像我們這樣），才有機會被正確理解。

如果我們很客氣的暫時脫離馬克思與雅克·德希達（Jacques Derrida）之流的陰影籠罩，梅拉利的論辯核心其實很簡單：不要太把表達自由當回事。在人權的萬神殿裡，少數族裔渴望卻被嚴拒的經濟、社會、文化需求，其實更加重要。不斷強調表達自由，只會拉開少數與多數族群間的鴻溝。梅拉利採行的立場，比卡特總統更加嚴厲。她對第一修正案與其他類似的權利法案，不假辭色，也沒有兩面討好。她的基本原則不曾改變。

梅拉利在「今夜世界」的發言中，還頗有引人深入探討的地方。《查理週刊》事件難道也是她指稱的「諸如此類的活動」（「一旦出事，大家上街抗議，諸如此類的活動」）？難道大屠殺就只是某種抗議活動，受到冒犯後，必然會出現？表達自由激發出的宗教敵意，是在穆斯林僅占少數的西方國家才會出現？在穆斯林占大多數、支配政權數百年之久的國度裡，又是怎樣的情形？讓我們問得更明白一些：這種敵意全都是對現代「結構種族主義」的反彈嗎？會不會在之前就已經存在了？或者在相當的程度內，這種敵意根本是獨立存在的？梅拉利真的相信，即便是在原則上，表達自由也是

一個「好理念」？感覺她有些欲言又止。

　　關鍵挑戰就在不遠處徘徊，就像是何梅尼發布的宗教裁決：亦即，從文化與社會現實抽離出來，盲目堅持表達自由，難道不是一種自我放縱？這種用語惡化疏離與不平等，有可能讓社會分裂之餘，還簇擁了新霸權。但我們要怎麼在顧及其他迫切需求，像是維持族群尊重與和諧的環境下，思考表達自由？

　　讓我們從「約束」這個問題討論起。打從啟蒙時代開始，人們就了解表達自由裡面，永遠包括冒犯的權利，但，這並不意味每個人都有冒犯的責任，或者有道德義務去施予懲罰。特定媒體組織採取預防措施，避免冒犯任何人，尤其是備感孤立與脆弱的少數族裔，完全合理。再就多數族群來說，按照比例推估，自然會碰到更多的冒犯題材 —— 請衡量編輯、創意上的好處，是不是超過爭議引發的負面效應？—— 如果答案是不，就應該自行約束。

　　自由社會必須包容大多數觀眾與編輯的意見。不同的著眼點該如何取捨、觀眾的接受範圍要如何拿捏，每個編輯都有自己的判斷。超脫個人與單一團體的特定價值觀，維持獨立思考，是編輯的權利。不能相對來看（relativised），立論基礎斷斷不能動搖。由於編輯考量與一般人並不相同，試圖強行設限，甚至討論某些規範性（normative）的「約束」，都不能算是毫無保留的支持編輯自主合法性，同時會影響發聲管道與意見表達的多樣面貌。儘管設限的論調可以講得冠冕堂皇，甚至大公無私，卻是背棄民主與自由的基礎。

　　其次，凡是認定暴力攻擊表達自由，不過是「老套的話題」或

者把注意力從「真正影響人的因素，轉移開來」的人，顯然並不了解這種權利的根本事實。歷史告訴我們：國家以及社會的當權派（包括宗教菁英）打壓表達自由，受傷最重的始終是少數族群。在現實世界中，保障表達自由——以及自由報導壓迫及受害新聞的權利——是對少數族群僅有的保障之一。梅拉利說，她來自「人權團體」，似乎在暗示表達自由與其他可能更重要的權利間，存在些許緊張。恰好相反，不論是西方還是發展中國家，普世經驗是不同領域的人權，必須攜手共進才行。承認這一點的國家，就會支持各種自由的發展、促成良善政府抑制暴力、避免權力濫用。否認這一點的國家——在這批國家中，好些是由占多數的穆斯林主導政局——其他的基礎人權也隨之受挫。

　　了解其他族裔宗教敏感性，是貼心謹慎之舉，值得讚佩。但是沒有人擁有不容冒犯的絕對權利；在感受冒犯後，也沒有暴力相向的權利。宗教自由指的是你盡可追隨你的信仰，不受騷擾與迫害；但在自由社會裡，卻不能把宗教自由，延伸詮釋成不容批評、不能嘲弄你的宗教。如果你跟你的家人看到一本書或一部電影，褻瀆你的信仰，那麼就不要看，或者要求你的孩子置之不理。這也就是遜尼派穆斯林在巴黎《查理週刊》遭受恐怖攻擊之後，給予信徒的指示，來自於伊斯蘭神學教義研究的世界重鎮艾資哈爾大學（Al-Azhar University）：

　　不去理會不悅的瑣事，因為慈悲、人性的先知（和平隨之）站在如此尊崇、如此偉大的高點，絕不是這些缺乏倫理的漫畫，所能影響

分毫。[28]

　　這個通情達理的建議，理應結束所有爭議。但是，一九八九年何梅尼的宗教判決，卻是一個異常極端的要求：並不是穆斯林不該閱讀《魔鬼詩篇》，而是任何人都不該讀，這本書與作者不得存於人世間。

　　宗教裁決再次迫使我們必須面對良知修辭與十七世紀霍布斯在英格蘭發現的兩難──國家與社會究竟該怎麼處理來自於神的禁令？辯論沒有任何意義，因為反方根本不承認禁令的合法性，他們只相信展現在眼前的真理。三角校正法（triangulation，譯註：用不同的方法蒐集不同來源的資料，以降低研究者的偏見，常用於社會科學調查）──在魯西迪爭議期間，伯格與卡特採行的「瘟疫同時降臨在你們兩家」（plague on both your houses，譯註：這是莎翁名劇《羅密歐與茱莉葉》中的經典台詞，引申為辯論雙方各打五十大板的意思）取向──都沒法擺平這個麻煩。你得拿定主意：要不，你就（或明或暗）接受先知裁決的特殊地位；要不，就徹底拒絕。

　　想要接受──就只能同意《魔鬼詩篇》一開頭根本就不該寫出來、未來每個書報攤上都不能看到《查理週刊》、國會通過法律，嚴禁此類事件發生──當然不可能。我們的公眾理性，套用霍布斯的用語，就是多數、容忍，還有聽起來有點矛盾的，一定要強力施行。並不是因為西方的自由價值觀先天比較優越，而是不管人們理不理性，對於美好生活與良善社會該如何組成，都可以有自己的看法，不同答案要能相互衡量，才能做出選擇；或者，環境變

了，再另起爐灶。就是因為有表達自由，別種權利才有辯論的可能。只有出現立即、絕對緊急狀況，才能限制表達自由。所以，我們必須違抗何梅尼的命令，不是部分，而是徹底回絕。

❖

無可避免的，英國與其他國家的宗教團體開始（儘管沒那樣暴力）模仿攻擊魯西迪與《魔鬼詩篇》的策略，或者宣稱：既然伊斯蘭以暴力干擾小說發行，那麼他們也應該擁有以暴制暴的權利。

二〇〇四年末，伯明罕劇目劇團（Birmingham Repertory Theatre）取消了舞台劇《貝茲》（*Behzi*亦稱*Dishonour*，譯註：旁遮普語，「恥辱」的意思）的後續演出。劇作家是英國籍的錫克作家葛普特・庫兒・巴蒂（Gurpreet Kaur Bhatti）。劇中有在錫克廟中強暴與謀殺的情節，頓時激怒錫克教社區。首演那天，戲院外出現暴力示威，幾名警察受傷，好些示威者被捕。有人出面與劇團協調──強暴與謀殺的那兩段，能不能從（想像中的）錫克廟移去另外一個地點？──兩天後，聽從警方與族群平等委員會（Commission for Racial Equality）的建議，劇團乾脆放棄整齣戲。

約略同時，我發現自己捲入跟基督教有關的類似爭議。BBC第二頻道總監羅利・基定（Roly Keating）決定播出舞台劇《傑利・史普林傑：歌劇》（*Jerry Springer: The Opera*）。這是一部由理查・湯瑪斯（Richard Thomas）與史都華・李（Stewart Lee）編劇的諷刺音樂劇，劇情露骨、口無遮攔，以著名的電視脫口秀主持人傑利・史普林傑（譯註：曾擔任過辛辛那堤市市長的電視談話秀主

持人，風格備受爭議，喜歡邀請下層人物談論同性戀、通姦等爭議話題）為藍本，想像、演繹他的生與死。音樂劇的第一幕以漫畫般的筆觸，誇張描繪充斥特立獨行與性異常的「來賓」，參與談話節目。這一幕末了，史普林傑被某個角色槍殺，劇情轉為他死後，撒旦與神為了爭奪他的靈魂，大打出手 —— 雙方都希望利用他的特殊天分，解決自己的問題。到了第二幕，開場來賓又化身神聖的人物：例如一個包著尿片的怪咖，現在飾演耶穌。

　　《傑利・史普林傑：歌劇》搬上電視螢光幕前，早在舞台上密集演出多場，沒什麼人注意到它的內容。但是BBC決定播出這齣音樂劇之後，卻迎來好幾個基督教團體的憤怒斥責，尤其是福音系統的新教教會。BBC接到五萬通各式各樣的抗議，主要是電子郵件，要求BBC不要播出這齣諷刺劇，電視中心與BBC部分設施外圍，出現抗議人潮。幾位BBC高級主管的地址被公布，匿名威脅隨之而來。史蒂芬・葛林（Stephen Green）領導的「基督教之聲」（Christian Voice），是抗議團體中最積極、最高調的一個，在取得我的電話號碼之後，曾經打給我好幾次。他極端憤怒，態度堅持，但我必須說，卻沒什麼威脅性。

　　我自己是天主教徒，對信仰核心裡的幾個人物，過於極端或者荒誕的描述，其實很敏感。或許在別人眼裡會覺得荒誕，但我不曾看過《耶穌的最後誘惑》（*The Last Temptation of Christ*）、《萬世魔星》（*Life of Brian*，譯註：1979年英國喜劇，嘲諷著名的耶穌宗教歌舞片《萬世巨星》[*Jesus Christ: Superstar*]）、《受難記：最後的激情》（*The Passion of the Christ*）。如果因為工作需要，我倒不介

意看看；而且從來也不相信，跟我信不同宗教的人，就萬萬不能看這些爭議作品。在自由社會裡，我們大可自行決定如何處置。

事實上，在爭議爆發的幾個月前，我還參加倫敦西區（West End）《傑利‧史普林傑：歌劇》的首演之夜，事前並不知道劇裡有好幾位基督教的主要人物。看完之後，也不覺得生氣或者受到冒犯。我認為，很明顯的，這齣劇諷刺的並不是基督教，而是某些電視節目的淺薄與虛偽。第二幕出現的人物，不能被視為真是天上的父、耶穌與馬利亞，在劇作整體架構下，不過是前一幕參加傑利‧史普林傑「秀」的來賓而已。

抗議初起，英國主要的基督教團體——英國國教、天主教與衛理教會——都在琢磨該用怎樣的立場回應《傑利‧史普林傑：歌劇》。他們與BBC聯繫，我們安排他們的代表，低調觀察製作情形，讓他們自己決定這齣劇有沒有嚴重冒犯到基督徒。他們看完之後，反應跟我差不多。基於大家都可以諒解的理由，主要的教會系統當然不可能大力支持舞台劇的播出，但也沒有公開反對。

我已經說過，發行者並沒有責任發行所有創作；決定發行與否之前，也有權利考慮觀眾的敏感神經與其他因素。《傑利‧史普林傑：歌劇》爭議前幾個月，經過很仔細的評估，我做出一個平衡各方意見的決定，拒絕《教宗之城》（Popetown）在BBC播放。這是一部成人諷刺卡通連續劇，背景設定在梵諦岡城。我認為它的創意不足，甚至不夠好笑，無法解釋我們為什麼值得冒觸怒觀眾的風險，非播不可。這個節目後來在英國發行DVD，還在其他國家播放。《傑利‧史普林傑：歌劇》事件之後幾年，我也頂住爭議，拒

絕在迦薩走廊（Gaza）戰火正熾之際，播出慈善廣告片，呼籲救助（絕大多數是巴勒斯坦人）難民，以免觀眾懷疑BBC在報導戰爭新聞時，放棄公正無私的原則。有些英國電視台（如BSkyB）跟BBC採取相同的立場，也有些電視台不以為然，這支廣告還是被密集播出好一陣子。*

不同的編輯會衡量不同個案的利弊得失，獲致不同的結論。在現實生活裡，表達多元主義就得是這樣。各種可能的結果、發行前後孰是孰非的辯論，並不是西方多元主義自相矛盾的證據，而是多元主義的本質與美德。

《傑利·史普林傑：歌劇》獲得好些獎項，單就創意而言，毋庸置疑。我們計畫在深夜播出，孩子不大可能看到，並且在播出前，加註清晰的警語，提醒觀眾接下來的內容可能會有爭議。我很有自信：這麼一來，我們能確保只有少數觀眾會在無意間觸及到這個節目，將直接冒犯引發的不滿降到最低。

抗議者對於這種考量（藝術價值對上可能的冒犯）沒半點興趣。他們跟何梅尼的邏輯一樣絕對：即便每個基督徒都轉台不看，沒有人被直接冒犯；他們認為全國性的電視網還是不能播出《傑利·史普林傑：歌劇》，因為這齣劇的本質，褻瀆了神。有些人進一步的申論：如果節目內容犯冒伊斯蘭或者錫克教教義（《貝茲》事件才剛鬧上新聞版面），是很嚴重的事，BBC絕對不敢播。那麼

---

* 我在BBC服務期間，以極為強硬的態度捍衛「公平原則」。總經理任內，我拒絕在廣播大廳豎立歐威爾銅像。儘管他是我最敬佩的作家，但我擔心接下來會有人推薦備受尊重的右派文學大師，然後，就是政壇菁英代表。很快的，BBC總部就跟羅馬聖彼得大教堂一樣。

基督教徒為什麼不能享有同等的尊重？

事實上，BBC曾經播出讓穆斯林與錫克教徒同時感覺受到侮辱的節目 —— 舉例來說，一九九〇年代中期，在我任職期間播出的電視喜劇《我的天啊！》（*Goodness Gracious Me*）。即便每個人都接受如下的潛在前提 —— 相對於基督教，BBC對於少數族裔宗教的感受會更加敏感 —— 但這講法卻不盡合理。我先前說過，沒有人擁有絕對不能被冒犯的權利，不同的宗教也沒有理由要求相同的媒體接近權。差別化的敏感性 —— 對於少數族裔的宗教敏感度高些；對於根深蒂固而且完全社會化的本土宗教，敏感度低些 —— 並不是道德上的先決條件，而是一個編輯念及少數族裔經常感受到的孤立與歧視，理應採取的立場。

綜合考慮各方的意見之後，我決定在二〇〇五年一月八日，BBC第二頻道上播出《傑利·史普林傑：歌劇》。播出之後，爭議迅速蒸發。觀眾看完，自有公評。抗議團體拔營而去，尋找下一個宗教大敵。安全人員撤離，生活恢復正常。

播出《傑利·史普林傑：歌劇》還是留給我兩個私人的後遺症。第一，葛林與「基督教之聲」告發我跟節目製作人約翰·索戴（Jon Thoday）觸犯「褻瀆性誹謗罪」（crime of blasphemous libel）。治安法官認為私人無權告發他人觸犯這項罪名，高院在二〇〇七年肯定治安法庭的做法。普通法（common-law）中的「褻瀆性誹謗罪」（僅有基督教享有的特殊延伸「保護」）有幾個世紀的歷史，但是，高院對於《傑利·史普林傑：歌劇》的裁決，是重大判例，從此在英國、威爾斯，這個罪名不再適用於戲劇、電影與電視領域。

二○○八年《刑事司法與移民法》（Criminal Justice and Immigration Act）更把適用範圍延伸到各種形式的意見表達。儘管這只是一個法律的註腳 —— 最後一個因為此項罪名被送進監牢的人，叫做約翰‧威廉‧葛特（John William Gott，譯註：他把耶穌跟小丑相提並論），時間是一九二一年 —— 卻也是表達自由的小小勝利。但在許多國家，褻瀆罪不斷擴展，而不是廢止。

第二個後遺症是一道相當優雅的鐵欄杆與電動門，《傑利‧史普林傑：歌劇》爭議正熾之際，加裝在我家門外，至今猶存。《傑利‧史普林傑：歌劇》的嚴重程度當然比不上《魔鬼詩篇》或者《查理週刊》事件。在我生涯中遇到的少數干擾，跟本章述及的威脅相比，根本無法相提並論。但是，安全人員建議我小心提防。儘管已經是二十一世紀初，在全面追求表達自由，你還是不知道什麼時候情勢會轉彎，栽到你個人頭上。

言論自由的大敵

我們剛剛已經讀到，霍布斯訴諸「主權」以對抗極端的威脅，一般人民應該「臣服」於公眾理性，將他們個人理性局限在純粹的私領域裡。他還相信某些形式的異議很危險，應該一併禁止。

事實上，英國歷史踏上的是另外一條道路。大約一個世紀後，這國家並沒有朝專制主義（absolutism）前進，而是趨向君主立憲制，強調國會、公眾辯論與出版自由，結果並沒有導致極權君主以及內戰，而是一個凝聚力更強、更成功的社會。與霍布斯大約同時

的哲學家（最具代表性的當然是約翰・洛克[John Locke]）也開始發展出現代人權原則 —— 包括自由表達意見 —— 賴以奠立的相關理念。日後演變而成的聯合王國、北歐的許多國家以及北美殖民地，激進分子利用逐漸放寬的政治辯論自由、出版自由，要求當局實踐如下權利：自決權、廢除奴隸、解放少數宗教與女性，諸如此類。爭議、拖延、半途而廢，直到二十世紀我們仍在承受的試煉，在在顯示：人類社會的開放以及對人權的尊重，不保證必然從低階邁向高階 —— 幸好數百年來，民主體制、公眾辯論以及一般市民的務實判斷，依舊展現相當的能力，能夠形成政策，持續進步。

換句話說，霍布斯的悲觀放錯地方。後人還是找出辦法，包容異議，並沒有挑起政治暴力，反而憑藉著人權，刺激改革。只是，在二十一世紀開頭，好些主權政府並不認為霍布斯是錯的，反而相信他的理論基本正確：表達自由的確是效能政府的大敵，摧毀社會和諧，那些「煽動不安的牧師」應該噤聲，或者乾脆滅口。

好些西方人抱持天真的假設，認為表達自由展現所向披靡的必然性：現代性、資本主義與明擺著難以阻擋的網路動能，三者結合，毫無疑問，很快就會衝破世界各地的障礙，促成自由交換理念的夢想。世人一度普遍希望，中國新生代領導人 —— 二〇一二年上台的習近平主席 —— 治理下的政府，能放寬言論管制；卻發現習近平政府比前任更加壓迫緊縮。中共當局逮捕異議分子、封鎖國外新聞網站、騷擾國內外記者，明目張膽尋求（顯然是借用霍布斯的用語）網路空間主權（cyberspace sovereignty），意謂著在數位領域中，中國公眾可以看到什麼、可以做什麼，必須在他們的全權控

制下。也許表達自由難以遏抑的理論，終究會被證明是對的，只是北京目前還沒有這種理論。

一九九〇年，俄羅斯曾經出現過短暫弛禁，但很快的，恐嚇、暴力（包括幾個著名的記者遭到暗殺），以及縱容親克里姆林宮的利益團體持續收購甚至沒收國營媒體，言論自由曇花一現。二〇一六年，就在自由之家發表《年度報告》（*Freedom in the World*），評論烏克蘭、摩爾多瓦（Moldova）、喬治亞與其他巴爾幹半島國家的同時，雷傑普・塔伊普・艾爾多安（Recep Tayyip Erdogan，譯註，曾經三連任的土耳其總統）政府持續騷擾、逮捕、動用迫害性的新法令，鎮壓異議分子。伊朗與中亞國家經常出現典型的國家壓迫。除了以色列，在中東、非洲與亞洲多數地方，言論與辯論自由的前景依舊黯淡。記者被殺、遭到傷害、入監服刑的案例，在許多國家衝上新高。所謂的伊斯蘭國在螢光幕前滅絕人寰，斬下西方記者的頭顱，震駭全球；但全球各地衝突不斷、管理失靈的政府，大規模屠殺地方記者與特約記者，卻很少受到關注。新聞自由一旦不受到尊重，政治異議分子就會動輒遭到處決、少數族裔的命運岌岌可危。

我們能跟自己說，西方國家的情況比較特別，所以感覺比較寬慰嗎？在《查理週刊》大屠殺後，歐洲與美國領袖的反應，比起二十六年前處理《魔鬼詩篇》爭議，要來得積極。攻擊一發生，幾乎所有的西方主流政客都認定，極端伊斯蘭分子在本質上威脅表達自由，願意站出來公開反對。當然，他們有理由感到憂慮。

歐洲內政部長集會討論《查理週刊》事件，發表聯合公報，表

達憤怒，決意採取行動，鞏固言論自由。但他們也加上這麼一段：

> 3/我們也關切在網路上散布仇恨、暴力的頻率越來越高。我們要
> 展現決心，避免網路遭到濫用與沉淪。同時，我們更要謹慎奉行基本
> 自由的原則、全面尊重法律，持續讓網際網路成為自由表達的論壇。
> 一念及此，各大網路供應者必須精誠合作，在涉及煽動仇恨、宣揚恐
> 怖的訊息出現時，要建立機制，在合適／可能的情況下，盡速移除。[29]

屢屢惹起爭議的法國喜劇演員迪爾多尼・姆巴拉・姆巴拉
（Dieudonné M'bala M'bala），在攻擊事件發生之後，因為在臉書上
表示，他「與查理・庫利巴利（Charlie Coulibaly）一樣，感同身
受」，遭到逮捕，罪名是同情恐怖主義。這個句子巧妙結合當時的
一句名言——「我是查理」（Je Suis Charlie）與阿米蒂・庫利巴利
（Amedy Coulibaly）的姓氏。「我是查理」出現在成千上萬的T恤與
海報上，聲援慘遭殺害的《查理週刊》漫畫家。庫利巴利則是兩天
後襲擊猶太超市，遭到警方包圍的暴徒。姆巴拉的言下之意是：我
不會參加你們的悼念遊行與守夜活動，因為我同情另外一邊。《查
理週刊》屠殺案後，總共有七十幾個人遭到逮捕，罪名都是散布
「仇恨言論」，而他是其中之一。[30]

英國內政部長德蕾莎・梅伊（Theresa May），也試圖遊說立
法，日後極端分子在英國校園內演說，將被視為非法。但由誰來斷
定誰是極端分子，誰又不是呢？梅伊宣布「有關機關必須將內政部
的指示列入考量」。[31]就連平素溫和的民主政權，都會發現自己禁

不住誘惑，使用警察式的公眾語言：箝制伊斯蘭煽動者發言、對和平示威者下重手，或者起訴在網路上不檢點的網友。

　　使用鎮壓表達自由的方式來保護表達自由，實在很荒謬。這是差別性的選擇待遇：宣稱（當然是事後）《查理週刊》的漫畫家是維護表達自由的英雄，理應紀念；而姆巴拉卻是個痞子，因為他偏袒暴徒，所以就不該讓他講話？如果可以開先知穆罕默德的玩笑，那麼講幾句跟死亡漫畫家有關的閒言閒語怎麼不行呢？如果你說後者的言論是品味有問題，或者涉及國家安全 —— 姆巴拉分明就是個在網路上嘩眾取寵的諧星，硬要把他說成是幫恐怖分子招募新血的士官長 —— 不是在開自己的玩笑？哪裡寬容了？這是歧視性的待遇，強詞奪理，卻偽裝成大義凜然的宣示。如果在《魔鬼詩篇》事件上，西方政府過於軟弱，刻意把一個表達自由的課題，岔進歧路，混淆視聽；那麼他們的繼任者就犯下完全相反的錯誤：過度反應，打著保護某個族群表達自由的旗號，壓迫另外一個群體的表達自由。

　　或者，你相信網路禮節是可以強制規範的嗎？在英國，立法使得網路霸凌，「利用公開的電子溝通網路，傳遞具有嚴重冒犯、不雅、猥褻或者威脅性質的訊息或其他事物」，成為一種罪行。也就是說，明知訊息為假，「目的是製造他人煩惱、不便或者不必要的焦慮」，你還發送，就可能觸法。[32] 沒有人想包庇「假」訊息，但是限制言論自由，也很難想像比「不便」標準更低的藉口。利用警察與法庭，強制人民不得在網路上撒野，一般是獨裁者才會想要動用的手段，英國卻如法炮製，好幾個案例因此定罪。某些歐洲國家

也有類似的法令。網路上常見的酸言酸語，固然惹厭，但這種處置方法卻不禁讓你有個預感：這藥方好像比疾病本身還糟糕。

在西方，有妨礙表達自由的主權威脅，也有本章述及的非主權威脅，兩者的銜接點之一，是一個理直氣壯的名詞，仇恨言論（hate speech），現代壓縮修辭的迷你經典版。我們在新聞上經常聽到，卻從來沒有問過自己這個詞究竟是什麼意思 —— 只是假設它有固定的定義。

我們知道什麼是仇恨罪（hate crime，譯註：因為仇視特定種族、宗教、殘障或性別，針對個人或財產的刑事侵犯行為）。因為仇恨某個族群，挑選被害人作為代表，加以侵害的一種罪 —— 相當於攻擊或謀殺。有的人受私刑，是因為他的膚色；同性戀遭到鞭打，只因為他是同性戀。我們的法庭認為在某些犯行中，這是一個激化因素，頗有見地。但，就事論事，即便扣掉種族以及反同性戀的情緒，行為本身還是必須要被認定是犯罪才成。

仇恨言論卻是一個鬆散的概念。它既包括必須被認定是犯罪的言語-行為 —— 直接對人身的威脅，比方說，謀殺、強暴或者其他暴力。這種威脅如果落在種族、性別、反同性戀或者其他偏見的情境裡，就是仇恨罪。但，仇恨言論有時也指能入人於罪的言論，在某些西方國家裡，還是比較近期的詮釋，目的是防範有人煽動種族仇恨或者對少數族裔的敵意。

但是，仇恨言論這個詞的適用範圍，往往超出法律規定。它可以指真正惡毒、具有偏見性的語言，試圖攻擊他人或某個團體；也可以是遊樂場上，雙方鬧出糾紛，對另一方的惡言相向。錯誤的

三段論證也經常派上用場：如果批評以色列就是反猶太主義，而反猶太主義就是仇恨言論，那麼批評以色列就是仇恨言論；同樣的道理，如果批評伊斯蘭或者穆斯林社會，就是伊斯蘭恐懼症，而伊斯蘭恐懼症就是仇恨言論，那麼任何人批評伊斯蘭，就會觸犯仇恨言論罪。濫用到這般境地，借用梅拉利的說法，仇恨言論變成「老套話題」——一種修辭小把戲，用以孤立、羞辱對手——本質上卻是輕蔑、霸凌，在本章中討論過的許多團體，就是這樣操作。

也就因為仇恨言論的用法不甚精確，有些大而化之，所以它是一個很難捉摸，甚至有些危險的概念。落在主權代理者——警察、檢察官、法官——或者自命的正義使者手上，非常危險。他們動輒在特殊領域，或者整個社會裡，打著仇恨言論的大旗，肆意修理他們看不順眼的人事物。

言論自由的權利中，包含說出憎恨事物的自由。想要說的人，必須讓他們說，而且這權利還受到國家的保護。試圖區別不同的仇恨——比方說，反猶太人的言論犯法，但對反伊斯蘭言論視而不見，或者倒過來——就是自我矛盾、表裡不一。就像所有政黨都能上「答詢時間」，唯獨英國國家黨不能上，要如何解釋？要在哪裡止步？所有仇恨都能入罪，那麼身為人就可能觸法。

若說現代政府，不論極權還是自由，都難免會受到霍布斯「主權論」的誘惑；那麼，我們在這章討論的許多團體，就是暗地模仿清教徒激進派的做法。某些自認與宗教無關的團體，也使用「良知修辭」的手法，把世界區分為思想正確的選民（他們自己）與已經證明為非的對手，所以他們的聲音不需要，也不應該被聽見。就像

是十七世紀的激進分子，總愛自立山頭、分化區隔，將原本對外的修辭，用來圍剿前同志與前友人。這種團體分享不能質疑的先知，對他人缺乏同理心。人數未必多，製造的效果卻是不成比例的驚人。無論是在教職員俱樂部還是權力的殿堂，軟弱的領導特別容易受到他們的左右：有人著迷於他們目的單純、福音式（evangelical）宣教，有的只是被恐嚇裹脅。

擊敗他們以及極端分子的方法，並不是要他們閉嘴，而是與之公開辯論。讓毛拉（mullahs）布道；讓漫畫家與喜劇演員出洋相；盡可能的讓每個人送進大學；讓死硬右派上街遊行。如果你不贊同他們，走出門，也去遊行。把聚光燈打在狂熱分子身上，嘲笑他們的所作所為。壓迫某些反社會言論，卻又縱容其他偏激言論的法律，無論立意多麼良善請予廢除。除非吻合美國「挑釁性言論」（fighting words）——意圖煽動立即實際的暴力、直接恐嚇，或者招收暴力極端分子——的定義，否則，切勿輕易動用法律。濫用法律制裁，並不會削弱狂熱分子，反倒會讓他們越發壯大。

歷史或特殊文化挑戰讓某些國家採行非常手段——比方德國禁止卍字標記以及其他與納粹有關的象徵——可以理解，但是，禁令應該要有時間與範圍的限制。至於個人，在受到蓄意詆毀的時候，應該要能得到法律救濟；同時也要確保他們不受網路流言的騷擾，阻斷惡作劇升級為霸凌與恐嚇。法律在處理表達自由時，要格外謹慎。生活在開放社會，好話壞話都得聽；但如果是面對面的嘲弄，法庭應該將之裁定為威脅。

言論自由不是萬靈丹。保護言論自由意味著這世上仍然充斥仇

恨的語言與理念，儘管我們犯不著煽風點火，或者以暴制暴。言論自由無法保證壞事就此絕跡 —— 極端的修辭不會誘使某些天真幼稚的年輕人；更不能打包票，阻斷希特勒這種怪物在民主社會中崛起的可能。文化與社會因為不同的原因出差錯，言論自由愛莫能助。但是，請不要讓這些事實使你相信：打擊言論自由就是答案。鎮壓一般不會成就什麼事情；到頭來，反而毒化一切。

　　言論自由的敵人正在集結。從自認政治正確的學生到內閣部長、從推特空間中的暗黑鄉民到中共中央政治局，來自五湖四海、各有主張的勢力，比起以前，現在找到更多共通點。他們都堅信自己是對的。對於不受羈勒的公眾語言，抱持著霍布斯般的懷疑。他們不相信其他人。為了讓對手噤聲，他們編造出各式各樣的花稍理由，但深究其實，卻是子虛烏有，應該立即揚棄。只是他們頂住了期望的浪潮，站穩腳根。為了捍衛言論自由，我們陷入一場苦戰，而且逐漸陷入劣勢。

chapter *12*

保持冷靜，無須杞憂

你必須勉力了解萬事萬物，既需直視無可搖撼的現實核心，也需參透缺乏洞悉力的俗人之見。你就知道他們的意見，千篇一律。除此之外，你無法了解世人為何對於真理，會有這般的印象與態度。

—— 女神巴門尼德（Parmenides）的詩作[1]

　　時代已經亂了套。在短波收音機盛行的時代，每個國家首都的名稱都鐫刻在轉鈕上。時至今日，我們轉鈕收聽全世界，從大馬士革到布魯塞爾，再到莫斯科與華盛頓，新聞幾乎都是難以置信的嚴峻。我們面對的問題與歧異，可能不像我們的父輩、祖輩經歷的那樣毀天滅地，卻更加的陰險狡詐、難以駕馭。

　　在世界各地，容忍度下降，反自由主義（illiberalism）的聲浪與日俱增。謊言所向披靡。言論自由遭到否決，近期看來已經踏上開放道路的國家，又回頭訴諸政府鎮壓。在中東、非洲，在歐洲城市的郊區與街道，宗教的盲目崇拜引發虛無主義（nihilism），帶動血腥謀殺，卻被認為比世俗民主軟弱無力的承諾，來得有說服力。我們聽到政客持續夸夸其談。孩子被溺斃、餓死、炸成碎片。政客還在空談。在英國本土，政治責任、相互尊重、基本文明的界線，十年前還算穩固，如今一週內就會崩潰。經常感受到虛無的精神四

處作祟，缺乏正面看理念的政治，不斷的在分裂人群。亢奮的憤怒在我們血液中流竄。

　　各式各樣的原因，促成這些讓人沮喪的趨勢。在這本書中，我曾經議及公眾語言改變的方式，就是讓情況惡化的重要肇因之一。我們追蹤一連串的政治、媒體與科技發展，如何加總起來、如何伴隨我們對語言說服工具的掌握，日益精進，強化政治語言的立即性衝擊，卻犧牲深度與全面性。我們探索後啟蒙時代的兩種直覺，如何壁壘分明，糾纏苦戰 —— 天真卻傲慢的理性主義，以及走向相反路線、過分強調認同與群體傾向的真實主義 —— 扭曲我們公眾領域裡的語言認知。

　　在負面勢力的包圍夾擊下，我指出兩個希望的燈塔。一個是古老的概念，認為與生俱來的實踐智慧、謹慎精明使得人們有能力區分有效跟可疑的公眾語言。第二個是對於修辭期望，希望這種修養有朝一日能夠在辯論、風格與同理心方面，獲致新的平衡。我稱之為「批判說服」（critical persuasion）——「批判」意指有意識的將自身的說服技巧，交給謹慎精明的公眾檢視。我們尋找的是溫和節制而非固執僵硬的理性主義者，善於體察情緒與認同的合理需求，適當回應，以追求現實的真理，而非修辭上的「真實性」。

　　但我們要怎麼從眼前的局勢，邁向這樣的境界？在第七章，我們看到歐威爾希望能「從『口語端』開始，略做改善」。對我們來說，這具有怎樣的意義？

語言與信任

表面上，我們公眾語言的危機，就是對於公眾文字及其使用者的信任危機。信任是所有人類關係的基礎，絕大多數的人都知道，一旦失去某人的信任，或者，我們不再信任他人，會有什麼後果。

情況並沒有這樣簡單，實則另有隱情。首先，公眾語言的信任下滑，只是相對的。就像我在第一章的說明，百姓始終沒有那樣相信政客。一八三四年，西敏寺宮（Westminster Palace）遭到焚毀，作家湯瑪士・卡萊爾（Thomas Carlyle）是少數幾個心頭透亮的旁觀者。他發現爆滿的群眾中，爆出一陣又一陣的歡呼與掌聲——「終於得到報應了！」[2]一九四四年，就在諾曼地成功登陸之後，當時英國還是由邱吉爾率領的全民政府執政。蓋洛普進行民意調查，詢問民眾，他們認為政客最會為誰著想？為他們自己？為他們的黨？還是為國家？35％的民眾認為是為政客自己，22％認為政黨優先，只有36％認為政客最在意國家。[3]講到不信任，真是太陽底下半點也不新鮮的事兒。不是所有的不信任必然會造成傷害。人類謹慎小心的天賦，究其核心，是健康的懷疑主義，看到什麼都信，反而讓人難以想像。

有人反而懷疑最近所謂的「信任危機」，並沒有想像中那麼誇張。哲學家歐諾拉・歐尼爾（Onora O'Neill）在二〇〇二年的BBC里斯講座，討論信任議題。她指出，在日常的行為或選擇上，民眾一再展現對於特定機構與職業的信任，儘管他們告訴民調人員他們其實不信任。[4]比方說，他們可能宣稱不信任醫療體系，但生病還

是會去找醫生。「我們未必找得到證據證明『信任危機』，」歐尼爾的結論，「只有大規模的證據證明有一種懷疑文化。」就她的觀點，某些制度與文化上的實際情況，的確鼓勵或散播不信任，但一般人基本上可以免疫，所謂的「危機」，言過其實。

在歐尼爾發表演講之後，世界歷經巨大變化。在許多西方國家，信任的程度下滑到新的低點。輿觀（YouGov）拿蓋洛普的老問題，在二〇一四年，詢問英國公眾意見，政客是為了他們自己？為了黨，還是為了國家？七十年後，認為政客會最先考慮國家的受訪者，只剩10%。[5] 更重要的是：原本歐尼爾還可以在口頭上的低信任度與功能性的高信任度間，畫下一條清楚的界線，現在也開始變得模糊。

公眾改用腳來投票。他們對於傳統政客越發的不信任，誘使他們支持反政客與極端選擇。二〇一六年，在英國，更驅策大多數公民選擇離開歐盟。大家不再說他們不信任主流媒體，因為他們根本不看、不聽。我們看到越來越多的父母，蔑視醫療機構妥善的安排，不讓自己的孩子接種疫苗，因為他們不再信任權威。

歐尼爾診斷出的「懷疑文化」已經從民意調查感染到投票行為、政治激進主義與騷動不安的市民社會，再到個人選擇，從隱私、食品安全、金融服務，無一倖免。毫無疑問，絕大部分的時間，多數人對於公眾服務與機構還能維持功能性的信任，但是，不信任 —— 伴隨著遭到背叛的憤怒與自覺 —— 開始產生實質影響力，越來越劇烈的衝擊我們的世界。如今看來，「危機」這個詞並非危言聳聽。

　　有些原因根深蒂固，可能得花上幾十年，甚至更久的時間，我們的公眾語言才會重拾全面的平衡與功能。但本書中描述的各方玩家，該做些什麼來防止公眾語言被進一步的腐蝕，也許，還能著手修復？

❖

　　讓我們從職業政客說起。第一點很明顯：如果你說一套，做一套，老百姓很快就不會信任你。他們可能會放過非典型政客一馬 —— 在美國、英國、義大利與其他的地方，競選活動越來越像是職業–業餘搭配的高球名人錦標賽，外行人打不中球，笨手笨腳，觀眾看得樂在其中 —— 但，你，可不成。面對重大決策，尤其是參戰與否；公眾會認為欺騙、草率評估事實，是足以上絞刑架的重罪。

　　你是誰，就是誰，不要試圖欺騙群眾。如果你看起來像是個參議員，談吐也像參議員，那麼只有偏激成性、滑稽突梯的異類 —— 克魯茲參議員請起立！—— 才能說服大眾，你並不隸屬於惹人厭的菁英族群。如果選民認定你是職業政客，只要有點常識，你就該知道把糞桶倒到同事跟自己頭上前，得仔細想想。法官、醫生與將軍一般不會這樣做。事實上，他們是很謹慎的，經常會刻意提及他們的職志 —— 特別是醜聞越滾越大，會讓人質疑到他們整體的專業與倫理之際。所有人的信任度都比你高。現代政治像是《霸道橫行》（*Reservoir Dogs*，譯註：昆汀‧塔倫提諾1992年的暴力電影）最後一幕，每個人都被一把槍抵住。大家心裡明白：你一

開槍，自己就會中槍，稍有不慎，便是同歸於盡。

　　請把公眾當成年人看，跟你希望能投票給你的選民，分享你確實的想法，包括痛苦卻經過仔細算計的利益交換。千萬不要瞧不起他們而言不及義：絕大多數受你服務的選民，的確不具有經濟、規畫與公眾健康的專業資格，但不意味著他們很笨，看不懂證據、聽不懂辯論。如果你能了解，也許他們也能。

　　幾乎所有現代公共政策的決定，都是細膩平衡下的結果。如果證據不確切，就意味著辯論雙方都擔負一定的風險，決策衡量的是可能性，而不是確定性。請承認這一點。將公眾納入你的信任範圍。如果你不準備相信他們，他們大概也不會相信你。承認錯誤，不閃躲，要快速。

　　別想遮掩真相。如果你是左派，發現貧富差距逐年惡化，沒有改善的跡象（就像英國在金融崩潰之後出現的現象），或者世代落差比階級不平等還嚴重，請不要固守意識形態的利基，故意否認這個事實。實事求是——然後向公眾劊切說明，為什麼這會掀起有關社會正義的爭議，或者製造未來的問題。

　　將複雜的公眾政策提煉成庶民語言，並不容易，卻非做不可。大致來說，現代治理就是溝通。但是在各部會或國家部門負責溝通的單位，主要的工作卻是製作懶人包。釐清來龍去脈，請幾個真正的寫手。增聘幾名動畫師、攝影師與多媒體製作人，製作更鮮活的文宣產品。在你著力於強化內容之餘，也要讓你倚靠的技術官僚群學會清晰、直率的表達方式。不管喜不喜歡，強迫他們面對攝影機與麥克風。你的焦點團體、A/B測試平台，不是用來攻擊政敵、發

掘最犀利的政治語言，而是善用這些工具，讓公共政策選項，盡可能清楚的呈現在大眾面前。

民主政治在本質上，必須要有反對黨；政黨（有時是個人）的政治利益，自然會支配你的所作所為。但進入公共政策討論之際，請考慮演化生物學家所謂的交互利他主義（reciprocal altruism）。你對於環境的嶄新理念，或者強調年金負擔如何嚴重，只有在良好的政治與媒體氣候中，才能取得嚴肅的討論空間，緊鎖議題核心。如果你利用本書描述的技巧，干擾對手發言，讓他的理念無法公平傳遞；有朝一日，對手如法炮製，你多半也無可奈何。打斷這種惡性循環得冒一定風險，至少你的同志 —— 他們多半是過來人 —— 非常可能會譴責你面對政敵，太過天真或怯懦。但換個角度來看，選民說不定會覺得你很清新。如果你率先踏出這一步，只要運氣不太差，在議場的另一邊，或許會有一兩個勇敢的心靈，會挺身而出，冒險拾回一種名為「政治家風度」（statesmanship）的老派規範。

這並不是要求各位妥協。雙方即便客客氣氣，進行建設性的辯論，對峙的立場可能還是難以折衷，大眾依舊得面對南轅北轍的不同選擇。還有一件事，請切記：千萬不要掉進假設的陷阱 —— 誤以為最好的公共政策，一定落在兩個政治極端中間。我們應該思考的是：無論政治歧見有多深，都要設法把論點基礎，攤在大眾眼前，接受公評。我們在本書中一再看到，某些政策領域之所以棘手，就是大家避談基本立場，或者將之弱化成政黨政治默劇中的小道具，這是癥結所繫，鮮少能自行解決。政客將之視為糾纏不休的

陰影，只想把它們埋藏起來，眼不見為淨。移民、不平等、倫理、文化與民族少數族裔激發的各種期盼與關切，就是現階段最緊迫的例子。

「旋轉」一直是政治活動的重要環節，可能永遠如此，同樣需慎用。馬基維利式的新聞管理方法，在嚴格管控的社會裡，還是派得上用場。在這種地方，再赤裸裸的謊言都不見得挨得近你的身邊 —— 但是普丁卻是例外；在政治上無往不利的新聞，是永遠也說不完的故事 —— 不過，被三百六十度數位化資訊綁得團團轉的西方，推諉，可不像以前那樣好用了。在大西洋兩岸，接連好幾位領袖，都嚐到苦果。你養的鬥犬在為你辯護之際，「流彈四射」，使用的字眼、行事的作風，可能是在你公開場合拉不下臉來做的。你的人馬走到哪裡，都留下你的指紋；他們的個性 —— 他們的殘酷、怯懦與虛偽 —— 很快的，也跟附骨之蛆一樣黏在你身上。在眾人沒提防發動者、政治圈與媒體內都有人暗助的時候，旋轉的效果最好。一旦著了痕跡，媒體開始把它當作新聞來報，旋轉的好日子，也就結束了。

思考溝通策略之際，不要只受政治親信的擺布。你可以同意他們對政治對手的道德性格評語，但，千萬不要輕易把同志渴望的紅肉拋出來。二〇一五年英國大選逐漸逼近，幾位親近米勒班的評論者，要求他面對保守黨及其政策時，要在表情跟聲音裡，展現更多的「憤怒」。[6]沒錯，工黨的核心支持者喜歡聲色俱厲的表演；只是對於有能力左右戰局卻無所歸屬、搖擺不定的中立選民來說，這種招數能爭取到他們的支持嗎？你當然需要盡量動員、統合你的投票

大軍 —— 但想爭奪大位，光靠他們可能不夠。

　　亞里斯多德是對的：在政治家的修辭箱中，放大是必備工具。生命如此短暫，你必須把聽眾的注意力，集中於主要訊息、強調你的世界觀與對手的差異。條件子句與界定性的形容詞與副詞，在法律文件或者閉門的政策討論，可能派得上用場；但在公開場合，大眾要的就是清晰、俐落，而媒體又渴望簡練的標題。所以，在有些場合裡，放大或簡化你的論點 —— 你的判斷、攻擊與承諾 —— 在政治上，是很合理的。

　　一味誇張很危險。一開始，這種做法狀似會為你贏來尊重。成熟的政策辯論聽在缺乏專業知識的公民耳裡，不是覺得過於專業瑣碎，就是覺得沉悶無聊。簡單鮮明的判斷、一語道破解決方案來衝破僵局的政客，一開頭，自然讓人覺得他勇於冒險、誠實、有創意。但是，這能維持多久？

　　誇大當然是毒品，一嗑，馬上就會興奮起來，長期濫用卻會造成傷害。你說的每個字都會留下痕跡，作為檢舉你的呈堂證供；有朝一日，你說不定會後悔自己一時口快、說得太含糊，或者斷語太過惡毒。說真的，誇大可能會成為你的註冊商標，媒體永遠期待你語出驚人，除非你最終失去理智，否則媒體再也不會理睬你。在你還沒察覺前，你已經成為陳腐政治肥皂劇裡的刻板人物，從此斷送傳達實質內容的能力。

　　語言本身也不可能全身而退。柴契爾夫人過世之際，好些左派領袖形容她把英國破壞為「殘骸」。不是「傷害」、不是「帶到錯誤的方向」、不是「採行錯誤的經濟政策」，而是「毀滅」、「殘

骸」、「廢墟」。在衣索匹亞內戰期間，我曾經造訪一間高地小茅屋，裡面滿是灼傷的婦女。她們都是遭到門格斯圖・海爾・馬里亞姆（Mengistu Haile Mariam）政權濫擲黃磷彈的受害者，沒有止疼藥，看起來也不可大能會得到醫療照顧。如果英國是一片廢墟土地，那麼要怎樣描述這群婦女跟她們的痛苦？怎樣形容敘利亞、利比亞或者索馬利亞這樣的國家？那邊的廢墟殘骸，指的是遭到炸彈摧毀，幾近夷平的城市、是慘遭屠戮的孩子、是無法無天、是絕望無助。

由於現代政治與媒體的特性，抗拒無差別的誇大表述，需要有超人的自制力 —— 特別是對手也不受任何約束之際 —— 但其實，抗拒誘惑，才是最聰明的長久之計。靠誇大打贏的選戰，並沒有迷信偏方的人想像得那樣多；就算僥倖於一時，真相也會很快揭露。二〇一六年，英國莽撞通過脫歐公投，讓我們靜待公道好還的那一天。對於政黨來說，還有另一層風險：一旦開啟誇張競賽，比誰的發言最激進、誰的意識形態最純粹，就會一發不可收拾。政黨臣服於誇張的誘惑下 —— 當今的共和黨就是活生生的例子 —— 可能導致集體紀律失控、自我認同感分崩離析。

「反政客」那一套要正確理解，切忌亂學一通。不要抄襲他們虛偽的簡化法，要正視現實政策的複雜性。「總有一天，柯麥隆也會羨慕法拉吉。」《每日電訊報》在二〇一四年初這樣評論：

英國獨立黨的訊息，力求簡單，沒有意在言外，無意刻畫細微差異。他們的立場很清楚：英國必須要脫離歐盟 —— 沒有假如、沒有

但是（no ifs or buts）。[7]

　　到頭來，柯麥隆丟掉工作，斷送自己的政治生涯，無力招架法拉吉的「簡單」攻勢。事實上，英國脫歐絕對不是一件簡單的事情 —— 如果這個國家還想加入歐洲市場，還想持續影響歐洲事務的話 —— 但終究不敵脫歐陣營對於移民、稅收、自由行使主權等議題天馬行空的承諾。

　　曾任大倫敦市長的強森一輩子都是假「反政客」的性格 —— 他把自己當作是後現代版的貝提·伍斯特（Bertie Wooster，譯註：這是英國家喻戶曉的虛構角色，有點脫線的富豪，生活全靠管家打理）來經營，表面行事浮誇，實則狡詐算計 —— 在公開場合失態、政治立場反覆，這些足以搞垮傳統政客的缺點，不曾對他造成任何影響。脫歐公投對他來說倒是有點棘手。他沒有什麼真正的政治信念，也沒有加入任何陣營。他甚至一度表示：英國應該投票脫歐，再透過協商，繼續留在歐盟（他喜歡什麼好處都要的政策：既支持蛋糕要擺著好看，也支持蛋糕要吃進肚裡）。最後，他召集媒體舉行快閃記者會，「讓我告訴你們，我要挺哪一邊……那就是……呃……我是……呃……我拿定主意。」他告訴記者，他支持脫歐。[8]

　　脫歐公投中自然潛伏著更深沉的社會與政治力量，但強森的臨門一腳，振奮脫歐陣營，取得最終勝利。成千上萬的英國中低階層受到他的鼓動，用選票抗議英國的政治菁英；但詳查強森的經歷（伊頓公學、牛津大學、《旁觀者》雜誌、《每日電訊報》、

泰晤士河亨利區及阿克斯橋區的下議院議員），展現的不是勢力就是特權。強森顯然沒料到脫歐案會通過，他的表情看起來不開心，反而有點苦惱，不知道下一步該怎麼打算。在那段日子裡，他立場搖擺、瞻前顧後，蹉跎出任首相的最後機會。偏執與「個性」很有趣，在短時間內，看起來頗值得信賴。但真正的領導能力要求更多 —— 實質。

這種反文化的丑角，並不是英國政治的專利。義大利的老牌諷刺作家達利歐・弗（Dario Fo），吹捧喜劇演員兼後期黨（Latter-day Party）領導貝柏・葛里洛（Beppe Grillo），是中世紀走江湖賣藝人的現代版，逗人開心，玩弄「文字、諷刺、尖酸刻薄」，撲克牌魔術變得出神如畫：

> 他是那種從機變百出的說書傳統走出來的現代人，知道怎麼利用超現實幻想，翻轉周遭環境，在適當的時機，講適當的話。他就是有辦法讓聽眾聽到如癡如醉，即便是下雨、下雪，也被牢牢釘住，無法動彈。[9]

撇開魔術師、賣藝者在義大利現代政治上的拙劣表現暫且不談，領導一個政黨（遑論經營一個國家），需要比操弄「超現實幻想」更讓人欽佩的能耐。二〇一三年大選，葛里洛的五星運動（Five Star Movement，或稱M5S）拿下四分之一的全國選票 —— 但很快陷入內鬥，黨內山頭林立，迫使「機變百出」的說書人跟媒體坦承，他「疲於奔命」，[10] 還飽受黨內親密同志抨擊，指責他過於

疏離，流於專斷。在反體制的選民心目中，葛里洛與五星運動還是深具吸引力（他們反歐盟的立場，讓他們在二〇一四年歐洲議會選舉與最近的區域及市長選舉中，依舊拿下不錯的成績），但 —— 想像他們掌權之後的情況，卻讓人不寒而慄。

不，反政客給我們的教訓是人格方面的憂慮。他們聽起來、看起來都像是正常人，卻缺乏傳統政客的修養與自制。他們的憤怒與不耐，並不是經過焦點團體匯集智慧，再經校正調整的修辭攻勢，純粹只是靈機一動，脫口而出。他們犯了錯誤、改變政策立場，不需事前警告，甚至不需清晰的理由。出言無狀、流彈四射，如果出自主流政治領袖之口，一定會被視為失態。但是 —— 只要反政客始終維持局外人的身分 —— 公眾就習慣原諒、迅速遺忘。他們的攻勢（邏輯）簡單卻不機械，就連深思熟慮的選民都認為，單單這一點就足以填補說服的落差。

這就是老派政客無法突破傳統政黨格局，難以著力的空白。絕大多數的老政客謹守的規矩就是：不偏離論述依據、死不承認錯誤、情緒永不失控。對他們來說，媒體訪問就是故作姿態的遊戲：碰到尖銳的問題，避重就輕，或者答非所問；給人的印象就是閃躲、空洞、疏離。諷刺的是：他們使盡渾身解數避免犯錯，卻導致媒體死命追逐他們可能犯下的錯誤。

在希拉蕊擔任國務卿時期，我曾經跟她有一個小時的接觸。在這個私人的會面中，她給人的感覺是格外聰明、深思、開放、謙抑、人性，還愛耍點小俏皮。我在《紐約時報》的同事馬克・萊伊博維奇（Mark Leibovich），也有類似的感受。有一次，他跟她在進

行不留記錄的訪問，兩人談得投機，希拉蕊充分展現她的個性與流暢的言語，萊伊博維奇於是建議改為正式的訪問。話一出口，萊伊博維奇說，希拉蕊立刻提升戒心，話鋒一變，搬出屢試無誤的防禦機制，回復到競選語言與官方新聞稿的口吻。這是她的錯？還是我們的錯？這問題沒什麼意義。大致來說，我們倆一度觸及一般人幾乎毫無概念的領域，在其中，重要公眾人物能夠卸下心防，展現平易近人的一面。我們倆立志要琢磨出個辦法來，解除政治人物的武裝。

最後，情感。政治人物容易輕信自己真正的掌握民意。每天都暴露在大量的群眾反應中 —— 質化或量化的訊息，再加上他們無可避免（絕非偶爾）與選民經常性的互動 —— 林林總總，便自行構築整體的公眾情緒圖像。行銷專家提供的模型與市場區隔，扎實的程度也足夠承擔他們的任意揮灑 —— 政策、政治策略、關鍵詞、廣告結語、故事與敘述方式。

事實上，群眾就跟海一樣，多姿多采、變幻莫測，今天早上的情況，未必能有效指引中午的變化，更別說是明天了。偉大的演說家跟偉大的水手一樣，最重要的技巧不是掌舵，而是預測前方海域的直覺與流暢的應變能力。不是說資料與工具沒用 —— 功力深厚的水手也會看衛星與雷達資訊、GPS，但更會善用自己的直覺 ——它們只能補充天賦，無法取代從漫長歷史經驗中學來的教訓。

我們生活在資料科學的年代，有些表面的人類行為 —— 消費商品選購與網路內容瀏覽 —— 可以用驚人的統計學成就，預測特定族群的行為，一如惠勒的預言。但是較高層次的問題，像是討論

政策與政治的公眾語言，因為涉及認同與道德、個人與集體的分歧，以及始終在變動、永遠會引發爭議的理念——比方說，美好生活應該包含哪些成分？不可能從像素追蹤（tracking pixels）或者優化演算法（algorithmic optimisation）之類的技術，取得共識，甚至連民調大師都束手無策。

政客與公眾間的關係，終究還是人際事務。你跟他們的互動。那些配置先進裝備的專家，當然有他們的用途，你千萬別忘了他們找到的區隔與類別——比方說，現代選戰的兵家必爭之地：新「世代」選民、足球媽媽與白色廂型車男（white-van man，譯註：盛行在英國的一種刻板印象，開這種車子的人多半是自私、冷漠的小資產階級）——但這終究只是抽象版的事實，並非事實本身。一旦你登上講台，你只看得到成排的攝影機，根本看不到群眾。你的觀眾判斷你有沒有同理心，只能看你的表現。

人類本質上是一種社會動物。他們有驚人的能力，善於分辨你對他們敞開心胸是真誠，還是虛情假意。對於演說者而言，傾聽的能力跟能言善道一樣重要——是同一種天賦的不同表現。少了這種能力，情感與人格終究會崩潰或者疏離，至於邏輯，你想要傳遞的論點、你堅持立守的理由，只會對牛彈琴。所以，傾聽。

政客並不需要為公眾語言危機負全部責任，記者與編輯也不用。但這並不意味著媒體只是無辜的旁觀者。所以我的行業要怎麼回應書中提及的種種議題？身為一種產業、一個學術機構、一個人，應

該做什麼，才能阻止公眾語言進一步惡化呢？

　　首先，讓我們拒絕觀點主義（perspectivism），這個概念認為每件事都只是一種觀點，「事實」是沒有意義的概念。秉持這種理念的人自然不把「事實」放在眼裡，但是現實並非如此。的確有「事實」存在，記者的工作還是報導「事實」。這並不是說我們可以天真的信任現實主義。我們知道，新聞中常出現有意識的偏見。即便是力求不偏不倚的記者，也難免受制於不自覺的敘事方式與偏見。我們能察覺到政治與社會權力結構的潛流，也能接受稀釋過的麥克魯漢 —— 媒體永遠會影響訊息，在形式、長度、速度與互動潛能上的變動，會影響它傳達的意義。也是這本書的負擔之一。

　　要盡力做一個批判性的現實主義者，了解人類認知的途徑，明白現實永遠要牽就或者受到扭曲，也要把這道理講明白。接受理性的觀察跟荒誕的解釋有所不同。受限於歷史書寫方式，我們可能永遠無法了解：基地組織為什麼要攻擊世貿中心，但是，硬說九一一是耶路撒冷與華盛頓一手造成的，也未免異想天開了點。

　　不論政治、科技如何變化，追尋、揭露事實的壓力，始終迫切。當今這世界變得更難以理解，新開發出來的工具與技巧，讓騙局更難拆穿。外界呼籲新聞界降低敵意與對立，這如果等同於減少懷疑、放棄挖掘真相獲致扎實結論的努力，就無須理會。訪問政治人物當然應該客氣，態度卻需強硬。如果受訪者拒絕回答問題、顧左右而言他，強硬自然比客氣來得重要。

　　你的工具箱中，不要只剩拷打政客的刑具。篇幅不只保留給政策辯論，也要留給政策解釋，在翻到意見版前，不要把你的黑手伸

進來。以往，也許編輯的口味重一些，就賣得動報紙、安撫得了懷疑的讀者。但現在，只會把潛在的讀者趕走，包括你（以及你的廣告主）亟欲拉進來的年輕族群。

　　給政治人物足夠的篇幅，讓他們用自己的語言，表明立場。避開誘惑，不要一筆帶過政治聲明或者政策宣示，迫不亟待的轉進反彈與衝突，讓新讀者或觀眾狐疑，為什麼在新聞中第一位出現的受訪者，老是在盛怒反擊。嚴肅新聞負有公民社會的責任，必須提供政治人物合理的篇幅，用他們自己的聲音發言，讓公眾得以讀到或聽到；要讓他們充分與對手辯論，而不是剪個十秒鐘的訪問片段，隨即交給別人 —— 你的御用專家、學者、名嘴或者某些公眾成員 —— 放言攻擊，讓大夥兒陷入混戰。

　　我們的世界充斥著震耳欲聾的偽劣啟示、惡言惡語、無端臆測，卻裝扮成經過驗證的科學事實；奠基扎實證據、展現充分說服力的新聞調查報導，能使滿堂哄鬧沉靜下來。公眾對於調查報導的需求 —— 從堂區議會（parish council，譯註：英國最基礎的民意機構）到市政府，再往高處到政府與國際機構，無論哪個層次 —— 可謂空前高漲，偏偏供給日漸疲弱。主要是因為調查新聞違反好些現代媒體經濟學的原則。成本貴、耗時間、失敗率又高，還會涉及好些複雜的細節，據說當今讀者根本沒有時間消化。不管這麼多，該做就做。

　　偉大的調查報導有一種修復的力量，不只是被它揭露的體制醜聞或者不公不義的現象，還有民眾對於新聞的信任。調查報導還能為勇於挑戰的新聞媒體，帶來另一種潛在的好處：在千篇一律、難

以分辨的新聞套裝產品中，增加鑑別度，墊高成幾英里外就看得到的高地。

　　我們曾經迎接過新聞分析與脈絡化的黃金年代。背景資料早就不是新鮮事了：二十世紀中葉，報紙讀者就是靠地圖與圖表，才能弄清楚戰場的位置、登月與單人環球遠航的進展。BBC在一九八〇年代開始運用我們稱之為bexbos的「短說明」（brief expositions）——包括影像再加工或效果包裝，目的也是希望把原本的事件片段，放回到新聞脈絡中。二〇一二年，《紐約時報》的專題報導〈雪崩〉，更串連了文字、照片、影像、動畫與地圖，組成完整的敘事脈絡，將發生在喀斯開山脈（Cascades）的滑雪意外，抽絲剝繭，娓娓道來，遠遠超出單一媒介的能耐。

　　分析性新聞鑽進比描述性、背景性寫作更深的肌理，特別在公眾政策的領域裡，能夠一直挖到新聞的基礎。在實務上，歐巴馬健保是成功還是失敗？移工有助於或者妨礙經濟表現？想要回答這類問題，一般無法在公園地下停車場的陰影裡，靠深喉嚨的爆料，取得突破；而是鎖定公開揭露的資料，痛下苦功，研究得來的成果。如今，我們還在分析新聞的山腳下而已。能公開接觸的資訊管道越來越多，再加上更先進的機器學習與不同形式的人工智慧，很快的，我們應該可以超越眼前的水平，製作更深入的作品。這一點再次證實：當代新聞無須改變，只要加強。對於媒體未來感到悲觀的人士請注意：許多被你們認為只會運用數位技術玩樂的公民，其實非常努力的想要了解這個複雜的世界，並且樂在其中。

　　何謂好報導、政治與媒體是否能夠合作，或許你有自己的觀

點。許多記者跟編輯辯稱，就是因為他們對於這個世界有政治觀點，才帶給他們更多的熱情，賦予他們更具說服力的解釋能量，這是一般冷眼旁觀、態度中立的記者做不到的。就我看來，真正的新聞永遠在追求客觀與政治上的不偏不倚——除此之外，都是藉口。如果稱之為意見，我們大可坐下來聊，同意不同意，各抒己見；但你不能說那是新聞：把是什麼跟應該是什麼混為一談，非但表裡不一，還等於把天文學與占星學混為一談，誤導閱聽大眾。

即便是熱中政治的記者，也應該跟受訪者保持職業與社交距離。如果兩者都想兼顧——前一分鐘是哥們兒，後一分鐘開始探索真相——做不到不說，用交情套新聞，也會讓記者背負惡名。像是白宮記者晚宴這樣的招待活動（junkets），把政治人物與媒體之間的適切關係，轉成相互自瀆，滑稽、虛偽。政治因此淪為名人喜劇秀。壯漢保鏢往門口一站，擺出一般選民閒人免進的倨傲姿態。民主領袖知道他們已經弄髒了公眾對話，亟欲向新聞界、娛樂業與數位文化借用它們的呈現形式。如果你跟他們靠得太近，在最短的時間內，他們就會試著模仿記者的腔調與模樣。

還需要留意別的威脅。媒體與廣告商原本平衡的權力關係，現在也往廣告商方面傾斜。很多證據顯示：無論新舊媒體都承受不了廣告商的壓力，立場軟化，以免得罪廣告客戶，損失利潤。一旦你的新聞淪落成自我審查，或者成為赤裸裸的業配稿，等於是對新聞專業的背叛——而且比其他情況還危險，因為一般讀者根本無法察覺。我們必須面對一個簡單的事實：無論在年度報告中，怎麼評論自家的社會責任，極少有公司會把「透明度」這種敏感議題，往

自己身上攬。如果惹上什麼麻煩，他們會要求媒體，把不利的新聞撤掉、阻撓合法的新聞採訪，如果行不通，他們就會使用商業手段，以撤廣告相脅。

經過標示、與一般新聞清楚區隔，長篇廣告與它的數位表親，「品牌內容」（branded content）倒是沒有什麼問題。不過，界線需要時時巡視。政治公眾語言已經變成一種牟求私利的商場話術。請不要讓相同的狀況發生在新聞語言上。

最嚴重的威脅挑戰最基本的原則。如果說政客首要的原則就是嚴禁說一套、做一套；那麼記者奉為圭臬的，就是絕不撒謊。很少有專業的記者或編輯在工作上故意混淆是非；但是，許多人每天還是習慣做些不怎麼老實的小騙局：扭曲或者「強化」訪問內容、省去某些事實或脈絡，以免影響到新聞的產製、濫用問號，不是因為問了問題，而是想要誇張、延伸自己的論述，或者明明沒有經過扎實辯論，卻想提出不甚嚴謹的臆測。遑論抽離脈絡環境，將不同時空拍攝到的影像、照片，肆意重組，暗示犯罪氛圍、譏笑其愚蠢，或者強自牽拖時事，展現以古諷今的沾沾自喜。捏造成為一種潛意識的習慣。每個小謊都沒什麼了不起，但總會累積成漫天大謊。

也許當代記者面臨最嚴重的道德風險，就是中世紀神學家所謂的「怠惰」罪（accidie）。這是七宗死罪中，最少受到關注的一種——英文一般譯成「懶惰」（sloth），但它真正的意思是一種不經大腦、盲目行事的罪過；一種無法掌握文字與行動意義的疏忽。在新聞記者的實務工作上，怠惰會引導記者把現實扭曲到面目模糊，可以含糊嵌進他有限的例行敘事套路裡。誇大或妖魔化較少出

自惡意，多半因為這是一種標準化的操作模式，符合新聞需求，他的編輯 —— 誰知道呢？—— 也許讀者也期待他這麼做。

數位革命掀起的波瀾，有助於記者脫離深陷其中的老路子，邁開步伐，走上康莊大道嗎？政客可能這樣覺得，有的時候，還會刻意附庸流行，優先接受Buzzfeed或者《赫芬頓郵報》的訪問，《華爾街日報》與BBC反而排在後面，充分說明這種趨勢。多媒體的確是日新月異，無論在使用者經驗、閱聽人發展、跨平台聯賣（syndication）上，都取得長足的進步。新聞包裝的精良與傳播效率，前所未見。

但是這些在嶄新時尚的新媒體平台上，刊出的新聞，卻像煞了大眾在一個世紀或者更早前在八卦小報看到的內容，只是不斷重複與改寫。儘管在分析報導方面，有所斬獲，但論及新聞樣貌的創新、日常新聞的敘事技巧與修辭，卻乏善可陳得讓人咋舌。

結果就是在泛公眾語言危機中的一個特例：在這個部落裡，對話缺乏足夠的廣度與適應性，無力反映現實，讓人感到困惑；即便他們發現這個兩難，也總是攻訐現實，不自我反省。也許這是使數位野獸經常暴怒的原因。它其實所知不多，經常依樣葫蘆，相信憤怒與衝突可以爭取到最多的點擊量，以至於害怕嘗試改變。老派新聞傳統的問題，並不是它能不能保存專業，存活下去，而是它究竟值不值得 —— 有朝一日它消失了，會有人懷念嗎？

語言與體制

如果媒體經濟窘境持續下去，那麼上述的問題別說解決，連改善的機會都沒有。矽谷的工程師要我們相信：新聞本身並不重要，換句話說，消費者能抓住標題、知道大概內容就夠了，他們並不在意新聞裡的各個段落，是不是由不同單位提供的。因此，透過演算法（如谷歌新聞），或者真正的編輯加上演算法（赫芬頓郵報），把不同來源的新聞，拼湊在一塊兒，並不會減損什麼。也許，這種第三方加總（third-party aggregation）更具優越性，因為它可以追蹤他們的消費記錄，預期未來動態，將讀者認為最「相關」的新聞，按照先後順序送到他們的面前。

拿榔頭的人，看什麼都像釘子。電腦科學家只是透過語法分析（parsing），組織、傳遞他們沒有專業能力判斷、也絲毫不感興趣的內容；所以，他們為什麼會這樣思考，我們不難理解。特別在標題與主螢幕這個層次來說，他們的想法不能算是執迷不悟。如果有人從未點選運動新聞，時間一長，運動新聞自動就會從他的主螢幕清單下掉；即便你立志作為「運動記錄」之類的新聞供應者，一樣不得其門而入。但是把真實的人與新聞資訊類產品的互動，設想成如此單薄，觀點實在貧瘠得讓人難過。

偉大的報紙、新聞性節目或者新聞網站，不會把一塊塊磚頭亂擺成一條新聞，任憑路人撿去，再從別的建築拆點建材，東拼西湊，胡亂搭間他想要的磚房。媒體是有簽名的，是有編輯觀點的。它把訊息送給有意接納的閱聽人，這種關係超越了新事實的機械傳

輸——蘊藏文化的、政治的、感情的共同內涵。

　　大部分的「新聞」都不是單一事件的報導，而是長期演變的最新環節，經常發展成為政治、社會的變遷或衝突。它與長遠的過去有關、它與即將發生的未來有關，讀者或觀眾既獲得有價值的訊息，也因為掌握某位記者、某個專欄與新聞品牌的取向，得到慰藉。表裡一致很重要。訊息出處很重要。信任——透過苦幹、專業以及堅持幾年甚至幾十年才艱苦贏得的高標準——尤其重要。

　　磚塊就是磚塊。新聞專業卻是複雜的人工製品，與政治、社會與廣泛文化深切關聯，還需同步更新。它的複雜程度，遠遠凌駕不同形式的文學，請容我大膽的說，甚至可能超越各種藝術。新聞組織表面上看起來像是工廠，生產面目模糊的新聞商品。實則不然，它們是文化機構。

　　縱觀已發展國家，絕大多數的文化機構都搖搖欲墜，經營模式逐漸崩解，失敗主義與怨恨憤怒隨之而來，而這種頹勢——一如布萊爾在他「憤怒的野生動物」演講中描述到的現象——必須為我們在前幾頁議及的問題——也就是時下新聞界，在倫理與實務上雙雙陷入窘境，負一部分責任。只是現在看起來，因果關係已經倒轉：一旦短期的分配利益遭到剝奪，不思長進的惡劣媒體操作，就會帶壞整個行業。

　　媒體一度可以輕易獲得利潤，於是廣泛在業界孕育出一種對於品質的自鳴得意。報紙與電視公司透過不同的方式，將他們親近閱聽人的特權，拿來跟廣告主交易，將商業訊息順道送到讀者、觀眾面前，換取漂亮的營收數字。高利潤的廣告收益是媒體主要的盈餘

來源。在經濟上，廣告主才是真正的顧客，讀者、觀眾只是通往目的的中介而已。在大半的新聞編輯室裡，卻覺得所謂的「目的」工具性太強，有時接近侮辱。

今天，在整個西方世界，這種經營模式正在瓦解中，實體報紙的速度快一些，廣播電視的速度慢一些，但絕對沒有僥倖避開的可能。至於數位媒體，基本上很難自立。儘管有大量只看標題的網民，但幾乎每個內容供應者，都找不到合適的網路廣告模式，除了全球性的平台，像是臉書、谷歌之外，獲利遙遙無期。新一輪的惡性循環於焉展開：為了因應網路媒體廣告利潤不高的窘境，業者在頁面上，植入更多的小廣告，網民展開反擊，要不直接跳過，要不加裝廣告阻擋程式。在智慧手機上，問題就更棘手──因為壓根沒有鄰近的「留白」可以賣。

極少數的業者，比方說《紐約時報》，則是致力拓展全新的數位廣告模式。他們揚棄了侵占鄰近區域插旗、竊取注意力的原則，試著跟商業伙伴一道開發新的廣告訊息──當然要跟《紐約時報》的新聞明顯區隔──希望提升吸引力，請讀者在閱讀主要內容之餘，還有興趣消費一旁的商業促銷。

這種模式的營建極其艱苦，需要的遠遠不只品牌資產（brand equity）、投資、創意，還有業者（無論傳統媒體還是網路新兵）難以糾集的各種資源。即便是超級幸運的少數，單靠廣告收入也難以支付新聞製作成本。會員制、免費增值、電子商務、舉辦活動，遠水救不了近火。看起來如今只剩一條生路：想要維護高品質的新聞，公眾就得付費。

　　《紐約時報》在國際間擁有規模最大、成長最快速的新聞付費模式。我們每個月都讓上億的讀者免費試閱新聞樣品；但始終相信我們製作的每一則故事、每一個摘要、每一段影音，應該值得付費取得。

　　這道門檻要高。沒有人付錢買醜聞、狗仔偷拍、名人新聞、懶人包圖文（listicles），或者充滿仇恨的偏見、惡言相向的誹謗。這種垃圾可以免費吃到飽。付費模式要成功，必須提供真正獨特的新聞、對消費者有用也有價值的訊息。絕大多數西方報紙在付費模式上踢到鐵板，不是因為沒有讀者，而是因為新聞競爭力不足。

　　為了強化公民理性（civic reason），我在本書中不斷呼籲媒體要有足夠的資金，製作嚴肅的、具有前瞻視野的新聞。如果你是數位新聞業者，無論新舊，都應該奉行這個求生策略。電視、廣播同業亦復如是，天崩地裂的變化，就在街角。如果有足夠的同志現在就行動，那麼在未來，會比媒體日進斗金的時代，出現更多第一流的新聞機構。

　　許多傳統新聞媒體開始踏上改革征程，但總是心有不甘，哀嘆媒體的衰落，怪東怪西。同時，特別是在英國與歐洲，傳統媒體寧可把心力放在遊說國會放鬆管制，也不去思考基礎的企業革新。只要有機會，他們一定會展現政治實力，要求保護本土媒體，抵抗來自矽谷的侵略，或者把公眾媒體大卸八塊。

　　既然商業廣告難以支持媒體產業；我們可能會期待政治力量伸出援手，支持BBC這樣的公廣集團，持續強化。但情況卻是相反：在漫長艱辛的數位演進過程中，確保全民收視權益、至少能提

供部分優質及嚴肅新聞的公廣集團，卻遭到整個歐洲、澳洲、加拿大、日本與各國政府的圍剿。公僕 —— 靠全民稅收供養 —— 還是篤信一九八〇年代的自由市場理論，維持過時的媒體選擇，無視於這套理論已經破產。政治領袖總覺得虧欠了商業媒體大亨，放任他們維護私利，摧毀公共媒體。

幾乎沒有政客膽敢承認這一點，但是BBC跟全世界的姊妹集團，遠遠不只是國營的訊息、教育與娛樂供應者。他們可能內鬥不斷、爾虞我詐、亂成一團，經常陷入瘋狂，卻始終充滿創意、堅持公眾精神 —— 絕不是阻礙進步的老古董，而是現代文明的防禦工事。

仔細審視它們。改革它們。逼它們攤在陽光底下。但要理解現在最迫切的危機是什麼。公眾媒體一旦遭到廢除或者掏空，就不可能重建。儘管商業勢力不斷遊說，促使政府將公眾媒體邊緣化，或者徹底廢除，看來成功的機率不高；但，公眾媒體一旦遭到閹割，或者只能透過付費的方式訂閱優質新聞，是要把無力負擔的公民，置於何地呢？

❖

無論是好是壞，體制 —— 不只是傳播與媒體，還包括涉及公眾生活的諸多習俗、制度或機構 —— 對於公眾語言的未來是很重要的。其實，體制就是公眾語言本身的各種系統。它們起源於傳統，掉過頭來，又去保存傳統，讓每個社區都可以找到它們側重的議題、達成決策、界定與維護「可說的」（sayable）範疇。如果它

們使用的語言墮落毀壞，損害隨之無所不在。

如果情況有所改善，體制自然跟著脫胎換骨。但，首先必須接受世人鍾愛的語言 ── 也就是當下最流行的用語，「問責」與「開放」── 基本上，虛有其表。

二〇〇八年，全球爆發金融危機，監控個別銀行、金融機構與財務系統的治理機制、問責制度與法律規範，理應交織出嚴密的防護機制，最終證明只是鬧劇一場。事後，政府也不願意面對公司治理、財務規範、央行監督以及相關法令撒下的天羅地網，為何失靈，反而變本加厲的執行原有措施。五千頁的銀行規範沒用，為什麼不試試一萬頁呢？應該遵守執行的人疲憊、不屑，外行人又只能把厚厚的法令當作天書，公眾為什麼會對這種做法，產生一絲一毫的信任感呢？這也是一種「怠惰」、一種罪，假裝空洞的字眼具有真正的意義。

規範文化是偽神，試圖將人類誠實、正直、信賴的品德，轉變成立法得以掌控的演算法，是一種注定失敗的理性嘗試。扔掉吧。從頭開始。遊戲規則制定應該圍繞在人類學最核心的事實上 ── 信任，人類互動中最關鍵的要素；而信任是一個主觀的事業。價值分享與同儕壓力要能發揮正向能量，最好正視以上的事實；而不是盛氣凌人的把良善行為法制化 ── 這種嘗試無法在本質上改變人心，或者提升組織文化，反而容易刺激出偏執的誘因與結果。

金融規範會碰到的問題，立法時也會碰到，而且更難駕馭。在《無人的統治》（*The Rule of Nobody*, 2014）這本書裡，美國律師作家菲利普・霍華（Philip K. Howard）按照年分分析，拓荒時代的大

西部引進過於複雜、自相矛盾的過時法令，最終如何癱瘓當地管理的歷程。如果你還想知道社會得付出哪些代價，不妨加上公眾的茫然與疏離。法律是最原始、最典範的公眾語言形式 —— 想想摩西捧著石板，從西奈山走下來的那一刻；如果把場景換成現代技術官僚自說自話，引發的雜音四起，你大概也不會訝異以色列諸部當年為何會那樣的煩躁狂亂。

體制必須決定自己要代表什麼。如果你代表科學的客觀性，不要浪費，用權威來為政策背書。如果你管理大學，代表尊重智性與創造自由，不要畏縮，請挺身捍衛。極端主義，包括了伊斯蘭恐懼症、反猶太主義（經常躲在反「猶太復國主義」的旗幟後面）的聲浪，在西方大學校園此起彼落，大學校長與學術機構領導人，卻被嚇到呆若木雞、自由認知失調，要不就祭出保障公眾秩序與責任的大旗，掩人耳目。誰說這是件容易的事情？維護崇高的原則就是要冒風險、得犧牲。

你當然應該試著了解、體諒每個人。我希望你還能明白支持言論自由、保障每個人都有相信或發表不同觀點的權利。無論你做成怎樣的決定，請勿首鼠兩端，妄想左右逢源。用你自己的例子，教育下一代，不要含糊其詞、切忌臨場退縮。

菜鳥飛行員發現飛機陷入螺旋急降時，下意識會把操縱桿往後拉。如果是正常下降，這種做法可以把飛機拉回到水平飛行；但若已螺旋急降，操縱桿往後拉，只會加緊螺旋下墜的速度，最終的厄運完全無法扭轉。若想恢復水平飛行，必須打直機翼，然後才可望抬起機鼻。但是眼見地面朝你快速逼近，錯誤的求生直覺，讓人很

難不向後拉操縱桿。今天，許多體制也是受制於這種心理。深呼吸。冷靜檢查儀表。拉直機翼。

和而不同

當「觀眾」（audience）這個字的意義，不再僅是觀眾，至今在英文中還找不到百分之百滿意的對應字眼，公眾這個詞又該怎麼辦呢？媒體高層在冷冰冰的字眼中擺盪：使用者、消費者、顧客；政治人物嘴裡則是冒出個別投票者或是整體選民。這些詞展現一種工具性：我們是根據我們想從受眾身上抽離出什麼，才來界定他們的意義。如果你不想引發一夥人戴上法式三角帽（tricorn hat）揮舞燧發槍（flintlock，譯註：法國大革命時的配備）跟你拚命的話，「市民」（citizenry，譯註：法國從一三〇二年開始召開三級會議，解決政治或稅收難題，分別由教士、貴族與市民組成。一七八七年，日益壯大的市民階級不滿教士貴族的專斷，發動武裝革命，攻占巴士底獄）這個詞請慎用。所以我們還是使用「公眾」（public，譯註：政治學者經常使用 public sphere，「公共領域」這個用語，即下文所指的意義）這個詞好了，至少把我們的注意力，轉到一群人占用的領域：在他們覺得必須離開私人生活的時候，可以聚集在一起，傾聽大家的聲音，或者，有時也能發表自己的意見，而他們使用的語言，就是本書的主題。一個健康的、高效率的公眾語言會帶給他們什麼好處呢？他們跟我們想要提升公眾語言的品質，應該走出怎樣的第一步呢？

我們都同意公眾審議是民主最核心的理念 —— 老百姓衡量議題的輕重緩急，決定支持哪種對策，再選出他們認為最具治理能力的黨派與領袖 —— 那麼，「審議」應該扮演怎樣的角色呢？在英語世界，最簡單也最有影響力的模式，就是陪審制度。陪審團審視所有證據、聽取雙方論述，考慮判決；這意味著個別的陪審員必須透過討論以及辯論，化解歧見，獲得一致的結論。

思考完美的公眾政治審議，難免聯想到陪審間的情況、想到對話過程，原則上，每一個公民都需要奉獻心力，引領最終決策。每個人 —— 包括反對者 —— 都有吃重的戲分。我們當然知道實際狀況複雜得多，陪審員的歧見可能更分散，但多多益善：越多關切、越多辯論、越多人投入，結果就越好。

問題是，這種期許現實嗎？陪審團需要每位陪審員到場。由於缺乏特殊的公眾職責，絕大多數的老百姓並不會表達看法，更不會批評別人的意見，這難道不是事實嗎？只有一小部分的線上新聞讀者，會把他們看到的內容分享給朋友，更少數的他們會寫評論。在加入政黨悉聽尊便的國家，成為黨員並不附帶任何社會與生涯利益，大多數的人也不想參與政黨活動。我們不該吝惜掌聲，鼓勵這些積極參與政治的人、加油打氣的啦啦隊長、部落客、異議分子，但是民主政治的正當性，並不是靠這些人維持，而是剩下的90％，甚至更高比例的老百姓。他們不曾參與任何政黨或公眾活動，只在私底下，看、聽，或是發表意見（如果他們真的會議論政治的話）。

雅典人早就發現這一點。人民（demos）握有最高主權 —— 公

眾是老闆，毋庸置疑。但他們在行使主權的實務中，卻很少投入、傾聽、折衷出集體決策。在法庭中的陪審團規模也不算小，他們的審議也不包括質詢人證及雙方辯護者，甚至不會跟相關人等談一談。每位公民被期望獨立運用實踐智慧，獲致結論，投下明智的一票。正義靠的並不是陪審團無異議的結論，也不靠某個能言善道的陪審員說服同伴，就是個別意見的累積，如此簡單。

公眾審議可以等同於現代的公民陪審團——一組選民就目標進行辯論，折衝政客緊抓不放的利益，但實際無須如此。無論如何，我們都很難預期有相當數量的選民，願意奉獻必要的時間，投入政治過程，儘管科技已經把政治參與簡化到如此輕易。

當代的代議民主（representative democracy）制度也不是靠（至少不會比雅典直接民主更倚賴）每一位市民，期望他們積極參與政治辯論，或者例行性的決策過程。它倚靠的是有願意、有能力吸收事實、傾聽辯論的尋常老百姓，期望他們在這樣的基礎上，每隔幾年選出代表他們行使政權的人。

也許這聽起來太溫和、太被動。但在民主政治，這是一切。超過政黨、超過領導者，事實上，這就是民主。本書的論點就是：今日政客與媒體向公眾說話的方式，讓這個民主本質性的職責更難解除；但結果卻導致公民有意識或無意識的一併捨棄他們的憲政角色。願意花工夫參與政治的人，又受到扭曲現實的觀點支配，只剩眼前的選擇。如果我們想在短時間內，凸顯問題的嚴重性，政客與媒體就要擔起責任；但是公眾本身要做些什麼，才能讓自己成為更好的民主政治主人呢？

　　修辭，永遠引發爭議——如果辦得到的話，柏拉圖會很樂意在修辭剛誕生的時候，直接把它掐死。我們在書裡一再發現：視而不見，或是假裝可以徹底揚棄修辭，只會讓事情變得更糟。請傾聽巴門尼德詩作中的女神智慧珠璣，也就是我放在本章開頭的引文。至少我讀起來，在這個發人深省的片段裡，[11]女神很清楚的分辨出真知與意見間，是有差別的，卻也提醒我們：在直抵問題核心之餘，也要注意俗人錯誤的意見，兩者在本質上一樣重要。而修辭就是這些意見成形與分享時的語言。

　　女神在指令中暗示：意見與意見的修辭永遠黏著我們，如影隨形。世上並沒有什麼魔法棒或者美化工程，能把我們從現實世界傳送到另外一個地方，在那裡，只有完美的事實、完美的真實性，不管什麼，都沒有瑕疵。這不是我們人類的本性，自然也不會是語言的本質。

　　讓我們把公眾語言放進公民教育的核心。憲政史、政府分權的結構設計、法案如何變成法律、法庭的運作實況——這些內容當然應該進駐孩子的課程表，但是沒有一個比得上駕馭公眾語言。極少公民有機會參與立法程序。即便全盤掌握英國下議院或美國參議院的工作細節，也無法幫助搖擺選民拿定主意。但每一次他們讀或看一則新聞、聽一場演講、打開一個行動應用程式，甚至看一則廣告——全都是無所不在的修辭。寄望修辭能成為理性思辨、批判說服的藝術，再也沒有比讓批判受眾（critical audience）崛起更重要的助力了。

　　我們要教孩子分析每一種公眾語言，從行銷話術到電視、廣

播、網路與社交媒體裡最高尚的政治宣示。年輕人應該學習政治修辭與廣告的歷史，研究個案，用文字、照片與影像，開創他們自己的公眾語言。

媒體，尤其是有使命感的媒體，像是BBC或者《紐約時報》跟各類機構──博物館、智庫與基金會──一樣，扮演重要角色，推進觀眾對於科學以及其他政策領域的了解。我們每個人都有責任，遇到立場偏執、論述可疑的訊息要示警；還要幫助閱聽大眾，在每個主要政策領域──經濟、地緣政治、科學與社會──建立自己的思考模型，將每天的統計數字、政治宣示，調整成適當比例，放進可能性評估的情境裡去了解。他們要知道怎麼挑戰不同模式，在不斷變動的環境裡，又要如何調整。

一般來說，今日的修辭並沒教這些。人文學科基本上處於低潮，被認為沒有經濟價值，跟科學比，拿不到什麼研究經費，只是縱容特權孩子、不知道自己要幹什麼的人，有個學習機會。即便是人文學科，修辭也被拋在腦後。如果西塞羅還活著，應該會想當經濟學家或者電腦科學家；就算墊底保險，說不定都不會選修辭學。

如果真有什麼黏著劑可以穩固脆弱的公眾領域，比較可能的是正確修辭，而不是某種睿智的新法令。讓我們記住一件事情：這種修辭跟其他的人文學科一樣、跟各種偉大的藝術一樣，面對人類社會最糾結的難題──我們要怎麼樣跟他人相處？請教導我們的孩子修辭。

川普考題

想像一道考題。儘管扯上這個人的名字可能會讓你覺得不開心 —— 川普，畢竟他只是病徵，不是病因 —— 但是，這個標題至少能清楚說明我的意旨。「川普考題」是一個探究公眾語言是否健康的測驗。想要過關，老百姓一定要能立即分辨事實與意見的不同、政治對話與胡說八道的差別。

目前，不只在美國，英國與其他西方國家的公眾語言，也明顯考砸了。就在前面幾頁，我提出幾個步驟，設法遏止頹勢；但我也要率先警告大家，單靠那幾招是不夠的。就算大家都相信可行，可能也收效甚微。太多的角色被拉進向下沉淪的漩渦，連他們自己都不確定發生什麼事情。

不，如果我們的修辭想要回復健康，就不能只看行為的短期變化，更要檢查影響語言的社會與文化的基礎力量。平衡開始偏移了嗎？是有利重生，還是刺激解體？有沒有早期徵兆說明偏移已經出現？

❖

翻新公眾語言的種子，可能會在意想不到的地方發芽，完全出乎文化悲觀論者的意料：出自移民與難民之口，在邊界的小城、在犬牙交錯的社會邊緣，那裡的人們沒什麼好損失的，卻有一肚子苦水。他們有的是憤怒，理當嚴肅面對的政界與新聞界，卻難以處理不同形式的發洩、無力發掘背後的脈絡。

　　魯西迪的《午夜之子》（*Midnight's Children*）大受歡迎，讓大家慢慢發現：英文文學的創意動力，已經從英美核心移轉到英語只是諸多應用語言之一的前殖民地與國家、從白人異性戀多數人口轉到種族與性向的少數。移民、在不同文化與邊緣社群生活過的創作者，越來越常出現在得獎名單上。

　　這現象讓好些保守人士覺得不安，他們擔心少數族群文學之所以出頭天，是因為政治正確作祟，更害怕文化全球化與相對性，會把更多的混血成分帶進純正的英文中。政治正確是否促成少數族群文學興起？容或有辯論空間。但歷史證明第二點完全是錯的，暴露在不同的文化，會讓情節發展得更厚實；引進新字彙與觀點、挑戰現況，或許會引發不安，最終卻會結出豐碩的果實。

　　還有很多剛冒出來的嫩芽。在英美，諷刺脫口秀又有重回電視螢光幕與網路的趨勢。諷刺永遠都是公眾語言的清道夫，把各種形式的虛偽修辭 —— 謊言、阿諛、蠢話 —— 一掃而空。好多出色的諷刺雜誌與網站，像是：《密探》（*Private Eye*）、《洋蔥》（*The Onion*）與《查理週刊》固然出風頭；但是更吃重的角色卻是由電視諷刺脫口秀的主持人擔綱，像是英國的克理斯・莫理斯（Chris Morris）與阿曼多・伊安努奇（Armando Ianucci）；美國的約翰・史都華（Jon Stewart）與約翰・奧利佛（John Oliver）。節目像是「今天這一天」（*The Day Today*）、「我有新聞報給你！」（*Have I Got News for You!*）、「深處」（*The Thick of It*）、「每日秀」（*The Daily Show*）、「上週今夜」（*Last Week Tonight*）拆解政客語言，屢有佳作，比多數正經八百的新聞報導，更能讓觀眾明瞭究竟發生了

什麼事。說真的，許多觀眾看了哈哈一笑之餘，也把主持人的嬉笑怒罵，當成最可靠的時事評論。

講到酸文（satire），人們會把它歸類為某種諷刺的形式或者負面的語言表達，專門挖掘政治或媒體的黑暗面，其實不然。上好的酸文融合憤怒與創意，具有洗滌心靈的功能，跟偉大的新聞作品或者振奮人心的施政一樣，目的不是傷害而是療癒。

憤怒也賦予嘻哈音樂語言新的力量。白人主流的搖滾跟流行音樂，始終不曾脫離自我世界或者個人感觸，嘻哈卻充滿了社會意涵與政治覺醒，甚至還能提醒世人，嘻哈音樂就是一種修辭：「我的文字就是武器！」阿姆（Eminem）在這首歌中饒舌唸道。[12]這已經不是什麼新聞了 —— 早在一九八九年，「全民公敵合唱團」（*Public Enemy*）就宣稱貓王是種族主義者，美國歷史就是紅脖子（rednecks，譯註：指美國南方農民因為常常在太陽下種田，脖子曬得紅紅的，一般認為美國南方人比較敵視黑人）的四百年統治史[13]—— 但是嘻哈在近幾十年來，在主流舞台上更具分量，卻不曾減損義憤與語言創意。

嘻哈音樂中，個人就是政治，是政治的個人。碧昂絲（Beyoncé）二〇一六年的專輯《檸檬水》（*Lemonade*），就是一組關於背叛、憤怒、救贖循環的歌曲，用藝術的手法，將她的情緒生活安放在黑人女性爭取尊嚴與愛的奮鬥情境裡：在搭配的專輯電影中，撫養三個孩子的黑人母親，在警方執法時，無辜受害。黑人類似的處境，時有所聞。密蘇里州佛格森（Ferguson）郡的員警，意外擊斃黑人麥克・布朗（Michael Brown），也引發軒然大波。嘻哈藝術家殺手

麥克（Killer Mike），在Instagram以一篇短文回應這起社會案件：

黑人看著這個母親、這個父親，不管你做何感受、不管你怎麼告訴我，身為一個人，始終沒有辦法弄明白他們在幹什麼。……這些人不是THOTS（譯註：性關係放縱的女性，以下都是黑人文化中常用的黑話）、niggas/niggers（譯註：對黑人的蔑稱）、hoes（譯註：妓女）、Ballers（譯註：自命大帥哥）、Divas（譯註：很難搞的女性名人）……他們也是人，生兒育女，深愛自己的孩子。可是這孩子卻跟遊戲一樣，被屠殺，棄屍街頭血泊中，像是公共造景……[14]

這是發自內心、控訴力道十足的短文。請將這種讓人不安的憤怒，跟藝術家的歌曲〈壓力〉（Pressure）做比較：

解放的代價總比他媽的一塊錢高
要花掉基督給的
國王給的
X給的
十億美金贖不了你的奴隸身分
有態度的黑鬼從五年級開始
我從不循規蹈矩
寧可是個死掉的人也不當活的奴隸[15]

林－曼努爾・米蘭達（Lin-Manuel Miranda）二〇一五年創作

的嘻哈音樂劇《漢密爾頓》（*Hamilton*），描繪美國開國先賢亞歷山大‧漢密爾頓（Alexander Hamilton）的故事，展現政治科學論文般的深思，音樂的功力與歌詞的睿智直追莫札特／達‧彭特（Mozart/Da Ponte，譯註：兩人合作多齣膾炙人口的歌劇，像《費加洛的婚禮》、《堂‧喬望尼》等）合作的歌劇：

　　一個混蛋、孤兒、妓女之子

　　一個蘇格蘭佬，墮落在被遺忘的角落

　　天意操弄下，在加勒比海，貧困、窘迫

　　如何長成英雄？變為學者？[16]

　　《漢密爾頓》避開疲倦的憤世嫉俗，以一種激昂狂熱的口吻，處理民主政治的矛盾與失望。老愛捉弄奴隸的湯瑪斯‧傑佛遜（Thomas Jefferson）跟劇中許多角色一樣，由黑人飾演。英王喬治三世（George III）出場之際，是個言行古怪的角色，又管不住自己尖酸的嘴巴，嘲弄漢密爾頓與同志的勇氣和他們籌建的政治新國度。漢密爾頓的理想主義與幽默感，很無謂的結束在亞倫‧佰爾（Aaron Burr，譯註：漢密爾頓的政治對手，兩人長期惡鬥，積怨過深，最後以決鬥了斷）手中，但是，他們已經塑造出當時乃至今日的美國政治文化，啟迪人民追尋更崇高的理想。這齣劇的旋律悠揚動人、文字耐人尋味，展現新政治語言該有的風範，更發人深省：爭辯不休、惡言相向是深植於民主的毛病，卻不能代表民主的全貌。

❖

　　如果我們看得夠仔細，就能發現在政治對話中，有好些頗具潛力的苗頭。有關公平的語言，就是其中之一。

　　表面上，公平在現代政治對話中往往激起尖銳辯論。正反雙方各執一詞，定義卻南轅北轍。女人與少數族裔的薪水比男人少，公平嗎？雇用或升遷考慮性別與膚色，而不是客觀評估專業能力，這種積極性差別待遇（positive discrimination）或者美國一般稱的平權行動（affirmative action）又公平嗎？

　　從這些問題中冒出來的爭議，足以讓人懷疑所謂的公平，究竟有沒有客觀的定義？還是這個詞可以任意扭曲，適應不同的辯論與不同的陣營？在現代多元社會中，幾乎每個人都同意（至少在原則上），公平對待既是普遍權利，也是一種道德義務。確實跟公平有關的案例，必須力爭到底。定義何者公平、判斷敵對的公平觀點何者優先，是一場實質的交鋒 —— 我們很快就可以看到，有時候輸贏立判，非常清楚。

　　吶喊公平有長久的歷史 —— 政客常掛在嘴巴上的公平，至少可以追溯到約翰王（King John）時代，諸侯在一二一五年迫使他簽下《大憲章》（Magna Carta）。不過，直到十七世紀末期，社會正義在理論或語言上，才算取得真正的重大進展。一九四八年，聯合國制定「世界人權宣言」（Universal Declaration of Human Rights），在歷經死傷慘重的二次世界大戰之後，試圖為人類建立一個公平的架構，當然不會有任何異議。四十八個國家投票贊成，沒有任何國

家反對。八個國家棄權（包括蘇聯集團、南斯拉夫、南非與沙烏地阿拉伯），儘管無意支持宣言保護的某些權利，但考慮其政治意涵，卻也不敢投票反對。

接下來的幾十年，投票支持的國家卻在現實中背棄宣言的精神。法律之前人人平等、言論與結社自由、受教權利與基本生活標準保障──在世界各地不斷遭受蔑視。西方國家並沒有跟上宣言標榜的原則，在國內外肆意踐踏人權。即便今日，看到我們社會裡最貧窮的底層生活，實在難相信他們也享有法律保障的平等，或者相信每個人都有「公平管道」接受高等教育。國際組織、政治領袖，大談平等、公平，實際上，對這兩種權利經常不屑一顧。虛偽，凡人難免。

但我們也不能對於明顯的進展，視而不見。某些普遍性的價值，深受公眾的肯定；只有最愚昧、最錯亂的政治勢力，才敢明目張膽的反對。現在幾乎每個人都知道，無辜百姓慘遭屠戮是犯罪，該負責的政權可能受到經濟、外交與軍事制裁，還有面對國際刑事法院（International Criminal Court）審判的風險。至於宣言中明示的避難權，卻被許多國家視為變相移民，是一種可以自行拿捏的措施，並非道德與法律義務，確是有未盡之處。不過，話也要說回來，雖說維權舉措千瘡百孔，但至少在原則上，並沒有任何人膽敢公開否認。嘲弄這些權利，或者閃爍其辭的人，行徑攤在陽光下，只是自曝不人道的陰暗面。

有關正義與人道的公眾論述，不是最終解決方案，卻也不能說是於事無補。同樣的道理，舉辦搖滾演唱會，找名人加持，來呼籲

大眾對抗貧窮與壓迫，難免會有宣揚個人信仰或者自利的成分；但他們出面畢竟有助於促進世人理解：很不幸的，我們社會仍然出現力有未逮之處，但人類應該有一組共通的最低標準，去善待其他地方的人。文字與音樂是軟實力中，最溫柔動人的部分，滴水穿石，假以時日，總能軟化最冥頑不靈的反對意見。

打公平牌不見得一定會讓爭議比較好解決。否認女人有墮胎權利比較公平，還是顧及她的腹中胎兒無力左右墮胎比較公平？雙方訴諸「公平」原則，辯論起來還是會相持不下，只是說服己方支持者，化解爭端恐遙遙無期。即便如此，還是可能會出現意料之外的突破。

就拿同性婚姻為例。反對者大多以宗教理由為基礎，首先是相信同性戀有罪，其次認為神許諾的婚姻，是一男一女的結合，不只讓彼此的愛能臻至完美，還能夠傳宗接代。但就連像美國那樣信仰宗教的國家，也都接受信仰是個人事務。不過，改革的擁護者並沒有攻擊反同性婚姻陣營，一口咬定他們是錯的，他們的論述依據建立在婚姻是民事與宗教機制，在民事範疇排除同性婚姻並不符合「公平原則」：如果兩情相悅的成年人可以結婚，為什麼同性別的人就不行？西方社會很早就讓離婚合法化，不曾理會許多人認為離婚是錯的。社會並沒有迫使任何人離婚，也沒有強迫任何人接納離婚原則；而是說，市民A並沒有權利干涉市民B與市民C離婚，在這兩人都同意的前提下。

固守宗教道德的原則，等於是脫離辯論戰場，迷戀講道壇的舒適，鼓勵信徒堅持信仰，卻把最具潛力的政治基礎，平白讓給改革

者。另外一個選項就是根據改革者設定的條件，與之正面對決，這意味著放棄宗教道德本位，轉戰不甚確定的社會、邏輯領域 —— 但這樣一來，幾乎只會歸納出如下的命題：異性婚姻是自古相傳的體制，要推翻，風險自負。對絕大多數心無定念的老百姓來說，這句話實在沒什麼說服力。好些「老祖宗傳下來」的規矩，比方男尊女卑，都遭遇強而有力的挑戰，早就搖搖欲墜，結果也沒有導致毀滅，而是社會進步。

決意促成以「同性婚姻」（same-sex marriage）取代基佬婚姻（gay marriage）也是改革支持者力推的大動作。「同性」聽在耳裡，意味著性別平等，要比「基佬」這種字眼，具有更寬的包容性，務實也合理：強調法律之前人人平等，而不是訴求某種性別。

歷經很長一段時間，同性婚姻看起來像是會纏鬥不休的價值辯論，永遠沒個了局。但是，到了某個關鍵點，反對派突然詞窮。在美國、在越來越多的國家內，漫長的爭鬥霎時雲淡風清，邁向終點。

在天主教會，教宗方濟各在擔任阿根廷樞機主教時，宣稱鼓動婚姻改革者是「謊言之父」（the father of lies，譯註：撒旦）。但從此以降，他逐漸傾向「公平」原則，釋放訊號，或許不曾在特定事務上移動立場，但面對廣泛的同性戀議題，至少慢慢的站在教宗的高度上採行新取向。二〇一三年七月，有人問及梵諦岡內部的同性戀，他這樣回答：「如果有同性戀者尋找上帝，心存善念，我是誰？怎麼能評斷？」我是誰？怎麼能評斷？展現謙卑、尊重與正統信仰（orthodoxy，教宗的確不是法官）的立場，以獨特的個人風

格，將損害濃縮成這幾個字。在過去兩千年，除開幾個攸關大局的例外，這個句子比起絕大多數的教宗通諭（encyclicals）包含更多意義——以及更多爭議。

教宗方濟各也在別的脈絡中，使用公平尊重的語言，特別是與環境、全球貧富差距及難民危機有關的領域。這並不是說他放棄傳統權威式的教宗用語，而是說他找到了一個新的方式，透過公平語言，展現另外一種權威。

這些進步的例子只能說是收效一時，未盡全功。同性婚姻立法並不意味著對於同性戀者的敵意，全面消失，一如西方國家種族主義變遷史，赤裸裸的偏見語言已經向公共對話的邊緣移動，仇恨、偏執還能苟活好長一段時間。尤有甚者，講狠話有時還可以掩人耳目，規避痛苦的實務抉擇。

沒有任何提議、沒有任何範例保證我們的公眾語言能通過川普考題。政治分歧與數位斷層依舊是嚴重的干擾力量。許多玩家還是陷入積習與制式反應裡，即便他們有意願，還是發現難以掙脫。簡單來說，也許在我們這個狂熱嘮叨的世界裡，已經說太多廢話——太多仇恨、瘋狂、詐欺的字眼——現在需要的是遺忘階段、一種大赦，在我們希望病體終能復原之前。

我們無須懷憂喪志。公眾語言以前也曾死而復生，即便在臨終禮拜都舉行完後，英國內戰後的幾十年就見證這個奇蹟。復生，並不是東風壓倒西風的意識形態勝利，也不靠精心炮製的改革呼籲，

而是文化與社會的潮流逆轉。我們是常識性的生物，也知道維繫人類的整體生命，在絕大多數時候，靠的是化解歧異的能力。一種理性說服的語言遲早會出現。只是我們並不知道在何時。

　　在這個充滿不確定的漫長過渡階段，你能做些什麼呢？打開你的耳朵。善用你的判斷。想、說、笑。切斷噪音。

後記

反思與說明

一七七一年波士頓富商尼可拉・博伊爾斯頓（Nicholas Boylston）逝世，臨終前捐給哈佛大學一千五百英鎊，要求他們增聘一名修辭與演說教授。哈佛拿了錢，懶病發作，整整三十年沒有下文。博伊爾斯頓的姪子沃德・尼可拉斯・博伊爾斯頓（Ward Nicholas Boylston）提起告訴，要求退回捐款；除非哈佛大學立即採取行動──同意任命他的表親約翰・昆西・亞當斯（John Quincy Adams）為首位修辭與演說學科的教授，否則雙方法院見。亞當斯時任參議員，日後成為總統。

聘請非學界出身但具有豐富公眾語言經驗的政壇人士，擔任修辭學教授，儘管有遮不住的潛在缺點，卻是很有趣的想法。一八〇六年，亞當斯終於站上哈佛講堂發表就職演說，他的開場是某種形式的道歉：

我暗地省思，自知才疏學淺，難以肩負這重責大任，心頭沉重難安。接下這任務讓我倍感榮幸，感激之情難以遏抑，語言或許不甚得體，卻需一吐為快。儘管我的生涯讓我得以見識各種形式的修辭實務，儘管修辭理論不時吸引我的注意力，但我對於兩者卻只能掌握個大概。不過，我卻能假設：不在其中一個領域裡有廣泛的經歷，斷難

在另外一個領域裡深入探討。

　　我知道他的感受。二○一二年初，我的好友，前BBC第四頻道總監達馬瑟，時任牛津大學聖彼得學院院長，打電話給我，問我要不要擔任修辭學與「公眾說服藝術」客座教授？當然不，我當下想。

　　到十一月，我說服自己，也許在這個課題上，我還能講幾句話。我在聖彼得學院，發表三個講座，在安德魯‧馬爾（Andrew Marr）的主持之下，還舉辦一場公開座談會，邀請大衛‧威立茲（David Willetts）部長、波莉‧湯恩比（Polly Toynbee）與威爾‧胡頓（Will Hutton）兩位記者及我一起出席。這本書的靈感就是來自座談會，有些點子是與會嘉賓和現場觀眾共同激發出來的。

　　發行人喬治‧魏登斐德（George Weidenfeld）冒出個想法，將講座內容收進他的人文學科訪問學者出版計畫中。沒有他，這本書想來也不會問世。喬治，曾經任職BBC，跟另外一個「喬治」‧艾力克‧布萊爾（George Eric Blair，譯註：喬治‧歐威爾的本名）的座位僅有幾呎之隔。他在本書涉獵的政治與文化世界，擁有深厚的造詣，優遊於兩者之間，怡然自得，是個老BBC，認識好些領導人物。講座期間，我正要結束BBC總經理的工作，轉到《紐約時報》擔任執行長。第一次講座結束後，喬治邀請我到大師宿舍，給我上了第一堂他所謂普魯斯特式（ Proustian）的紐約導覽。三年後，我最後一次跟他在上東城晚餐，細條紋的西裝裡，身形有些消瘦，但依舊談笑風生。他在幾個月之後，二○一六年初過世，享年九十

二歲。

講座是紀念布萊爾的顧問，聰明和藹的紳士顧爾德。我曾經與顧爾德討論多次，深知他極為關切政客與媒體的關係，也擔心BBC的未來。我希望他至少能贊同本書中我必須著力的部分重點。講座的贊助方是顧爾德最後服務的單位，佛洛伊德傳播（Freud Communications）。我要特別感謝馬修・佛洛伊德（Matthew Freud）的支持，他也是我的老朋友。

讓我回到亞當斯，讓人有點難堪卻又無從迴避的事實，也就是我的學養，實在不足以擔任公眾語言世界的嚮導。雖然我見識過「各種形式的修辭實務」，對於「理論」也略有鑽研，但我絕對不敢妄想自己是修辭學大師。我熟悉好些傳之久遠的經典作品，卻稱不上是古典文學家。這本書無法自命為哲學著作，儘管它處理大量的理念史。我得承認：我不是哲學家。書中討論的許多學科——現代史、政治科學、社會心理學、語意學、行銷學——我無一專精，儘管在工作生涯中，曾以不同的方式觸及。

所以我要向不同的專家致歉，原諒我誤闖他們的領域。我希望我徵引的經典，賣弄的淺薄知識與經驗，多少能彌補我的疏漏。我過於自信的學術能力，一廂情願經常引我誤入歧途，卻也有可能協助我披荊斬棘，揭露少數耐人深思的重點，在傳統的學術道路之外，另闢蹊徑。

這是資訊的年代，是量化分析語言的年代；但本書中卻罕見統計數字，扎根於質化分析——比方說，個人經驗、批評與意見。除開這點，書中的其他部分，也不符合現代學術的規範。在過去的

二十五年中，我試圖了解改變世界的數位創新潮流，最終卻以人文的情懷寫完這本書。

我的母校蘭開夏（Lancashire）的史東尼赫斯特學院（Stonyhurst College），原本是耶穌會教士十六世紀末創立於法國北部的學術機構。《教學大全》（Ratio Studiorum），早期耶穌會教育系統的指南——奠基於中古世紀的「學科」（trivium），主要是透過教授文法、邏輯與修辭，引導學生親近人文學科——至今還深深影響學院課程的安排。即便到了一九七〇年代，每個年級的不同班別，依舊以教授拉丁文的特定階段來命名，比方說，「低階文法」、「高階句法」等。最後一年，一九七五年，我全力準備牛津入學考試的那個班級，叫做「修辭」。

事實上，修辭在史東尼赫斯特學院教得並不多。打從十九世紀開始，修辭在全世界都開始沒落。到後來，博伊爾斯頓教授成為文學而不再是修辭的榮譽職稱，一般由詩壇祭酒擔綱。二十世紀中葉，修辭有略微復興的趨勢，但一九七〇年代前，在大學預科中，修辭已經成為人文學科中，一個不甚清晰的領域。只是教授希臘文與拉丁文，又不得不講到修辭。當我打開牛津入學測驗考卷時，面對的是一段英文修辭——我記得是邱吉爾二戰期間的名言——受測者必須以最欣賞的雅典辯論風格，翻譯成希臘文。

即便在那個時候，許多教育學者都認為修辭是菁英玩的把戲——有多少公立學校的學生，願意力拚這種養尊處優的貴族教育？——跟經濟、社會或者文化這種有憑有據的觀點相比，修辭太過虛無飄渺。本書的讀者可能會贊同這種看法。我只能這樣說：

《教學大全》捲起袖子，在我十八歲的腦袋裡，著實幹出一番事業，與其他學科交織成一片——古典與現代語言、文學、歷史、哲學與神學——讓我開始在諸門學科中找到連結。這種傾向又受到兩位影響我甚深的老師鼓勵，逐漸清晰起來——史東尼赫斯特學院的彼特・哈維克（Peter Hardwick）與牛津大莫頓學院（Merton College）的瓊斯博士。兩人都教授英國文學，除此之外，並沒有任何類似的地方。

最近最熱門話題的是數位，但我寫出來的卻是老派論文。在文字逐漸發展的過程中，好些人大力施予援手。牛津英文教授阿比蓋兒・威廉斯（Abigail Williams），是協助我蒐集文獻的學術顧問，自始自終都不斷的鼓勵與啟發我。她古典學科的同事馬修・連（Matthew Leigh），除了賜予好些精闢的觀察與建議之外，無論是拉丁文還是希臘文，我那些自以為是的拙劣翻譯，多虧他的斧正。威廉斯與連提供許多意見，一併感謝。除此之外，講座期間我還得到易普索莫里公司的班・佩吉（Ben Page）與黛博拉・瑪蒂森（Deborah Mattinson）的指導。瑪蒂森長期在工黨決策過程中扮演重要角色，協助溝通與說服群眾。沙巴斯欽・布雷德（Sebastian Baird）幫助我執行講座計畫，在研究與查證方面出力甚多。

在消化文獻、擴展理念到撰述成書的過程中，我得到許多奧援。政治哲學家、哈佛教授邁可・桑德爾（Michael Sandel），在我研究階段，指點我若干閱讀書目。好學深思的派崔克・巴維斯（Patrick Barwise）是永不罷休的公共服務廣播捍衛者、倫敦商學院行銷管理學名譽教授，在行銷話術促進現代公眾語言發展的那

一章，給我相當多寶貴的意見。我在與前參議員鮑伯‧凱瑞（Bob Kerrey）一系列的對話中，得到許多有關修辭的論點。藍茲博士在這本書中的角色，相當於公眾語言界的巴納姆（P. T. Barnum，譯註：美國最著名的馬戲團經紀人，選角別具隻眼，屢屢造成轟動，電影《大娛樂家》就是根據他的生平改編而成），屢屢分享他在這個主題上的思索。劇作家、小說家斯維特蘭娜‧博伊姆（Svetlana Boym），二○一五年過世前，在哈佛教授斯拉夫語與比較文學，協助我更加了解普丁的修辭。我的弟妹羅莎拉‧邦迪（Rossella Bondi）博士，為現代義大利語增添好些有趣的想法。瑞斯‧瓊斯（Rhys Jones）協助我研究與查證。

我得到好些現在與故去同事的建議。BBC的大衛‧喬丹（David Jordan）與潔西卡‧西賽爾（Jessica Cecil）提供諸多講座建議，也閱讀本書的初稿。他們是我的小組成員，定期協助我思考、排除BBC的路線問題與爭議。自我擔任編輯開始，影響我成長、扶持我踏上新聞之路，以及讓我堅信在本書中秉持言論自由與公平正義的先進，在此無法一一列舉，但我要特別感謝馬克‧拜佛（Mark Byford）、亞倫‧楊托（Alan Yentob）、凱洛琳‧湯普森（Caroline Thomson）、艾德‧威廉斯（Ed Williams）、海倫‧波登（Helen Boaden）的公允判斷與敏銳反應，此外也要謝謝BBC前後幾任的主席、董事長與各位理事。

我也得到《紐約時報》對於寫作計畫的大力援助，其中包括了黛安‧布蕾頓（Diane Brayton）、愛琳‧莫菲（Eileen Murphy）、喬伊‧戈德博（Joy Goldberg）、梅蕾迪絲‧科彼特‧雷雯（Meredith

Kopit Levien）與朵蘿西・賀莉（Dorothea Herrey）。布蕾頓與莉莉亞・韓（Licia Hahn）讀完初稿，補充許多想法與評論。亞曼達・邱吉爾（Amanda Churchill）與廣播大樓總經理辦公室同仁，協助安排二〇一二年講座後勤事宜，費心良多。我在《紐約時報》的助理瑪麗・愛琳・拉瑪娜（Mary Ellen LaManna），幾乎以每週七日二十四小時不間斷的熱誠，支持我與這本書的寫作，讓人感激不已。我也要謝謝我的版權代理凱洛琳・麥可（Caroline Michel）；謝謝史特勞・威廉斯（Stuart Williams）、約爾格・韓斯根（Jörg Hensgen），以及倫敦博得利・海德（Bodley Head）出版公司的同仁喬治・威特（George Witte）、莎拉・思維特（Sarah Thwaite）與紐約聖馬丁（St Martin's）出版社的同仁。

　　我想謝謝後記中每一位朋友的慷慨，但是，書中的所有錯誤與冒犯之處，卻與他們無關，由作者負完全責任。達馬瑟可能是唯一的例外。當初就是他把我帶進這一行的，看來，他也應該承受相當比例的譴責才是。或許不太可能，但萬一有任何對本書的好評，大部分也該歸功於他的貢獻。他的誠意始終熾熱、批評不依不饒、待人豪爽大方、善體人意，自始自終都是為朋友著想的好兄弟。

　　最後要感謝我的家人。強納森・多夫曼（Jonathan Dorfman），我的妹夫，何其有幸擁有這樣一位博覽政治、文學與文化著作的親戚。他建議許多足以徵引的書籍、分享許多敏銳的觀察，全都出現在書中。珍・布倫堡（Jane Blumberg）不僅學術先進，更是我僅見的文學評論者。還要謝謝我的三個孩子，迦勒、艾蜜莉、亞伯。謝謝上面四個人，謝謝他們的支持與理念。

❖

涉及書中理念的文獻汗牛充棟，時跨古今，而我只擷取皮毛。一頁一頁寫來，我參考過好些書籍。這裡不列書目，但舉出幾本我認為有用的參考書 —— 有興趣的讀者不妨往深處探究。參考本書附註之餘，不妨把這幾本書加進去。

古典作品比較好找。你可以在珀爾修斯（Perseus）數位圖書館 —— 塔夫茨大學（Tufts University）開設的卓越古典作品網站（http://www.perseus.tufts.edu/）—— 免費看到。我個人喜歡勒伯（Loeb）出版社與企鵝經典（Penguin Classics）版本，純屬懷舊的老派作風。如果你對古典作品沒那麼喜歡，只想讀一本的話，推薦修昔底斯。《伯羅奔尼撒戰爭史》並不完全在講修辭，而是政治衝突、公眾語言、深刻的國家文化與搖擺的群眾心理。這本書的論斷發人深省，不只適用於雅典與斯巴達的戰爭以及這兩個國家合縱連橫的外交周旋，更能解釋兩千五百年以降，西方大小戰事的起因。《地標修昔底斯》（*The Landmark Thucydides*,1988），由史特拉斯勒（Robert B. Strassler）等人編輯，是很好的版本，裡面有很多有用的地圖。

山姆・列斯（Sam Leith）的《你在跟我講話？》（*You Talkin' to Me*？Profile Books出版，2011）全面介紹古今與現代修辭，頗有價值。我也喜歡布萊恩・維克（Brain Vicker）的《捍衛修辭學》（*In Defence of Rhetoric*, Oxford University Press,1998），雖然是學術作品，可讀性很高。布萊恩・加爾斯坦（Bryan Garsten）的《搶救說

服：捍衛修辭與判斷》（*Saving Persuasion: A Defense of Rhetoric and Judgment,* Harvard University Press, 2006）豁然大度，對於支持與反對修辭的分析頗有創見，是我讀過論及說服最具說服力的作品。亞當‧阿達托‧桑德爾（Adam Adatto Sandel）的《偏見所在》（*The Place of Prejudice,* Harvard University Press, 2014）有趣，值得一讀。肯尼斯‧柏克（Kenneth Burke）是二十世紀中葉最具影響力的修辭理論大師。我讀他的《修辭的動機》（*A Rhetoric of Motives*, Prentice-Hall, 1950）以及其他作品 —— 毫無疑問，更像是反映我而不是柏克的動機 —— 只是對於他的研究方法，我有些掙扎。《現代修辭理論：論文選》（*Contemporary Rhetorical Theory: A Reader*, The Guilford Press, 1999），是參考多本論文選的其中一部，協助我了解學術界在世紀末如何思考修辭。儘管只是間接談到修辭，芭芭拉‧卡辛（Barbara Cassin）編的《無法翻譯的字典：哲學詞彙》（*Dictionary of Untranslatables: A Philosophical Lexicon*, Princeton University Press, 2014）讀來容易上癮，請留神。

凱思林‧霍爾‧詹美森（Kathleen Hall Jamieson）的《在數位時代能言善道》（*Eloquence in an Electronic Age*, Oxford University Press, 1988），是論媒體如何影響政治話術的重要著作，引人入勝。我從史蒂芬‧法克斯（Stephen Fox）的經典《造鏡人：美國廣告及其創作者的歷史》（*The Mirror Makers: A History of American Advertising & Its Creators*, Marrow, 1984，不過，我讀的是 Illini Books, 1997年的版本）得到強大助力。

至於歐威爾，除了肯定他是偉人外的著作，也參考希鈞斯的

各種議論，特別是《歐威爾的勝利》（*Orwell's Victory*, Allen Lane, 2002）、阿洛克・賴（Alok Rai）的《歐威爾與絕望政治》（*Orwell and the Politics of Despair*, Cambridge University Press, 1988）。而瑪莎・格森（Masha Gessen）的《沒臉的人：佛拉迪米爾・普丁的不思議崛起》（*The Man Without a Face: The Unlikely Rise of Vladimir Putin*, Riverhead, 2012），介紹普丁如何崛起、如何一手打造出他的體系，扣人心弦。

　　分析侵擾我們政治、媒體與公眾語言的大部頭書籍，可以裝滿整整幾個書架，讓人望之生畏，每週還有好些作品報到。我只閱讀一小部分，在某些狀況下，還是得倚靠稍縱即逝的數位訊息，尋覓證據與即時評論。除了書中描述過的參考書籍外，我還讀了比爾・科瓦奇（Bill Kovach）與湯姆・羅森史蒂爾（Tom Rosenstiel）合著的《真相》（*Blur*, Bloomsbury USA, 2010）、布魯克斯・詹森（Brooks Jackson）與凱思林・霍爾・詹美森（Kathleen Hall Jamieson）執筆的《非旋轉：在謠言世界尋找事實》（*unSpun: Finding Facts in a World of Disinformation*, Random House, 2007）。史蒂芬・普爾（Steven Poole）撰寫的《開不了口》（*Unspeak,* Little, Brown, 2006），是一本義憤填膺的作品，抱怨政客如何將直白的字眼 —— 自然、社區、濫用等等 —— 任意扭曲，以為己用，結果導致狀似中立的字眼，卻傳遞出高度政黨私利的訊息，立論鏗鏘有力。

　　我引用洛依德的《媒體對我們的政治做了什麼》（*What the Media Are Doing to Our Politics*, Constable, 2004）一書，發現作者

以他在《金融時報》的經驗，對媒體的強悍針砭，切中時弊，是有趣的過來人言，經常展現高度的說服力。大衛·卡爾（David Carr）也值得相同的評價。二〇一二年，我在《紐約時報》供職，他是專欄作家，更是我私下的導師。他樂於助人，強調新聞的公正性，對於《紐約時報》執世界報紙牛耳的信念，始終激情不減。二〇一五年，他猝死於《紐約時報》工作期間。洛依德、卡爾以及艾蜜莉·貝爾（Emily Bell）、瑪格麗特·蘇立文（Margaret Sullivan）、吉姆·盧騰堡（Jim Rutenberg）、傑夫·賈維思（Jeff Jarvis）、史帝夫·修勒特（Steve Hewlett）對於媒體的評論，亦有可觀，值得在網路上搜索一讀。

　　「我踏過廣袤的黃金領域」，濟慈在〈初識查譯荷馬詩〉（*On First Looking into Chapman's Homer*）中，一開始就這樣說。我在遨遊網路空間的旅程後歸來，證明你已經知道的事實：此處含金量不高。偏偏這就是我們進行公眾對話的地方，必須詳加研究。讀者必須，也終將會找到自己的途徑。最後，讓我稱讚維基百科幾句，作為結語。這個網站當然永遠不可能完美 —— 特別是源自這樣的構想 —— 但它卻是珍貴的資源，是世界上中立的網站，也是許多人文化與智性的起點。這是人民力量（*demokratia*）的作用，不只是意見，而是真正的了解，在這個煩囂的時代，保持我們卑微的希望。

附錄

chapter1　迷失在字裡行間

1　http://twitter.com/sarahpalinusa/status/10935548053.

2　Fredthompsonshow.com, interview archives, 16 July 2009.

3　Fox News, *The O'Reilly Factor*, 17 July 2009.

4　MSNBC, *Morning Joe*, 31 July 2009.

5　http://www.facebook.com/note.php?note_id=113851103434.

6　http://pewresearch.org/pubs/1319/death-panels-republicans-fox-viewers.

7　http://nypost.com/2015/07/12/end-of-life-counselling-death-panels-are-back/.

8　http://www.creators.com/opinion/pat-buchanan/sarah-and-the-death-panels.html.

9　Edelman Trust Barometer, 2016 Annual Global Study. See www.edelman.com.

10　Thomas E. Mann and Norman J. Ornstein, *It's Even Worse Than It Looks: How the American Constitutional System Collided With the New Politics of Extremism* (Basic Books, 2012), 196.

11　Amy Gutmann and Dennis Thompson, *The Spirit of Compromise: Why Governing Demands It and Campaigning Undermines It* (Princeton University Press, 2012), 214.

12　*The Times*, 28 February 1975.

13　Tony Blair, speech to Reuters, 12 June 2007.

14　BBC Pulse, National Representative Sample 2011.

15　Ipsos MORI, BBC News Economy Research for BBC Audiences 2012.

16　House of Commons Treasury Committee, *The economic and financial costs and benefits of the UK's EU membership*, May 2016.

17　BBC News, 27 May 2016. See http://www.bbc.co.uk/news/uk-politics-eu-referendum-36397732.

18　Thucydides, *History of the Peloponnesian War*, III, lxxx, 4.

19 Sallust, *The War with Catiline*, LII, xi.

chapter 2　油腔滑調口是心非

1 Quoted in Arturo Tosi, *Language and Society in a Changing Italy* (Multilingual Matters, 2001), 129.

2 Anthony Zurcher, 'The strange Trump and Carson phenomenon explained', BBC News website, 15 November 2015.

3 Thucydides, *History of the Peloponnesian War*, II, xl, 2.

4 Ibid., I, cxxxix, 4.

5 Aristotle, *Art of Rhetoric*, I, ii, 12.

6 亞里斯多德在《修辭的藝術》稍後的地方，「修辭推論」的定義變得寬鬆些，泛指所有的辯證論述。

7 Aristotle, *Art of Rhetoric*, I, ii, 12.

8 Reported in http://www.bbc.co.uk/news/uk-politics-22025035.

9 Ibid.

10 Aristotle, *The Nicomachean Ethics*, IV, vii.

11 Interview with the *Wall Street Journal*, 22 September 2015, http://www.wsj.com/articles/full-transcript-interview-with-chinese-president-xi-jinping-1442894700.

11 All quoted in Josh Rogin, 'Europeans Laugh as Lavrov Talks Ukraine', *Bloomberg View*, 7 February 2015.

chapter 3　你又來了！

1 Ronald Reagan, news conference, 12 August 1986.

2 http://germanhistorydocs.ghi-dc.org/docpage.cfm?docpage_id=3194.

3 Winston Churchill, election broadcast, 4 June 1945.

4 Letter from Eisenhower to William Phillips, 5 June 1953, Box 25, Ann Whitman Files, Eisenhower Presidential Library.

5 See Thomasina Gabriele, *Italo Calvino: Eros and Language* (Fairleigh Dickinson University Press, 1996), 40ff.

6 Nelson Mandela, 'I Am Prepared to Die' speech, 20 April 1964, www.nelsonmandela.org/news/entry/i-am-prepared-to-die.

7 http://www.washingtonpost.com/wp-srv/politics/daily/may98/goldwaterspeech.htm. 一般相信這段話的構想，源自西塞羅〈反對喀提林〉

（*In Catilinam*）的演講，再加以詮釋，但通篇演說其實並沒有這個段落。倒是西塞羅在寫給兒子馬庫斯（Marcus）的信中某處，改寫亞里斯多德的名言，比較可能間接啟發演講的撰稿者。

8　Denis Healey, House of Commons, 14 June 1978.

9　http://www.margaretthatcher.org/document/104078.

10　TV-am interview with David Frost, 30 December 1988, http://www.margaretthatcher.org/speeches/displaydocument.asp?docid=107022.

11　Margaret Thatcher, Conservative Party Conference speech, 10 October 1980.

12　Ibid.

13　Ibid.

14　Holli A. Semetko et al., *The Formation of Campaign Agendas: A Comparative Analysis of Party and Media Roles in Recent American and British Elections* (Lawrence Erlbaum Associates, 1991), 119.

15　Ronald Reagan, 'A Time for Choosing', 27 October 1964, http://www.reagan.utexas.edu/archives/reference/timechoosing.html.

16　Ibid.

17　http://www.theatlantic.com/national/archive/2012/01/doomsday-speeches-if-d-day-and-the-moon-landing-had-failed/251953/.

18　Presidential debate, Carter/Reagan, 23 October 1980.

19　Ronald Reagan, remarks at the Brandenburg Gate, 12 June 1987.

20　http://www.theatlantic.com/national/archive/2012/01/doomsday-speeches-if-d-day-and-the-moon-landing-had-failed/251953/.

21　Ronald Reagan, TV address on the *Challenger* disaster, 28 January 1986.

22　http://www.gallup.com/poll/116677/presidential-approval-ratings-gallup-historical-statistics-trends.aspx.

23　http://politicalticker.blogs.cnn.com/2013/11/22/cnn-poll-jf k-tops-presidential-rankings-for-last-50-years/.

chapter 4　旋轉與反轉

1　http://www.lefigaro.fr/flash-actu/2011/01/05/97001-20110105FIL WWW00493-chatel-defend-le-style-oral-de-sarkozy.php.

2　George C. Wallace, first gubernatorial inauguration address, 14 January 1963.

3　Donald Trump, campaign speech in Dallas, 14 September 2015.

4　https://twitter.com/realdonaldtrump/status/703257866820415488.

5 Speaking in the fourth Republican TV debate in Milwaukee, 10 November 2015.

6 http://www.pbs.org/wgbh/pages/frontline/shows/clinton/inter-views/ morris2.html. Quoted in Taegan Goddard's Political Dictionary, http:// politicaldictionary.com/words/triangulation/.

7 Tony Blair, 8 April 1998. See http://news.bbc.co.uk/2/hi/uk_news/ politics/3750847.stm.

8 Anthony Seldon with Peter Snowdon and Daniel Collings, *Blair Unbound* (Simon & Schuster, 2007), 339.

9 Arturo Tosi, *Language and Society in a Changing Italy* (Multilingual Matters, 2001), 110.

10 Ibid., 116.

11 Ibid., 119, 120.

12 Quoted in 'Italy's Silvio Berlusconi in his own words', http://www.bbc. co.uk/news/world-europe-15642201.

13 http://www.theguardian.com/world/2009/aug/28/silvio-berlusconi- sues-sex-scandal.

14 http://www.lefigaro.fr/flash-actu/2011/01/05/97001- 20110105FILWWW 00493-chatel-defend-le-style-oral-de-sarkozy.php.

15 Vladimir Putin speaking at a press conference in Astana, Kazakhstan, 24 September 1999.

16 Rémi Camus, 'Language and Social Change: New Tendencies in the Russian Language', *Kultura*, October 2006. See: http://www.kultura-rus. uni-bremen. de/kultura_dokumente/ausgaben/englisch/kultura_10_ 2006_EN.pdf.

chapter 5　為什麼這個渾帳騙子騙我？

1 Speech to Reuters on public life, 12 June 2007.

2 Paul Ricœur, *Freud and Philosophy*: *An Essay in Interpretation*, trans. Denis Savage (Yale University Press, 1970), 32–3.

3 David Foster Wallace, 'E Unibus Pluram: Television and US Fiction', in *A Supposedly Fun Thing I'll Never Do Again* (Little, Brown, 1997), originally published in *Review of Contemporary Fiction*, 1993. 我很感謝米蓋・阿蓋勒爾（Miguel Aguilar）勾起我的注意力。

4 Christopher Dunkley, '*The Nine O'Clock News* Goes Serious', *Financial*

Times, 16 November 1988.

5　John Birt, 'For Good or Ill: The Role of the Modern Media', Independent Newspapers Annual Lecture, Dublin, February 1995.

chapter 6　不「保」證「健」康的辯論

1　Speech to the Labour Party Conference, September 2013, http://press. labour. org.uk/post/62236275016/andy-burnham-mps-speech-to-labour- party-annual.

2　Report of the National Commission on Terror Attacks upon the United States, July 2004, http://govinfo.library.unt.edu/911/report/index.htm.

3　Mario Cuomo, interview in the *New Republic*, 4 April 1985.

4　Health and Social Care Bill, Clause 163, page 159.

5　http://www.guardian.co.uk/commentisfree/2012/mar/08/nhs-bill-lib- dem-defining-moment.

6　http://www.guardian.co.uk/commentisfree/2012/mar/16/who-right- on-nhs-polly-shirley.

7　Quoted in the *Observer*, 11 March 2012.

8　Ibid.

9　Lewis Carroll, *Through the Looking Glass* (1871; Vintage edition, 2007), 254

10　Ipsos MORI, Public Perceptions of the NHS tracker survey, 14 June 2012.

11　For example, Analysis column by Branwen Jeffreys, BBC News health correspondent, 4 September 2012, http:/www.bbc.com/news/health-19474896.

12　'Romney Advisor: No Obamacare Repeal', http:/www.redstate.com/erick/2012/01/25/romney-advisor-no-obamacare-repeal/.

13　Ashley Parker, 'Cantor's Lesson: Hedging on Immigration is Perilous', http:/www.nytimes.com/2014/06/12/us/politics/cantors-lesson- hedging-on-immigration-is-perilous.html.

chapter 7　如何修補破碎的公眾語言

1　George Orwell, 'Politics and the English Language', *Horizon*, April 1946. Quoted throughout this chapter.

2　George Orwell, 'Some Thoughts on the Common Toad', *Tribune*, 12 April 1946.

3　Quoted in 'Judge Questions Legality of N.S.A. Phone Records', *The New*

York Times, 16 December 2013.

4 Lancelot Hogben, *Interglossa: A Draft of an Auxiliary for a Democratic World Order* (Penguin Books, 1943), 7.

5 George Orwell, 'New Words', believed to have been written in 1940, first published in *The Collected Essays, Journalism and Letters of George Orwell*, vol. II (Secker & Warburg, 1958); quoted in Alok Rai, *Orwell and the Politics of Despair* (Cambridge University Press, 1988), 123ff.

6 Alok Rai, *Orwell and the Politics of Despair*, 125.

7 David Hume, *An Enquiry Concerning Human Understanding* (1748), Section XII.

8 Ludwig Wittgenstein, *Tractatus LogicoPhilosophicus* (1921; first English edition 1922; Routledge and Kegan Paul, 1961), Author's Preface, 5.

9 Ludwig Wittgenstein, *Philosophical Investigations* (1953; Basil Blackwell, 1976), Part I, i, 2.

10 Ibid., Part II, iv, 178.

11 Adolf Hitler, Appeal to Political Leaders, 11 September 1936. See http://nsl-archiv.com/Buecher/Fremde-Sprachen/Adolf%20Hitler%20-%20Collection%20of%20Speeches%201922-1945%20(EN,%20993%20S.,%20Text).pdf.

12 Ernst Hanfstaengl, *Unheard Witness* (J. B. Lippincott Co., 1957), 266.

13 Martin Heidegger, address to the Freiburg Institute of Pathological Anatomy, August 1933. Quoted in Emmanuel Faye, *Heidegger: The Introduction of Nazism into Philosophy*, trans. Michael B. Smith (Yale University Press, 2009), 68 (German text at 351, n. 35).

14 T. S. Eliot, 'Burnt Norton' (1935), V.

15 https://www.youtube.com/watch?v=8mqFsVUIQrg.

16 George Orwell, 'My Country Right or Left', *Folios of New Writing*, autumn 1940.

chapter 8 賣得掉的句子

1 Elmer Wheeler, *Tested Sentences That Sell* (Prentice-Hall, 1937), 7.

2 Aristotle, *Art of Rhetoric*, I, iii, 5.

3 'How Advertising Works: What Do We Really Know?', *Journal of Marketing*, Vol. 63, No. 1, January 1999.

4　Wheeler, *Tested Sentences That Sell*, 110.

5　Ibid., 25.

6　Ibid., 7.

7　Ibid., 62–3.

8　Plato, *Gorgias*, 463–4.

9　Nancy Duarte, *HBR Guide to Persuasive Presentations* (Harvard Business Review Press, 2012), xv.

10　Ibid., 28.

11　Ibid., 59–60.

12　Ibid., 73.

13　Stephen Fox, *The Mirror Makers: A History of American Advertising and its Creators* (University of Illinois Press, 1997 edition), 307.

14　Ibid., 308.

15　Wheeler, *Tested Sentences That Sell*, 129–30.

16　Quoted in Fox, *The Mirror Makers*, 310.

17　See Edward Bernays, 'The Engineering of Consent', *Annals of the American Academy of Political and Social Science*, 1947.

18　Wendell R. Smith, 'Product Differentiation and Market Segmentation as Alternative Marketing Strategies', *Journal of Marketing*, July 1956. See https://archive.ama.org/archive/ResourceLibrary/MarketingManagement/documents/9602131166.pdf.

19　http://www.americandialect.org/woty/all-of-the-words-of-the-year-1990-to-present#1996.

20　Quoted in *Salon*, 16 July 2008. See http://www.salon.com/2008/07/16/obama_data/.

21　http://www.huffingtonpost.com/frank-luntz/words-2011_b_829603.html.

22　Ibid.

23　See, for example, Nick Cohen, the *Observer*, 10 December 2006, http://www.theguardian.com/commentisfree/2006/dec/10/comment.conservatives.

24　Thucydides, *History of the Peloponnesian War*, III, xxxvi.

25　Thomas Hobbes, *On the Citizen* (originally published in Latin as *De Cive*, 1642; Cambridge University Press, 1998, ed. and trans. Richard Tuck and

Michael Silverthorne), 123.

26 See David B. Parker, *You Can Fool All The People: Did Lincoln Say It?*, History News Network: http://historynewsnetwork.org/article/161924.

chapter 9　付之一炬

1 Donald Trump in a telephone interview with Fox News, *Fox & Friends*, 2 April 2012.

2 *Dr Strangelove Or: How I Learned to Stop Worrying and Love the Bomb*, 1964. Co-written and directed by Stanley Kubrick; http://www.lexwilliford. com/Workshops/Screenwriting/Scripts/Adobe%20Acrobat%20Scripts/ Dr%20Strangelove.pdf.

3 BBC Radio 4, *Today,* 4 February 2002.

4 ICM Research/Today MMR poll August 2001, http://www.icmresearch. com/ pdfs/2001_ august_today_programme_mmr.pdf.

5 *Annals of Pharmacotherapy*, http://www.theannals.com/content/ 45/10/1302.

6 Robert F. Kennedy Jr, 'Vaccinations: Deadly Immunity', article posted on rollingstone.com, July 2005, quoted here: http://www.globalresearch. ca/ vaccinations-deadly-immunity/14510.

7 http://childhealthsafety.wordpress.com/2011/08/26/new-survey- shows- unvaccinated-children-vastly-healthier-far-lower-rates-of-chronic- conditions-and-autism/.

8 http://www.dailymail.co.uk/news/article-2160054/MMR-A-mothers- victory- The-vast-majority-doctors-say-link-triple-jab-autism-Italian- court-case- reignite-controversial-debate.html.

9 Bravo, *Watch What Happens Live*, 18 March 2014.

10 Fox News, *On the Record*, 6 June 2008.

11 *Good Morning America*, 4 June 2008, http://abcnews.go.com/GMA/ OnCall/ story?id=4987758.

12 HBO, *Real Time with Bill Maher*, 9 October 2009.

13 Bill Maher, 'Vaccination: A Conversation Worth Having', blog posted 15 November 2009. See therealbillmaher.blogspot.com/2009/11/ vaccination- conversation-worth-having.html.

14 'Sources and Perceived Credibility of Vaccine-Safety Information for Parents', *Pediatrics*, first published online 18 April 2011, http://pediatrics.

aappublications.org/content/127/Supplement_1/S107.full.pdf.

15 'Parental Vaccine Safety Concerns in 2009', *Pediatrics*, first published online 1 March 2010, http://pediatrics.aappublications.org/content/early/2010/03/01/peds.2009-1962.full.pdf+html. 值得注意的是：這次的調查時間是在威克菲爾德麻腮風三合一疫苗／自閉症，被正式調查評定與H1N1（豬感冒）爆發之前。

16 Frank Bruni, *New York Times*, 21 April 2014.

17 Benny Peiser, Introduction to Global Warming Policy Foundation Annual Lecture 2011, October 2011.

18 Benny Peiser, 'Climate Fatigue Leaves Global Warming in the Cold', Global Warming Policy Forum website. See www.thegwpf.com/benny- peiser-climate-fatigue-leaves-global-warming-in-the-cold/.

19 Ipsos MORI Trust in Professions Opinion Poll, 22 January 2016.

20 Christopher Booker/GWPF, 7 December 2011, http://www.thegwpf. org/christopher-booker-the-bbc-and-climate-change-a-triple-betrayal/.

21 See, for example, Pew National Survey, 15 October 2012, Guardian/ICM poll, 25 June 2012.

22 Pew Research, 'Top Policy Priorities', January 2014, http://www. pewresearch.org/key-data-points/climate-change-key-data-points-from- pew-research/.

23 Channel 4, 8 March 2007.

24 Royal Society, *Climate Change Controversies: a simple guide*, 30 June 2007.

25 Reported in the *Guardian,* 6 May 2010, http://www.guardian.co.uk/environment/ 2010/may/06/climate-science-open-letter.

26 Royal Society, *Climate Change Controversies: a simple guide*, 30 June 2007.

27 http://royalsociety.org/uploadedFiles/_Society_Content/policy/publications/2010/4294972962.pdf.

28 AAAS, *What We* Know, March 2014, http://whatweknow.aaas.org/ wp-content/uploads/2014/07/whatweknow_website.pdf.

29 http://news.bbc.co.uk/nol/shared/bsp/hi/pdfs/05_02_10climatechange. pdf.

30 Pew Research, 2006 and 2014 polls, http://www.pewresearch.org/ topics/energy-and-environment/.

31 Pew Research, international survey conducted March to May 2013, http://www.pewresearch.org/key-data-points/climate-change-key-data- points-

from-pew-research/.

32 John Cook et al., 'Quantifying the consensus on anthropogenic global warming in the scientific literature', *Environmental Research Letters*, Vol. 8, No. 2, 15 May 2013.

33 Research by James Lawrence Powell, http://www.jamespowell.org/methodology/method.html.

34 Pieter Maeseele and Dimitri Schuurman, 'Knowledge, culture and power: biotechnology and the popular press', in Sigrid Koch-Baumgarten and Katrin Voltmer (eds), *Public Policy and Mass Media* (Routledge, 2010), 86–105. The table I refer to is Table 5.1 on page 101.

35 Ibid., 102–3.

36 *Foreign Affairs*, Vol. 91, No. 4, July/August 2012, 24ff.

37 Steve Jones, *BBC Trust review of the impartiality and accuracy of the BBC's coverage of science*, July 2011.

38 Bob Ward, policy and communications director, Grantham Research Institute on Climate Change and the Environment, http://www.lse. ac.uk/GranthamInstitute/news/response-to-decision-by-bbc-editorial-complaints-unit-about-interview-with-lord-lawson-on-climate-change/.

39 http://www.latimes.com/opinion/opinion-la/la-ol-climate-change-letters-20131008-story.html.

40 http://grist.org/climate-energy/reddits-science-forum-banned-climate-deniers-why-dont-all-newspapers-do-the-same/.

41 Dan Kahan, 'Why we are poles apart on climate change', *Nature*, 15 August 2012.

chapter 10　戰爭

1 A warning from Lord Esher to Field Marshal Douglas Haig about Winston Churchill (who was about to visit General Headquarters), 30 May 1917. Quoted in William Philpott, *Three Armies on the Somme: The First Battle of the Twentieth Century* (Knopf, 2010), 517.

2 Winston Churchill, House of Commons, 13 May 1940.

3 Tony Blair, House of Commons, 18 March 2003.

4 Ibid.

5 Robin Cook, House of Commons, 17 March 2003.

6 From BBC evidence to the Hutton Inquiry (*BBC 7/57*), quoted in http://news. bbc.co.uk/2/hi/programmes/conspiracy_files/6380231.stm.

7 Andrew Gilligan, evidence to the Hutton Inquiry, 12 August 2003, http:// webarchive.nationalarchives.gov.uk/20090128221550/http://www.the-hutton-inquiry.org.uk/content/transcripts/hearing-trans05.htm.

8 Ibid.

9 Ibid.

10 William McKinley, address to Congress, 11 April 1898.

11 Anthony Eden addressing the Conservative Party Conference in Llandudno, 14 October 1956.

12 Lyndon Johnson, TV address on the Tonkin incident, 4 August 1964.

13 Ibid.

14 '*Atque, ubi solitudinem faciunt, pacem appellant*', literally 'and, where they make a desert, they name it peace'. Tacitus, *Agricola*, 30.

15 Pat Paterson, 'The Truth About Tonkin', *Naval History Magazine*, Vol. 22, No. 1, February 2008.

16 Richard A. Cherwitz, 'Lyndon Johnson and the "Crisis" of Tonkin Gulf: A President's Justification of War', *Western Journal of Speech Communication*, 42:2 (1978), 93–104.

17 Lyndon Johnson, address to Syracuse University, 5 August 1964, quoted in ibid.

18 Ibid., 99.

19 Ibid., 93.

20 Donald Rumsfeld, Pentagon briefing, 11 March 2003, quoted by UPI: http:// www.upi.com/Business_News/Security-Industry/2003/03/12/ Rumsfeld-remarks-hint-at-differences/48271047454230/.

21 Wilfred Owen, 'Dulce et Decorum Est', from *Poems*, edited by Siegfried Sassoon and Edith Sitwell (Chatto & Windus, 1920).

22 Cecil Spring-Rice, 'I Vow to Thee, My Country' (1918).

23 Winston Churchill, *The World Crisis*, Vol. III: 1916–1918 (Bloomsbury, 2015), 10.

24 David Lloyd George, *War Memories*, Vol. II (Odhams, 1937), 1366.

25 John Reid, press conference in Kabul, 23 April 2006, quoted by Reuters, http://www.channel4.com/news/articles/uk/factcheck%2Ba%2Bshot%2Bin%

2Bafghanistan/3266362.html.

26 Simon Jenkins, *Guardian*, 12 December 2007.

27 John Reid, House of Commons, 13 July 2009.

28 http://www.lancashiretelegraph.co.uk/news/9574114.UPDATED_ Soldier_ from_Duke_of_Lancashire_s_Regiment_killed_in_ Afghanistan_named/.

29 Julian Borger, *Guardian*, 23 April 2012.

30 Speech by the Archbishop of Canterbury on the seventieth anniversary of the Allied bombing raid, 13 February 2015.

31 https://www.churchofengland.org/media-centre/news/2015/02/ statement-from-office-of-archbishop-of-canterbury-on-dresden.aspx.

32 Martin Luther King, 'Beyond Vietnam – A Time To Break Silence', speech at Riverside Church, New York, 4 April 1967.

33 Stop the War Coalition website, 14 November 2015 (now deleted), https:// archive.is/du1n5#selection-637.0-637.78.

34 Letter to the *Guardian*, 9 December 2015.

chapter 11　廢止公眾語言

1 Osama Bin Laden, from the video statement *May Our Mothers Be Bereaved of Us if We Fail to Help Our Prophet (Peace be Upon Him)*, released on 19 March 2008. Republished in *IntelCenter Words of Osama Bin Laden*, Vol. 1 (Tempest Publishing, 2008), 194.

2 Aaron Kiely, *Redefining NUS' No Platform Policy would weaken fight against fascism*, 19 September 2012. See: https://www.facebook.com/notes/ aaron-kiely/redefining-nus-no-platform-policy-would-weaken-the-fight-against-fascism-how-it-/10152085722835580/.

3 Mark Thompson, *Guardian*, 21 October 2009, http://www.theguardian. com/ commentisfree/2009/oct/21/question-time-bbc-bnp-griffin.

4 http://www.theguardian.com/politics/2009/oct/19/peter-hain-bnp- question-time.彼得‧韓恩指責BBC的決定「非法」，主要是根據「法律技術性」（legal technicality）的考量，認為英國國家黨的登記手續有瑕疵，不能確認為政黨。但是BBC聽取專業建議，認為即便手續不齊備，也不影響英國國家黨的基礎地位、不妨礙它在下次選舉推出地方候選人的能力──而這是BBC最關切的課題。

5 Janice Turner, 'No Garlic and Silver Bullets are Needed for Nick Griffin',

The Times, 17 October 2009.

6　http://www.standard.co.uk/news/when-bonnie-greer-met-nick-griffin-6768790.html.

7　http://www.theguardian.com/music/2011/nov/23/bonnie-greer-nick- griffin-opera.

8　*Yale Herald*, 6 November 2015. 文章短暫張貼後，從「耶魯先鋒」網站上移除，顯然是應作者要求。但是，在下述網站上，還是可以找到這篇文章：https://archive.is/cOYdV.

9　http://www.ipetitions.com/petition/reconsider-the-smith-college-2014-commencement.

10　Michael Bloomberg, remarks at Harvard University's 363rd Commencement Ceremony, 29 May 2014, www.mikebloomberg.com/ index. cfm?objectid:4D9E60A5-5056-9A3E-D07D6B773CAD46E4.

11　See Zionist Organization of America website: zoa.org/2014/10/10263133-reminder-huge-klinghoffer-protest-at-lincoln-center-today-at-6-p-m- press-conference-at-5-p-m/.

12　Quote given to Sara Eisen of Bloomberg TV and broadcast on Bloomberg, 6 March 2013.

13　Email to *Business Insider*, quoted by Joe Weisenthal, *Business Insider*, 6 March 2013.

14　Assorted comments on Tyler Durden's guest post 'Niall Ferguson Shatters Paul Krugman's Delusions', Zero Hedge, 23 October 2013.

15　Alasdair MacIntyre, *After Virtue: A Study in Moral Theory* (University of Notre Dame Press, 2nd edn, 1984), 6.

16　Ibid., 10.

17　John Taylor, *Works of John Taylor, the Water Poet*, Vol. 1 (Spenser Society, 1870), 4. Italicisation reversed.

18　Thomas Hobbes, *Leviathan* (1651), XIII, 8.

19　Jenny Wormald 'Gunpowder, Treason, and Scots', *Journal of British Studies*, No. 2, (University of Chicago Press, 1985), 141–68.

20　Bryan Garsten, *Saving Persuasion: A Defense of Rhetoric and Judgment* (Harvard University Press, 2009), 30, quoting Hobbes' *Behemoth* (1681).

21　Ibid., 37, quoting Hobbes' *Leviathan* (1651; Cambridge University Press, 1996), 33.

22 Christopher Hitchens, *Hitch22: A Memoir* (Atlantic, 2010), 268.

23 Norman Tebbit, *Independent on Sunday* magazine, 8 September 1990.

24 John Berger, *Guardian*, 25 February 1989.

25 Jimmy Carter, *New York Times*, 5 March 1989.

26 BBC Radio 4, *The World Tonight*, 7 January 2015, http://www.bbc.co.uk/programmes/b04wwgzh. I have condensed Arzu Merali's language very slightly (her remarks were made in the course of a live radio discussion), but without changing the meaning.

27 Ibid., again with minor condensing of David Aaronovitch's response.

28 Quoted in *The New York Times*, 'New Charlie Hebdo Cartoon Stirs Muslim Anger in Mideast', 14 January 2015.

29 Joint declaration of interior ministers, Paris, 11 January 2015.

30 Associated Press, 27 January 2015.

31 Theresa May, quoted in the *Guardian*, 24 November 2014, http://www.theguardian.com/politics/2014/nov/24/terror-bill-requires-universities-to-ban-extremist-speakers.

32 Communications Act 2003, Section 127, http://www.legislation.gov.uk/ukpga/2003/21/section/127.

chapter 12　保持冷靜，無須杞憂

1 Parmenides, *Poem*, Proem, II, 28–32.

2 *Letters of Thomas Carlyle, 1826–1836, Volume 2* (Macmillan, 1888), 227.

3 See: http://yougov.co.uk/news/2014/10/29/political-disaffection-not-new-it-rising-and-drivi/.

4 Onora O'Neill, *A Question of Trust: The BBC Reith Lectures 2002* (Cambridge University Press, 2002).

5 See: Yougov website above.

6 See Jane Merrick, *Independent*, 'Labour needs an angry leader: it's time for Ed Miliband to go to war', I February 2015. Also Polly Toynbee, *Guardian*, 'As Osborne plans more austerity, it's time for Labour outrage', 17 March 2015.

7 *Daily Telegraph*, 28 February 2014, http://www.telegraph.co.uk/news/worldnews/europe/eu/10668242/Europe-David-Cameron-cant-match-Nigel-Farages-simple-message.html.

8　Remarks by Boris Johnson reported by the *Guardian*, 21 February 2016. See http://www.theguardian.com/politics/blog/live/2016/feb/21/cameron-marr-boris-johnson-eu-referendum-camerons-interview-on-the-marr-show-as-boris-johnson-prepares-to-declare-his-hand-politics-live.

9　Quoted by Tom Kington in the *Observer*, 2 March 2013.

10　Quoted in *The Economist*, 9 December 2014.

11　See Leonardo Tarán, *Parmenides: A Text with Translation, Commentary, and Critical Essays* (Princeton University Press, 1965), p. 210ff. 有關巴門尼德這段詩的解讀，歷來眾說紛紜。我的詮釋可能揭露更多翻譯者的意圖，而不是比對巴門尼德的原意。一九四二年到一九四三年，馬丁・海德格在弗萊堡（Freiburg）以系列講座，闡釋巴門尼德的詩作，同樣段落，他的翻譯如下：「你必須經歷所有事物，既得穿透層層包圍，體驗無蔽（unconcealment）的堅實核心，也需觀察展現在凡夫俗子眼前的皮相，直抵無須揭露的所在。」這段德文出自海德格的〈巴門尼德〉，英文翻譯者是 André Schuwer and Richard Rojcewicz (Indiana University Press, 1998).

12　Eminem, 'My Words Are Weapons', first released as part of the Mix Tape, Volume IV by Funkmaster Flex (2000).

13　Public Enemy, 'Fight the Power', released as a single by Motown Records in 1989.

14　https://www.instagram.com/p/rkrM8xS1Mk/?modal=true.

15　Killer Mike, 'Pressure' from the album *I Pledge Allegiance to the Grind II*, 2008.

16　*Hamilton*, music, lyrics and book by Lin-Manuel Miranda. *Hamilton* premiered in February 2015.